尊経閣善本影印集成 52 局中宝

発行 平成二十四年八月六日

定価 二七、三〇〇円
（本体二六、〇〇〇円＋税五%）

編集 公益財団法人 前田育徳会尊経閣文庫
東京都目黒区駒場四－三－五五

発行所 株式会社 八木書店
代表 八木壮一
東京都千代田区神田小川町三－八
電話 〇三－三二九一－二九六一〔営業〕
－二九六九〔編集〕
FAX 〇三－三二九一－六三〇〇

製版・印刷 天理時報社

用紙（特漉中性紙） 三菱製紙

製本 博勝堂

ISBN978-4-8406-2352-0 第七輯 第4回配本

Web http://www.books-yagi.co.jp/pub
E-mail pub@books-yagi.co.jp

表１－１　『局中宝』配列復元試案（現状の錯簡）

冊次	丁	表裏	接続	柱：細目
第一冊	1	表		申慶賀作法
第一冊	1	裏		申慶賀作法
第一冊	2	表		舞踏様
第一冊	2	裏		舞踏与拝舞差別事
第一冊	3	表		装束事
第一冊	3	裏	第二冊21丁表へ	装束事
第二冊	1	表	第二冊４丁裏より	外記御前事
第二冊	1	裏		外記御前事
第二冊	2	表		外記御前事・大夫外記史以下恐懼事・上官恐懼事
第二冊	2	裏	第二冊29丁表へ	上官恐懼事・月奏事
第二冊	3	表	第二冊６丁裏より	晴政事・外記初参従庁事時雖無申文請印用晴儀事・大外記大夫史打板座事
第二冊	3	裏		大外記大夫史打板座事・陽明門出立事
第二冊	4	表		陽明門出立事・弁於床子座下文於史時事
第二冊	4	裏	第二冊１丁表へ	弁於床子座下文於史時事・外記御前事
第二冊	5	表	第二冊８丁裏より	公卿分配中清両家相違事
第二冊	5	裏		外記於陣外不跪納言事・縁上不置膝突事
第二冊	6	表		縁上不置膝突事・上卿着左衛門陣座時事
第二冊	6	裏	第二冊３丁表へ	晴政事
第二冊	7	表	第二冊82丁裏より	黄紙外記不入硯依仰進事・陽明門内奉逢殿下事
第二冊	7	裏		陽明門内奉逢殿下事・大臣参入時必用敷政門事
第二冊	8	表		大臣先着仗座時事・笏紙事
第二冊	8	裏	第二冊５丁表へ	参議仗座北南座相分着例・公卿分配中清両家相違事
第二冊	9	表	第四冊８丁裏より	称唯事・結文間事
第二冊	9	裏		入筥文結事・外記史出立事
第二冊	10	表		奉幣日大臣就弓場間外記史立所事・賑給定文不結事
第二冊	10	裏	第五冊３丁表へ	執柄参着仗座給事・勘諸宮給事
第二冊	11	表	第二冊14丁裏より	非参議大弁始差瑪瑙帯事・宮中行啓王卿着靴事
第二冊	11	裏		小忌上卿奉仕内弁事・奉幣上卿即被勤使事
第二冊	12	表		於禁中五位以上乗馬事・於陣被任納言已下任官例
第二冊	12	裏	第二冊15丁表へ	於陣被任納言已下任官例・始聴昇殿事
第二冊	13	表	第二冊24丁裏より	帯事
第二冊	13	裏		帯事・臨時用巡方事
第二冊	14	表		臨時用巡方事
第二冊	14	裏	第二冊11丁表へ	臨時用巡方事・節会日政始可差巡方哉事
第二冊	15	表	第二冊12丁裏より	大臣参陣日参議必可候事・奉幣内記不足時外記史清書宣命事
第二冊	15	裏		奉幣内記不足時外記史清書宣命事・雖無職掌一上参陣日参内事
第二冊	16	表		以消息語申上卿事・大臣於殿上召大外記事
第二冊	16	裏	第二冊62丁表へ	大臣於殿上召大外記事・惣在庁静算居脇陣事
第二冊	17	表	第二冊20丁裏より	着袙事・諸衛装束事
第二冊	17	裏		諸衛装束事・着濃裏表袴大口等事・着青朽葉下襲事
第二冊	18	表		着青朽葉下襲事

表１－１（２）

冊次	丁	表裏	接続	柱：細目
第二冊	18	裏	第二冊27丁表へ	着青朽葉下襲事
第二冊	19	表	第二冊22丁裏より	火色事・急速事ニハ衣装不可論夏冬事
第二冊	19	裏		急速事ニハ衣装不可論夏冬事
第二冊	20	表		諒闇訖着吉服事・伊勢幣不可着青朽葉事
第二冊	20	裏	第二冊17丁表へ	伊勢幣不可着青朽葉事・九月着張衣事
第二冊	21	表	第一冊３丁裏より	桔梗襲事
第二冊	21	裏		桔梗襲事・染下重不差紺地平緒歟事
第二冊	22	表		染下重不差紺地平緒歟事
第二冊	22	裏	第二冊19丁表へ	染下重不差紺地平緒歟事・皆練事・火色事
第二冊	23	表	第二冊25丁裏より	着打衣事・不着汗取事
第二冊	23	裏		不着汗取事・張下襲張袴事
第二冊	24	表		張下襲張袴事・九月九日着袙事
第二冊	24	裏	第二冊13丁表へ	九月九日着袙事・着白単事
第二冊	25	表	第二冊26丁裏より	白長絹狩衣・狩衣ニ不入倶々利事
第二冊	25	裏	第二冊23丁表へ	狩衣ニ不入倶々利事・着打衣事
第二冊	26	表	第二冊28丁裏より	布衣事
第二冊	26	裏	第二冊25丁表へ	狐尾
第二冊	27	表	第二冊18丁裏より	着青朽葉下襲事・布袴事
第二冊	27	裏		布袴事
第二冊	28	表		布袴事・六位布袴事
第二冊	28	裏	第二冊26丁表へ	六位布袴事・直衣布袴事
第二冊	29	表	第二冊２丁裏より	月奏事・勅書事・上日事
第二冊	29	裏		上日事・節会見参事・史生初参事
第二冊	30	表		外任奏事・列見定考式日延引事
第二冊	30	裏		平座事・給禄拝事
第二冊	31	表		給禄拝事
第二冊	31	裏		元日侍従事・大夫史不可参南殿行香事
第二冊	32	表		大夫史不可参南殿行香事
第二冊	32	裏		大夫史不可参南殿行香事・床子座動座事
第二冊	33	表		床子座動座事・上官弁官可出入延政門事
第二冊	33	裏		上官弁官可出入延政門事・外記史生初参事・修正諸大夫諸司官人外記催渡事
第二冊	34	表		修正諸大夫諸司官人外記催渡事・参法成寺御八講間事
第二冊	34	裏		参法成寺御八講間事・結政座不可用扇事
第二冊	35	表		結政座不可用扇事・着抄符所事
第二冊	35	裏		着文殿南庇座事・侍従代相伴着打板座事
第二冊	36	表		参院御精進屋事・参禅室間事
第二冊	36	裏	第二冊38丁表へ	参禅室間事
第二冊	37	表	第二冊38丁裏より	天文密奏封上書名字時事
第二冊	37	裏	第二冊39丁表へ	大臣給書状事
第二冊	38	表	第二冊36丁裏より	参禅室間事・撚文引墨事
第二冊	38	裏	第二冊37丁表へ	天文密奏封上書名字時事
第二冊	39	表	第二冊37丁裏より	未復任人位所書様
第二冊	39	裏		殿上人不可取松明事・蔵人頭於禁裏可指笏歟事

冊次	丁	表裏	接続	柱：細目
第二冊	40	表		蔵人町不置念珠持経等故実也・春日祭使近衛司代官之時・受領初度庁宣様事
第二冊	40	裏		受領初度庁宣様事・馬鞦事・近衛舎人召仕初事
第二冊	41	表		近衛舎人召仕初事・以五位外記内覧文書事
第二冊	41	裏		以五位外記内覧文書事・平座公卿外記不催申事
第二冊	42	表		平座公卿外記不催申事
第二冊	42	裏		平座公卿外記不催申事・公卿風記事
第二冊	43	表		公卿風記事・外記始従庁事時雖無申文請印用晴儀事・結政座逆着事
第二冊	43	裏		結政座逆着事・政以弁為少納言代事
第二冊	44	表		政以弁為少納言代事
第二冊	44	裏		以五位外記令勘日次事
第二冊	45	表		以五位外記令勘日次事・五位外記給文伝六位史事
第二冊	45	裏		五位外記為弁代事
第二冊	46	表		五位外記為弁代事
第二冊	46	裏		五位外記為弁代事
第二冊	47	表		五位外記為弁代事・公卿車無礼之時不出入陽明門事
第二冊	47	裏		大内脇陣座事・弁路事
第二冊	48	表		弁路事・内弁随身居事・下仗座幕事
第二冊	48	裏		下仗座幕事・五位外記持笘奉従上卿事
第二冊	49	表		諸司解状不結事・陣雷鳴時乞人釼置傍事
第二冊	49	裏		結政守公神法施事・褰大臣車簾事
第二冊	50	表		褰大臣車簾事・注文用檀紙事・伊勢奉幣発遣時五位外記連之事
第二冊	50	裏	第二冊52丁表へ	伊勢奉幣発遣時五位外記連之事・列見定考雨儀事
第二冊	51	表	第二冊52丁裏より	仰菅家長者事・懈怠辻子事・雨儀節会里内行事所事
第二冊	51	裏	第二冊53丁表へ	雨儀節会里内行事所事・廟拝々数事
第二冊	52	表	第二冊50丁裏より	局夜行事
第二冊	52	裏	第二冊51丁表へ	局大鏡南所神事・仰菅家長者事
第二冊	53	表	第二冊51丁裏より	非神事時於車中持笏事・賢所出御間礼事
第二冊	53	裏		賢所出御間礼事・早出公卿触外記事・結政不供掌灯事
第二冊	54	表		結政不供掌灯事・太政官奏事・持向宣旨事
第二冊	54	裏	第二冊56丁表へ	持向宣旨事・不進田楽事
第二冊	55	表	第二冊56丁裏より	絵網代車事・女位記事
第二冊	55	裏	第二冊58丁表へ	女位記事・散三位上臈与参議三位下臈署所上下事
第二冊	56	表	第二冊54丁裏より	女官除目事
第二冊	56	裏	第二冊55丁表へ	女官除目事・補施薬院使事
第二冊	57	表	第二冊58丁裏より	散三位上臈与参議三位下臈署所上下事
第二冊	57	裏	第二冊59丁表へ	諸公事用途被付任官功初事
第二冊	58	表	第二冊55丁裏より	散三位上臈与参議三位下臈署所上下事
第二冊	58	裏	第二冊57丁表へ	散三位上臈与参議三位下臈署所上下事
第二冊	59	表	第二冊57丁裏より	諸公事用途被付任官功初事・造作募任官功初事・諸国荘園建立事
第二冊	59	裏		親王大臣已下車馬従者事・随身着布衣祗候日月華門内事
第二冊	60	表		随身着布衣祗候日月華門内事
第二冊	60	裏	第三冊１丁表へ	随身着布衣祗候日月華門内事
第二冊	61	表	第二冊62丁裏より	摂籙騎馬時以滝口為馬副事・太上天皇御参内事

冊次	丁	表裏	接続	柱：細目
第二冊	61	裏	第二冊64丁表へ	太上天皇御参内事・入道太政大臣御出家以後参内事
第二冊	62	表	第二冊16丁裏より	親王太政大臣為摂籙太政大臣無公事日不着陣歟事
第二冊	62	裏	第二冊61丁表へ	親王太政大臣為摂籙太政大臣無公事日不着陣歟事・摂籙騎馬時以滝口為馬副事
第二冊	63	表	第二冊64丁裏より	藍尾事
第二冊	63	裏	第二冊65丁表へ	藍尾事・進火櫃於仗座事
第二冊	64	表	第二冊61丁裏より	太政大臣勤節会内弁事・摂籙停職猶帯太政大臣出仕例
第二冊	64	裏	第二冊63丁表へ	摂籙停職猶帯太政大臣出仕例・天武以前人不取髪童形着冠歟事
第二冊	65	表	第二冊63丁裏より	衣寸法事
第二冊	65	裏		衣寸法事・衣裾事
第二冊	66	表		衣裾事
第二冊	66	裏		衣裾事・不令帯大臣給摂関御着陣例
第二冊	67	表		不帯大臣関白被仰雑事例
第二冊	67	裏		内覧後令奉行公事給例
第二冊	68	表		内覧後令奉行公事給例
第二冊	68	裏		内覧後令奉行公事給例
第二冊	69	表		内覧後令奉行公事給例
第二冊	69	裏		内覧後令奉行公事給例
第二冊	70	表		内覧後令奉行公事給例・節会大臣二人着外弁年々・太政大臣自腋昇殿事
第二冊	70	裏		太政大臣自腋昇殿事・親王摂関座次事
第二冊	71	表		親王摂関座次事
第二冊	71	裏		親王摂関座次事
第二冊	72	表		親王大臣已下地下事
第二冊	72	裏		親王大臣已下地下事・位所書様事
第二冊	73	表		位所書様事
第二冊	73	裏		位所書様事・仗座敷茵事
第二冊	74	表		宜陽殿大臣座事
第二冊	74	裏		宜陽殿大臣座事
第二冊	75	表		宜陽殿大臣座事・庁椅子間事
第二冊	75	裏		庁椅子間事
第二冊	76	表		庁椅子間事・太政大臣着陣時一上若次大臣着陣行事例
第二冊	76	裏		太政大臣着陣時一上若次大臣着陣行事例
第二冊	77	表		上卿乍立下知時事
第二冊	77	裏		上卿乍立下知時事・上卿於左衛門陣召大外記時事
第二冊	78	表		上卿於左衛門陣召大外記時事・上卿於里第下賜文時事・於小板敷有行幸召仰事
第二冊	78	裏		於小板敷有行幸召仰事・持筥参御前時事
第二冊	79	表		於仁寿殿南簀子上卿被下文事・大臣以下於仗座供氷事
第二冊	79	裏		大臣以下於仗座供氷事・上卿於内座召筥事
第二冊	80	表		上卿於内座召筥事・非参議於仗座執筆時事
第二冊	80	裏		弁遅参時上卿仰五位外記令勘日時事・参議為上卿時事
第二冊	81	表		掃部寮年預古幣畳・五位外記於中門廊縁入主上見参事
第二冊	81	裏		上卿着仗座五位外記居参議座事
第二冊	82	表		大臣与五位外記共居高麗端畳事・於北陣大納言被同座事

冊次	丁	表裏	接続	柱：細目
第二冊	82	裏	第二冊７丁表へ	於南殿御後逢職事事・於殿上方謁貫首事
第三冊	1	表	第二冊60丁裏より	公卿家於縁承仰時事・持勘文参納言第事
第三冊	1	裏		召御前時事・外記参大臣家時事
第三冊	2	表		雨日作法事・大臣直衣時不平伏事
第三冊	2	裏		大臣直衣時不平伏事・弁少納言遇腋陣事・開卜串事
第三冊	3	表		開卜串事・奏聞事
第三冊	3	裏		奏聞事
第三冊	4	表		奏聞事・奏聞之後上卿還着仗座事
第三冊	4	裏		奏聞之後上卿還着仗座事・着床子座事
第三冊	5	表		着床子座事
第三冊	5	裏		着床子座事
第三冊	6	表		着床子座事・参軾間事
第三冊	6	裏	第四冊１丁表へ	参軾間事・参小庭儀事
第四冊	1	表	第三冊６丁裏より	参小庭儀事・敷政門内事
第四冊	1	裏		進外任奏事
第四冊	2	表		進外任奏事・着階下座作法事
第四冊	2	裏		着階下座作法事
第四冊	3	表		着階下座作法事・階下動座事
第四冊	3	裏		階下動座事・着孔雀間事
第四冊	4	表		着孔雀間事・釈奠着靴事
第四冊	4	裏		釈奠着靴事・五位外記於右近陣参軾事・外記借用右近府硯事
第四冊	5	表		外記借用右近府硯事・任大将日五位外記史参本家事・殿原廻事
第四冊	5	裏		触穢人参内時事・以出納為外記代例
第四冊	6	表		以出納為外記代例・一度唯事
第四冊	6	裏		二度唯事・結文事
第四冊	7	表		結文事・結文不指笏事
第四冊	7	裏		結文不指笏事・結文不云次第事・結文間唯事
第四冊	8	表		結文間唯事
第四冊	8	裏	第二冊９丁表へ	結文間唯事
第四冊	9	表	第五冊２丁裏より	陣座後門開事・陣座垂幕事
第四冊	9	裏		陣座垂幕事・大臣在仗座時次大臣通敷政門参入例
第四冊	10	表		大臣在仗座時次大臣通敷政門参入例・以弁可内覧文弁不候用外記事
第四冊	10	裏		以弁可内覧文弁不候用外記事
第四冊	11	表		以弁可内覧文弁不候用外記事・陣座掌灯史不候用外記事
第四冊	11	裏		陣座掌灯史不候用外記事・召史於里第下文事
第四冊	12	表		大臣夜陰参陣入敷政門例
第四冊	12	裏		大臣夜陰参陣入敷政門例
第四冊	13	表		一上有行事参入時用敷政門事
第四冊	13	裏		一上有行事参入時用敷政門事
第四冊	14	表		一上有行事参入時用敷政門事
第四冊	14	裏		一上有行事参入時用敷政門事・入敷政門出化徳門事
第四冊	15	表		入敷政門出化徳門事・一大臣参節会時於陣押笏紙事・五位外記給牛事
第四冊	15	裏		五位外記給牛事
第四冊	16	表		五位外記給牛事・焼亡時強不可早参事

冊次	丁	表裏	接続	柱：細目
第四冊	16	裏		焼亡時強不可早参事・内裏焼亡時事
第四冊	17	表		路頭礼節　前駆遇本主人時事
第四冊	17	裏		父子前駆勤仕時事・父子遇路礼事
第四冊	18	表		父子遇路礼事
第四冊	18	裏		靫負佐逢大臣儀事・納言退出宮城中遇大臣儀事
第四冊	19	表		納言退出宮城中遇大臣儀事・参議遇大臣儀事・大弁遇大臣儀事
第四冊	19	裏		弁少納言逢納言儀事・外記逢大臣儀事
第四冊	20	表		大夫大外記与六位外記遇路時事・六位与六位逢時事
第四冊	20	裏		六位与六位逢時事・車礼
第四冊	21	表		車礼・馬礼
第四冊	21	裏		乗船逢無止人時事・車中作法事
第四冊	22	表		維摩会文書事
第四冊	22	裏		居中門廊并障子上事
第四冊	23	表		居中門廊并障子上事・着衣冠布衣事
第四冊	23	裏		着衣冠布衣事
第四冊	24	表		着衣冠布衣事
第四冊	24	裏		着衣冠布衣事
第四冊	25	表		着衣冠布衣事
第四冊	25	裏		着衣冠布衣事
第四冊	26	表		着衣冠布衣事
第四冊	26	裏		着衣冠布衣事
第四冊	27	表		着衣冠布衣事
第四冊	27	裏		着衣冠布衣事
第四冊	28	表		上達部見参申次
第四冊	28	裏	第五冊５丁表へ	上達部見参申次
第四冊	29	表	第五冊４丁裏より	諸国宰吏年限事
第四冊	29	裏		諸国宰吏年限事
第四冊	30	表		未済解由国司不可預官位事・人従者員数事
第四冊	30	裏	第五冊１丁表へ	執柄以下大将随身着布衣祗候日月花門内并敷政門内事
第五冊	1	表	第四冊30丁裏より	執柄以下大将随身着布衣祗候日月花門内并敷政門内事
第五冊	1	裏		執柄以下大将随身着布衣祗候日月花門内并敷政門内事・奉内弁後乍奥座令敷軾召大外記問例事
第五冊	2	表		一上着奥座事・陣座後門開事
第五冊	2	裏	第四冊９丁表へ	陣座後門開事
第五冊	3	表	第二冊10丁裏より	勘諸宮給事
第五冊	3	裏		
第五冊	4	表		〔居障子上事〕
第五冊	4	裏	第四冊29丁表へ	〔居障子上事〕
第五冊	5	表	第四冊28丁裏より	陽明門前立車儀
第五冊	5	裏		陽明門前立車儀
第五冊	6	表		
第五冊	6	裏		

表1-2 『局中宝』配列復元試案（配列並べ直し）

冊次	丁	表裏	柱：細目
第一冊	1	表	申慶賀作法
第一冊	1	裏	申慶賀作法
第一冊	2	表	舞踏様
第一冊	2	裏	舞踏与拝舞差別事
第一冊	3	表	装束事
第一冊	3	裏	装束事
第二冊	21	表	桔梗襲事
第二冊	21	裏	桔梗襲事・染下重不差紺地平緒歟事
第二冊	22	表	染下重不差紺地平緒歟事
第二冊	22	裏	染下重不差紺地平緒歟事・皆練事・火色事
第二冊	19	表	火色事・急速事ニハ衣装不可論夏冬事
第二冊	19	裏	急速事ニハ衣装不可論夏冬事
第二冊	20	表	諒闇訖着吉服事・伊勢幣不可着青朽葉事
第二冊	20	裏	伊勢幣不可着青朽葉事・九月着張衣事
第二冊	17	表	着衵事・諸衛装束事
第二冊	17	裏	諸衛装束事・着濃裏表袴大口等事・着青朽葉下襲事
第二冊	18	表	着青朽葉下襲事
第二冊	18	裏	着青朽葉下襲事
第二冊	27	表	着青朽葉下襲事・布袴事
第二冊	27	裏	布袴事
第二冊	28	表	布袴事・六位布袴事
第二冊	28	裏	六位布袴事・直衣布袴事
第二冊	26	表	布衣事
第二冊	26	裏	狐尾
第二冊	25	表	白長絹狩衣・狩衣ニ不入倶々利事
第二冊	25	裏	狩衣ニ不入倶々利事・着打衣事
第二冊	23	表	着打衣事・不着汗取事
第二冊	23	裏	不着汗取事・張下襲張袴事
第二冊	24	表	張下襲張袴事・九月九日着衵事
第二冊	24	裏	九月九日着衵事・着白単事
第二冊	13	表	帯事
第二冊	13	裏	帯事・臨時用巡方事
第二冊	14	表	臨時用巡方事
第二冊	14	裏	臨時用巡方事・節会日政始可差巡方哉事
第二冊	11	表	非参議大弁始差瑪瑙帯事・宮中行啓王卿着靴事
第二冊	11	裏	小忌上卿奉仕内弁事・奉幣上卿即被勤使事
第二冊	12	表	於禁中五位以上乗馬事・於陣被任納言已下任官例
第二冊	12	裏	於陣被任納言已下任官例・始聴昇殿事
第二冊	15	表	大臣参陣日参議必可候事・奉幣内記不足時外記史清書宣命事
第二冊	15	裏	奉幣内記不足時外記史清書宣命事・雖無職掌一上参陣日参内事
第二冊	16	表	以消息語申上卿事・大臣於殿上召大外記事
第二冊	16	裏	大臣於殿上召大外記事・惣在庁静算居脇陣事

表1－2（2）

冊次	丁	表裏	柱：細目
第二冊	62	表	親王太政大臣為摂籙太政大臣無公事日不着陣歟事
第二冊	62	裏	親王太政大臣為摂籙太政大臣無公事日不着陣歟事・摂籙騎馬時以滝口為馬副事
第二冊	61	表	摂籙騎馬時以滝口為馬副事・太上天皇御参内事
第二冊	61	裏	太上天皇御参内事・入道太政大臣御出家以後参内事
第二冊	64	表	太政大臣勤節会内弁事・摂籙停職猶帯太政大臣出仕例
第二冊	64	裏	摂籙停職猶帯太政大臣出仕例・天武以前人不取髪童形着冠歟事
第二冊	63	表	藍尾事
第二冊	63	裏	藍尾事・進火櫃於仗座事
第二冊	65	表	衣寸法事
第二冊	65	裏	衣寸法事・衣裾事
第二冊	66	表	衣裾事
第二冊	66	裏	衣裾事・不令帯大臣給摂関御着陣例
第二冊	67	表	不帯大臣関白被仰雑事例
第二冊	67	裏	内覧後令奉行公事給例
第二冊	68	表	内覧後令奉行公事給例
第二冊	68	裏	内覧後令奉行公事給例
第二冊	69	表	内覧後令奉行公事給例
第二冊	69	裏	内覧後令奉行公事給例
第二冊	70	表	内覧後令奉行公事給例・節会大臣二人着外弁年々・太政大臣自腋昇殿事
第二冊	70	裏	太政大臣自腋昇殿事・親王摂関座次事
第二冊	71	表	親王摂関座次事
第二冊	71	裏	親王摂関座次事
第二冊	72	表	親王大臣已下地下事
第二冊	72	裏	親王大臣已下地下事・位所書様事
第二冊	73	表	位所書様事
第二冊	73	裏	位所書様事・仗座敷茵事
第二冊	74	表	宜陽殿大臣座事
第二冊	74	裏	宜陽殿大臣座事
第二冊	75	表	宜陽殿大臣座事・庁椅子間事
第二冊	75	裏	庁椅子間事
第二冊	76	表	庁椅子間事・太政大臣着陣時一上若次大臣着陣行事例
第二冊	76	裏	太政大臣着陣時一上若次大臣着陣行事例
第二冊	77	表	上卿乍立下知時事
第二冊	77	裏	上卿乍立下知時事・上卿於左衛門陣召大外記時事
第二冊	78	表	上卿於左衛門陣召大外記時事・上卿於里第下賜文時事・於小板敷有行幸召仰事
第二冊	78	裏	於小板敷有行幸召仰事・持筥参御前時事
第二冊	79	表	於仁寿殿南簀子上卿被下文事・大臣以下於仗座供氷事
第二冊	79	裏	大臣以下於仗座供氷事・上卿於内座召筥事
第二冊	80	表	上卿於内座召筥事・非参議於仗座執筆時事
第二冊	80	裏	弁遅参時上卿仰五位外記令勘日時事・参議為上卿時事
第二冊	81	表	掃部寮年預古幣畳・五位外記於中門廊縁入主上見参事
第二冊	81	裏	上卿着仗座五位外記居参議座事
第二冊	82	表	大臣与五位外記共居高麗端畳事・於北陣大納言被同座事
第二冊	82	裏	於南殿御後逢職事事・於殿上方謁貫首事

冊次	丁	表裏	柱：細目
第二冊	7	表	黄紙外記不入硯依仰進事・陽明門内奉逢殿下事
第二冊	7	裏	陽明門内奉逢殿下事・大臣参入時必用敷政門事
第二冊	8	表	大臣先着仗座時事・笏紙事
第二冊	8	裏	参議仗座北南座相分着例・公卿分配中清両家相違事
第二冊	5	表	公卿分配中清両家相違事
第二冊	5	裏	外記於陣外不跪納言事・縁上不置膝突事
第二冊	6	表	縁上不置膝突事・上卿着左衛門陣座時事
第二冊	6	裏	晴政事
第二冊	3	表	晴政事・外記初参従庁事時雖無申文請印用晴儀事・大外記大夫史打板座事
第二冊	3	裏	大外記大夫史打板座事・陽明門出立事
第二冊	4	表	陽明門出立事・弁於床子座下文於史時事
第二冊	4	裏	弁於床子座下文於史時事・外記御前事
第二冊	1	表	外記御前事
第二冊	1	裏	外記御前事
第二冊	2	表	外記御前事・大夫外記史以下恐懼事・上官恐懼事
第二冊	2	裏	上官恐懼事・月奏事
第二冊	29	表	月奏事・勅書事・上日事
第二冊	29	裏	上日事・節会見参事・史生初参事
第二冊	30	表	外任奏事・列見定考式日延引事
第二冊	30	裏	平座事・給禄拝事
第二冊	31	表	給禄拝事
第二冊	31	裏	元日侍従事・大夫史不可参南殿行香事
第二冊	32	表	大夫史不可参南殿行香事
第二冊	32	裏	大夫史不可参南殿行香事・床子座動座事
第二冊	33	表	床子座動座事・上官弁官可出入延政門事
第二冊	33	裏	上官弁官可出入延政門事・外記史生初参事・修正諸大夫諸司官人外記催渡事
第二冊	34	表	修正諸大夫諸司官人外記催渡事・参法成寺御八講間事
第二冊	34	裏	参法成寺御八講間事・結政座不可用扇事
第二冊	35	表	結政座不可用扇事・着抄符所事
第二冊	35	裏	着文殿南庇座事・侍従代相伴着打板座事
第二冊	36	表	参院御精進屋事・参禅室間事
第二冊	36	裏	参禅室間事
第二冊	38	表	参禅室間事・撚文引墨事
第二冊	38	裏	天文密奏封上書名字時事
第二冊	37	表	天文密奏封上書名字時事
第二冊	37	裏	大臣給書状事
第二冊	39	表	未復任人位所書様
第二冊	39	裏	殿上人不可取松明事・蔵人頭於禁裏可指笏歟事
第二冊	40	表	蔵人町不置念珠持経等故実也・春日祭使近衛司代官之時・受領初度庁宣様事
第二冊	40	裏	受領初度庁宣様事・馬鞦事・近衛舎人召仕初事
第二冊	41	表	近衛舎人召仕初事・以五位外記内覧文書事
第二冊	41	裏	以五位外記内覧文書事・平座公卿外記不催申事
第二冊	42	表	平座公卿外記不催申事
第二冊	42	裏	平座公卿外記不催申事・公卿風記事

表1－2（4）

冊次	丁	表裏	柱：細目
第二冊	43	表	公卿風記事・外記始従庁事時雖無申文請印用晴儀事・結政座逆着事
第二冊	43	裏	結政座逆着事・政以弁為少納言代事
第二冊	44	表	政以弁為少納言代事
第二冊	44	裏	以五位外記令勘日次事
第二冊	45	表	以五位外記令勘日次事・五位外記給文伝六位史事
第二冊	45	裏	五位外記為弁代事
第二冊	46	表	五位外記為弁代事
第二冊	46	裏	五位外記為弁代事
第二冊	47	表	五位外記為弁代事・公卿車無礼之時不出入陽明門事
第二冊	47	裏	大内脇陣座事・弁路事
第二冊	48	表	弁路事・内弁随身居事・下仗座幕事
第二冊	48	裏	下仗座幕事・五位外記持筥奉従上卿事
第二冊	49	表	諸司解状不結事・陣雷鳴時乞人鈒置傍事
第二冊	49	裏	結政守公神法施事・褰大臣車簾事
第二冊	50	表	褰大臣車簾事・注文用檀紙事・伊勢奉幣発遣時五位外記連之事
第二冊	50	裏	伊勢奉幣発遣時五位外記連之事・列見定考雨儀事
第二冊	52	表	局夜行事
第二冊	52	裏	局大鏡南所神事・仰菅家長者事
第二冊	51	表	仰菅家長者事・懈怠辻子事・雨儀節会里内行事所事
第二冊	51	裏	雨儀節会里内行事所事・廟拝々数事
第二冊	53	表	非神事時於車中持笏事・賢所出御間礼事
第二冊	53	裏	賢所出御間礼事・早出公卿触外記事・結政不供掌灯事
第二冊	54	表	結政不供掌灯事・太政官奏事・持向宣旨事
第二冊	54	裏	持向宣旨事・不進田楽事
第二冊	56	表	女官除目事
第二冊	56	裏	女官除目事・補施薬院使事
第二冊	55	表	絵網代車事・女位記事
第二冊	55	裏	女位記事・散三位上臈与参議三位下臈署所上下事
第二冊	58	表	散三位上臈与参議三位下臈署所上下事
第二冊	58	裏	散三位上臈与参議三位下臈署所上下事
第二冊	57	表	散三位上臈与参議三位下臈署所上下事
第二冊	57	裏	諸公事用途被付任官功初事
第二冊	59	表	諸公事用途被付任官功初事・造作募任官功初事・諸国荘園建立事
第二冊	59	裏	親王大臣已下車馬従者事・随身着布衣祗候日月華門内事
第二冊	60	表	随身着布衣祗候日月華門内事
第二冊	60	裏	随身着布衣祗候日月華門内事
第三冊	1	表	公卿家於縁承仰時事・持勘文参納言第事
第三冊	1	裏	召御前時事・外記参大臣家時事
第三冊	2	表	雨日作法事・大臣直衣時不平伏事
第三冊	2	裏	大臣直衣時不平伏事・弁少納言遇腋陣事・開卜串事
第三冊	3	表	開卜串事・奏聞事
第三冊	3	裏	奏聞事
第三冊	4	表	奏聞事・奏聞之後上卿還着仗座事
第三冊	4	裏	奏聞之後上卿還着仗座事・着床子座事

冊次	丁	表裏	柱：細目
第三冊	5	表	着床子座事
第三冊	5	裏	着床子座事
第三冊	6	表	着床子座事・参軾間事
第三冊	6	裏	参軾間事・参小庭儀事
第四冊	1	表	参小庭儀事・敷政門内事
第四冊	1	裏	進外任奏事
第四冊	2	表	進外任奏事・着階下座作法事
第四冊	2	裏	着階下座作法事
第四冊	3	表	着階下座作法事・階下動座事
第四冊	3	裏	階下動座事・着孔雀間事
第四冊	4	表	着孔雀間事・釈奠着靴事
第四冊	4	裏	釈奠着靴事・五位外記於右近陣参軾事・外記借用右近府硯事
第四冊	5	表	外記借用右近府硯事・任大将日五位外記史参本家事・殿原廻事
第四冊	5	裏	触穢人参内時事・以出納為外記代例
第四冊	6	表	以出納為外記代例・一度唯事
第四冊	6	裏	二度唯事・結文事
第四冊	7	表	結文事・結文不指笏事
第四冊	7	裏	結文不指笏事・結文不云次第事・結文間唯事
第四冊	8	表	結文間唯事
第四冊	8	裏	結文間唯事
第二冊	9	表	称唯事・結文間事
第二冊	9	裏	入筥文結事・外記史出立事
第二冊	10	表	奉幣日大臣就弓場間外記史立所事・賑給定文不結事
第二冊	10	裏	執柄参着仗座給事・勘諸宮給事
第五冊	3	表	勘諸宮給事
第五冊	3	裏	
第五冊	4	表	〔居障子上事〕
第五冊	4	裏	〔居障子上事〕
第四冊	29	表	諸国宰吏年限事
第四冊	29	裏	諸国宰吏年限事
第四冊	30	表	未済解由国司不可預官位事・人従者員数事
第四冊	30	裏	執柄以下大将随身着布衣祗候日月花門内并敷政門内事
第五冊	1	表	執柄以下大将随身着布衣祗候日月花門内并敷政門内事
第五冊	1	裏	執柄以下大将随身着布衣祗候日月花門内并敷政門内事・奉内弁後乍奥座令敷軾召大外記問例事
第五冊	2	表	一上着奥座事・陣座後門開事
第五冊	2	裏	陣座後門開事
第四冊	9	表	陣座後門開事・陣座垂幕事
第四冊	9	裏	陣座垂幕事・大臣在仗座時次大臣通敷政門参入例
第四冊	10	表	大臣在仗座時次大臣通敷政門参入例・以弁可内覧文弁不候用外記事
第四冊	10	裏	以弁可内覧文弁不候用外記事
第四冊	11	表	以弁可内覧文弁不候用外記事・陣座掌灯史不候用外記事
第四冊	11	裏	陣座掌灯史不候用外記事・召史於里第下文事
第四冊	12	表	大臣夜陰参陣入敷政門例

表1－2（6）

冊次	丁	表裏	柱：細目
第四冊	12	裏	大臣夜陰参陣入敷政門例
第四冊	13	表	一上有行事参入時用敷政門事
第四冊	13	裏	一上有行事参入時用敷政門事
第四冊	14	表	一上有行事参入時用敷政門事
第四冊	14	裏	一上有行事参入時用敷政門事・入敷政門出化徳門事
第四冊	15	表	入敷政門出化徳門事・一大臣参節会時於陣押笏紙事・五位外記給牛事
第四冊	15	裏	五位外記給牛事
第四冊	16	表	五位外記給牛事・焼亡時強不可早参事
第四冊	16	裏	焼亡時強不可早参事・内裏焼亡時事
第四冊	17	表	路頭礼節　前駆遇本主人時事
第四冊	17	裏	父子前駆勤仕時事・父子遇路礼事
第四冊	18	表	父子遇路礼事
第四冊	18	裏	靫負佐逢大臣儀事・納言退出宮城中遇大臣儀事
第四冊	19	表	納言退出宮城中遇大臣儀事・参議遇大臣儀事・大弁遇大臣儀事
第四冊	19	裏	弁少納言逢納言儀事・外記逢大臣儀事
第四冊	20	表	大夫大外記与六位外記遇路時事・六位与六位逢時事
第四冊	20	裏	六位与六位逢時事・車礼
第四冊	21	表	車礼・馬礼
第四冊	21	裏	乗船逢無止人時事・車中作法事
第四冊	22	表	維摩会文書事
第四冊	22	裏	居中門廊并障子上事
第四冊	23	表	居中門廊并障子上事・着衣冠布衣事
第四冊	23	裏	着衣冠布衣事
第四冊	24	表	着衣冠布衣事
第四冊	24	裏	着衣冠布衣事
第四冊	25	表	着衣冠布衣事
第四冊	25	裏	着衣冠布衣事
第四冊	26	表	着衣冠布衣事
第四冊	26	裏	着衣冠布衣事
第四冊	27	表	着衣冠布衣事
第四冊	27	裏	着衣冠布衣事
第四冊	28	表	上達部見参申次
第四冊	28	裏	上達部見参申次
第五冊	5	表	陽明門前立車儀
第五冊	5	裏	陽明門前立車儀
第五冊	6	表	
第五冊	6	裏	

表2 『局中宝』主要典拠一覧

(1) 「丁数」は、一桁目の漢数字が冊次、続く二桁が丁数、末尾のオは表を、ウは裏を示す。
(2) 「典拠」は、同一または近似すると推定されるものは併記した。
(3) 「典拠」中、〔　〕は典拠の日記等でさらに引勘されている主要な典拠、（　）は注である。

丁数	典拠
二65オ	或御記
二12オ・四13オ	〔或人説〕・或人云
二17ウ・二80オ・四02ウ・四18オ・四21ウ	家君仰云・家君被仰此旨・家君御談・家君仰事〔口伝〕
二03ウ	家様
三06ウ	予家説
二52ウ・二75ウ	宇治殿御説・〔宇治禅閣仰云〕
二63オ・四09ウ・四12オ・五01ウ・五02オ・五02ウ	宇治左大臣殿御記・宇台・宇台記・宇治左大臣記
四21ウ	右大弁説
二79ウ	永保三年閏六月廿一日記
二10ウ	永暦元年四月九日記
二61ウ	延喜天暦御記
四18オ	小野宮例
二01ウ・二10ウ・二39ウ・二61ウ・二62ウ・二64オ・二68オ・二74オ・四13ウ・四14ウ・五02オ	小野宮殿御記・小野宮右大臣記・小野宮右府記・小野記・野記・後小野宮右大臣記・後小野宮右府記・〔続水心後小野宮記抄歟〕
四15オ	主計頭初任記
二61ウ	菅家集注
二57オ・二58オ	寛平式部省勘文・寛平九年七月十四日式部省勘文
四14ウ	聞抄
二62オ	義解
二59オ・四29オ・四29ウ・四30オ	格（寛平4年5月・宝亀11年8月・大同5年6月・弘仁3年11月・弘仁7年正月・承和2年7月・貞観9年11月）
二11ウ・二81オ	旧事秘抄
二03オ	旧秘抄
二12オ	行幸抄
二71ウ・二72オ	九条殿御記・九記
一02ウ・二31ウ・二32オ・二38ウ・二39オ・二73ウ・二77ウ・四16オ	口伝
二08ウ・二16オ	蔵人信経記
二75オ・四11オ・四15オ	外記記
四17オ	外記路頭礼節之庭訓
四14オ	〔故一条太政大臣説〕
二34ウ・二43ウ・二60オ・五01オ	江記・匡房卿記〔厚重話曰〕
二04オ・二48ウ	行成卿記
二06オ・二06ウ・四17オ	江納言云・江帥説
二29ウ・二33ウ	康平四年日記・康平四年四月廿九日記
二59ウ・四30オ・四30ウ	国史（持統天皇4年7月壬子・平城天皇大同2年8月14日）
五05オ	故源相府御説

表2（2）

丁数	典拠
二36ウ	故殿御記
二21ウ	御暦
一02ウ・二03ウ・二43ウ・二77ウ	西宮抄表巻・西宮・〔西宮記〕
二43ウ	左大弁中納言説
三06ウ	定俊家説
二02オ・二07ウ・二08オ・二30オ・四03オ・四20ウ	左府被仰云・左相府被仰云・左府被仰予〔宇治殿令語左府殿給云々〕・左府仰
二59ウ・二60オ・二65オ・四21オ・四30オ・四30ウ	延喜弾正式・弾正式
二55ウ	式部式
四17ウ	四条大納言説
二17オ・四01ウ	随聞抄
二06ウ・二43ウ・二47ウ	祐俊宿祢示予〔江納言云〕・祐俊申云〔左大弁中納言説・西宮記〕・〔祐俊宿祢説〕
四13オ	資仲卿抄
二05ウ	資仲節会抄元日第一之下
四20ウ	世俗之説
二70オ	節会雑例
二03ウ・二30ウ・三６オ・四02ウ・四28オ	摂州抄・摂州自筆抄・摂州自筆折紙〔故守口伝〕・摂州御抄・〔祖父摂州記録〕
四11ウ	師遠記
二41オ	武忠説
二61ウ	筑州入道抄
四09ウ・四12ウ	筑州記
一03オ・一03ウ・二19オ・二22ウ・二40ウ	中外抄・知足院殿仰・知足院殿被仰云・知足院入道仰事
四09オ	注起抄
四10オ・四12オ	中右記・中御門右大臣記
二18オ・二18ウ	対州御札・対州
二18オ	故対州御所為
四22ウ・四23オ	対記
二75ウ	経信卿記
二61オ・二74オ	経頼卿記
二18ウ	羽州御返事・羽州
二02オ・二07オ・二21オ・二33オ・二55オ・四09オ・四10ウ・四11ウ・四12オ・四12ウ・四22ウ	羽記・羽暦・羽御暦・羽州記・日記
二38オ	或人云（朝隆）
二35ウ・四15ウ	朝隆卿記
四13オ	〔済時卿説〕
二64ウ	日本私紀云天武天皇十一年詔
四05オ	年々記
二14ウ・二34ウ	〔肥後殿康和三年記〕・〔先人康和三十二二御記〕
二17オ・二23オ	備州仰云・家君（備州）仰云
二21オ・二33オ・二41オ・二48ウ・五02ウ	備州記・備記・備・〔師元朝臣記〕・日記

丁数	典拠
二30ウ	備州抄
二25オ	人（前木工頭俊頼）云〔仲実之説・故季仲卿云〕
二06オ	部類勘草
二11オ	弁官補任裏
三02ウ	奉幣日記
一02ウ・二60オ・二75ウ・四17オ・五01オ	北山抄・北山抄上表巻・〔北山抄〕
四19オ	堀川左府説
二74ウ	本日記
二58オ	明法博士信貞勘文
一03オ	毛詩第一
二27ウ	盛房朝臣示云
二66オ・二70ウ・二71オ・二72オ	李部王記
二55ウ・二62オ	令（儀制・公式・職員）

表３ 『局中宝』に引勘されている日条一覧

(1)「丁数」は、一桁目の漢数字が冊次、続く二桁が丁数、末尾のオは表を、ウは裏を示す。
(2)「出典」は、『局中宝』中に示された典拠名を示す。ただし「同」とある場合は、適宜該当の書名を入力した。
(3)「備考」の●は、すでに出典の当該条本文が知られているもの（ただし要を取るなど本文そのままではない）。▽は『局中宝』により知られる逸文。★は外記の日記と推測されるもの（▽は省略した）。

丁数	項目	日条	出典	備考
二64ウ	天武以前人不取髪童形着冠歟事	天武天皇11年	日本私記	●
二59ウ	随身着布衣祗候日月華門内事	持統天皇４年７月壬子（壬午の誤）	国史	●
四30ウ	執柄以下大将随身着布衣祗候日月花門内并敷政門内事	持統天皇４年７月壬子（壬午の誤）	国史	●
二65ウ	衣裾事	和銅元年12月丁丑（５年の誤）		●
二57ウ	諸公事用途被付任官功初事	天平感宝元年５月戊辰		
四29オ	諸国宰吏年限事	宝亀11年８月	格	●
二59ウ	親王大臣已下車馬従者事	大同２年８月14日	国史	▽
四30オ	人従者員数事	大同２年８月14日	国史	▽
四29オ	諸国宰吏年限事	大同５年６月	格	●
四29オ	諸国宰吏年限事	弘仁３年11月	格	●
四29オ	諸国宰吏年限事	弘仁７年正月	格	●
四29ウ	諸国宰吏年限事	承和２年７月	格	●
四30オ	未済解由国司不可預官位事	貞観９年11月	格	●
二67ウ	内覧後令奉行公事給例	仁和元年正月１日		
二59オ	諸国荘園建立事	寛平４年５月	格	●
二58オ	散三位上臈与参議三位下臈署所上下事	寛平９年７月14日	式部省勘文	▽
二59オ	造作募任官功初事	昌泰元年正月29日		
二57ウ	諸公事用途被付任官功初事	昌泰２年正月11日		
二72オ	親王大臣已下地下事	延長３年正月14日	李部王記	▽
二67ウ	内覧後令奉行公事給例	延長８年11月11日		
二67ウ	内覧後令奉行公事給例	承平２年正月１日		
二68オ	内覧後令奉行公事給例	承平２年正月７日		
二68オ	内覧後令奉行公事給例	承平３年正月７日		
二68オ	内覧後令奉行公事給例	承平３年２月15日		
二71オ	親王摂関座次事	承平４年３月27日	李部王記	▽
二68オ	内覧後令奉行公事給例	承平５年正月１日		
二68オ	内覧後令奉行公事給例	承平５年正月７日		
二68オ	内覧後令奉行公事給例	承平６年８月15日		
二70ウ	親王摂関座次事	天慶３年２月15日	李部王記	●
二71ウ	親王摂関座次事	天慶３年９月11日	九条殿御記	▽
二66オ	衣裾事	天暦元年11月17日	李部王記	●
二72オ	親王大臣已下地下事	天暦２年正月16日	九記	▽
二75オ	庁椅子間事	天禄元年５月26日	外記記	★
二68ウ	内覧後令奉行公事給例	天延元年正月26日		
二68ウ	内覧後令奉行公事給例	天延元年４月５日		

丁数	項目	日条	出典	備考
二64ウ	摂籙停職猶帯太政大臣出仕例	天延２年２月28日		
二64ウ	摂籙停職猶帯太政大臣出仕例	天延２年３月26日		
二68ウ	内覧後令奉行公事給例	天延２年10月11日		
二64ウ	摂籙停職猶帯太政大臣出仕例	貞元２年11月４日		
二64ウ	摂籙停職猶帯太政大臣出仕例	貞元２年11月８日		
二32オ	大夫史不可参南殿行香事	天元５年８月24日		
二11オ	宮中行啓王卿着靴事	応和２年10月10日		
二64オ	摂籙停職猶帯太政大臣出仕例	寛和２年７月16日	後小野宮右大臣記	
二62ウ	摂録騎馬時以滝口為馬副事	永延元年11月８日	後小野宮右大臣記	▽
二11オ	非参議大弁始差馬瑙帯事	永延元年	弁官補任裏	
四15オ	五位外記給牛事	正暦２年５月８日	外記記	★
四26ウ	着衣冠布衣事	正暦２年５月８日		★
二67オ	不帯大臣関白被仰雑事例	正暦５年正月９日		▽
二68オ	内覧後令奉行公事給例	長徳元年10月１日	野記	●
二04オ	弁於床子座下文於史時事	長徳２年５月20日	行成卿記	▽
二48ウ	五位外記持笏奉従上卿事	長徳２年10月７日	行成卿記	▽
二16オ	大臣於殿上召大外記事	長徳２年10月８日	蔵人信経記	▽
二68ウ	内覧後令奉行公事給例	長徳２年12月13日		
二68ウ	内覧後令奉行公事給例	長徳３年正月１日		
二68ウ	内覧後令奉行公事給例	長保元年正月７日		
二08ウ	参議仗座北南座相分着例	長保２年９月４日	蔵人信経記	▽
二68ウ	内覧後令奉行公事給例	長保５年正月１日		
二68ウ	内覧後令奉行公事給例	寛弘４年正月１日		
二68ウ	内覧後令奉行公事給例	長和２年正月１日		
二70オ	節会大臣二人着外弁年々	長和２年11月16日		
二39ウ	殿上人不可取松明事	長和３年７月29日	小野宮殿御記	▽
二01ウ	大臣出敷政門時無御前例	寛仁２年10月16日	野記	●
二10ウ	執柄参着仗座給事	治安元年３月７日	野記	▽
二74オ	宜陽殿大臣座事	治安元年８月21日	後小野宮右府記	▽
二74オ	宜陽殿大臣座事	治安元年８月21日	経頼卿記	▽
四14ウ	入敷政門出化徳門事	治安元年11月９日	野記	●
二10ウ	執柄参着仗座給事	治安２年正月１日	野記	▽
四13ウ	一上有行事参入時用敷政門事	治安３年正月１日	続水心〈後小野宮右記抄〉	▽
四13ウ	一上有行事参入時用敷政門事	万寿元年正月１日	続水心〈後小野宮右記抄〉	▽
二61ウ	入道太政大臣御出家以後参内事	万寿３年８月15日	小野記	▽
五02オ	一上着奥座事	長元４年正月１日	野記	▽
二61オ	摂籙騎馬時以滝口為馬副事	長暦元年10月10日	経頼卿記	▽
四23オ	着衣冠布衣事	長久２年正月23日		
四23オ	着衣冠布衣事	長久３年３月30日		★
四23オ	着衣冠布衣事	長久３年閏９月５日		★
四23ウ	着衣冠布衣事	長久３年10月17日		★
四23ウ	着衣冠布衣事	長久３年10月20日		★
二78ウ	於小板敷有行幸召仰事	寛徳２年６月13日		
四23ウ	着衣冠布衣事	永承２年４月17日		★

表3（3）

丁数	項目	日条	出典	備考
四16ウ	内裏焼亡時事	天喜2年正月8日		
二67オ	不帯大臣関白被仰雑事例	康平3年12月15日		
二33ウ	外記史生初参事	康平4年正月29日	康平四年正月廿九日記	★
二67オ	不帯大臣関白被仰雑事例	康平4年2月26日		
二29ウ	史生初参事	康平4年	康平四年日記	★
二65オ	衣寸法事	延久元年10月28日	或御記	
二65ウ	衣寸法事	延久2年3月17日	或御記	
二75ウ	庁椅子間事	承保2年6月28日	経信卿記	▽
二79ウ	大臣以下於仗座供氷事	永保3年閏6月21日	永保三年閏六月廿一日記	
二70オ	節会大臣二人着外弁年々	寛治2年11月20日		
二70オ	節会大臣二人着外弁年々	寛治3年正月7日		
二43オ	外記始従庁事時雖無申文請印用晴儀事	寛治4年3月7日		
四11オ	陣座掌燈史不候用外記事	寛治5年4月12日	外記記	★
二34ウ	結政座不可用扇事	寛治8年2月	江記	▽
二03オ	晴儀事	寛治8年3月7日		
二06オ	縁上不置膝突事	寛治8年10月26日	部類勘草	
二60オ	随身着布衣祗候日月華門事	永長元年7月2日	匡房卿記	▽
五01オ	執柄以下大将随身着布衣祗候日月花門内并敷政門内事	永長元年7月2日	匡房卿記	▽
四23ウ	着衣冠布衣事	康和3年2月日		
二34ウ	参法成寺御八講間事	康和3年12月2日	先人御記	★
二69オ	内覧後令奉行公事給例	康和4年8月13日		
四23ウ	着衣冠布衣事	康和4年9月19日		★
二69オ	内覧後令奉行公事給例	康和4年10月20日		
四24オ	着衣冠布衣事	康和5年2月16日		★
二27ウ	布袴事	康和5年6月		
四11ウ	陣座掌燈史不候用外記事	長治元年5月20日	師遠記	★
二69オ	内覧後令奉行公事給例	長治元年11月22日		
二69オ	内覧後令奉行公事給例	長治2年正月1日		
二69オ	内覧後令奉行公事給例	長治2年正月25日		
二69オ	内覧後令奉行公事給例	長治2年2月28日		
二69ウ	内覧後令奉行公事給例	長治2年8月9日		
二69ウ	内覧後令奉行公事給例	長治2年8月13日		
二69ウ	内覧後令奉行公事給例	長治2年12月14日		
四22オ	維摩会文書事	嘉祥2年10月1日		
二69ウ	内覧後令奉行公事給例	天仁元年11月22日		
四12オ	大臣夜陰参陣入敷政門例	天永2年正月20日	中右記	●
二39オ	未復任人位所書様	天永2年春		
一02オ	舞踏様	永久3年正月30日		
二21ウ	染下重不差紺地平緒軟事	永久4年正月2日		
二21ウ	染下重不差紺地平緒軟事	永久4年3月30日		
二63ウ	進火櫃於仗座事	永久4年12月13日		
二14オ	臨時用巡方事	保安2年3月14日		★
四18オ	父子遇路礼事	保安4年2月22日	家君被仰此旨	★

丁数	項目	日条	出典	備考
三04ウ	奏聞之後上卿還着仗座事	保安4年3月16日		
二32オ	大夫史不可参南殿行香事	保安5年3月13日		
四04ウ	外記借用右近府硯事	永治2年正月7日		
四10オ	以弁可内覧文弁不候用外記事	天治2年12月25日	中御門右大臣記	▽
二76オ	太政大臣着陣時一上若次大臣着陣行事例	仁平元年正月7日		
二76オ	太政大臣着陣時一上若次大臣着陣行事例	仁平元年正月26日		
二76オ	太政大臣着陣時一上若次大臣着陣行事例	仁平3年正月7日		
二76オ	太政大臣着陣時一上若次大臣着陣行事例	仁平4年正月7日		
二70オ	太政大臣自腋昇殿事	仁平4年正月7日		
四05オ	任大将日五位外記史参本家事	仁平4年8月18日		
四15ウ	五位外記給牛事	長承3年3月15日	朝隆卿記	
四09ウ	陣座垂幕事	保延3年11月11日	宇台	▽
四12オ	大臣夜陰参陣入敷政門例	保延4年10月26日	宇台記	▽
四12オ	大臣夜陰参陣入敷政門例	保延4年12月8日	宇台記	▽
二22オ	染下重不差紺地平緒敷事	保延5年正月2日		
二63オ	藍尾事	保延5年3月23日	宇治左大臣殿御記	▽
二44オ	政以弁為少納言代事	保延6年4月7日		
二35ウ	侍従代相伴着打板座事	康治元年10月26日	朝隆卿記	
五01ウ	奉内弁後乍奥座令敷軾召大外記問例事	久安2年11月14日	宇台記	●
五02オ	陣座後門開事	久安3年5月16日	宇治左大臣記	●
五02ウ	陣座後門開事	久安3年7月9日	宇治左大臣記	●
五02オ	一上着奥座事	久安3年8月11日	宇治左大臣記	●
五02オ	一上着奥座事	久安4年正月26日	宇治左大臣記	●
二55オ	絵網代車事	久寿元年7月16日	羽暦	★
二33オ	上官弁官可出入延政門事	保元2年12月11日	羽御暦	★
四26オ	着衣冠布衣事	保元3年3月11日		★
二64オ	太政大臣勤節会内弁事	平治元年正月7日		
二44オ	政以弁為少納言代事	平治元年5月23日		
四25オ	着衣冠布衣事	永暦元年正月14日（2年か）		★
四24オ	着衣冠布衣事	永暦元年正月21日		
二82ウ	於殿上方謁貫首事	永暦元年正月29日		
三01オ	持勘文参納言第事	永暦元年2月5日		★
四24オ	着衣冠布衣事	永暦元年2月8日		★
四04オ	釈奠着靴事	永暦元年2月8日		★
二15オ	大臣参陣日参議必可候事	永暦元年2月11日		
二15オ	奉幣内記不足時外記史清書宣命事	永暦元年2月18日		★
四24オ	着衣冠布衣事	永暦元年2月21日		★
二07オ	黄紙外記不入硯依仰進事	永暦元年2月28日		★
二43オ	公卿風記事	永暦元年3月2日		★
二81オ	五位外記於中門廊縁入主上見参事	永暦元年3月9日		★
二09ウ	外記史出立事	永暦元年3月16日		
三02オ	雨日作法事	永暦元年3月20日		★
四11ウ	召史於里第下文事	永暦元年3月23日	羽州記	★

表3（5）

丁数	項目	日条	出典	備考
二35ウ	着文殿南庇座事	永暦元年３月25日		★
四24オ	着衣冠布衣事	永暦元年４月１日		★
二41ウ	平座公卿外記不催申事	永暦元年４月１日		★
一03オ	装束事	永暦元年４月１日		★
四24ウ	着衣冠布衣事	永暦元年４月２日		★
一03オ	装束事	永暦元年４月２日		★
二36オ	参院御精進屋事	永暦元年４月３日		★
二56オ	女官除目事	永暦元年４月３日		★
二56ウ	補施薬院使事	永暦元年４月７日		★
二10ウ	勘諸宮給事	永暦元年４月９日		★
二42ウ	公卿風記事	永暦元年４月11日		★
二44オ	政以弁為少納言代事	永暦元年４月11日		
二42ウ	公卿風記事	永暦元年４月13日		★
二56オ	女官除目事	永暦元年４月13日		★
二35オ	着抄符所事	永暦元年４月16日		★
二55オ	女位記事	永暦元年４月17日		★
二56オ	女官除目事	永暦元年４月17日		★
二09オ	結文間事	永暦元年４月24日		★
四26オ	着衣冠布衣事	永暦元年４月26日		★
二77オ	上卿乍立下知時事	永暦元年４月26日		★
二08ウ	公卿分配中清両家相違事	永暦元年４月27日		★
四10ウ	以弁可内覧文弁不候用外記事	永暦元年５月８日	羽州記	★
二24ウ	着白単事	永暦元年６月５日		
二15ウ	雖無職掌一上参陣日参内事	永暦元年６月９日		
二04オ	弁於床子座下文於史時事	永暦元年６月20日		
二44ウ	以五位外記令勘日次事	永暦元年７月１日		★
四24ウ	着衣冠布衣事	永暦元年７月26日		★
二21オ	桔梗襲事	永暦元年７月26日		★
四24ウ	着衣冠布衣事	永暦元年８月11日		★
二45オ	以五位外記令勘日次事	永暦元年９月５日		
三02ウ	開卜串事	永暦元年９月８日		★
二78オ	上卿於左衛門陣召大外記時事	永暦元年９月11日		★
二29オ	上日事	永暦元年９月14日		★
二36オ	参禅室間事	永暦元年９月17日		★
四24ウ	着衣冠布衣事	永暦元年９月28日		★
二23オ	着打衣事	永暦元年９月28日		★
四22オ	維摩会文書事	永暦元年10月１日		
二16オ	以消息語申上卿事	永暦元年10月１日		★
四25オ	着衣冠布衣事	永暦元年10月10日（２年か）		★
二45オ	五位外記給文伝六位史事	永暦元年10月11日		★
四05ウ	触穢人参内時事	永暦元年10月17日		
二45ウ	五位外記為弁代事	永暦元年10月27日		★
二47オ	公卿車無礼之時不出入陽明門事	永暦元年11月１日		★

丁数	項目	日条	出典	備考
二47ウ	大内脇陣座事	永暦元年11月15日		★
二47ウ	弁路事	永暦元年11月15日		★
三02オ	大臣直衣時不平伏事	永暦元年11月17日		★
二07オ	陽明門内奉逢殿下事	永暦元年11月18日	羽州記	★
二48オ	内弁随身居事	永暦元年11月18日		★
三06ウ	参軾間事	永暦元年11月21日		
二48オ	下仗座幕事	永暦元年11月27日		★
二53オ	賢所出御間礼事	永暦元年11月27日		★
四09オ	陣座垂幕事	永暦元年11月27日	羽州記	★
二34オ	参法成寺御八講間事	永暦元年12月2日		★
四01オ	進外任奏事	永暦元年12月18日		★
四03オ	階下動座事	永暦2年正月16日		
二33ウ	修正諸大夫諸司官人外記催渡事	永暦2年2月		★
二53ウ	早出公卿触外記事	応保元年正月1日		★
二54オ	結政不供掌燈事	応保元年正月1日		★
四02ウ	着階下座作法事	応保元年正月1日		★
四03ウ	着孔雀間事	応保元年正月5日		★
四02オ	着階下座作法事	応保元年正月16日		
二54オ	太政官奏事	応保元年正月21日		★
三02ウ	開卜串事	応保元年2月17日	奉幣日記	
一03ウ	装束事	応保元年4月18日		★
二54オ	持向宣旨事	応保元年4月25日		★
二46ウ	五位外記為弁代事	応保元年5月5日		★
二46ウ	五位外記為弁代事	応保元年5月15日		★
二54ウ	不進田楽事	応保元年6月14日		★
二52オ	局夜行事	応保元年6月17日		★
二52ウ	局大鏡南所神事	応保元年7月1日		★
二51オ	仰菅家長者事	応保元年8月12日		
四07オ	結文不指笏事	応保元年8月19日		★
二81ウ	上卿着仗座五位外記居参議座事	応保元年9月4日		★
四25ウ	着衣冠布衣事	応保元年9月21日		★
四22オ	維摩会文書事	応保元年10月1日		
四10ウ	以弁可内覧文弁不候用外記事	応保元年12月13日	羽州記	★
二37ウ	大臣給書状事	応保元年12月13日		★
二82オ	大臣与五位外記共居高麗端畳事	応保元年12月14日		★
二23ウ	張下襲張袴事	応保2年正月1日		
四06ウ	二度唯事	応保2年正月10日		★
二22オ	染下重不差紺地平緒歟事	応保2年2月（23日）		
二51オ	懈怠辻子事	応保2年閏2月28日		
二09オ	称唯事	応保2年3月11日		★
一03ウ	装束事	応保2年4月7日		★
二10オ	賑給定文不結事	応保2年5月29日		★
四04オ	釈奠着靴事	応保2年8月3日		★
二51ウ	廟拝々数事	応保2年8月3日		★

表3（7）

丁数	項目	日条	出典	備考
二81ウ	上卿着仗座五位外記居参議座事	応保2年8月15日		★
二02オ	大臣出敷政門時無御前例	応保2年9月13日	羽記	★
二49オ	諸司解状不結事	応保2年10月7日		★
二51ウ	雨儀節会里内行事所事	応保2年11月24日		★
四12オ	大臣夜陰参陣入敷政門例	応保2年12月13日	羽記	★
四12ウ	大臣夜陰参陣入敷政門例	応保3年2月13日	羽記	★
四07ウ	結文間唯事	長寛元年正月7日		★
二82オ	於北陣大納言被同座事	長寛元年正月13日		★
二49ウ	結政守公神法施事	長寛元年正月15日		
四07ウ	結文不云次第事	長寛元年2月19日		★
四08オ	度々唯事	長寛元年2月19日		★
二10オ	奉幣日大臣就弓場間外記史立所事	長寛元年2月27日		★
二82ウ	於南殿御後逢職事	長寛元年3月8日		
二49ウ	褰大臣車簾事	長寛元年3月9日		
二79オ	於仁寿殿南簀子上卿被下文事	長寛元年3月9日		★
二50オ	注文用檀紙事	長寛元年3月10日		
一03ウ	装束事	長寛元年4月10日		★
四08オ	度々唯事	長寛元年4月10日		★
二23オ	不着汗取事	長寛元年4月13日		
二49オ	陣雷鳴時乞人劔置傍事	長寛元年4月26日		
二21オ	桔梗襲事	長寛元年5月10日		★
二50オ	伊勢奉幣発遣時五位外記連之事	長寛元年6月8日		★
二21オ	桔梗襲事	長寛元年9月9日		★
二20ウ	伊勢幣不可着青朽葉事	長寛元年9月11日		★
二50ウ	伊勢奉幣発遣時五位外記連之事	長寛元年9月11日		★
二20ウ	九月着張衣事	長寛元年9月21日		
四27オ	着衣冠布衣事	長寛元年9月21日		★
四06オ	一度唯事	長寛元年11月18日		★
四08ウ	度々唯事	長寛2年正月1日		★
四04ウ	五位外記於右近陣参軾事	長寛2年正月14日		★
二14ウ	節会日政始可差巡方哉事	長寛2年正月16日		★
四26ウ	着衣冠布衣事	永万元年2月11日		★
四26ウ	着衣冠布衣事	永万元年2月12日		★
四22ウ	居中門廊并障子上事	永万元年6月24日	羽記	★
二47ウ	大内脇陣座事	永万2年2月1日		
二66ウ	不令帯大臣給摂関御着陣例	仁安元年7月27日		
二66ウ	不令帯大臣給摂関御着陣例	仁安元年11月4日		
二66ウ	不令帯大臣給摂関御着陣例	仁安元年12月8日		
四22ウ	居中門廊并障子上事	仁安2年3月25日	対記	★
四22ウ	居中門廊并障子上事	仁安2年5月16日	対記	★
三05オ	着床子座事	仁安2年10月1日		★
四23オ	居中門廊并障子上事	嘉応元年2月29日	対記	★
二21ウ	染下重不差紺地平緒歟事	治承2年正月	御暦	★
二19オ	火色事	治承2年正月18日		

丁数	項目	日条	出典	備考
四06オ	以出納為外記代例	文治３年10月７日		
五04オ	居中門廊并障子上事	文治５年６月15日		
二70オ	節会大臣二人着外弁年々	正治２年正月７日		
二76ウ	太政大臣着陣時一上若次大臣着陣行事例	承元３年正月７日		
二70ウ	太政大臣自腋昇殿事	承元３年正月７日		
四09ウ	大臣在仗座時次大臣通敷政門参入例	建保４年正月５日	筑州記	★
四12ウ	大臣夜陰参陣入敷政門例	建保４年正月５日	筑州記	★
四12ウ	大臣夜陰参陣入敷政門例	建保４年正月16日	筑州記	★
二08オ	笏紙事	建保５年正月１日		
四15オ	一大臣参節会時於陣押笏紙事	建保５年正月１日		
四10オ	大臣在仗座時次大臣通敷政門参入例	建保５年正月７日		★
二70オ	節会大臣二人着外弁年々	建保５年正月７日		
二53オ	非神事時於車中持笏事	建保５年２月16日		
四27オ	着衣冠布衣事	建保６年正月13日		
二33オ	床子座動座事	建保６年正月21日	備	★
五02ウ	陣座後門開事	建保６年５月14日	備州記	★
二36ウ	参禅室間事	承久元年正月４日		★
二70オ	節会大臣二人着外弁年々	貞応元年正月７日		
二48ウ	五位外記持筥奉従上卿事	貞応２年８月７日	備記	★
二41オ	以五位外記内覧文書事	貞応２年８月７日	備州記	★
二21オ	桔梗襲事	嘉禄元年７月１日		★
二27オ	着青朽葉下襲事	嘉禄元年10月17日 （２年の誤）		★
四27オ	着衣冠布衣事	嘉禄元年11月11日		★
四27ウ	着衣冠布衣事	安貞元年10月３日		★
二24オ	張下襲張袴事	安貞２年正月１日		
二24オ	張下襲張袴事	安貞３年正月１日		
二24オ	九月九日着袙事	寛喜２年９月９日		
四09オ	陣座後門開事	暦仁元年５月21日		
四16オ	五位外記給牛事	寛元３年正月日		
二28オ	装束事	康元元年10月11日	貼紙	★

前田育徳会尊経閣文庫編

尊経閣善本影印集成 52

局中宝

八木書店

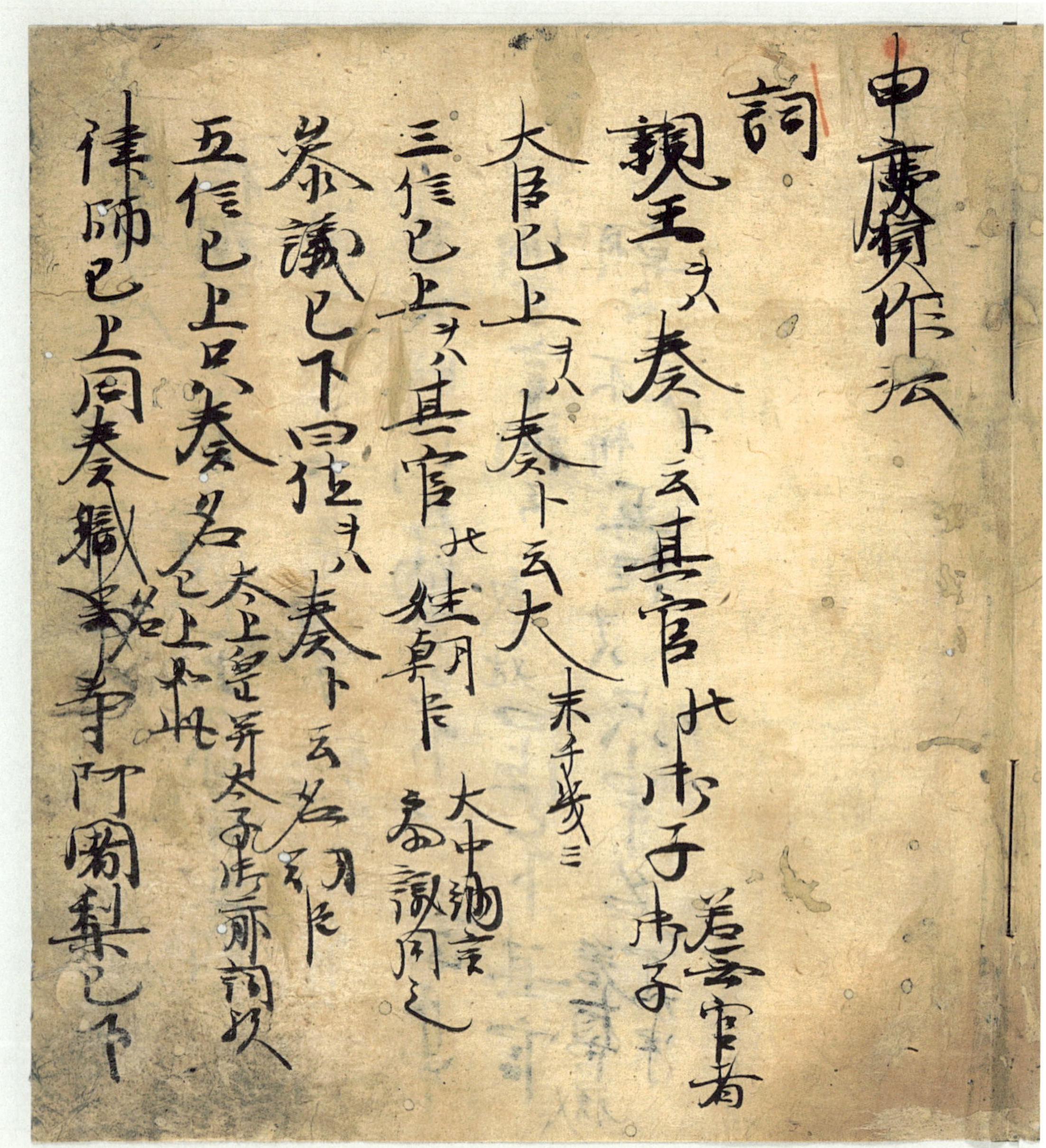
中慶賀作法
詞
親王ヲハ奏ト云其官某皇子　若無官者某皇子
大臣已上ヲハ奏ト云大　末千歳ニ
三位已上ヲハ其官某姓朝臣　大中納言参議同之
参議已下四位ヲハ奏ト云名朝臣
五位已上只奏名　已上如此　太上皇并太子皇后宮詞如此
律師已上同奏職名　寺阿闍梨已下

局中宝　第一冊　中慶賀作法（本文九頁）

帯事　巡方 丸鞆

行幸節会之時用巡方　遠所行幸之

但八省行幸時不指巡方諸儀除

不実鍛之

正月　元日節会　七日白馬節会

十六日踏歌節会

二月　列見　四月　賀茂祭　次日用丸鞆

七月　相撲節　使召合 用丸鞆　八月　定考

例言

一、『尊経閣善本影印集成』は、加賀・前田家に伝来した蔵書中、善本を選んで影印出版し、広く学術調査・研究に資せんとするものである。

一、本集成第七輯は、平安鎌倉儀式書を採りあげ、『内裏式』『本朝月令要文』『小野宮故実旧例』『年中行事秘抄』『雲図鈔』『無題号記録（院御書）』『春玉秘抄』『春除目抄』『京官除目次第』『県召除目記』『禁秘御抄』『局中宝』『夕拝備急至要抄』『参議要抄』『羽林要秘抄』『上卿簡要抄』『消息礼事及書礼事』『餝抄』『大臣二人為尊者儀』『任大臣次第』『大要抄』『大内抄』『暇服事』の二十三部を十二冊に編成、収載する。

一、本冊は、本集成第七輯の第八冊として、『局中宝』（五冊）を収め、墨・朱二色に色分解して製版、印刷した。

一、書名は、『局秘抄』『師光抄』などの異称もあるが、『尊経閣文庫国書分類目録』に従い『局中宝』とした。

一、原本は各冊遊紙を除き、墨付で第一丁、第二丁と数え、各丁のオモテ、ウラをそれぞれ本冊の一頁に収め、図版の下欄の左端または右端に（1オ）、（1ウ）のごとく丁付した。

一、目次及び柱は、原本記載の編目名を勘案して作成した。原本に錯簡がある場合は、目次の項目の上に＊印を付し、項目の内容が分断され、図版が接続しない部分があることを示した。

一、図版の掲載順は原本現状のままとし、錯簡がある場合は、解説の『局中宝』配列復元試案に従って、当該丁のオモテの右上に〔一四頁（第一冊3ウ）ヨリ続ク〕、ウラの左下に〔六一頁（第二冊21オ）へ続ク〕などと記載し、接続箇所を示した。

一、原本第二冊第二八丁オモテの貼紙は、貼付箇所の様態を明確にするため、重複して掲載した。

一、包紙（墨書のある部分）および帯封として用いられていた附属紙片（八点）を参考図版として附載した。

一、本冊の解説は、遠藤珠紀東京大学助教が執筆した「尊経閣文庫所蔵『局中宝』解説」を収載した。

平成二十四年七月

前田育徳会尊経閣文庫

目次

（錯簡等により分断されている項目には＊を付した）

第五冊

参考図版

尊経閣文庫所蔵『局中宝』解説

第一冊

局中宝　第一冊　表紙

局中宝　第一冊　表紙見返

局中寳

局中宝　第一冊　原表紙見返

局秘抄

局中宝　第一冊　遊紙

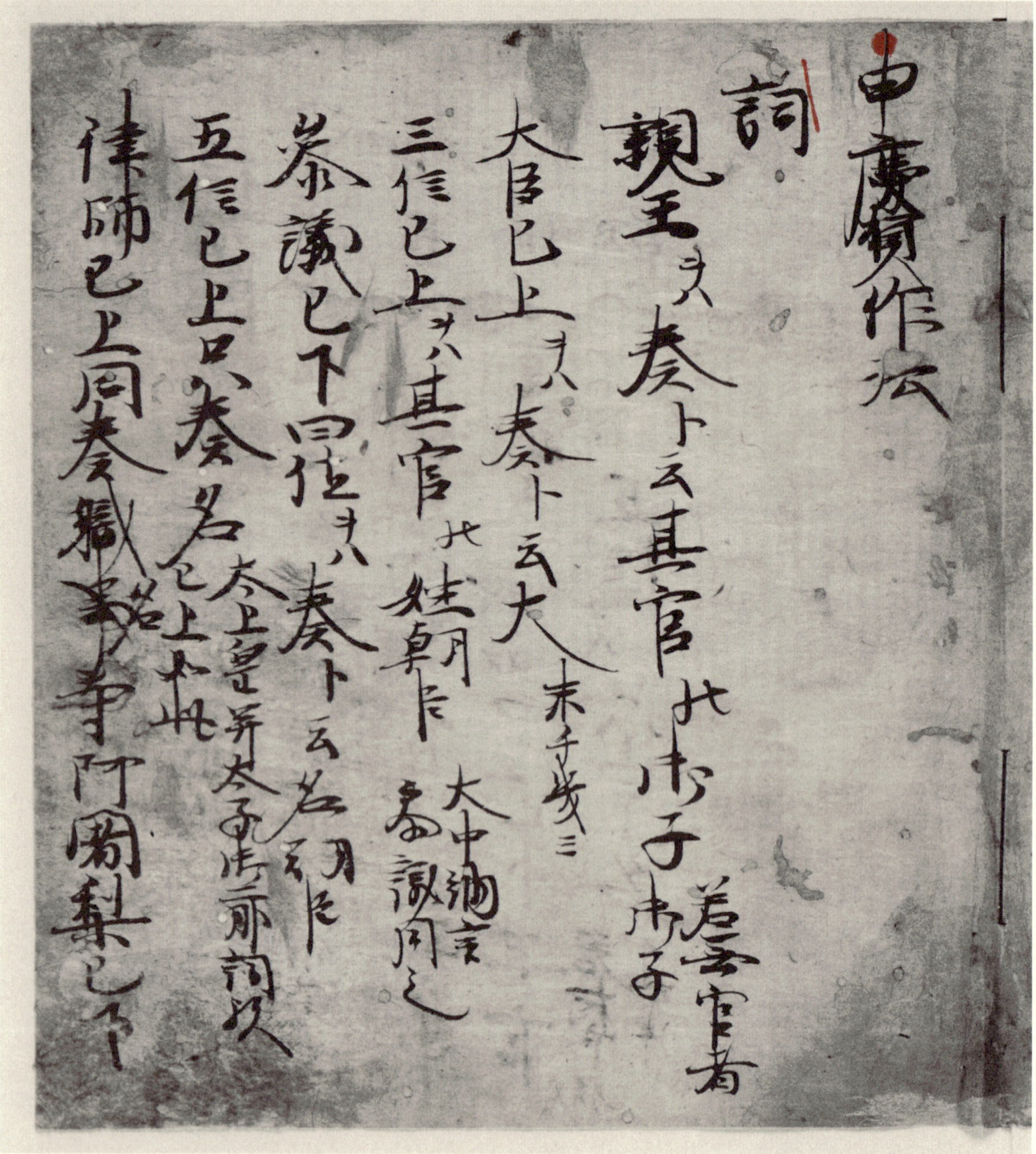
申慶賀作法
詞
親王ヲハ奏ト云其官某親王　若無官者某親王
大臣已上ヲハ奏ト云大臣　末千歳三
三位已上ヲハ其官某姓朝臣　大中納言
参議已下四位ヲハ奏ト云名朝臣　参議同之
五位已上曰ハ奏名　已上某　太上皇并太子乃前詞又
律師已上同奏職名某阿闍梨已下

（１オ）

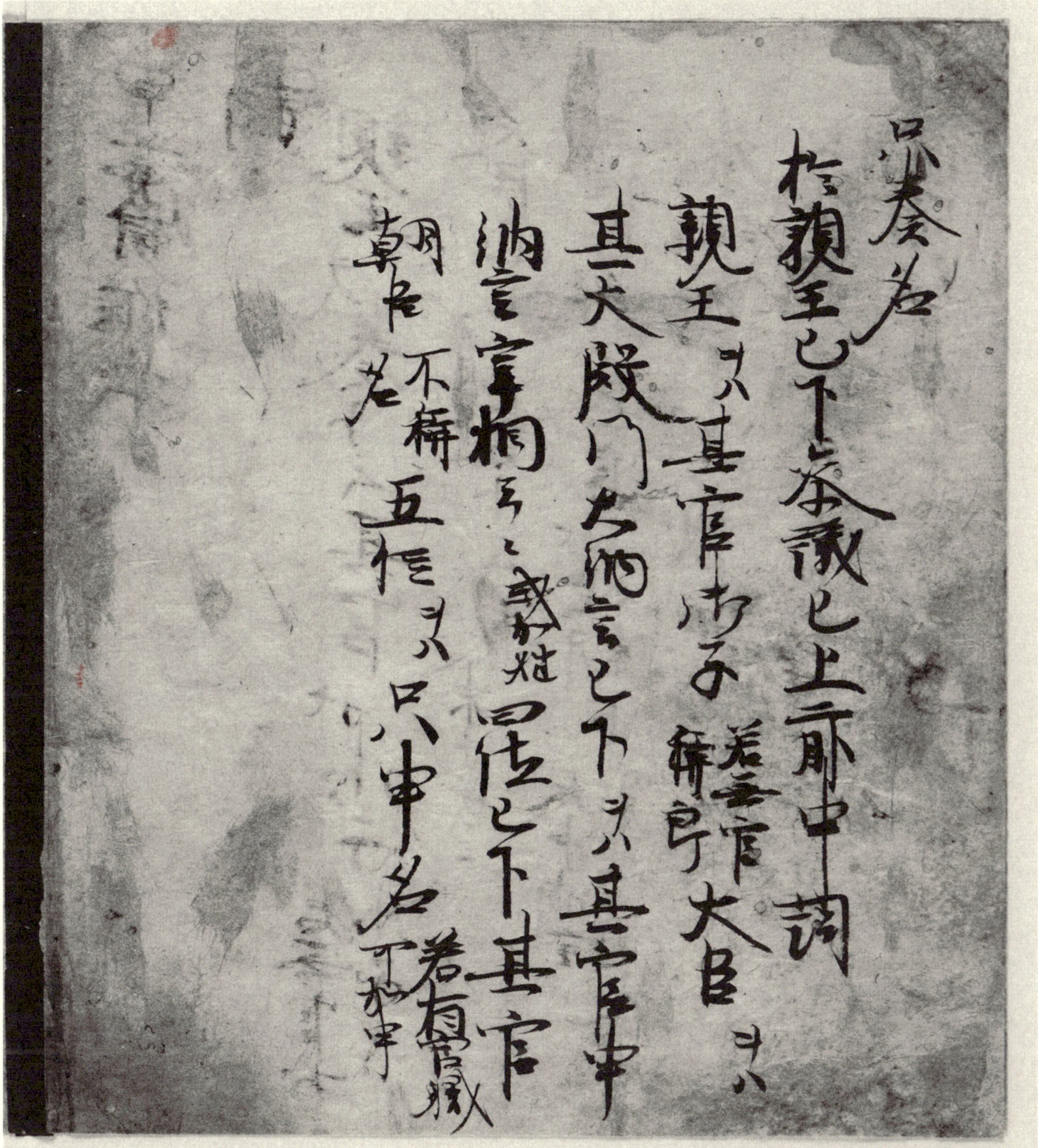
只奏名
於親王已下参議已上弁申詞
親王ニハ某官御子 若無官称号 大臣ニハ
某大殿 大納言已下ニハ某官臣申
納言宰相云々 或称姓 四位已下某官 若有官職
朝臣名 不称 五位ニハ只申名 不称字

（1ウ）

舞踏様、帝王ハ左右左右　春宮有沐浴猶如九人
親王大臣已下ハ九人ハ左右左　或春宮帝王云々
先二拝之後置笏於地左旁　起而左右左
居跪而左右左之後作居　跪居　取笏一揖
次起二拝之後退出　或二拝後作立　小揖退出云々
非國母之皇后再拝云々　永久三年正月廿
日家君於拝任國書頭之時也　度頭中
宮ニハ再拝

（２オ）

舞踏与拝舞差別事

申慶賀事口傳云除目之時殿上人ハ清事
之仍テ申慶賀人地下人ハ下名之後ニテ事
ミヽ近代不然

此拝上表奏慶宿徳人有所労事之時子姪代
拝舞
然云上表奏慶之人有障者上臈子姪代ハ拝視人到
未時可随便宜有礼

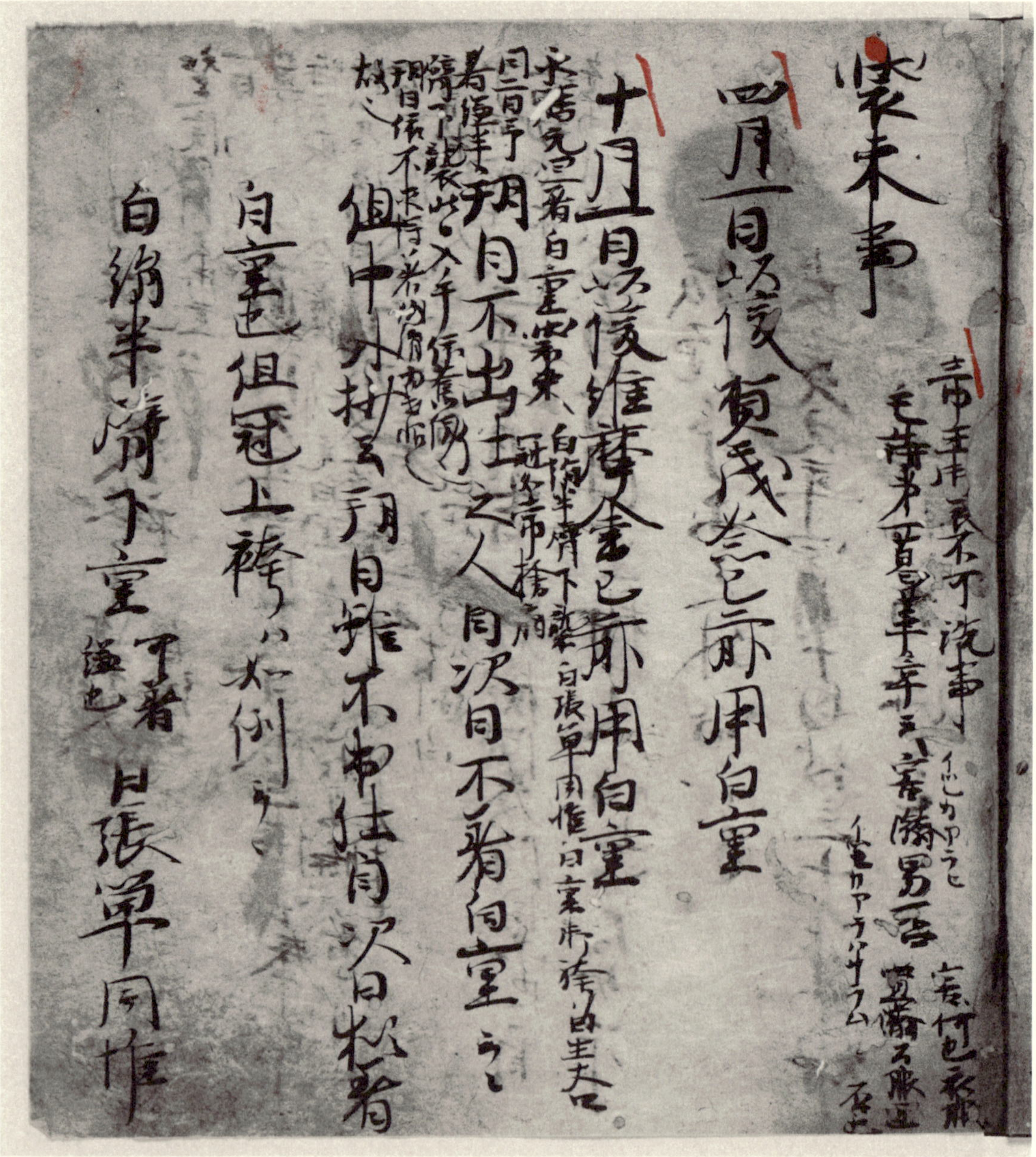
装束事
四月一日以後賀茂祭已前用白重
十月一日以後維摩会已前用白重
朔日不出仕之人同次日不着白重云々
但中小折云朔日雖不出仕同次日初着
白重也但冠上袴ハ如例云々
白絹半臂下重　白張単同帷

（3オ）

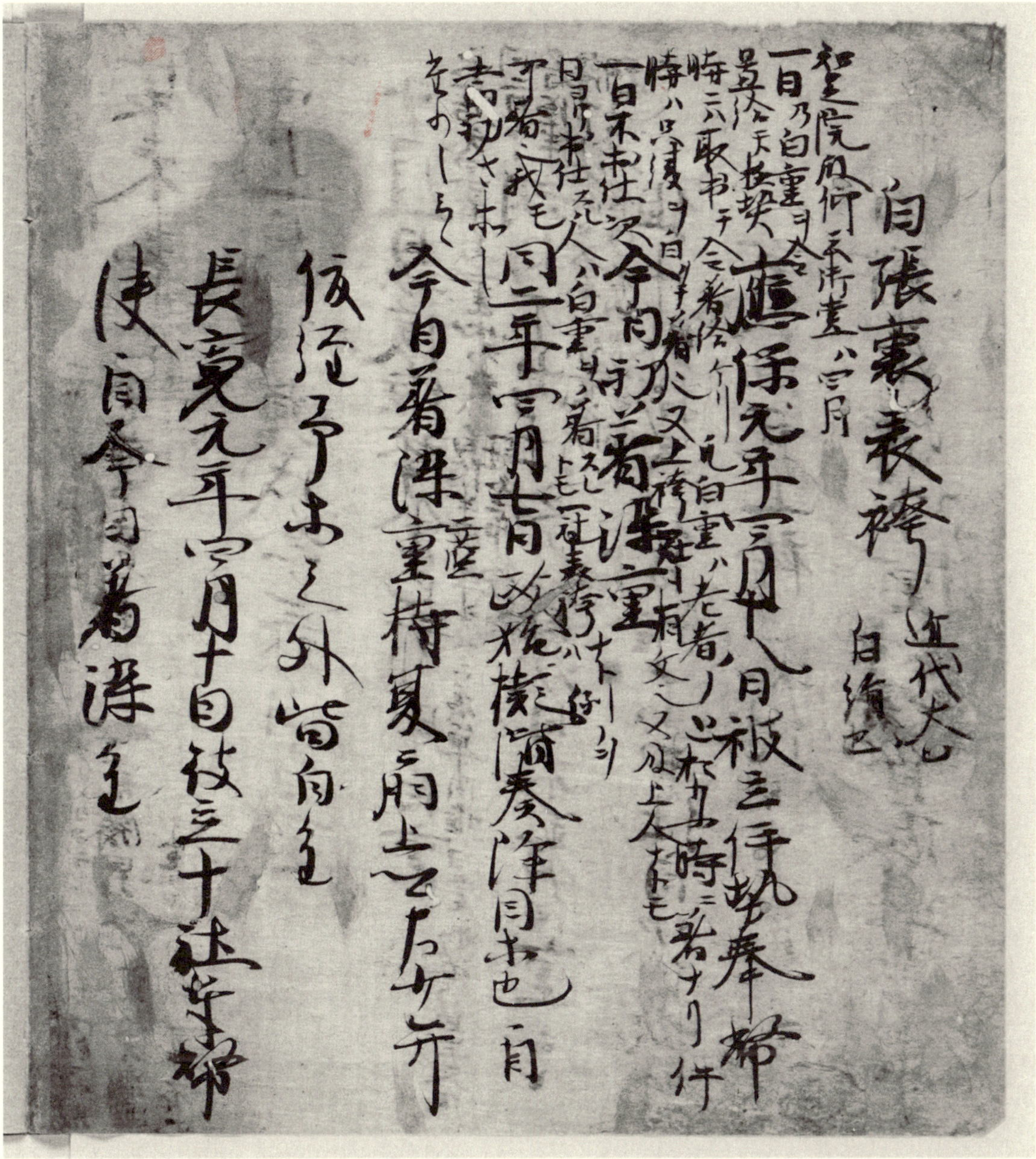

（3ウ）

［六一頁（第二冊21オ）へ続ク］

局中宝　第一冊　裏表紙

第二冊

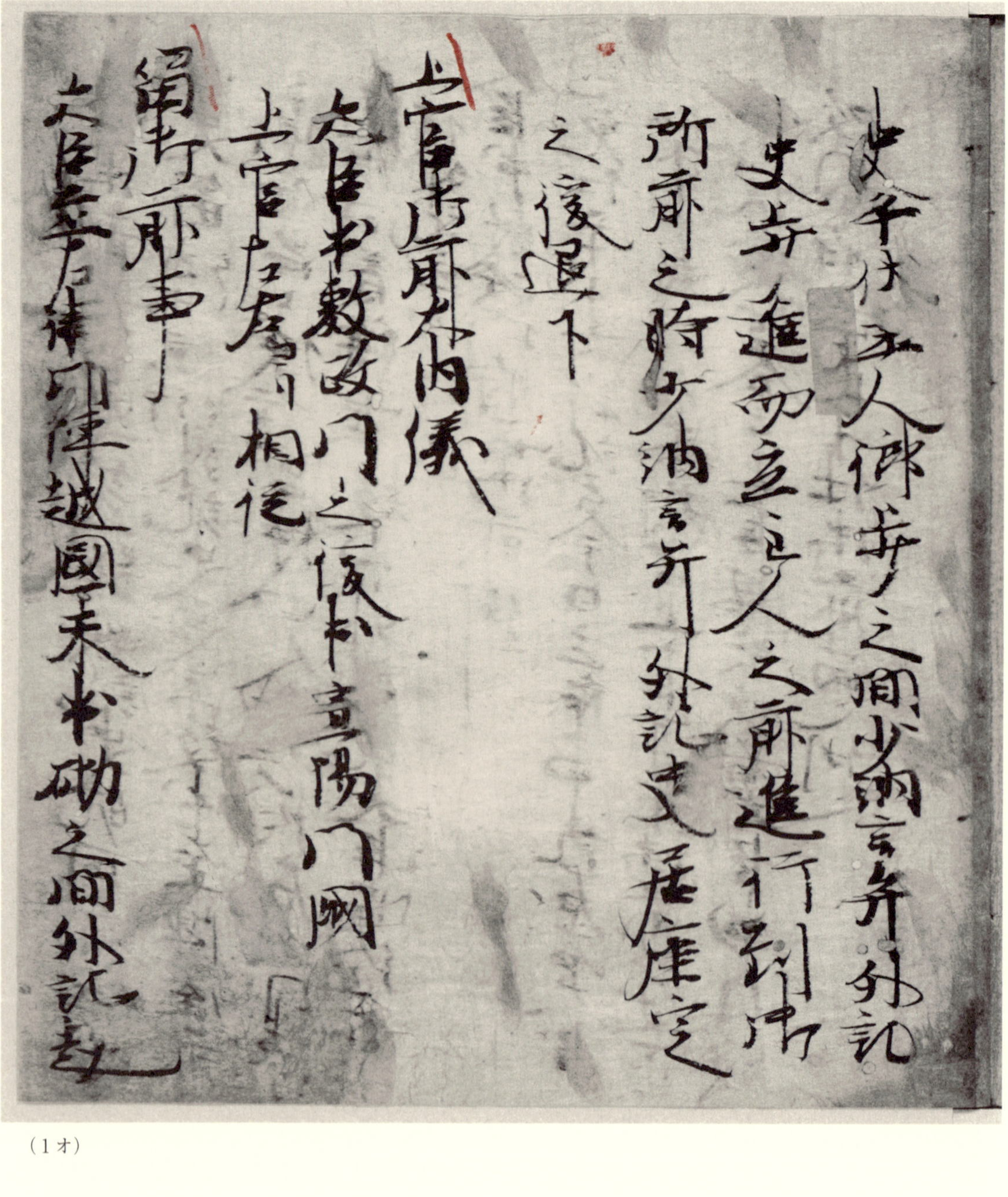
史生仕丁人御弁之間少納言并外記
史弁進而立□人之前進行列床
所前之時少納言并外記史居座定
之後退下
上官着床所内儀
大臣出敷政門之後出宣陽門閫「
上官左右ニ相従
留行所事」
大臣立左仗陣越國未出砌之間外記起」

（１オ）

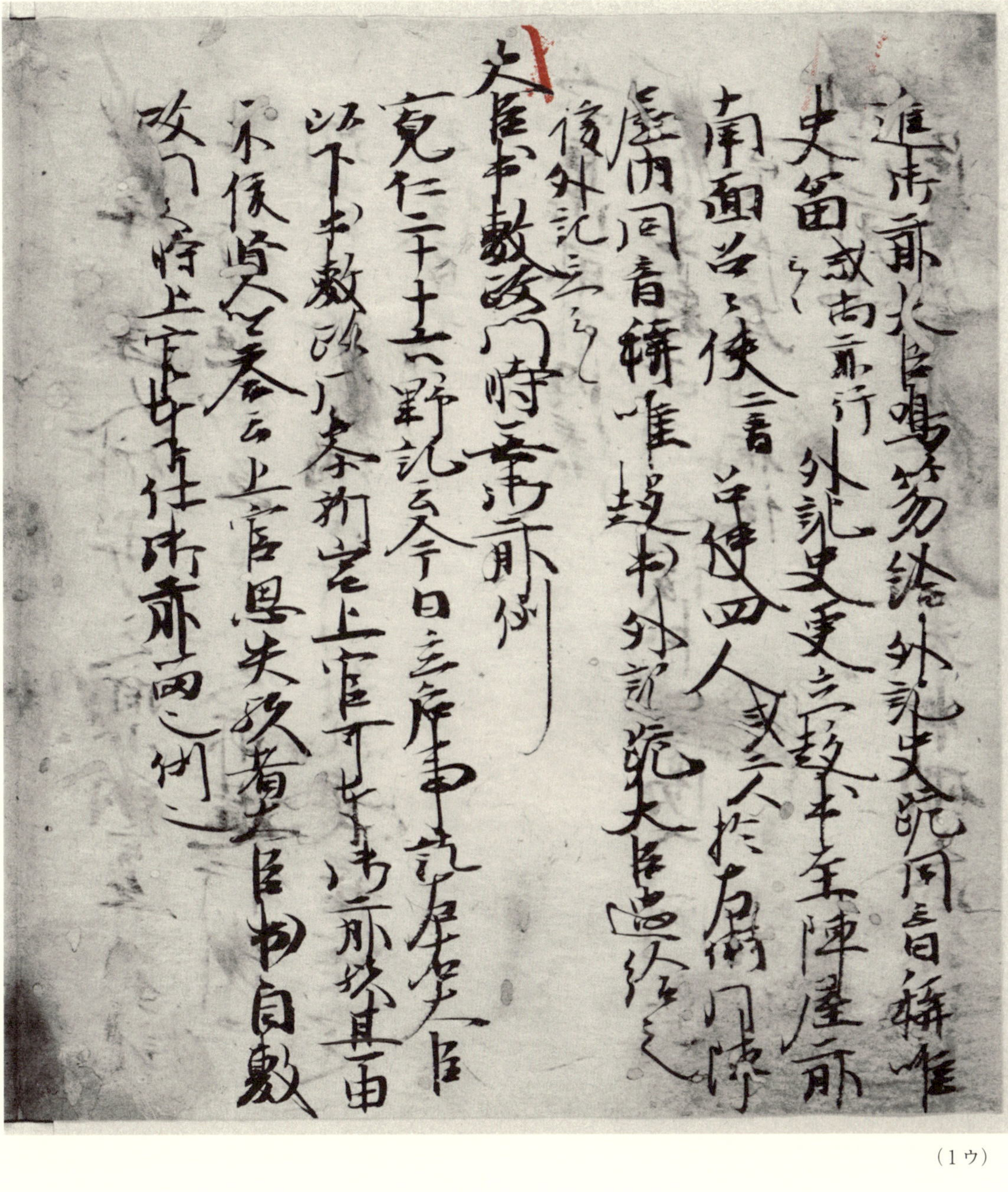
進御前、大臣鳴笏給、外記史宛同音稱唯、
史留或向前行云々、外記史更立趁本座陣屋前
南面並立、使二言、并使四人或三人、於右衛門陣
座前同音稱唯、趁本外記宛大臣出給之、
後外記云々、
大臣未敷政之時、参御前例
寛仁二年十一月野記云、今日立座事、左大臣
以下未敷政之間、参御前上官可召御前、然其由
不候、官人奏云、上官退失殿者、大臣未自敷
政之時、上官未仕御前、四之例

(1ウ)

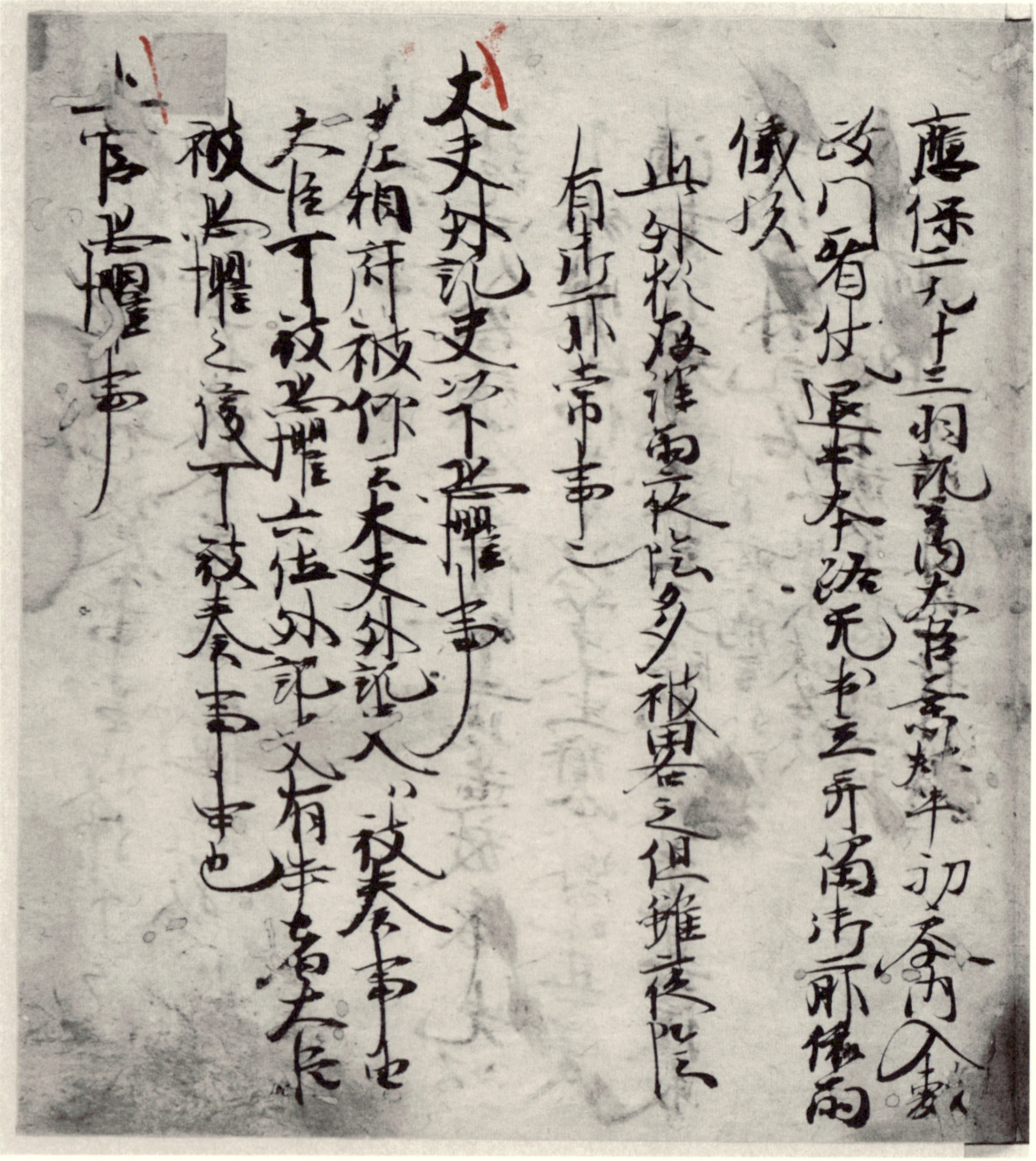

應保二九十三[illegible]内大臣[illegible]初参内[illegible]
[illegible]着付[illegible]所[illegible]
儀歟
此外[illegible]多々被略之但雖[illegible]
有不[illegible]事

大夫外記史以下恐懼事
[illegible]相府被仰云大夫外記[illegible]被奏事也
大臣下被恐懼六位外記[illegible]
被恐懼之後下被奏事也

上官恐懼事

（2オ）

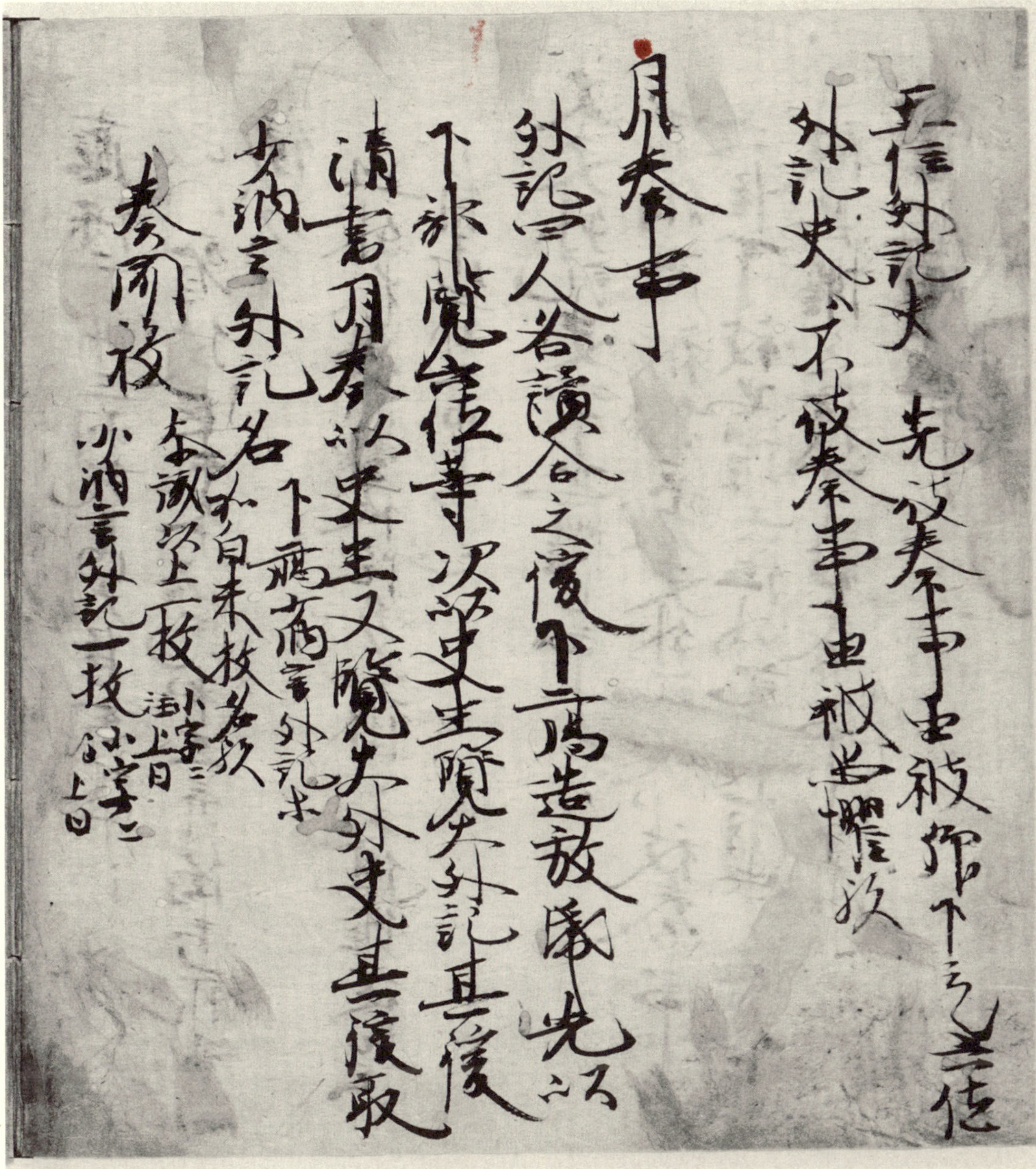

（2ウ）

〔七九頁（第二冊29オ）へ続く〕

〔三二頁（第二冊6ウ）ヨリ続ク〕

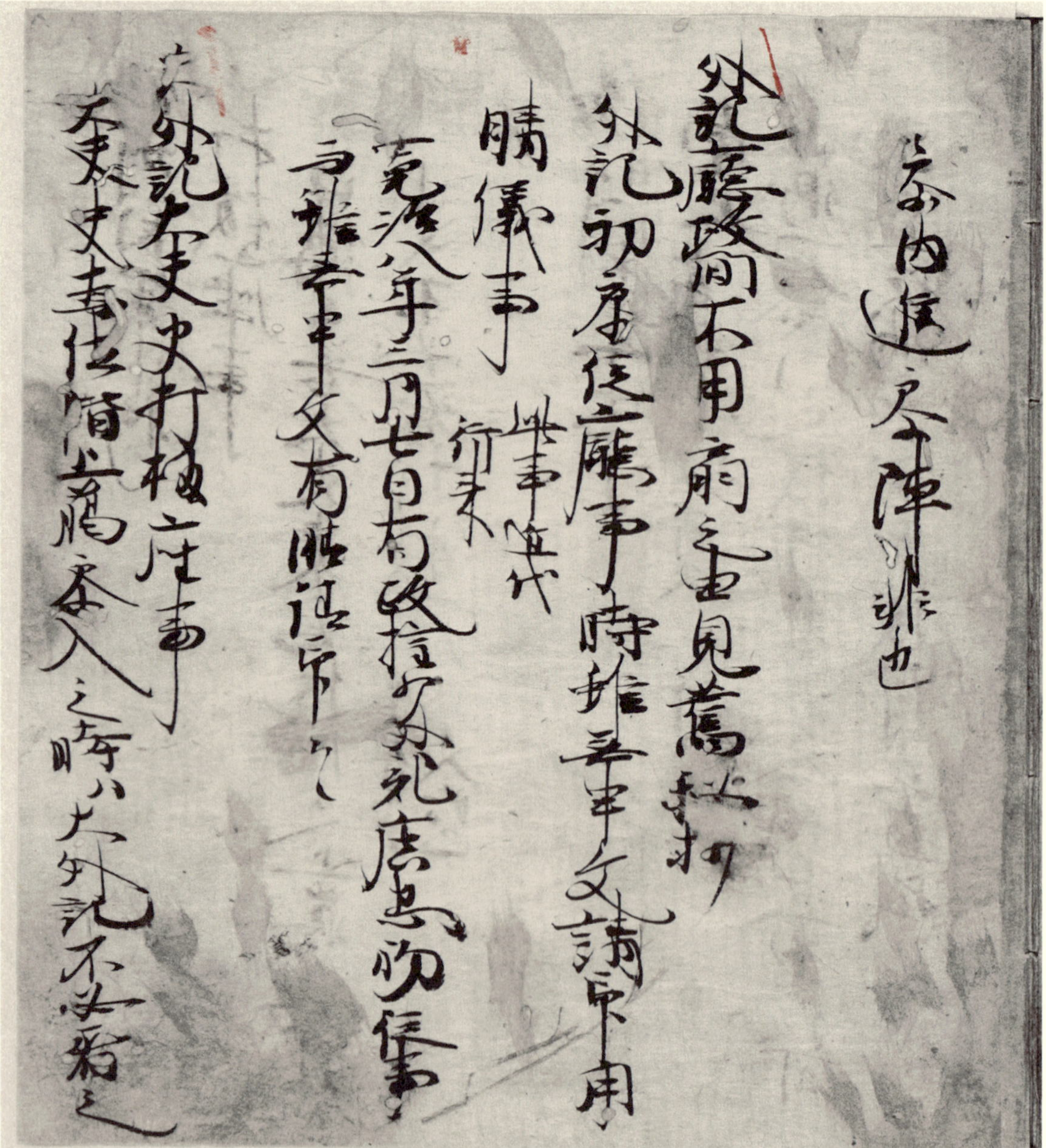
参内途大陣非也
外記庁政所不用扇之由見舊記等歟
外記初参従庁事時雖無申文請印用
晴儀事　此事無先例未
寛治八年二月廿七日有政、橘以外記広恩初参儀
雖無申文有請印云々
大外記大夫史打板座事
大夫史奉仕之舊座奉入之時ハ大外記不必着之

（3オ）

長州自筆歟

打板座事

口傳云、若大夫史為位階之上臈、大外

史不必着打板座 是大夫史叅入時也

陽明門出立事

南上、家振、此上西交行事

上臈一人出門之後、可立直歟、依衆議已上出後可

者直揖、両言已上出後可立直揖

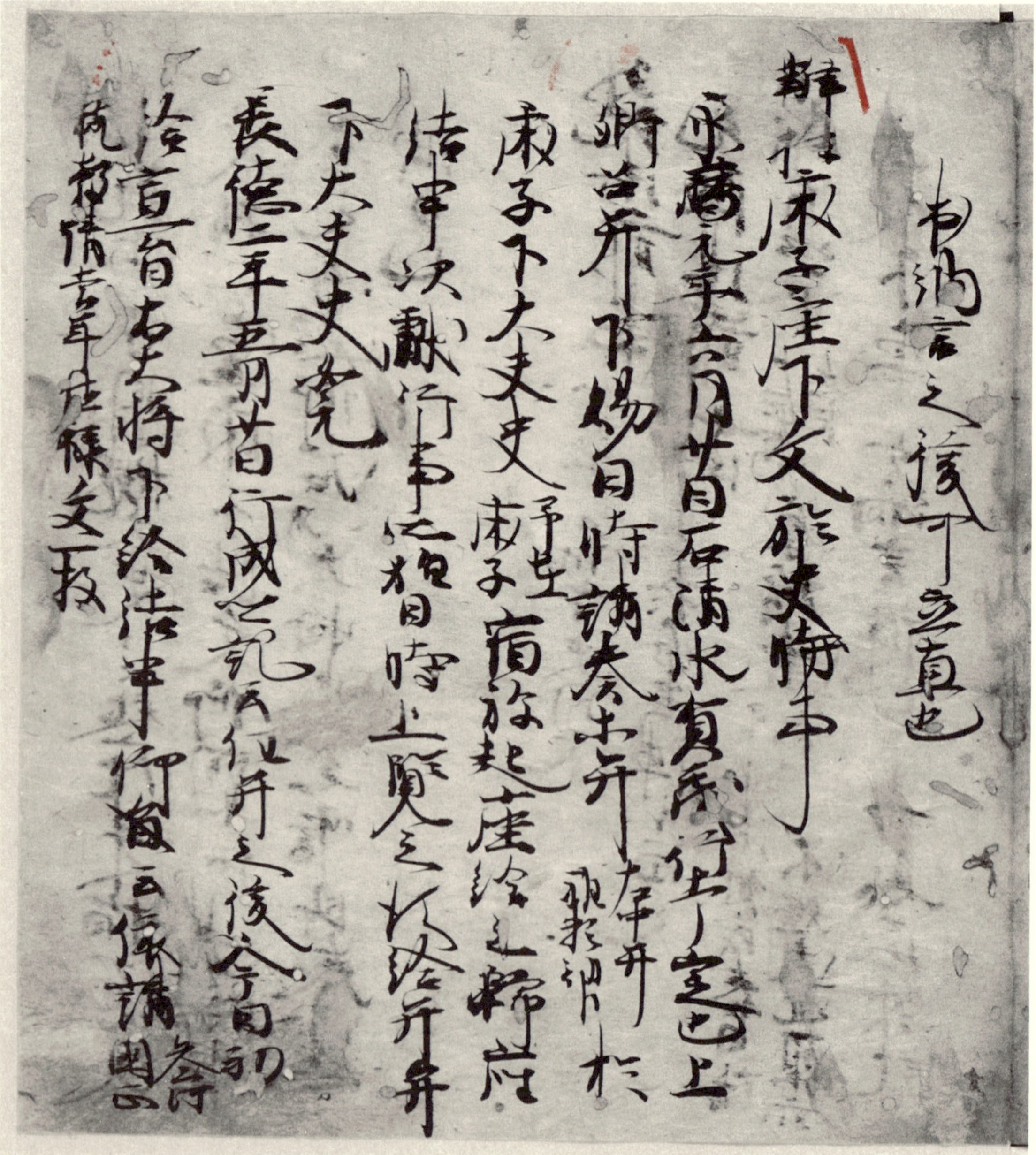
中納言之後下之直也
弁於床子座下文於史時事
承徳元年十二月廿日石清水賀茂行幸定也上
卿并弁下陽明時請奏左中弁 兼部卿 於
床子下大夫史 予生 床子 宿於起座給之歸府
結申次獻行事之猶目時上覧之後給弁弁
下大夫史史竟
長徳二年五月廿日行成之記云依弁之後今日初
給宣旨右大将下給結申仰爵云依請因給行
成都倩去年任條文一枚

（4オ）

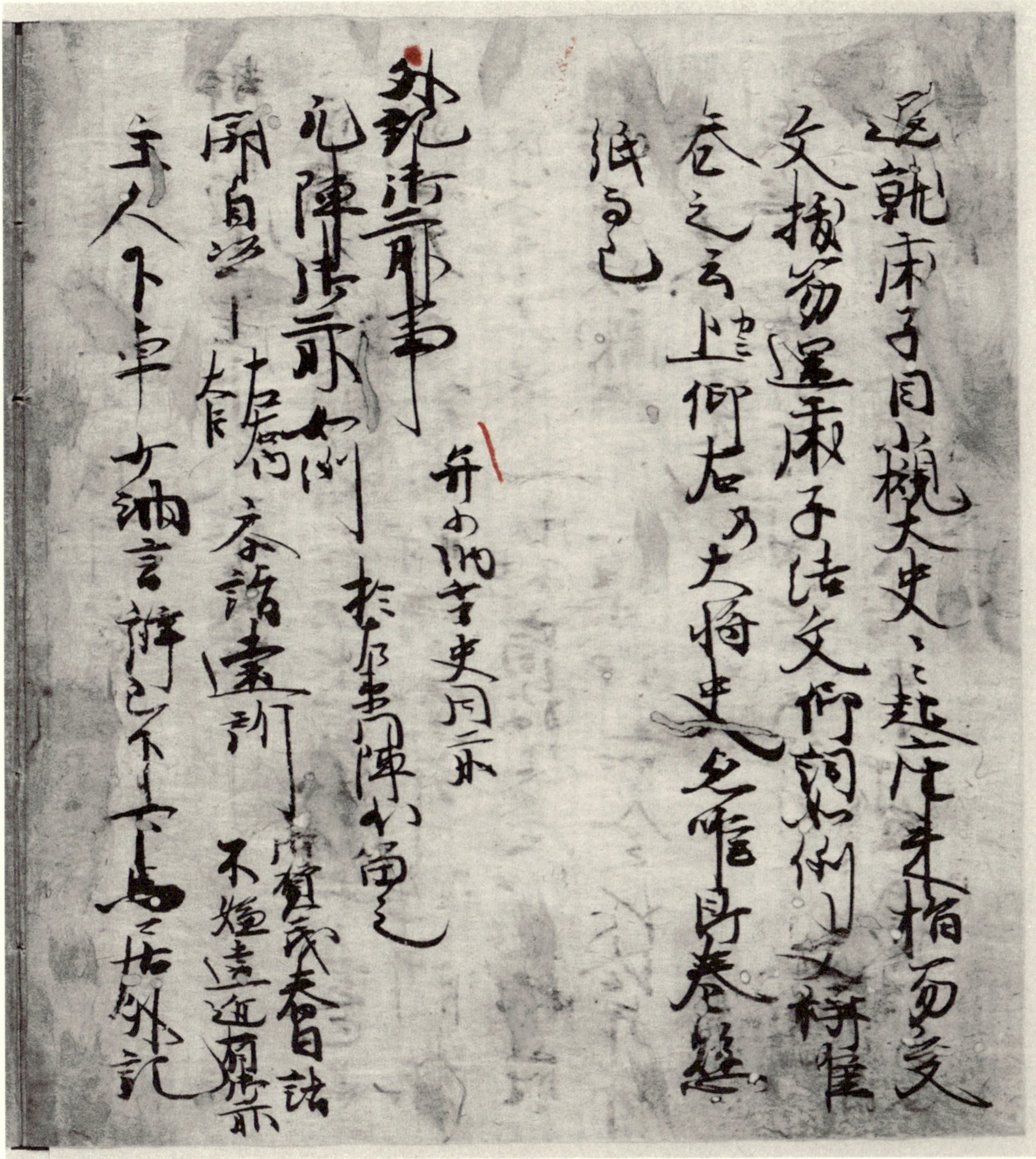

（4ウ）

〔二一頁（第二冊1オ）へ続く〕

〔三六頁（第二冊8ウ）ヨリ続ク〕

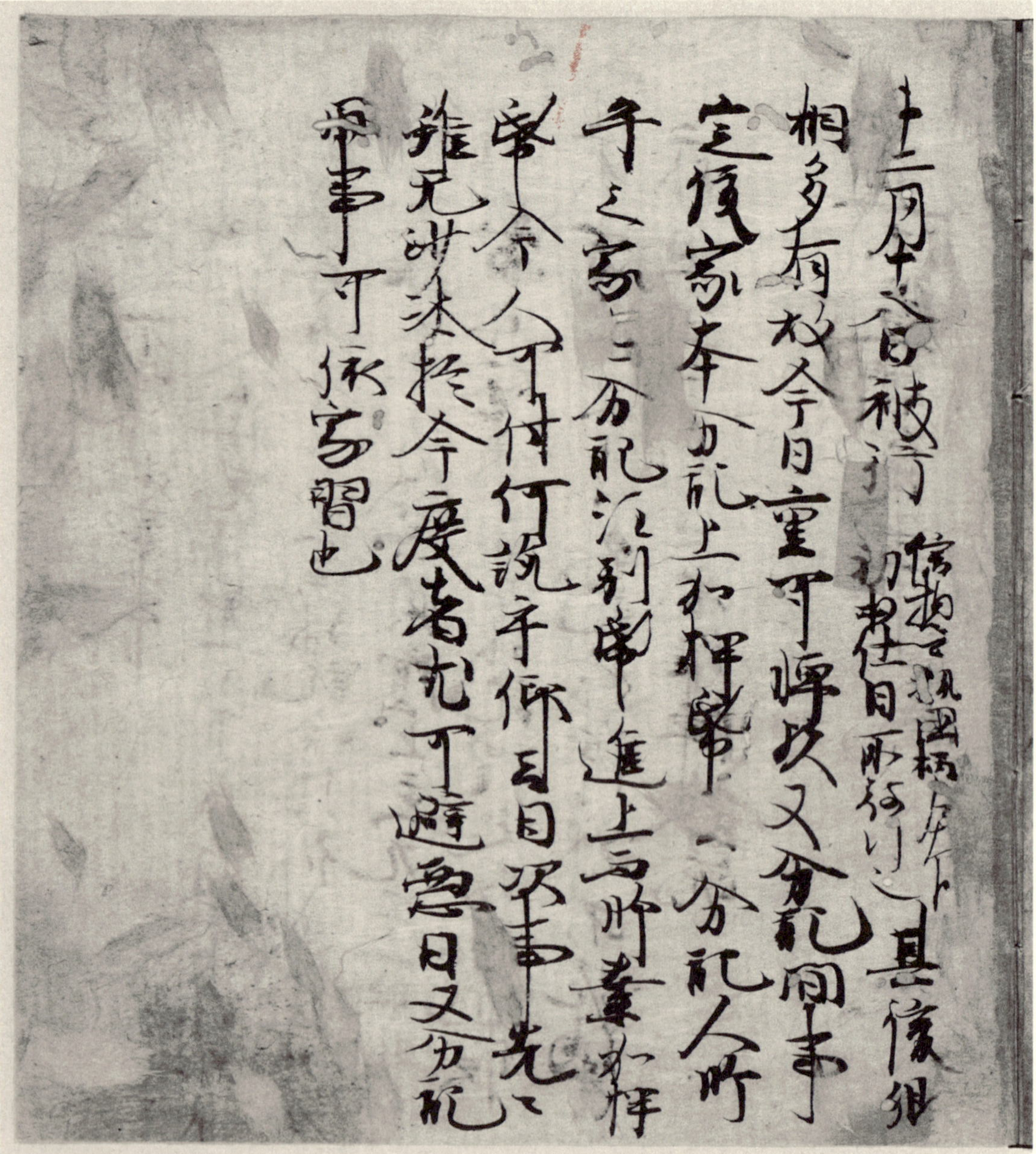
十二月十六日被行　甚儀相
相多有故今日重可停止又分配間事
定俊家本分配上和様帖一分配人所
予之家二三分配注別帖進上之所叢和様
帖令人可付何説乎御目存事先々
雖无沙汰於今度者尤可避悪日又分配
帖事可依家習也

（5オ）

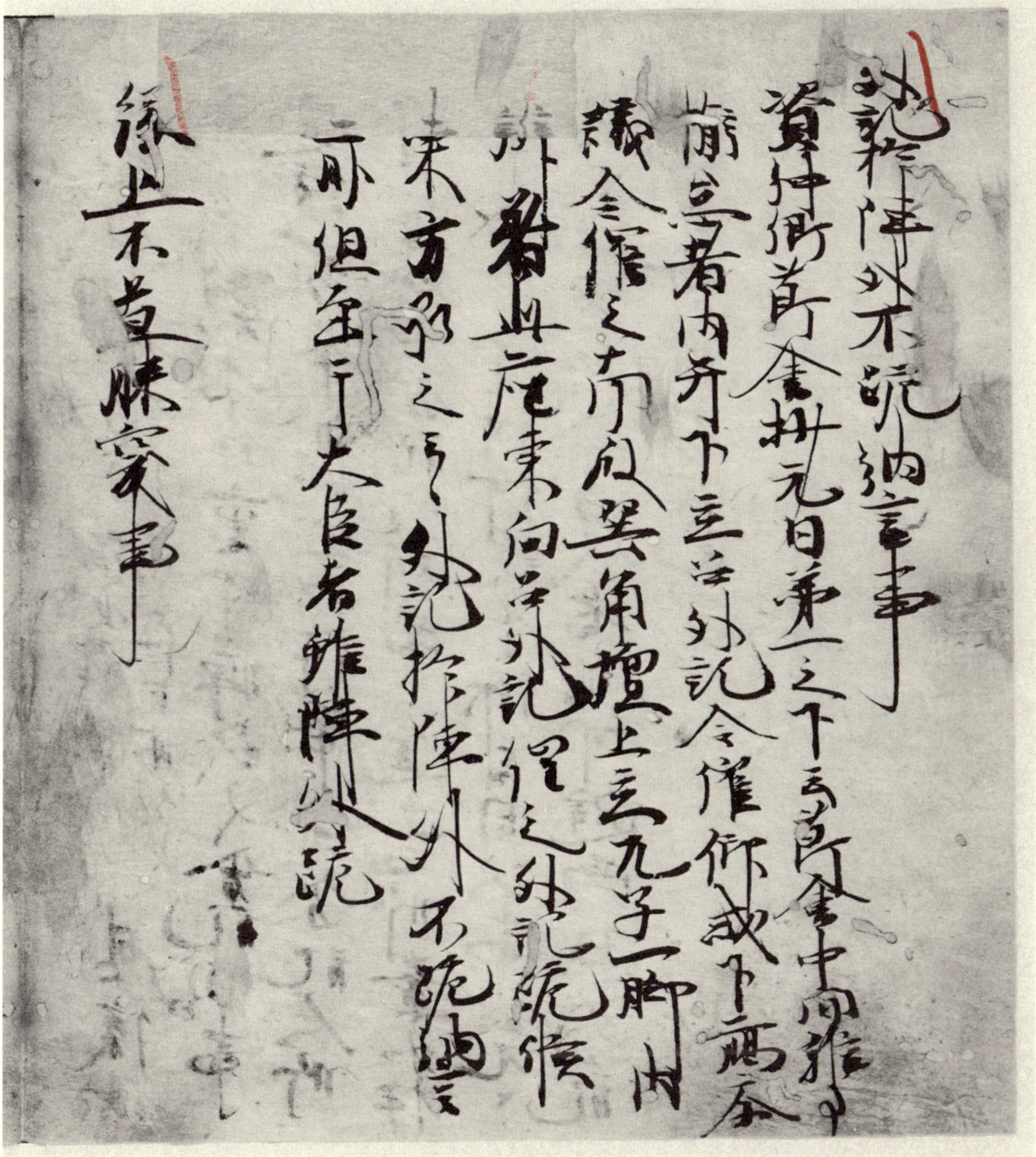

（5ウ）

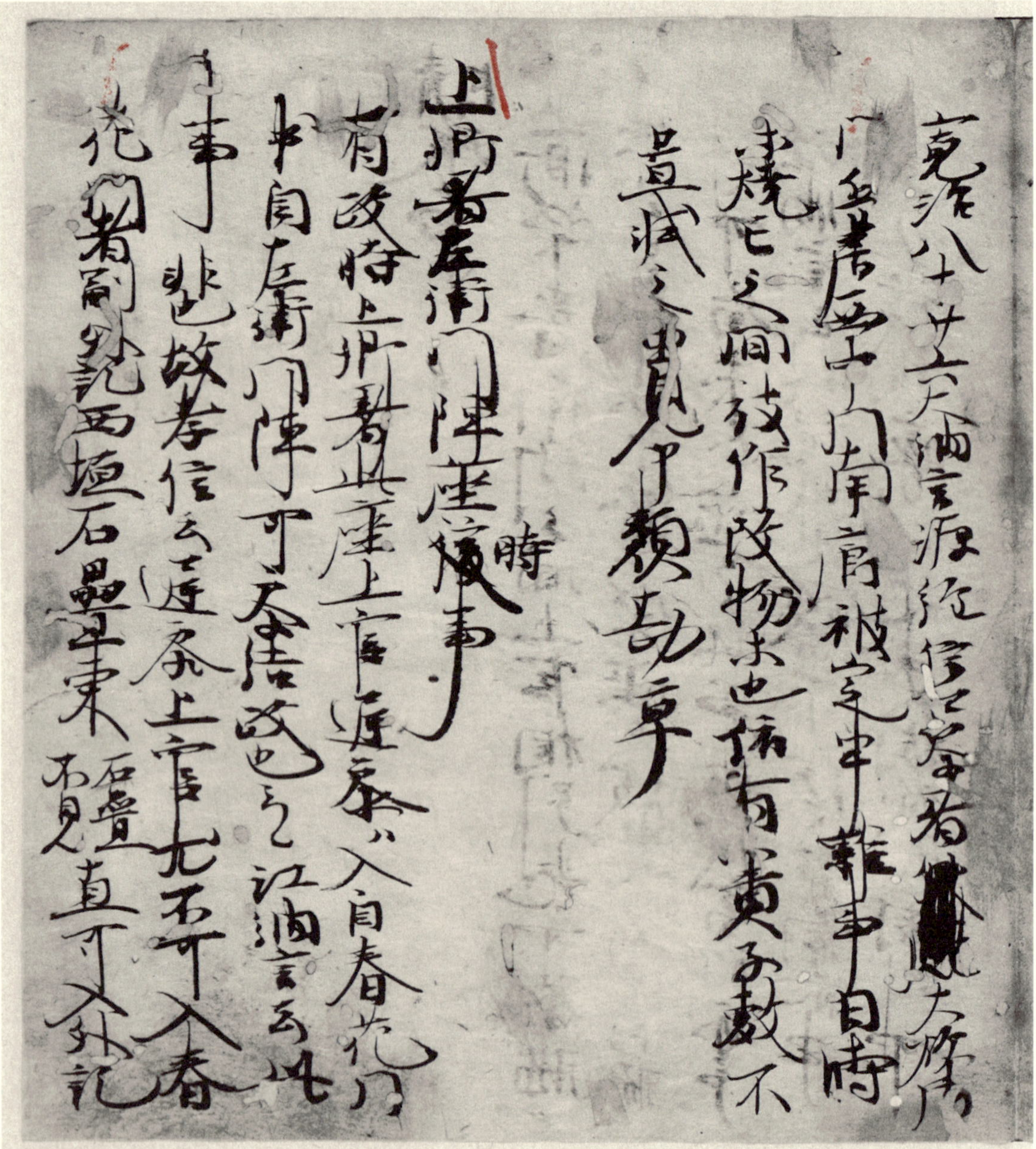
寛治八十廿六大納言源經信卿着[illegible]大臣座
門座書座中入南扇被定申雑事自時
来儀已之間被作改物ホ也仍有黄子敷不
置座之由見于類聚事
上卿着左衛門陣座時事
有故時上卿着此座上官座ハ遂参ハ入自春花門
中自左衛門陣可参結政云々江納言云此
事悲也故孝信云壇遂参上官七不可入春
花門着副外記西壇石疊上東 石疊不見直可入外記

（6オ）

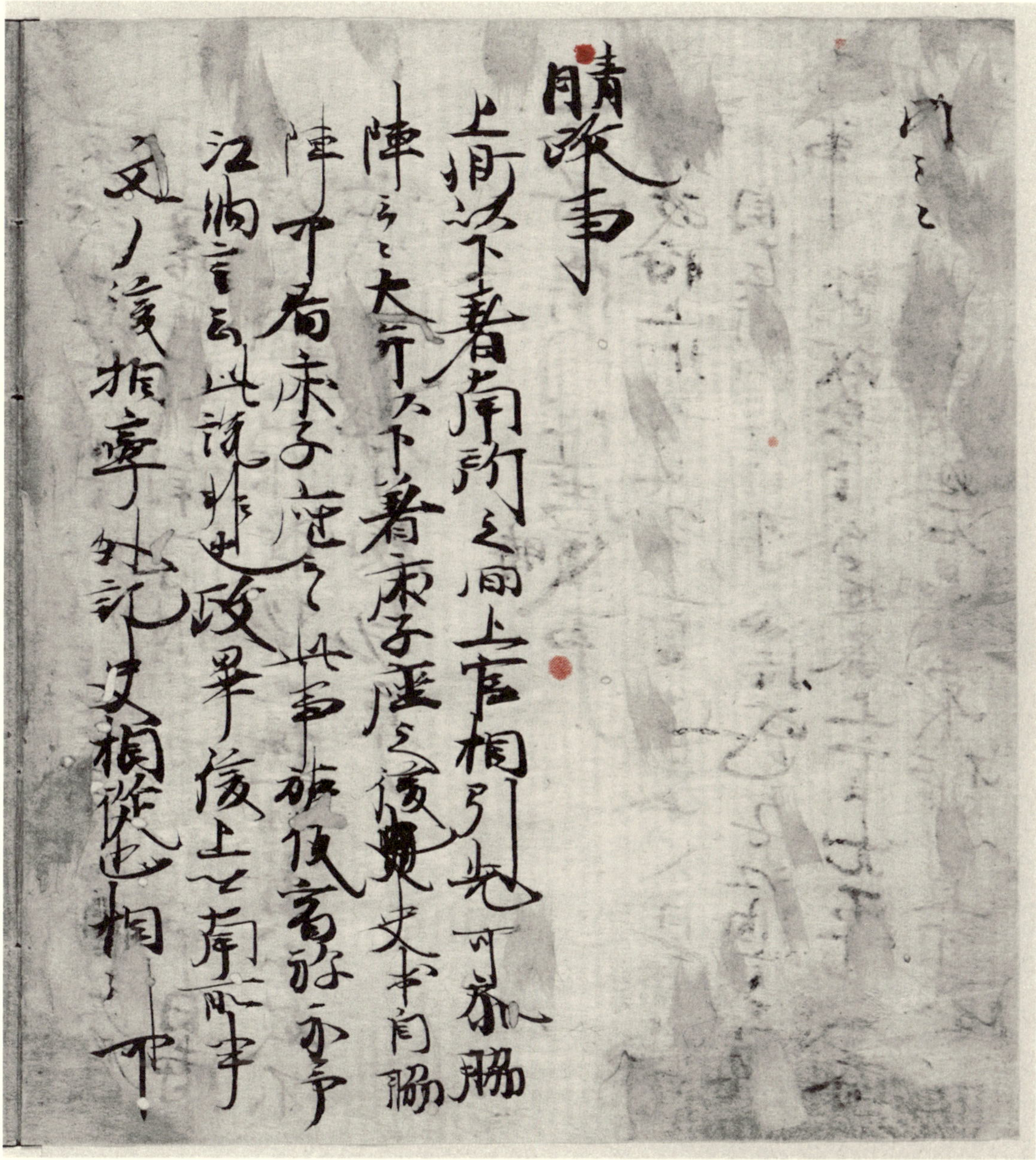

（6ウ）

〔二五頁（第二冊3オ）へ続ク〕

〔一八六頁（第二冊82ウ）ヨリ続ク〕

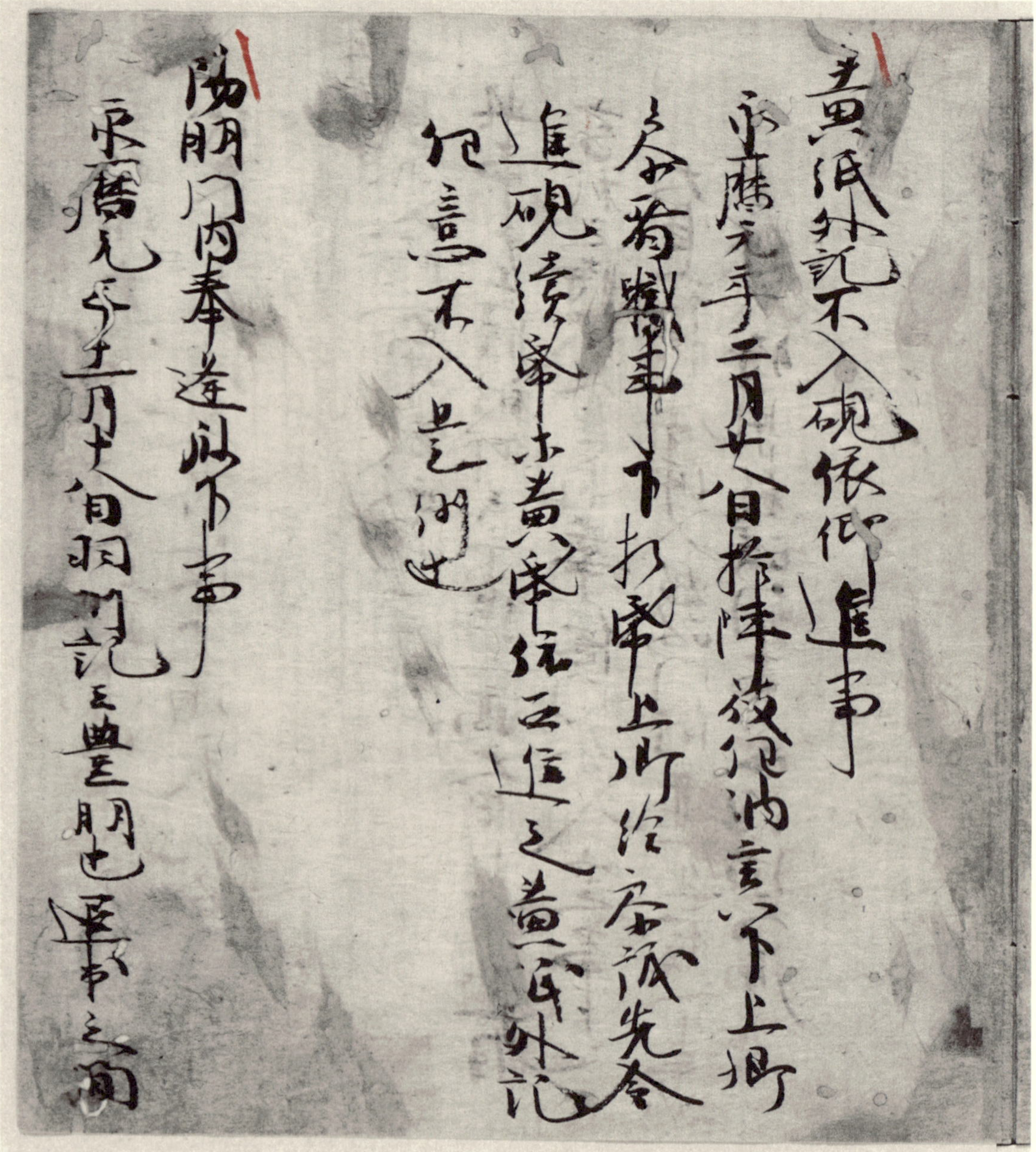
黄紙外記不入硯依仰進事
永暦元年二月廿八日於陣被仰消息下上卿
參議職事下知事上卿給、參議先令
進硯、續紙等、亦黄紙給而進之、黄紙外記
依意不入是例也
陽明門内奉逢殿下事
永暦元年十二月廿八日羽林記云、豊明也、平朝臣之間

（7オ）

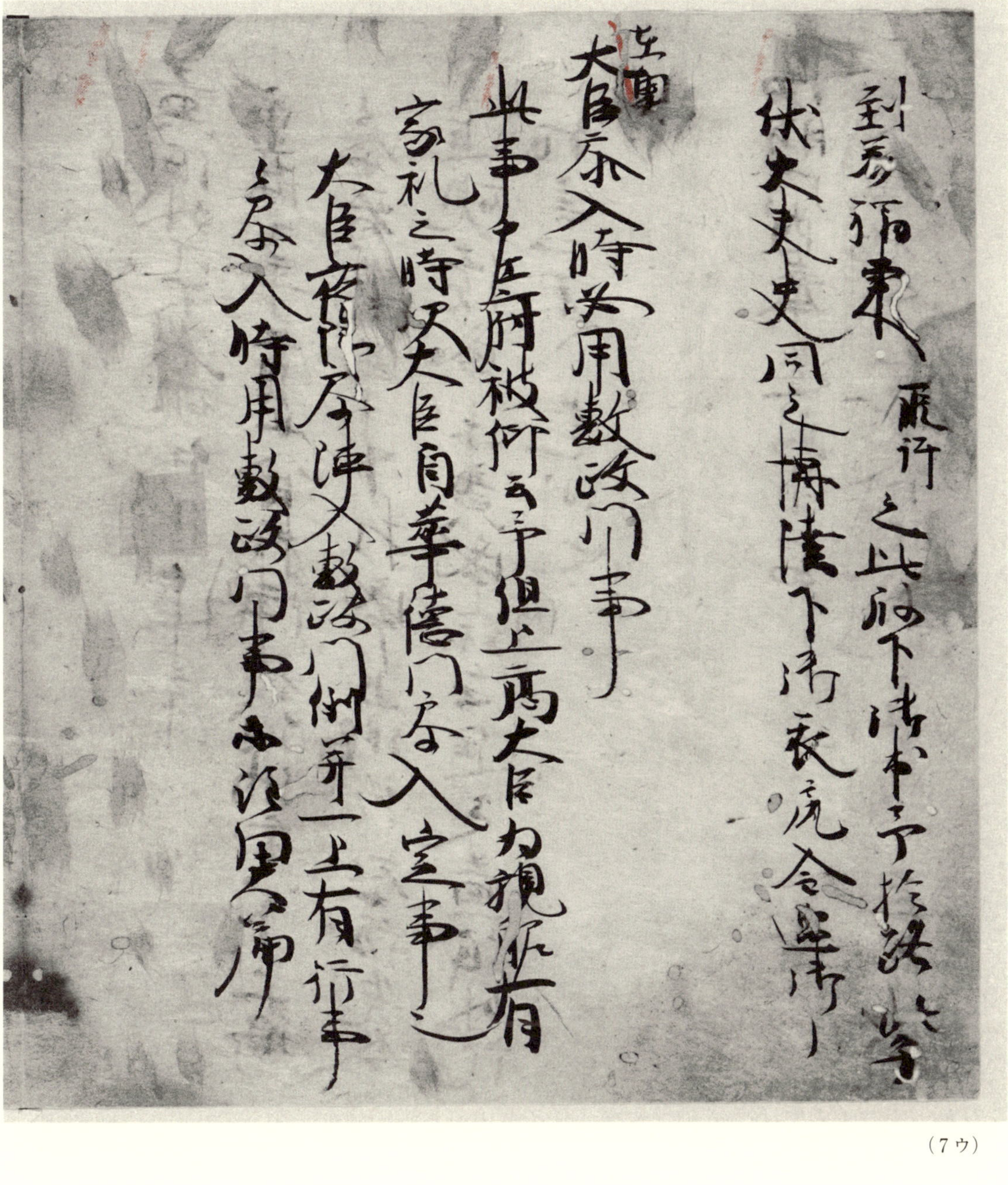

到参須臾　雖許之此所下侍本亭於路次蹲居
伏大夫史同之博陸下御衣冠令蹲居
左重
大臣参入時必用敷政門事
此事中右府被仰云予但上両大臣ガ親経有
家礼之時又大臣自華徳門参入之事
大臣猶御参陣入敷政門例并一上有行事
上参入時用敷政門事也須同入帰

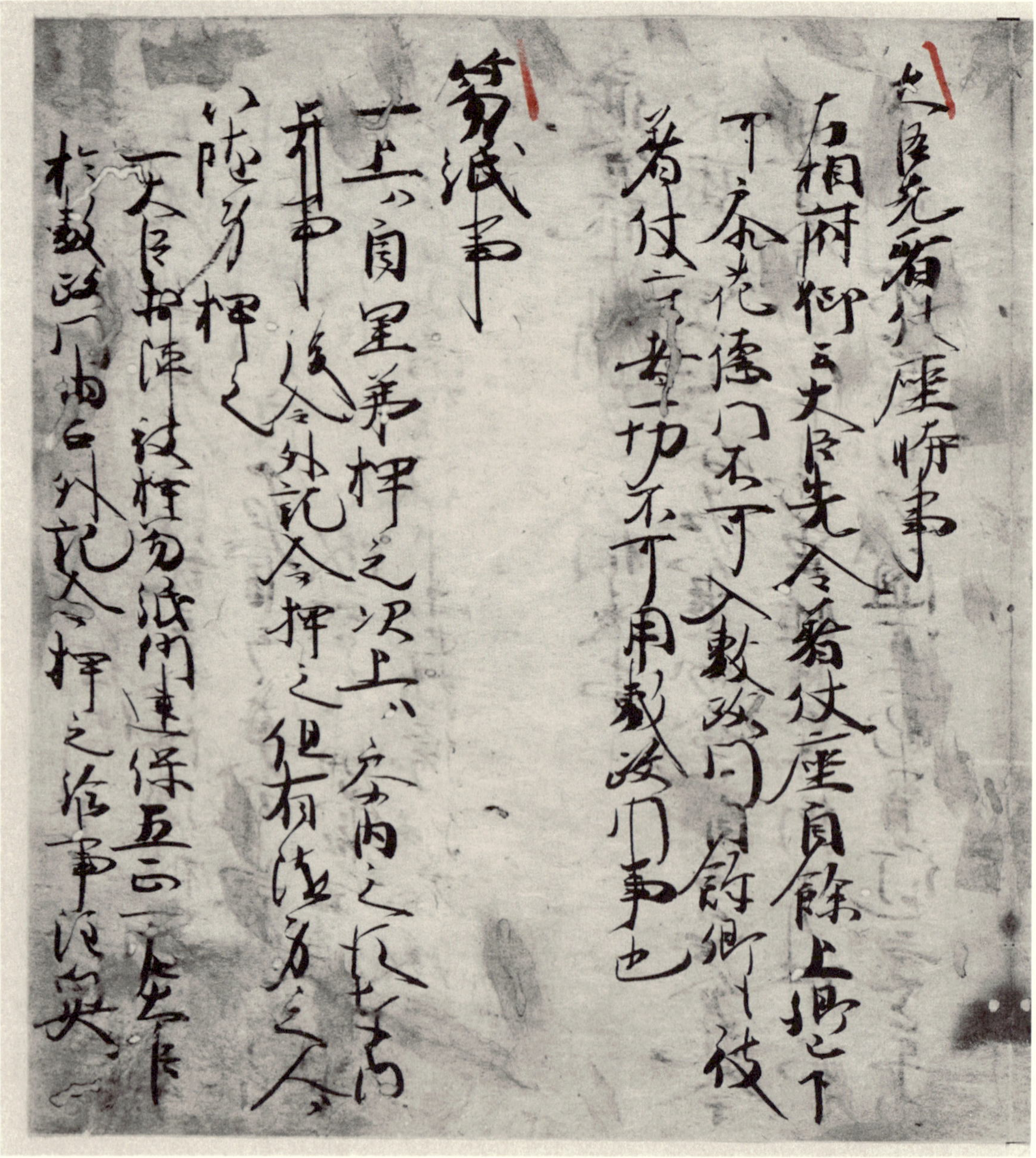
大臣先着仗座時事
右相府御記云、大臣先令着仗座、自餘上卿已下
不知先後、不可入敷政門、自餘御[illegible]仗
着仗之時、一切不可用敷政門事也
笏紙事
一上卿ハ自里第押之、次上ハ参内之[illegible]
弁事ハ後令外記令押之、但有随身之人令
ハ随身押之
一大臣於陣被押笏紙、用連保五[illegible]
於敷政門内令外記令押之、[illegible]

（8オ）

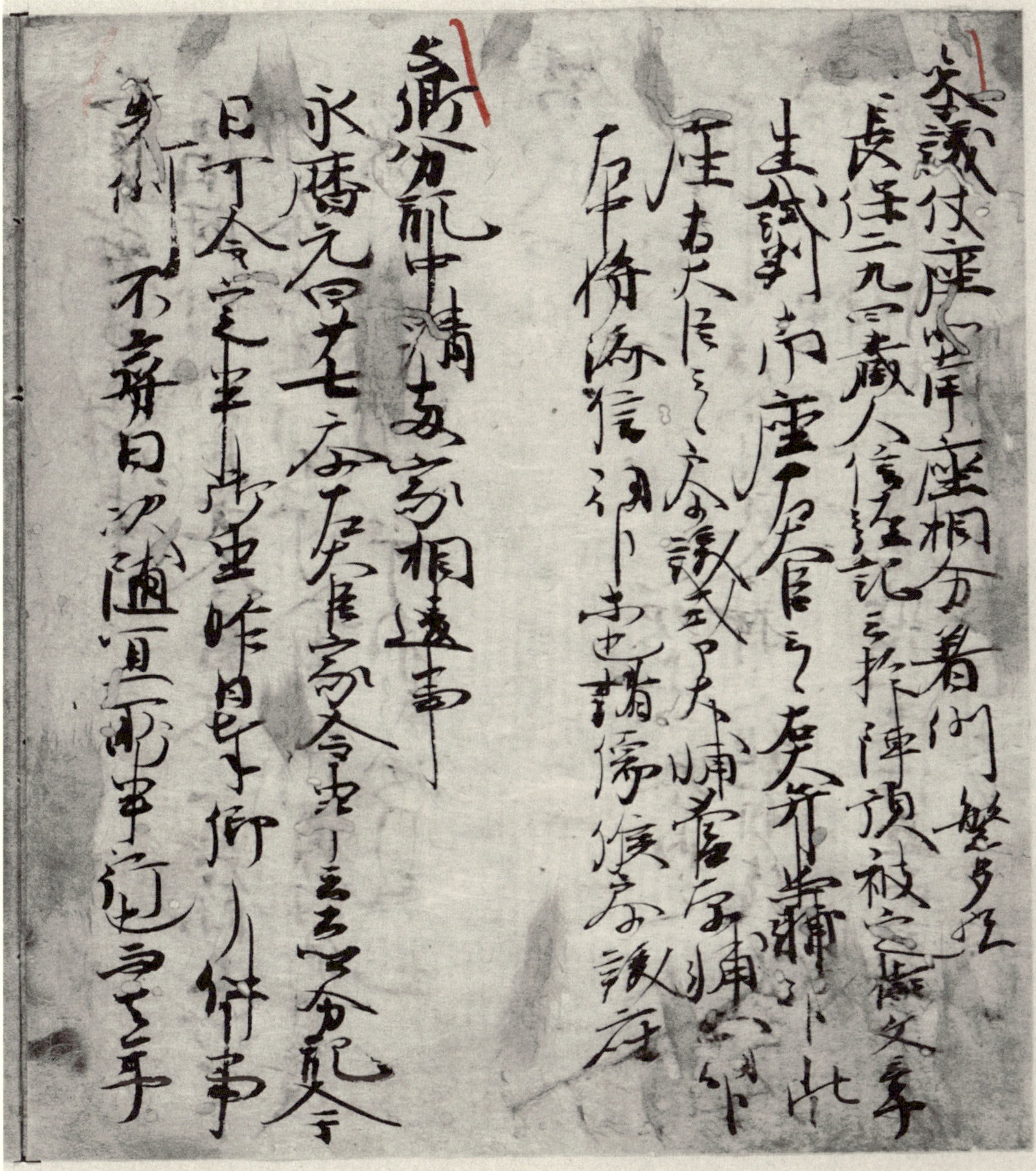
参議仗座北南座相分着例

公卿分配中清両家相違事

（8ウ）

〔二九頁（第二冊5オ）へ続く〕

〔二二六頁（第四冊8ウ）ヨリ続ク〕

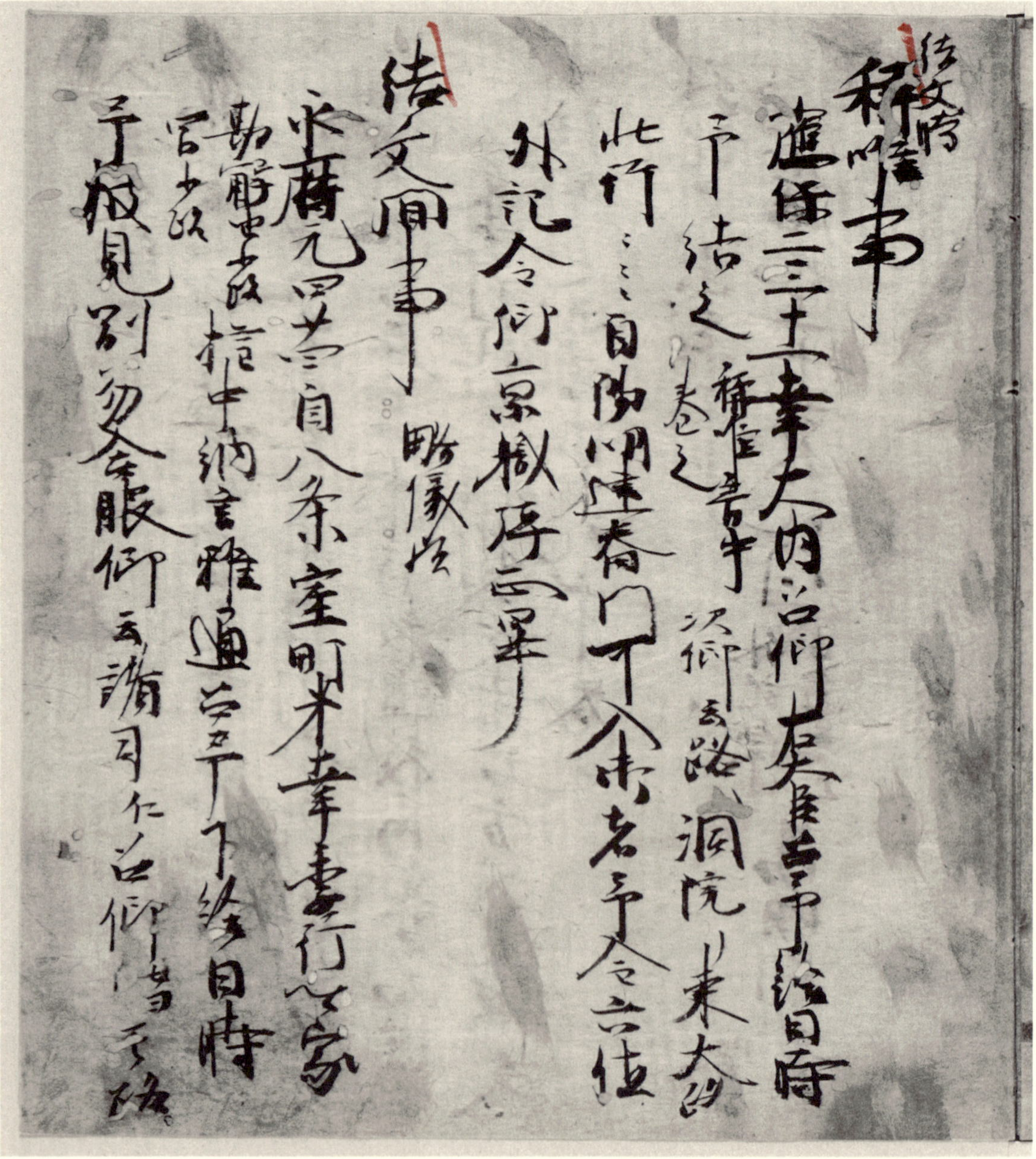

（9オ）

入筥文結事

賜筥之時発句取筥蓋前取文結之若有

礼紙者先引之自中推折入筥〈折中ハ礼紙ニ取文〉

結中之若筥中有数通数通文書ハ於筥

上文書引礼紙推折之入文書右方ニ入之取文

結中之ハ於筥内礼紙卷之

外記史出立事

永暦元三廿六外記

門　外記南

史出来上　陽明門来上　月

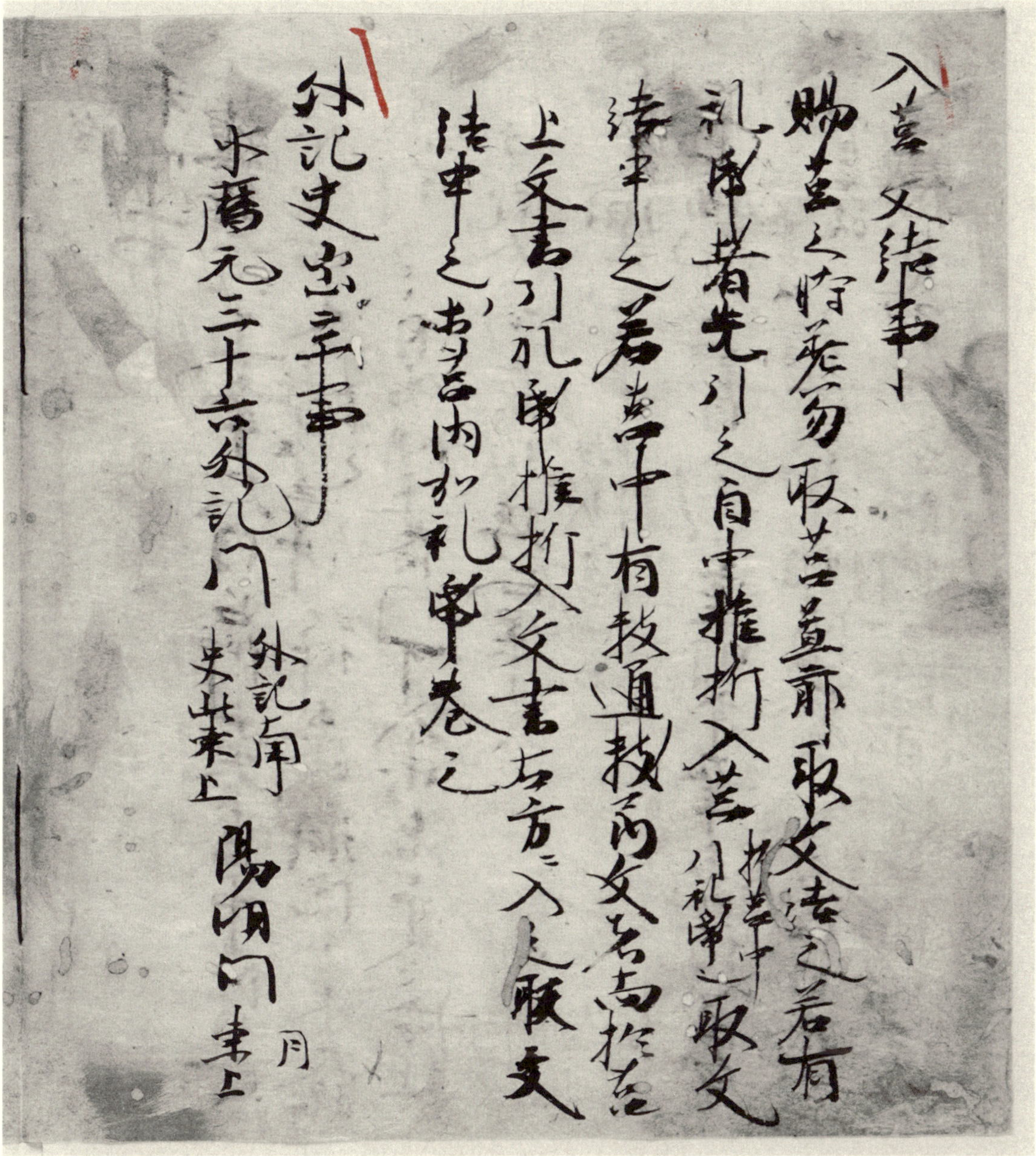

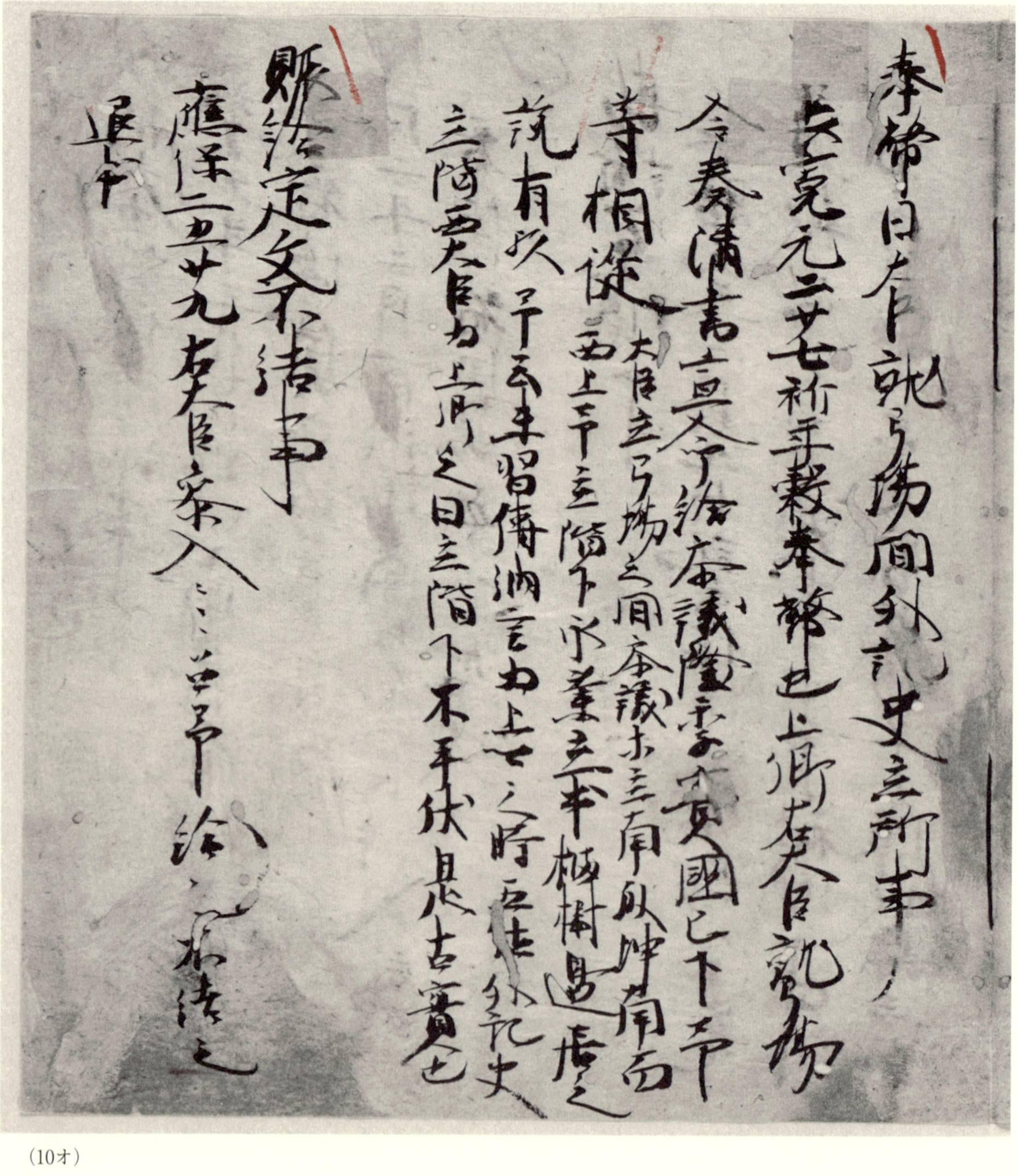

奉幣日大臣就弓場間外記史立所事
長寛元三廿七祈年穀奉幣也上卿右大臣就弓場
令奏請書宣命給参議隆季大夫國已下弁
等相従 大臣立弓場之間参議弁立南殿坤角西面 西上下官立階下弁等立桜樹邊居之
説有以 予云未習傳納言為上卿之時立法外記史 立階西大臣為上卿之日立階下不平伏是古實也

賑給定文不結事
應保二四廿九右大臣家人 〻〻申事給之不結之
退出

（10オ）

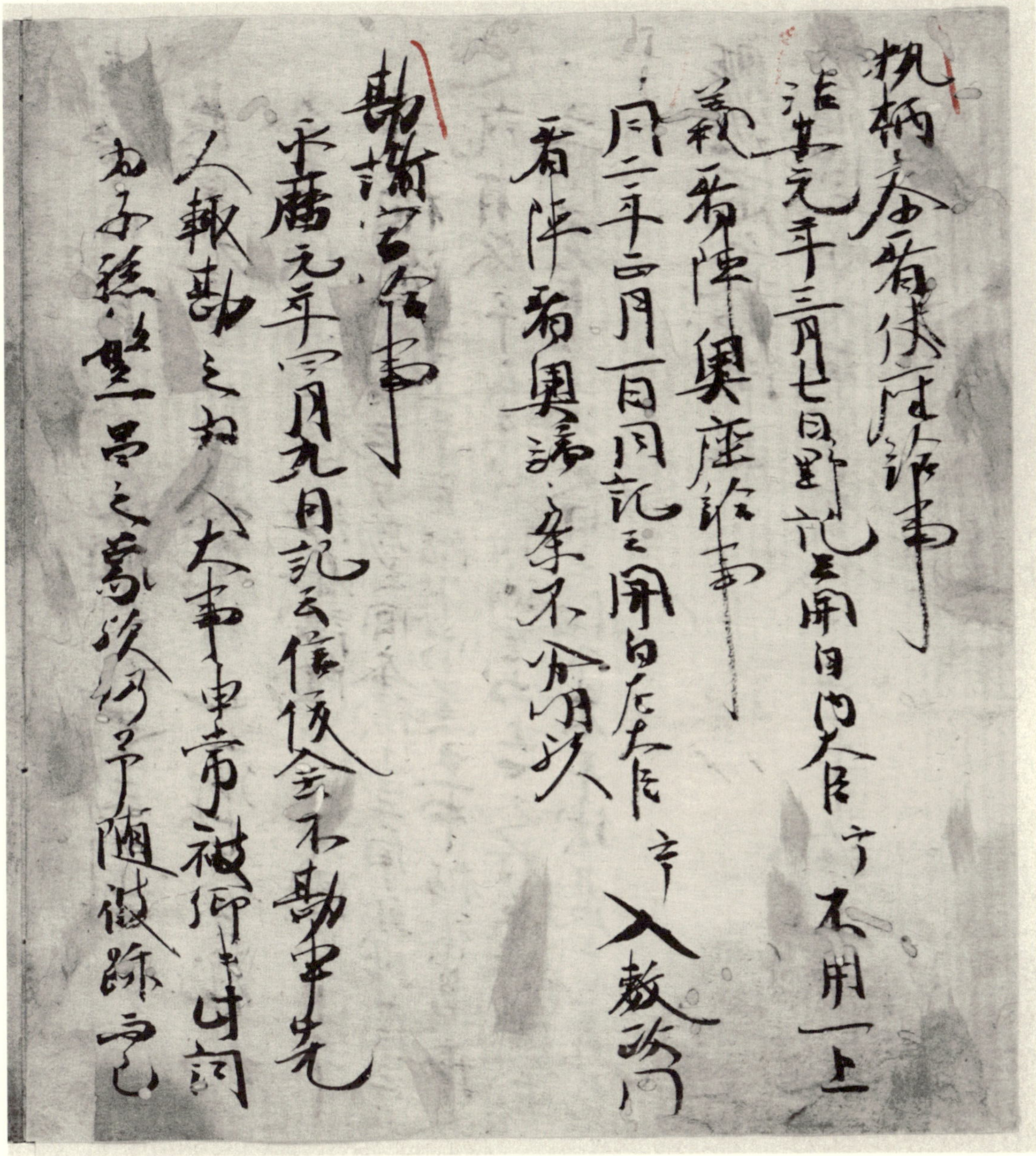

（10ウ）

〔二八一頁（第五冊3オ）へ続ク〕

〔四八頁（第二冊14ウ）ヨリ続ク〕

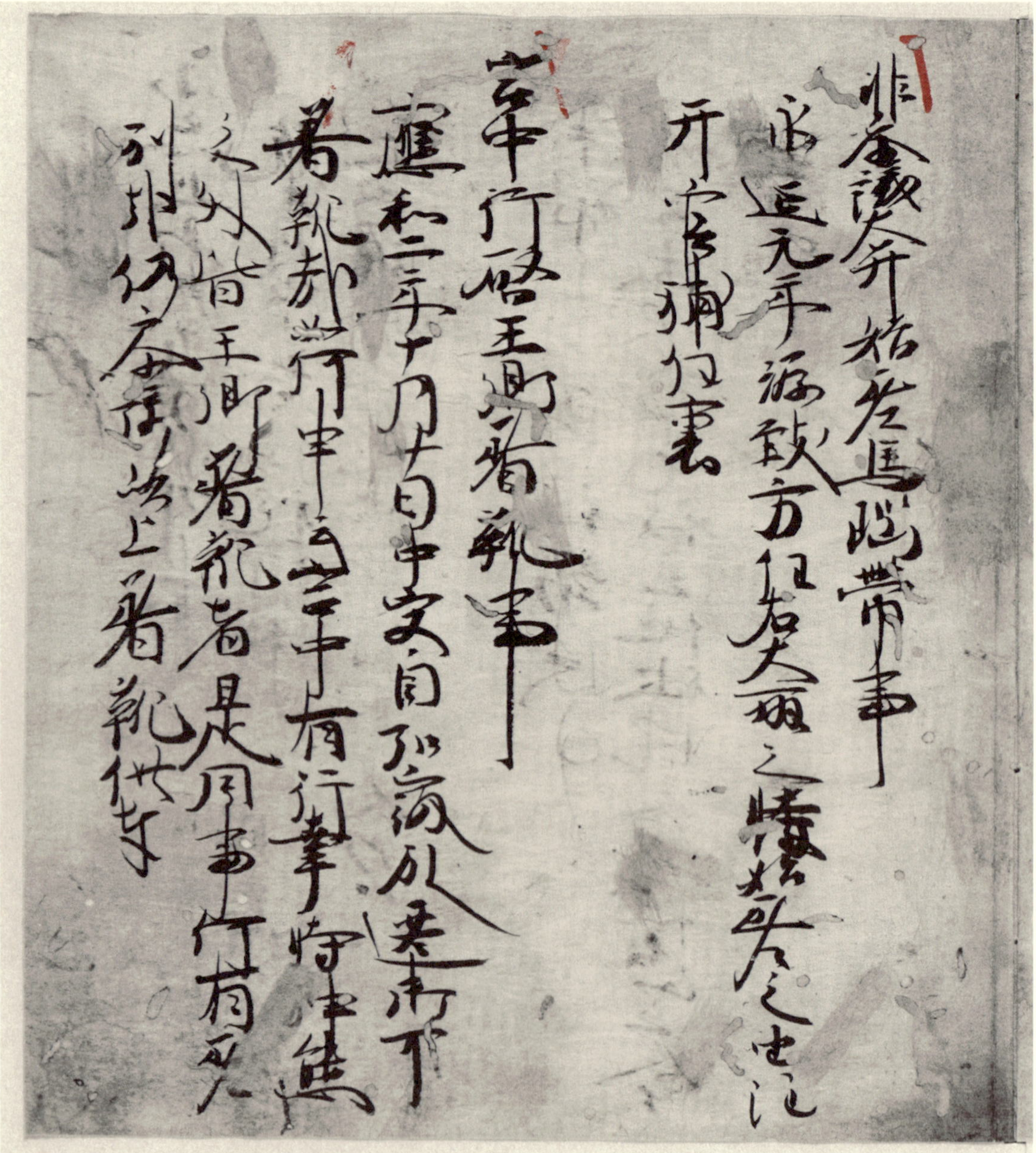

（11オ）

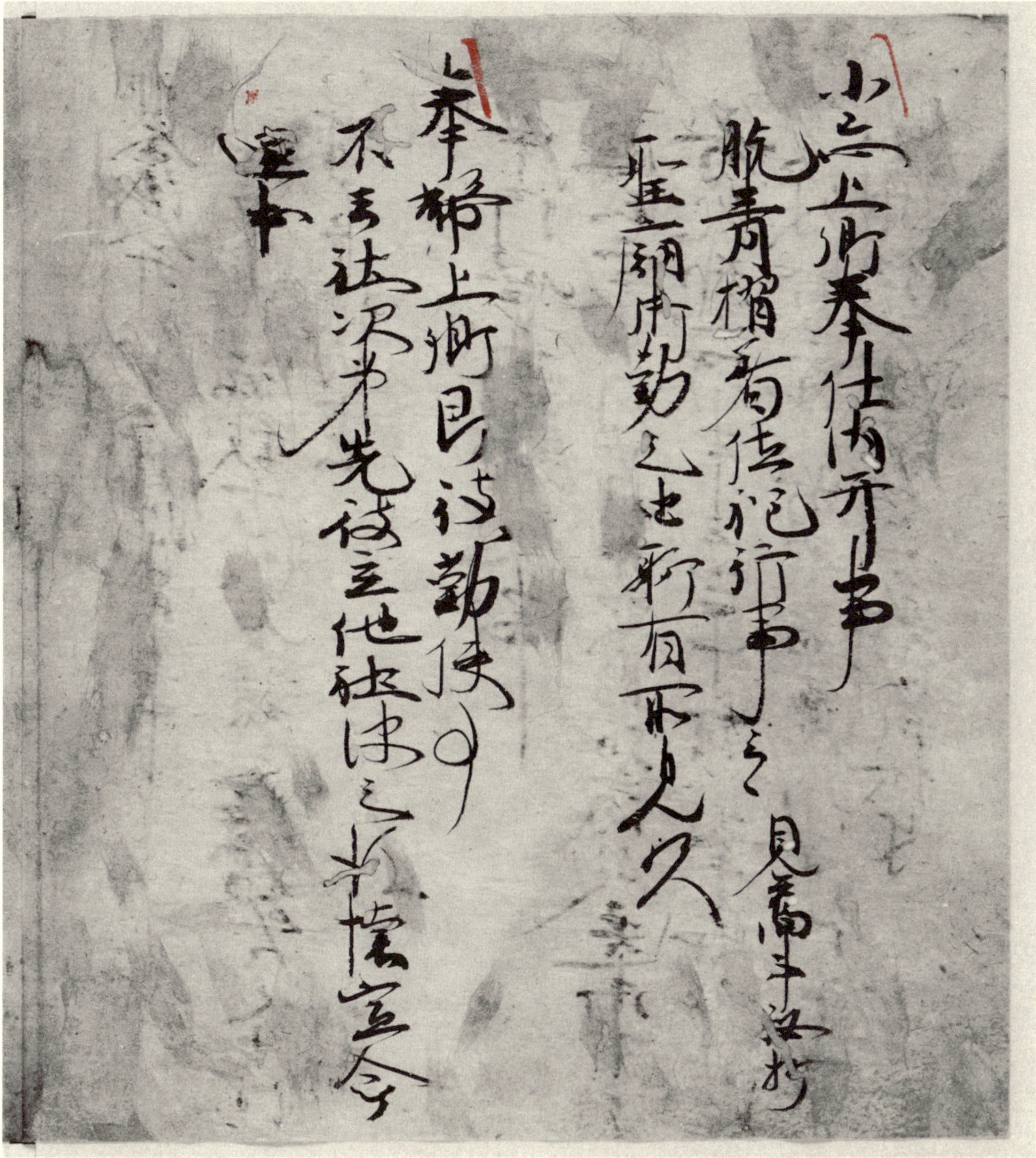
小忌上卿奉仕内弁事

奉幣上卿即被勤使事

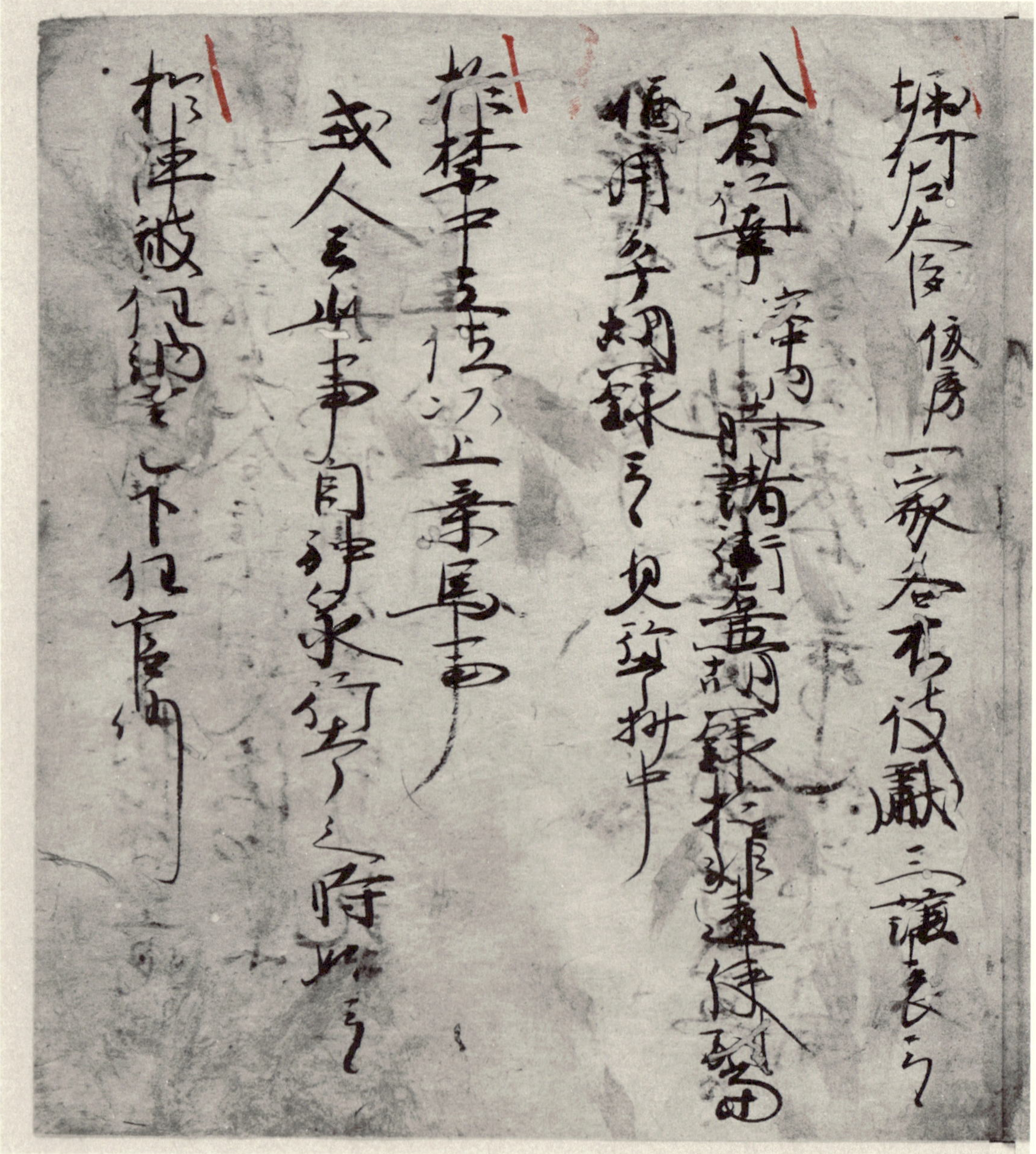
於禁中五位以上乗馬事
於陣被任納言已下任官例

（12オ）

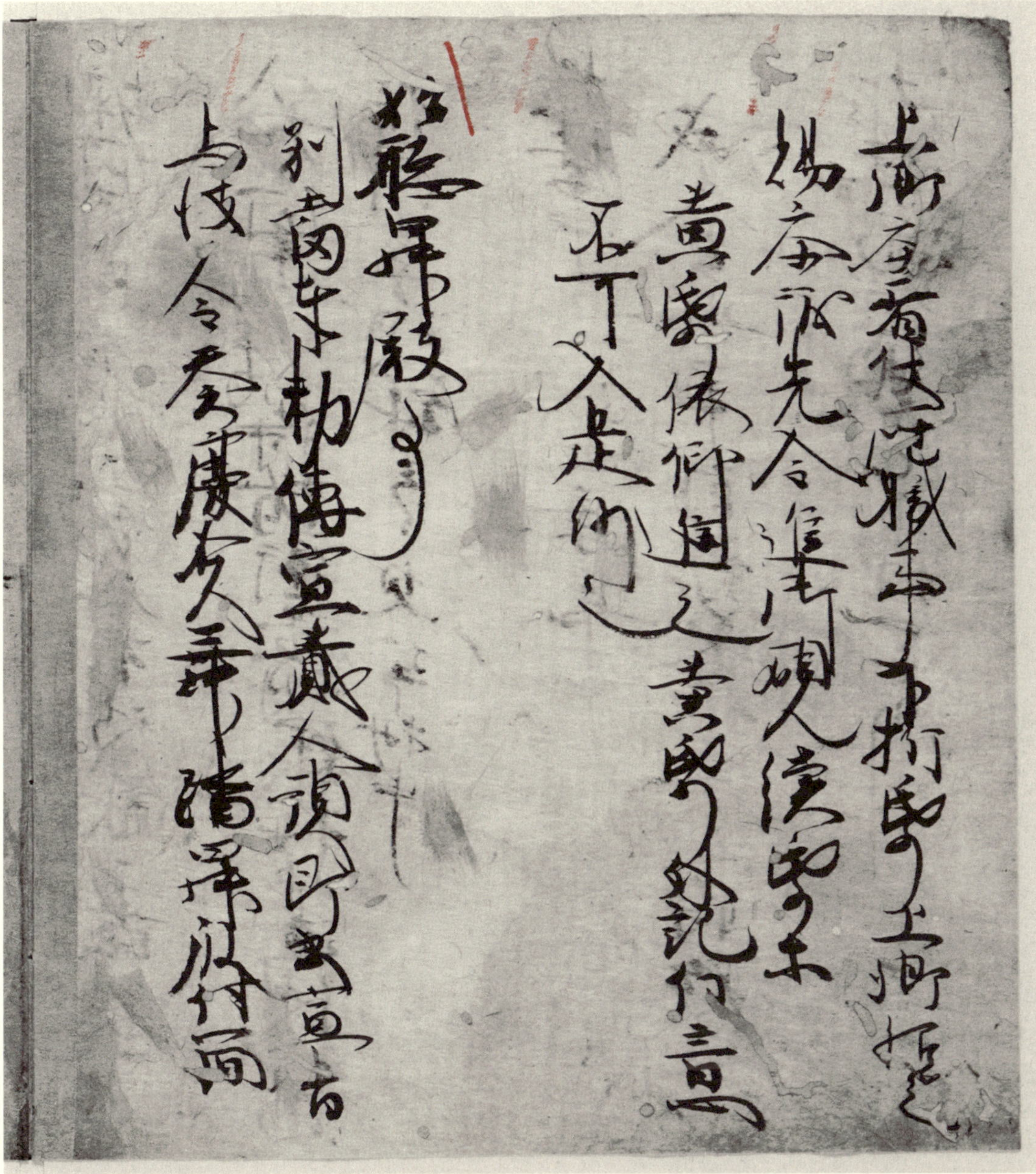

（12ウ）

〔四九頁（第二冊15オ）へ続く〕

〔六八頁（第二冊24ウ）ヨリ続ク〕

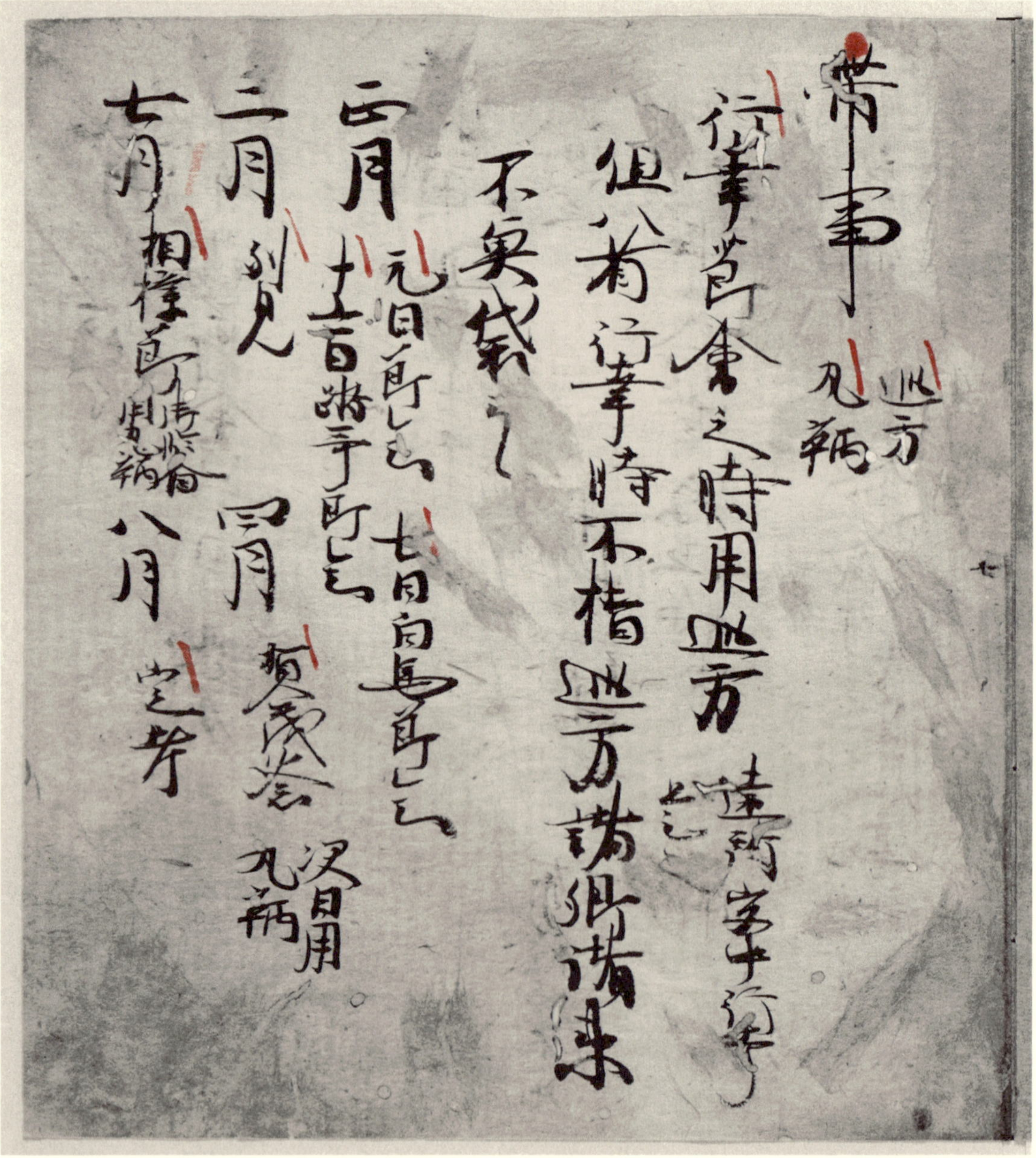

（13オ）

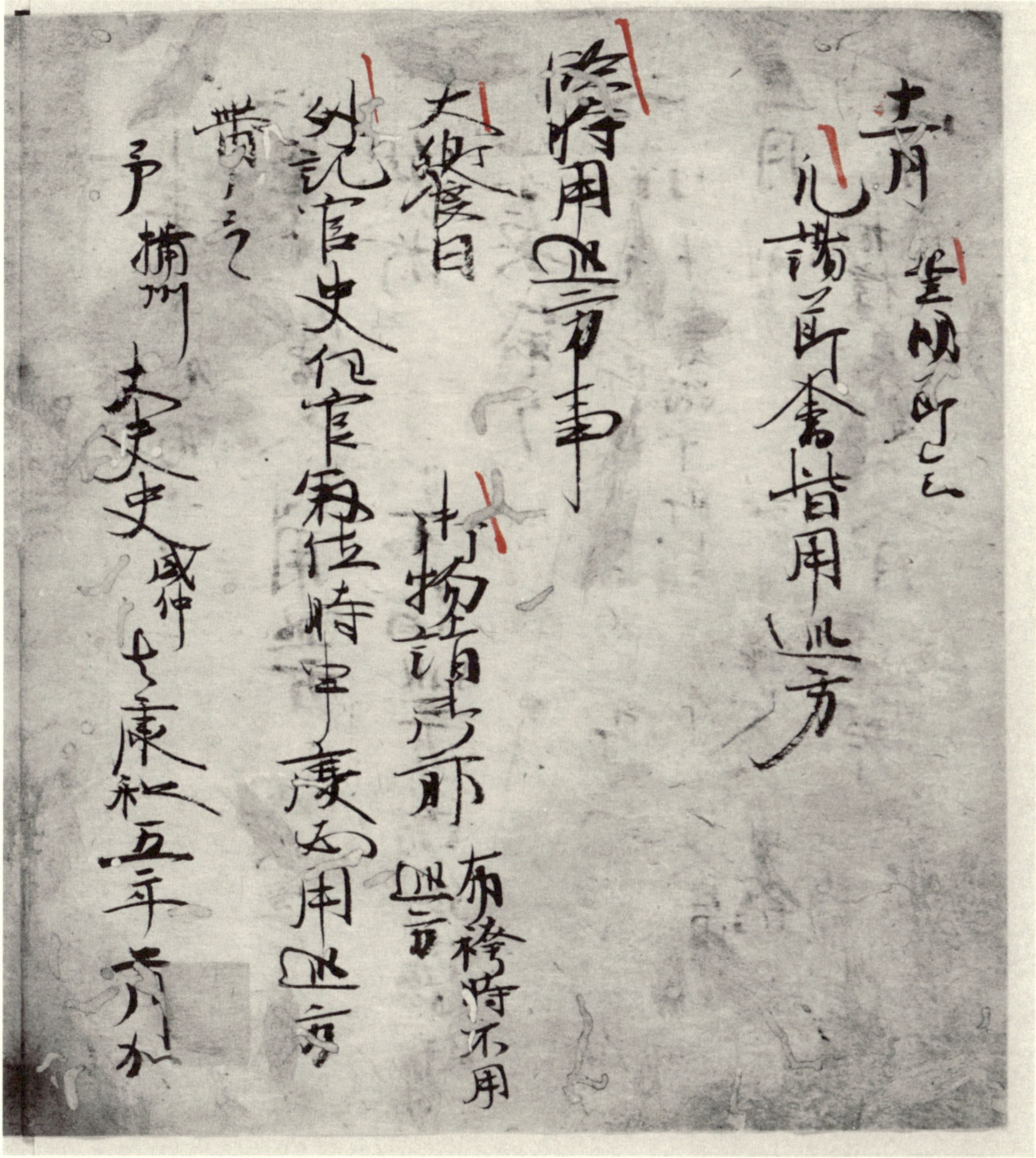
帯　皇帯所云々
凡諸司書皆用巡方
臨時用巡方事
大嘗會日　打物諸司所　巡方　布袴時不用
外記官史代官雖任時守康之用巡方
贊ノ之
予播州大夫史國仲　康和五年六月か

（13ウ）

階人文用巡方中慶賀予以石帯事
慶賀石帯通用巡方ラ⺊
石帯通用巡方事大夫史帯常冬
依早旦可申束若石帯‖冬内召
余之時不所巡方ラ⺊通用巡方⺋
保安三十二経⺊吾巡本家若以石帯屋内
无巡方之時尤石帯者⺊⺊事也
(所後作也)
吾臨中記史藝時用玉帯同金訂書ヲ

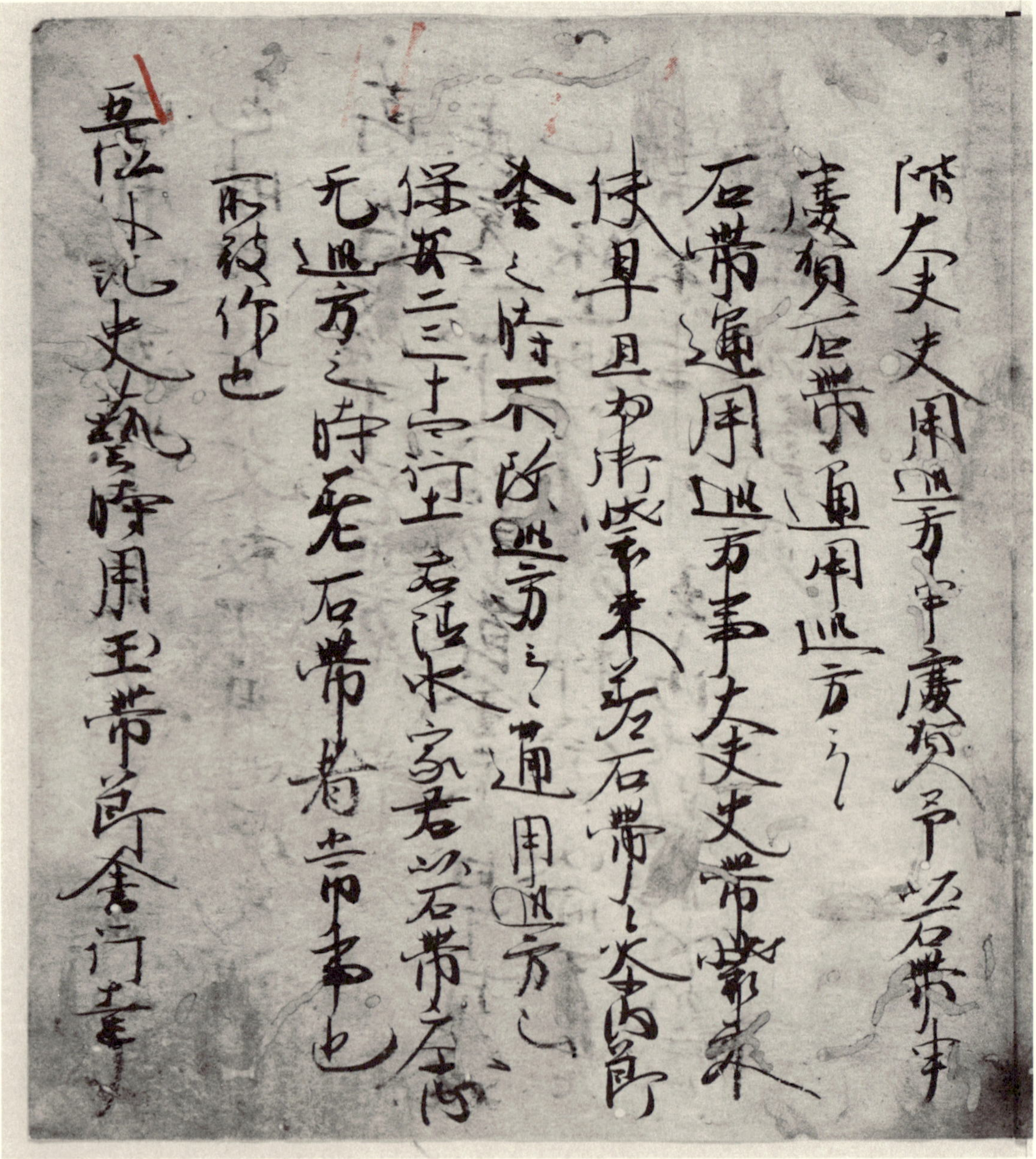

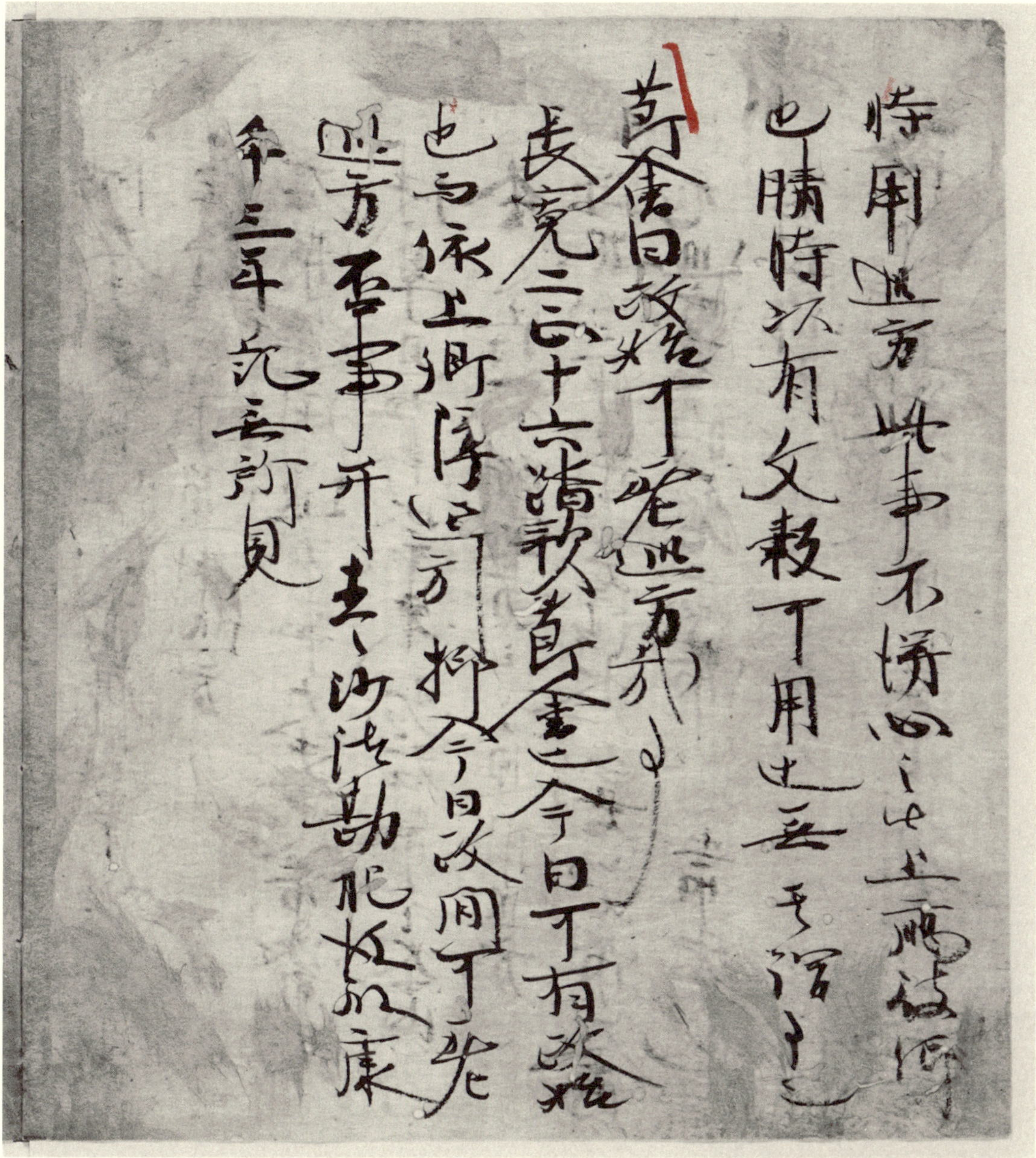

（14ウ）

〔四一頁（第二冊11オ）へ続く〕

〔四四頁（第二冊12ウ）ヨリ続ク〕

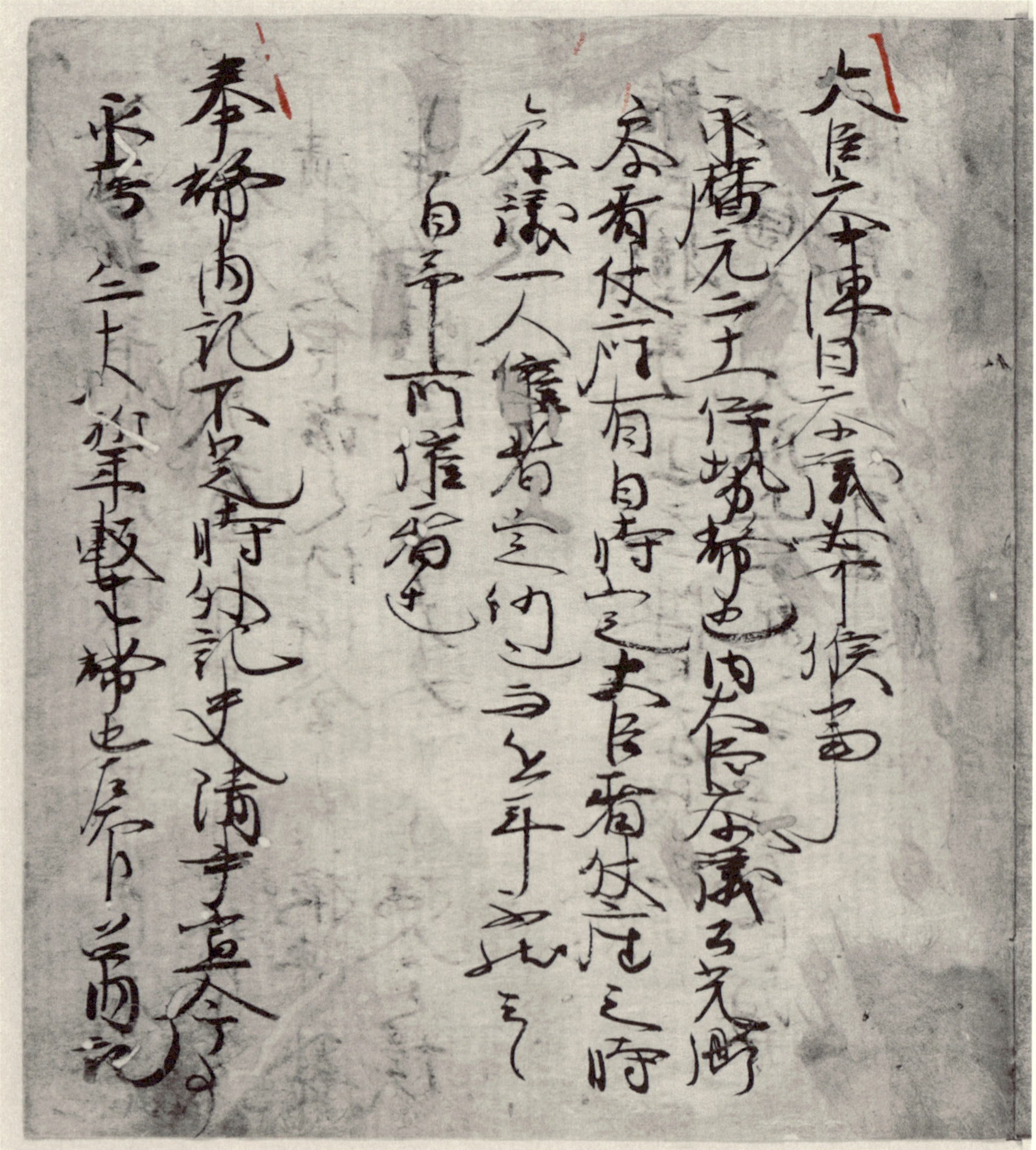
大臣参陣日参議必可候事
奉幣内記不足時外記史清書宣命事

（15オ）

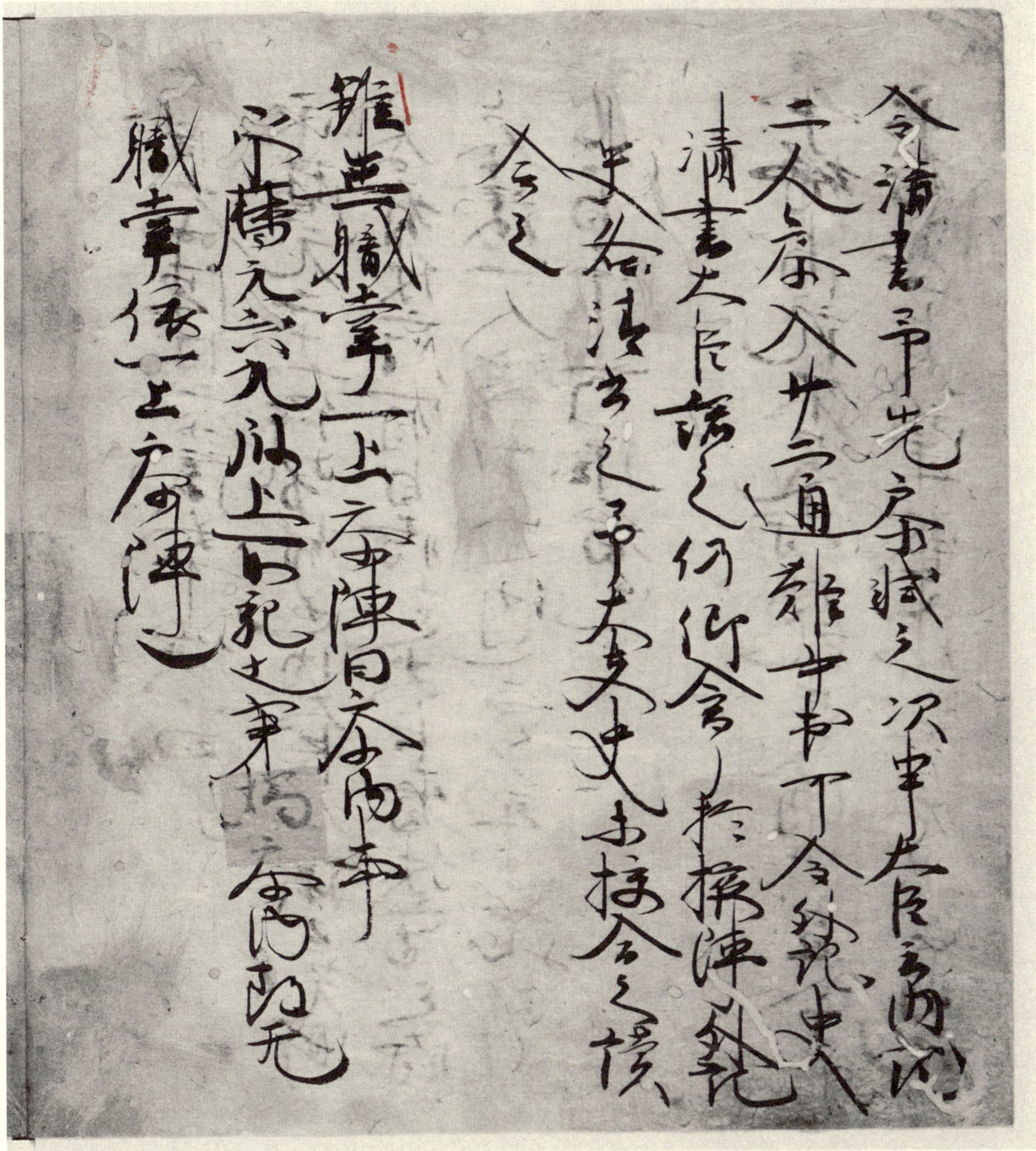

（15ウ）

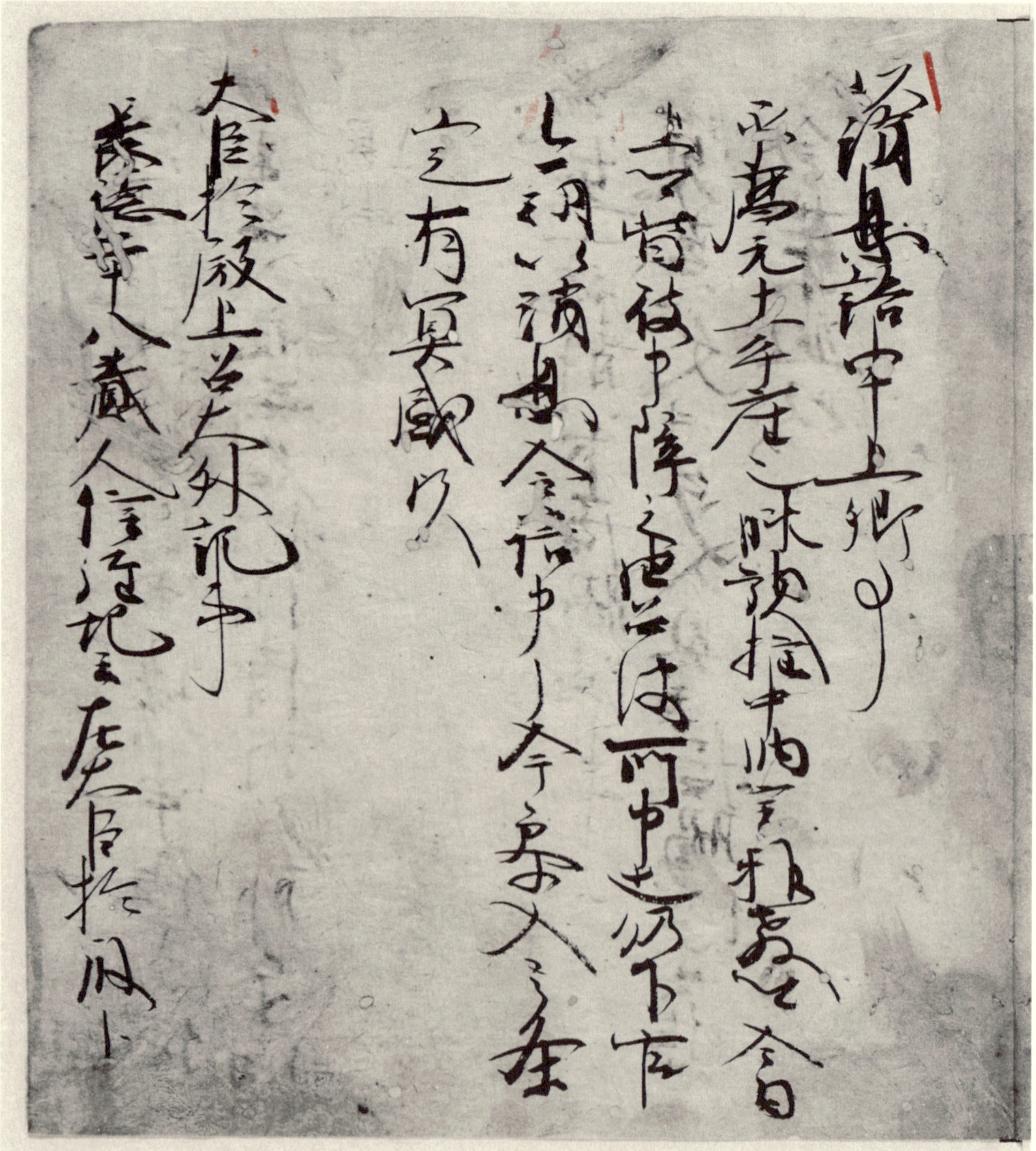
以消息語申上卿事

大臣於殿上召大外記事

（16オ）

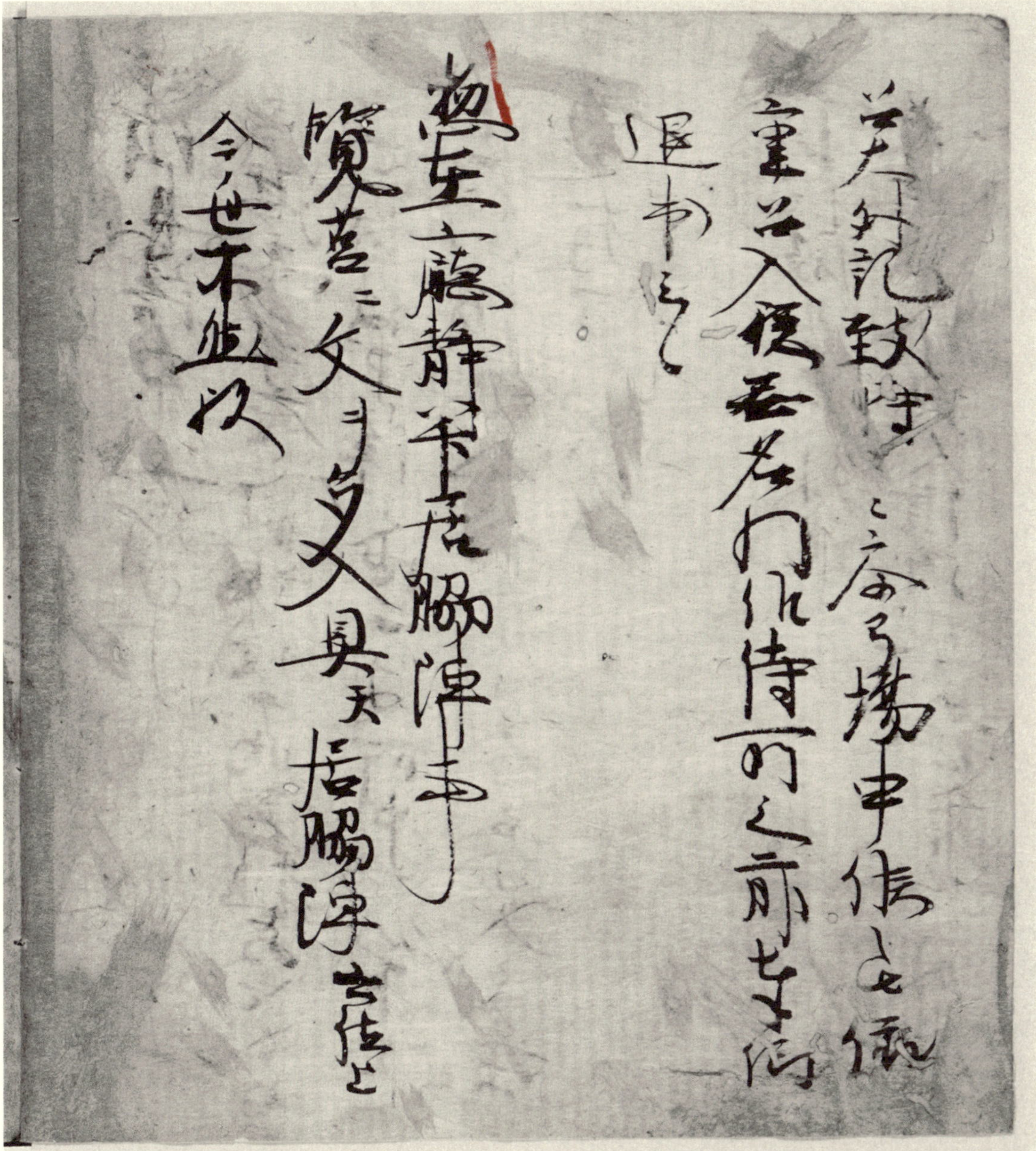

（16ウ）

〔一四五頁（第二冊62オ）へ続く〕

〔六〇頁（第二冊20ウ）ヨリ続ク〕

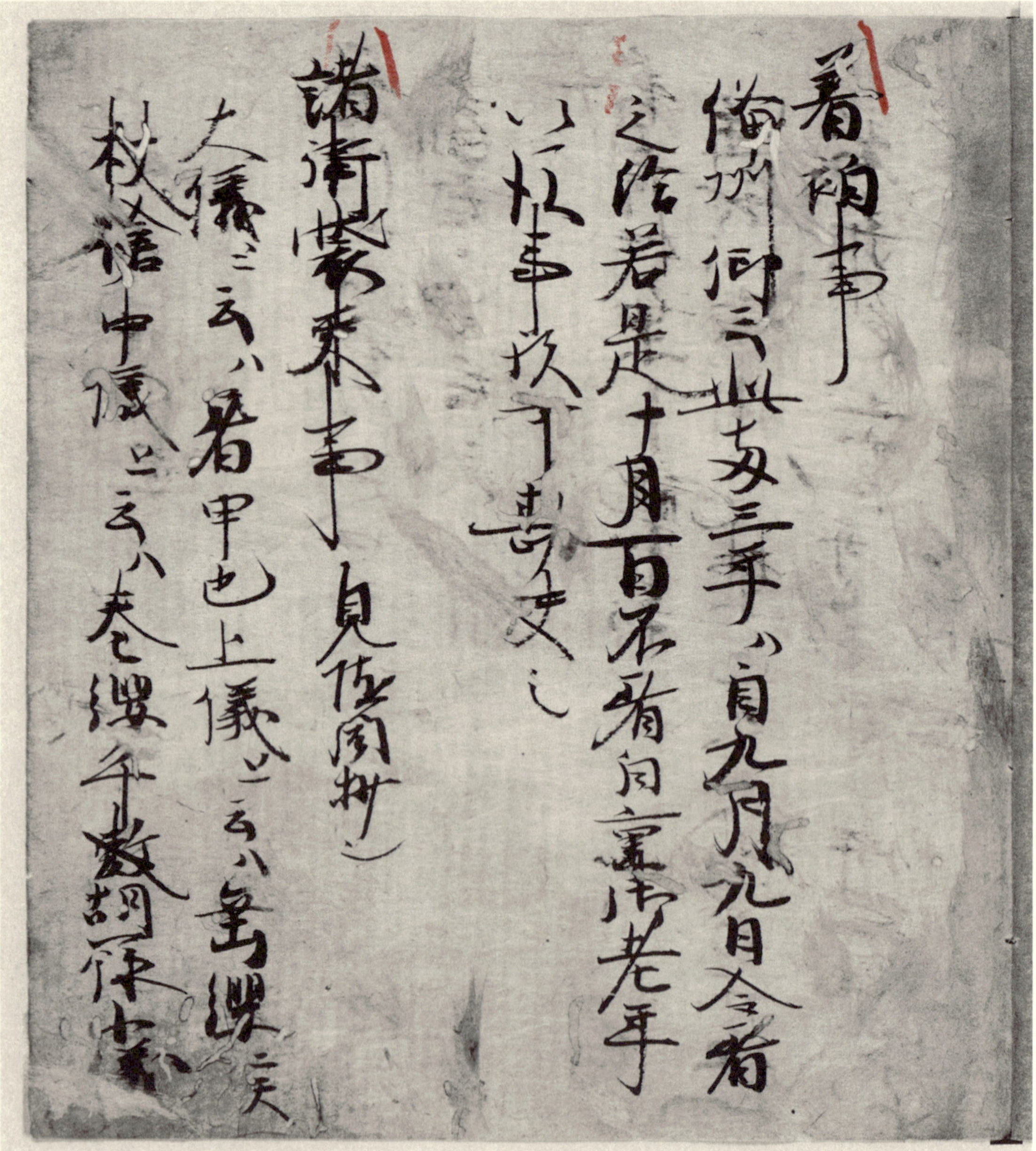

（17オ）

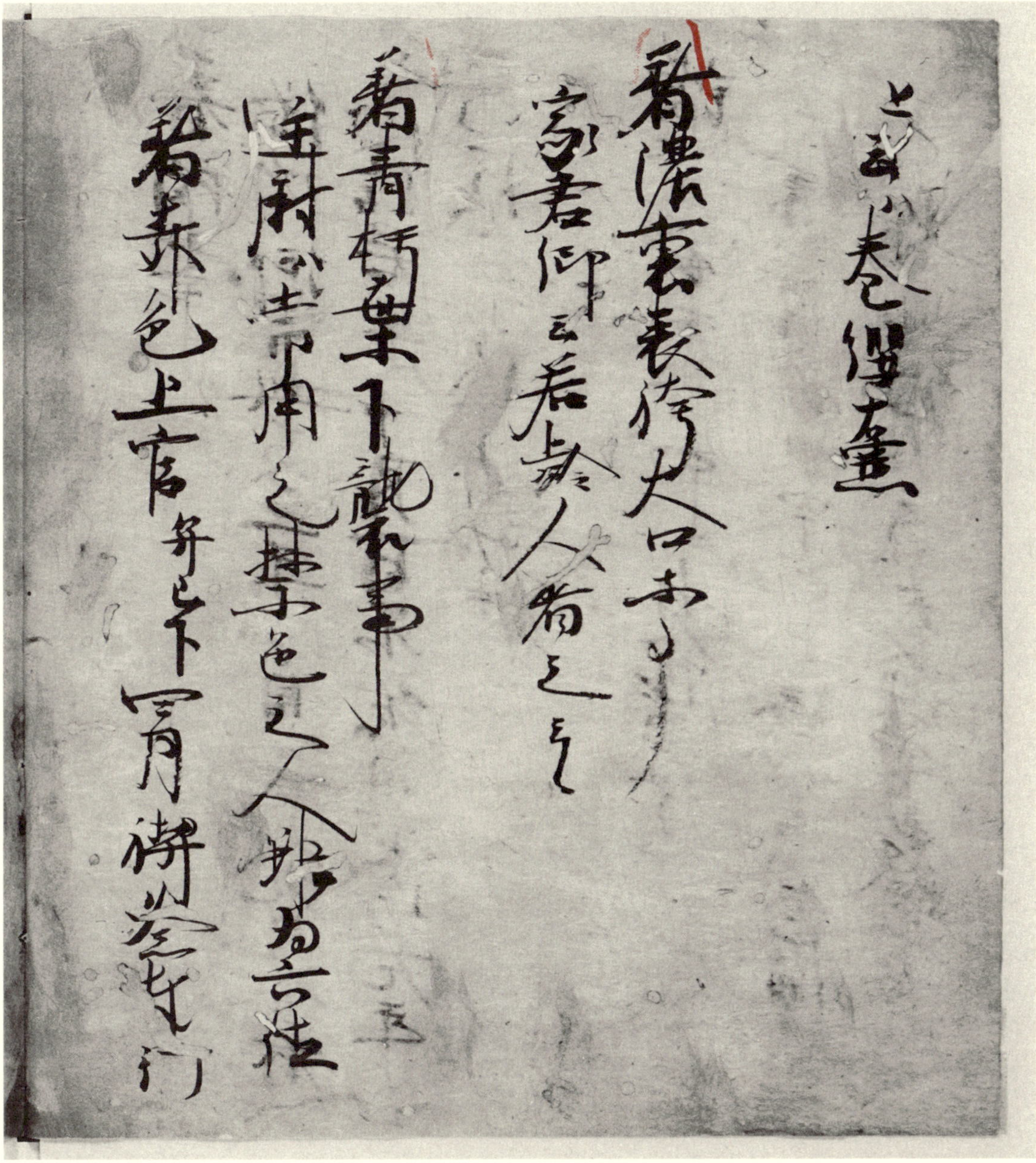

（17ウ）

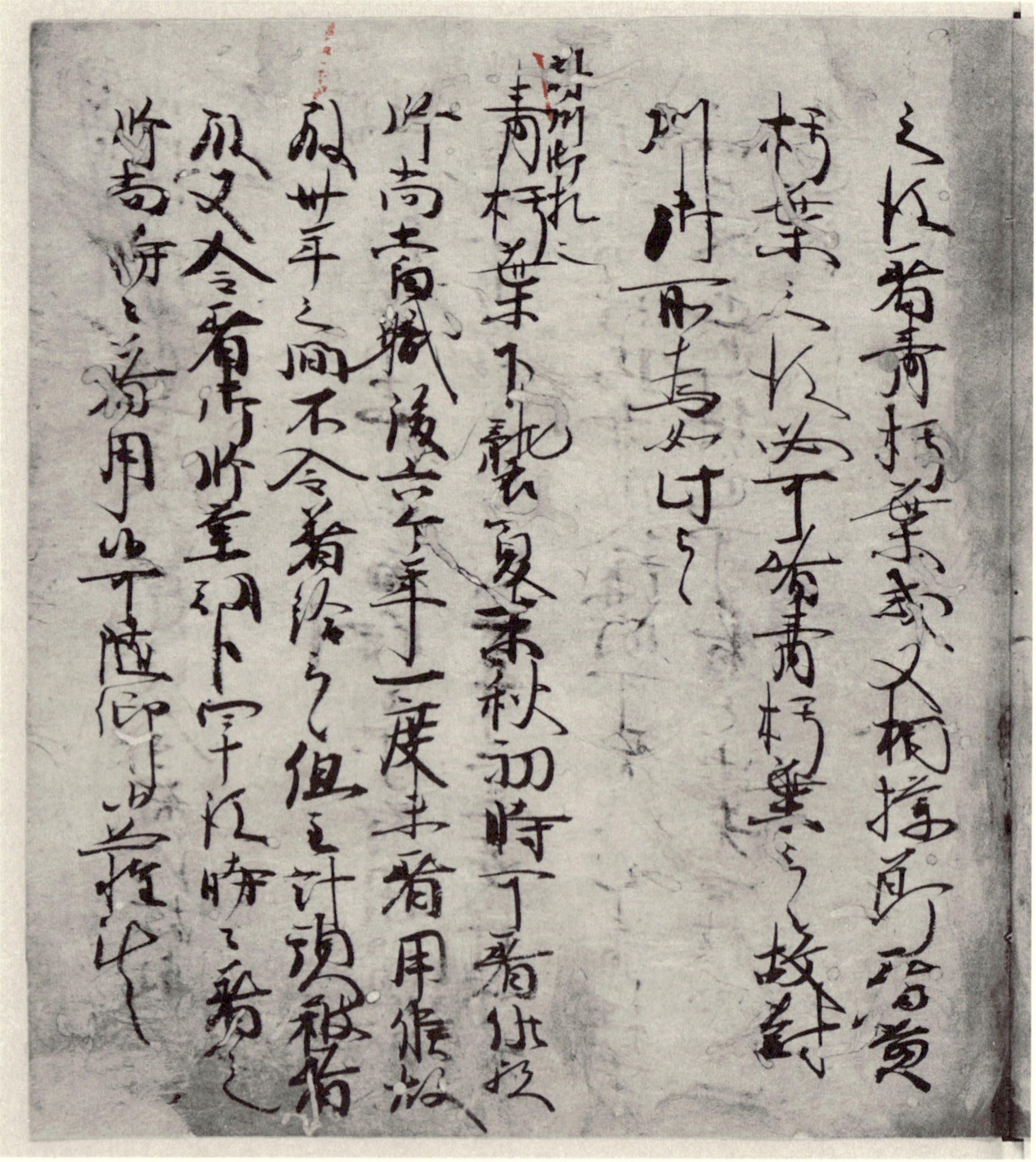

（18オ）

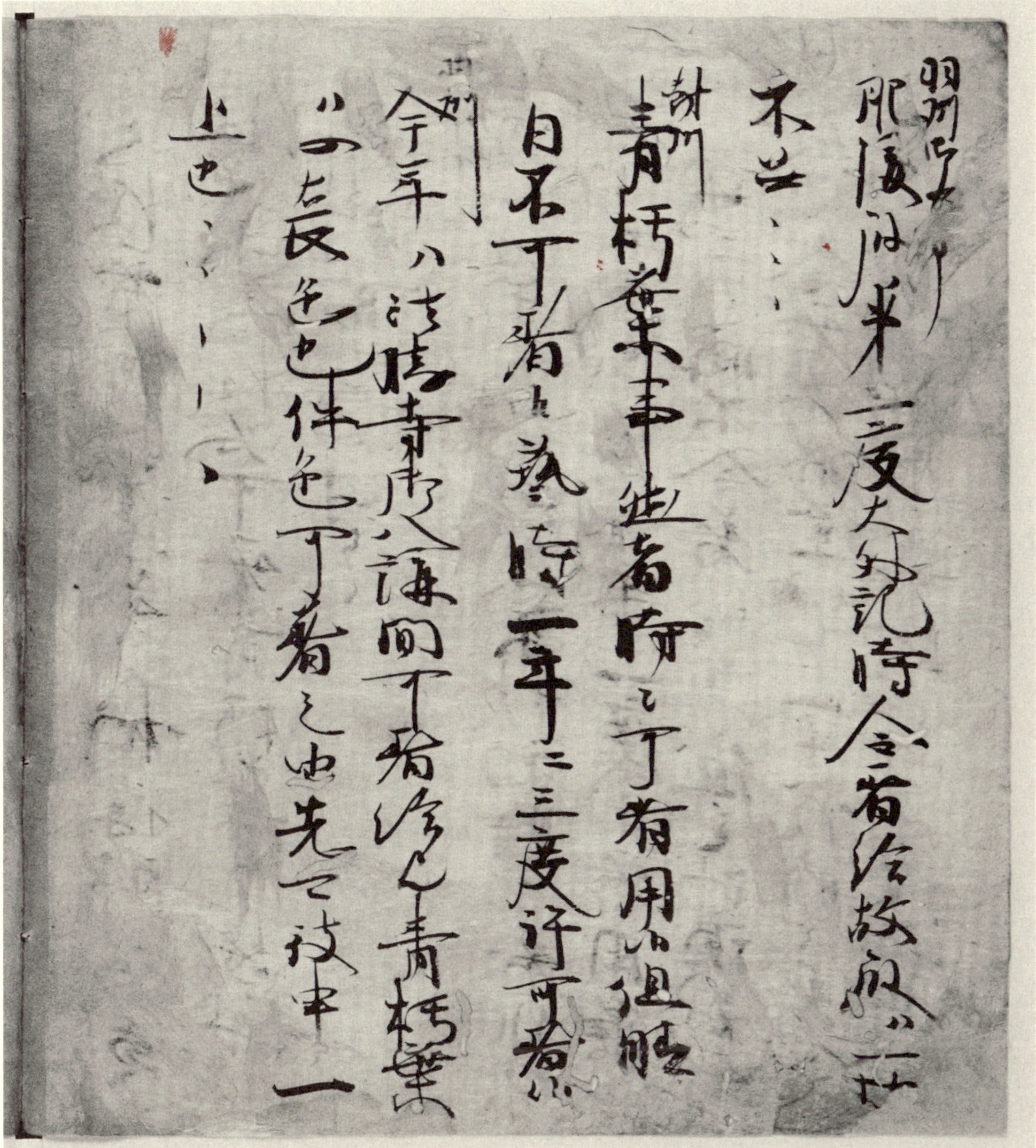

（18ウ）

〔七三頁（第二冊27オ）へ続く〕

〔六四頁（第二冊22ウ）ヨリ続ク〕

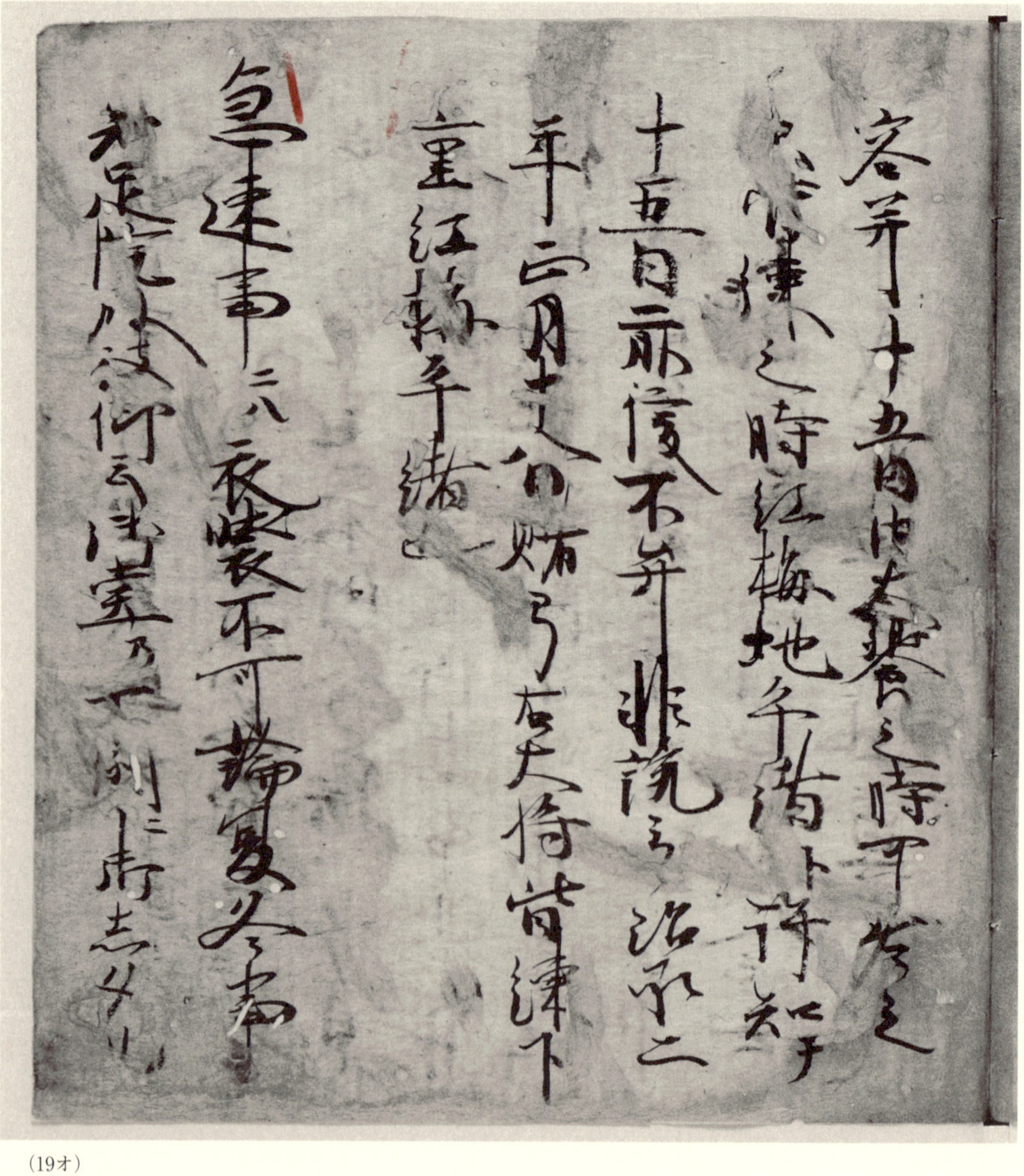

（19オ）

十月一日宣旨以ハ夏直衣ノナエタルニテ
令参候ケリ二条殿ハ冬直衣ニテ令
参入給ケレハ不例人ノ傍ニカリ見
充自物有ルソト仰事アリケリ
件例我已後例院不例ニ御坐之時
十二月一日冬直衣ニテ参入シタリ
以来モ後院並致仰事他人モ並
事ニ我一所驗守執事ニ愚ケリ

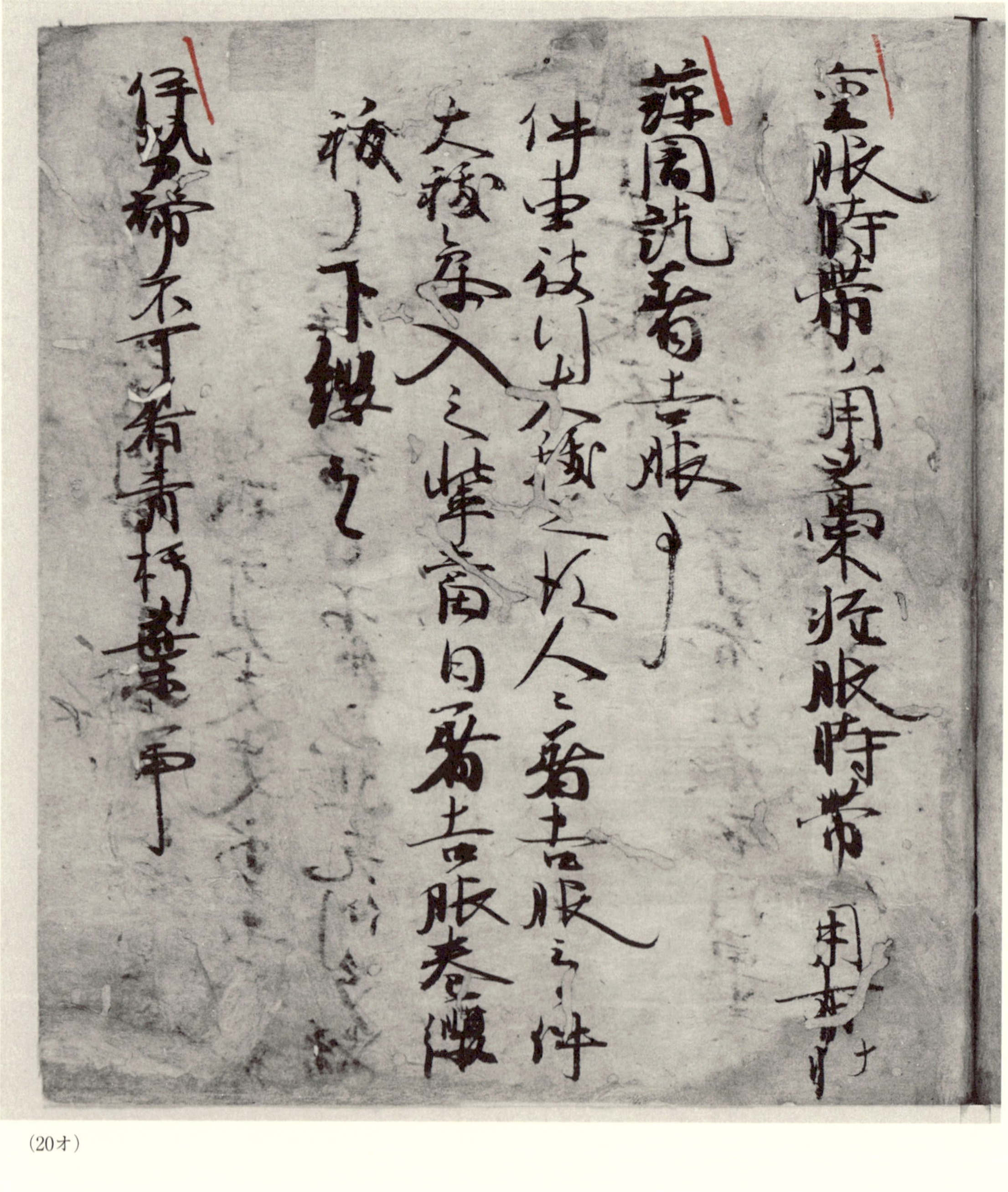
素服時帯ハ用藁、疑服時帯用布ナリ
諒闇訖着吉服事
件事後日大祓之後人々着吉服云々、件
大祓參入之輩當日着吉服表濃
[illegible]ノ下襲云々
伊勢幣不可着青朽葉事

（20オ）

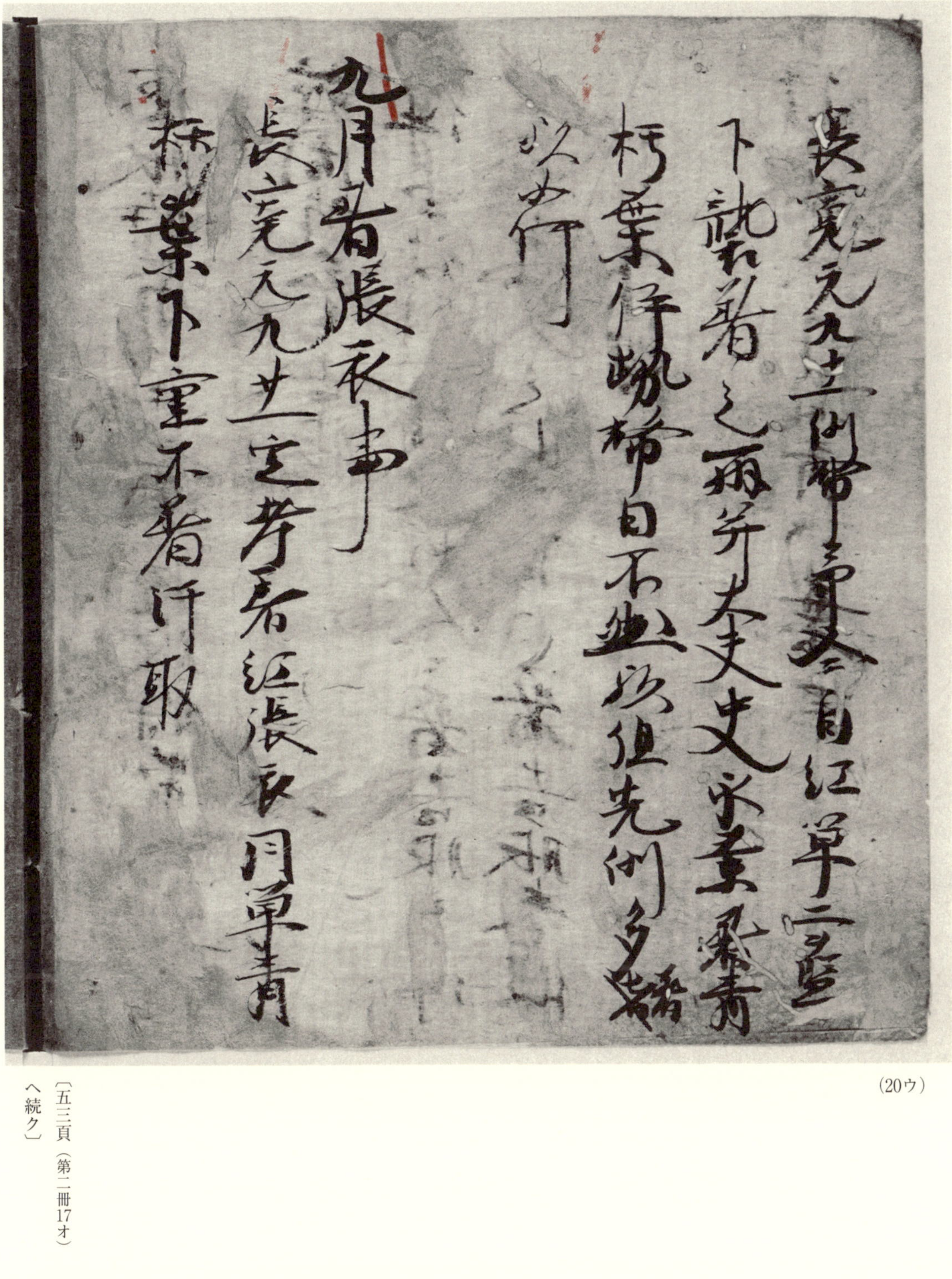

（20ウ）

〔五三頁（第二冊17オ）へ続ク〕

〔一四頁（第一冊３ウ）ヨリ続ク〕

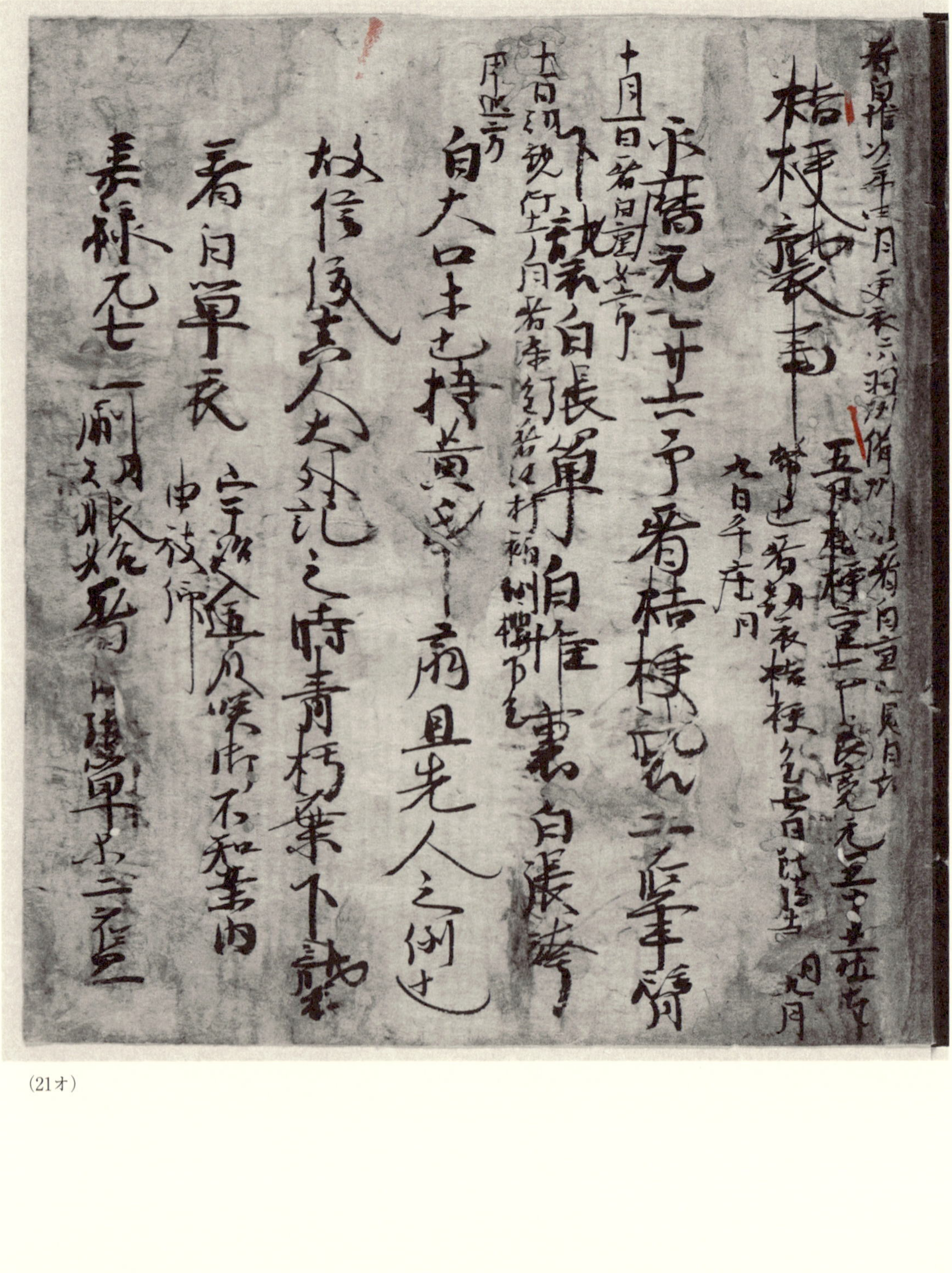
桔梗襲事
着白單衣

（21オ）

十月日有自童以帝上皇勅諾濡云七十二所生馬洋仉雨皇繼目云
之始以
半臂下重張袴白大口桔梗窄甚也
奇此車清正ヲ國奉仰下沢奉仕膳
寺以人譜如

逢不若得地埋衛状事見三出廣落禮告
予久念巳已院時客來院衆衵櫻並而下之
狙起千湯
凡三卅焼弓云云時笙石埋染楊

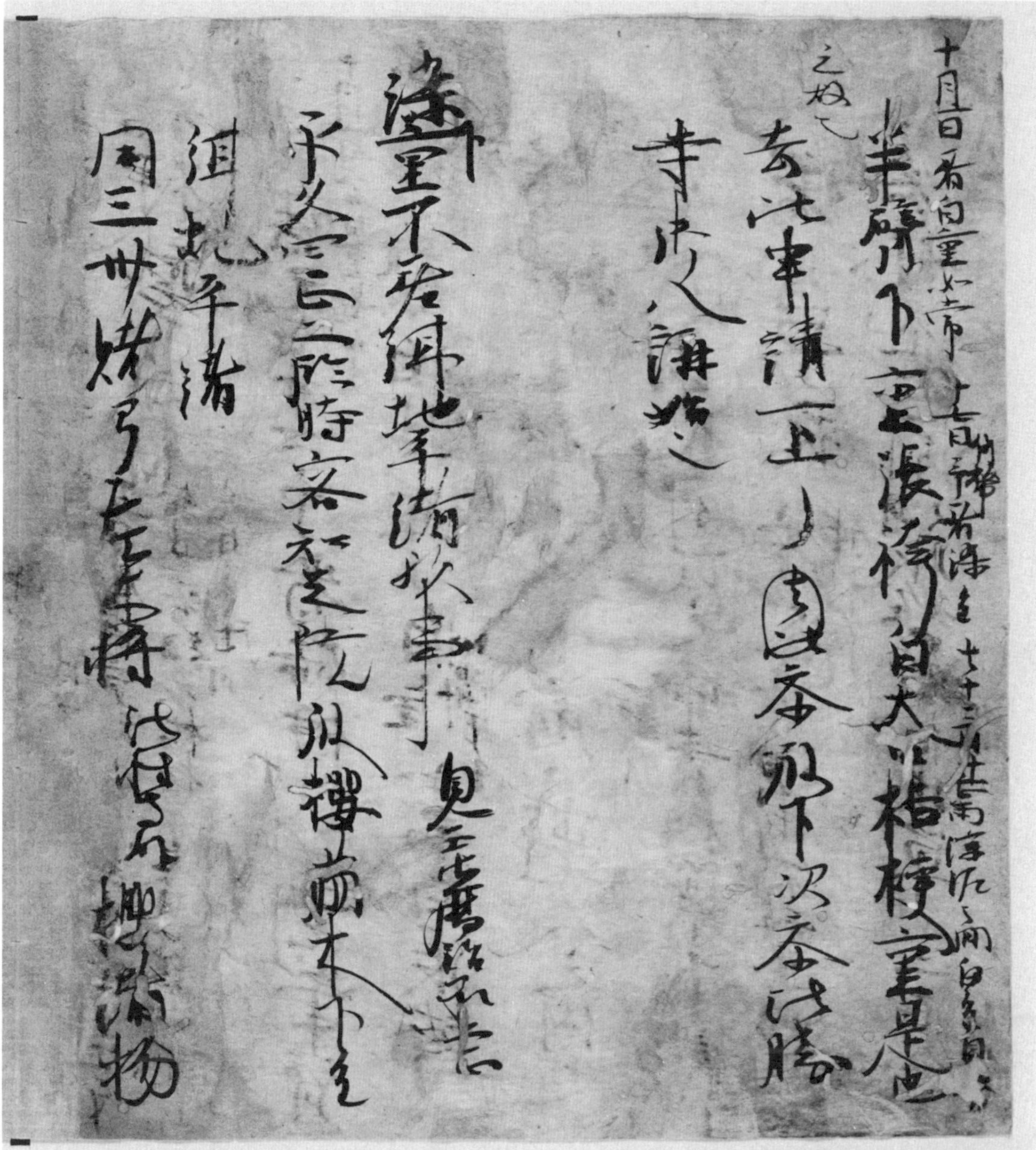

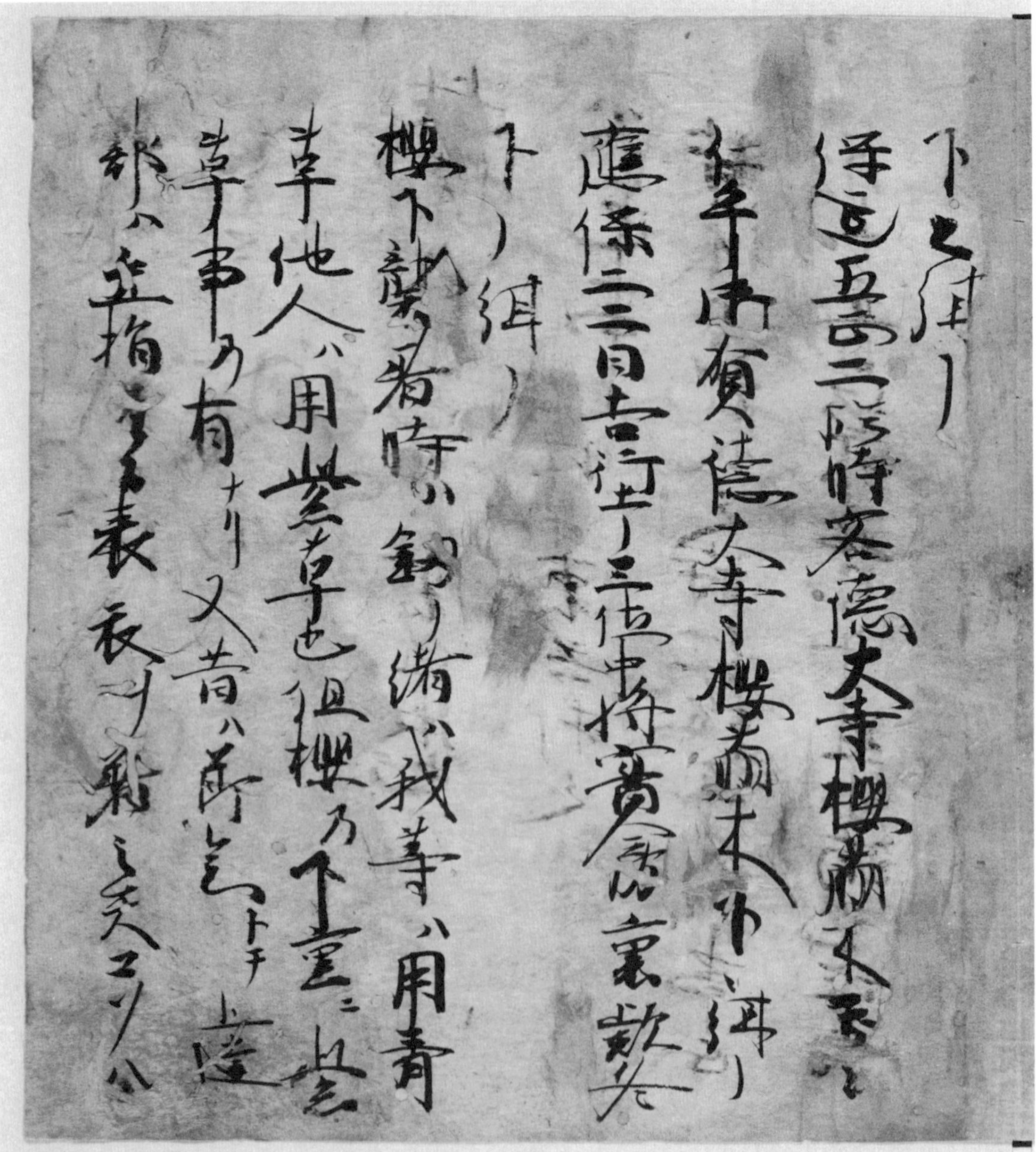

下之緒ノ
侍従吾二臈時客徳大寺櫻萠木衣を
侍年御賀徳大寺櫻萠木紺緒
近衛三日吉行幸ノ三位中将黄紫裏歟矣
下ノ緒ノ
櫻下襲着時ハ紺ノ緒ハ我等ハ用青
草他人ハ用紫苔草也但櫻乃下重ニ紫
草事乃有ナリ又昔ハ蘇芳トチ上達
部ハ五指ニ表衣ナ紫ミ交ユツハ

(22オ)

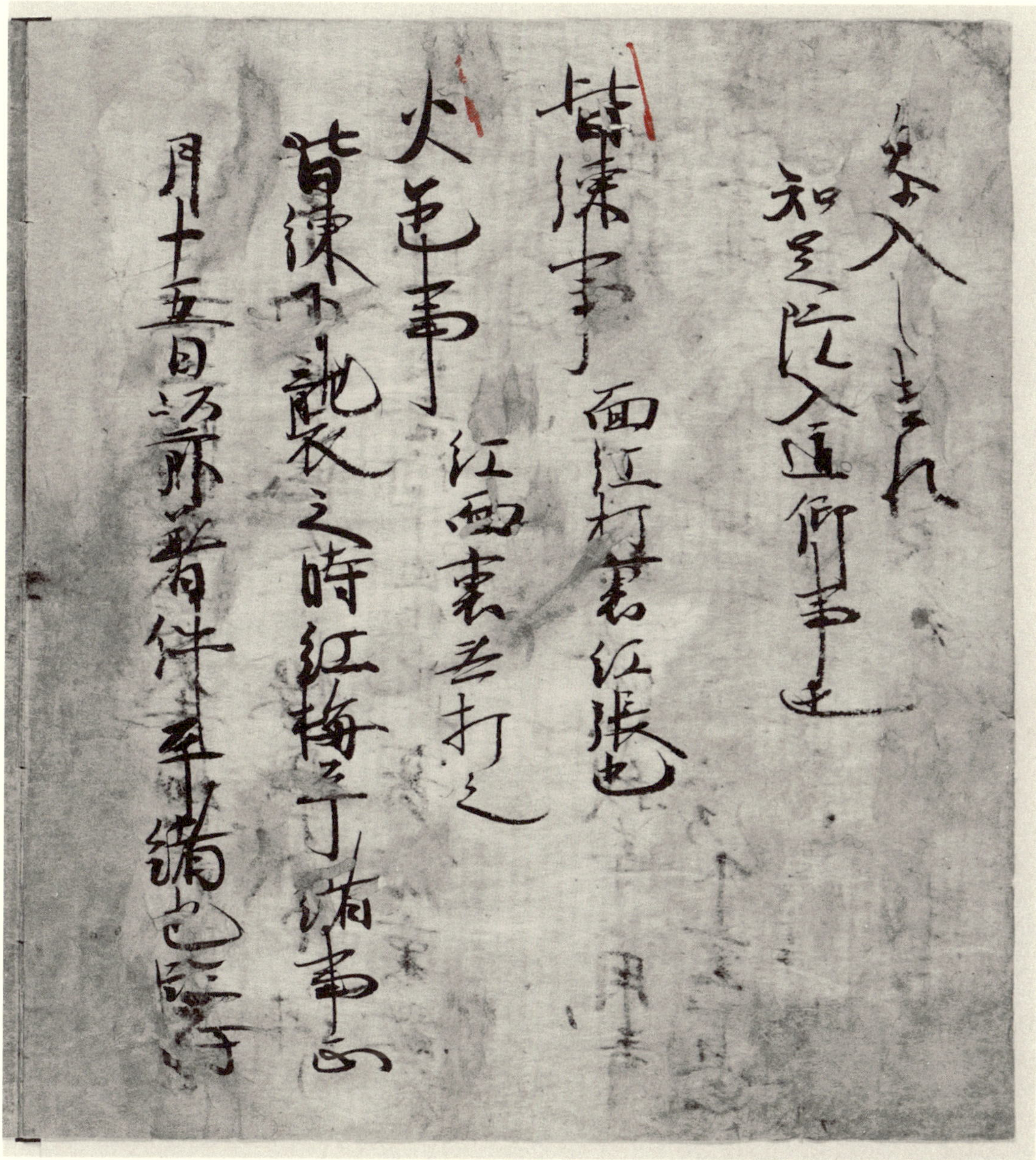

（22ウ）

〔五七頁（第二冊19オ）へ続く〕

〔七〇頁（第二冊25ウ）ヨリ続ク〕

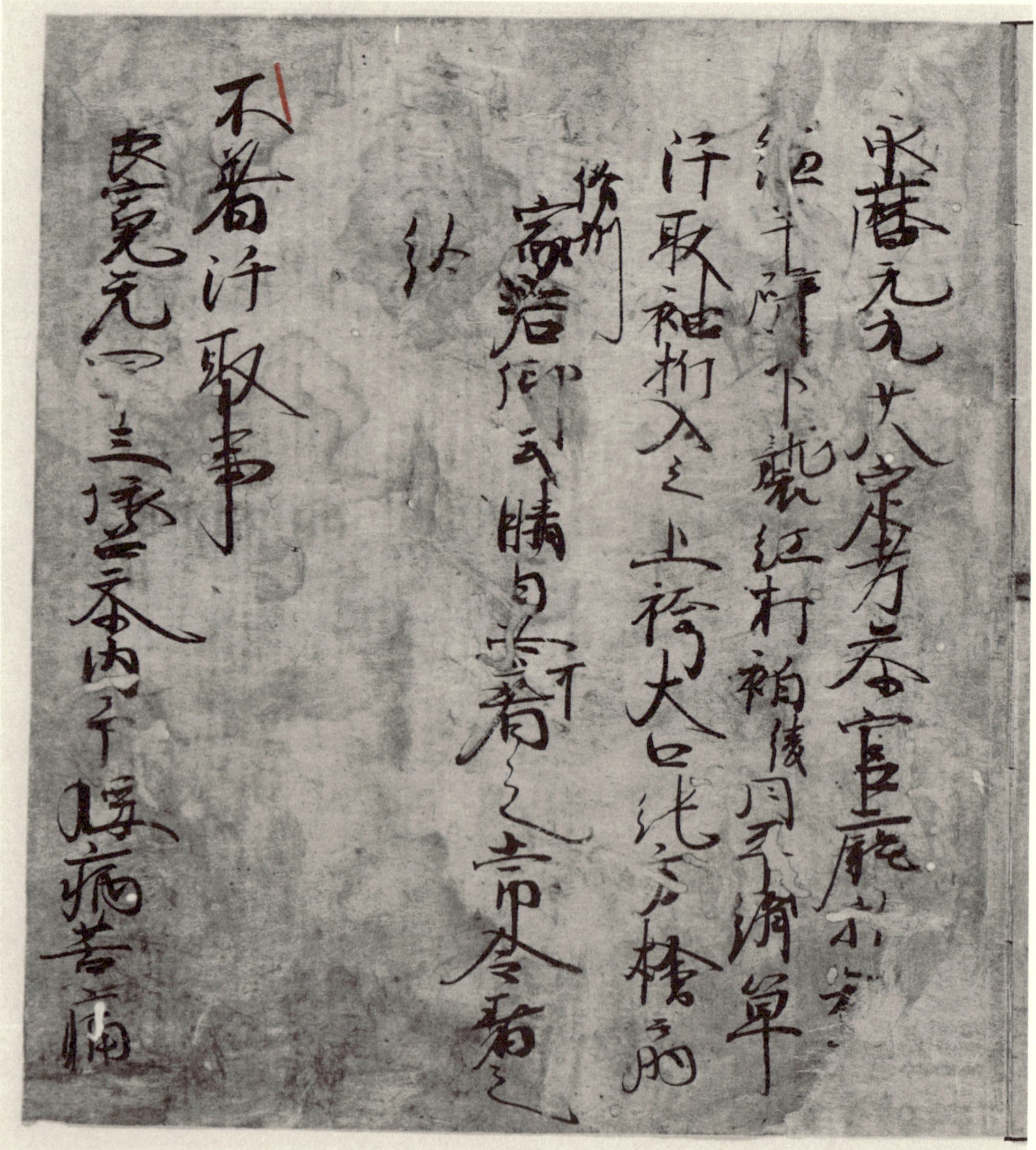

不着汗取事

（23オ）

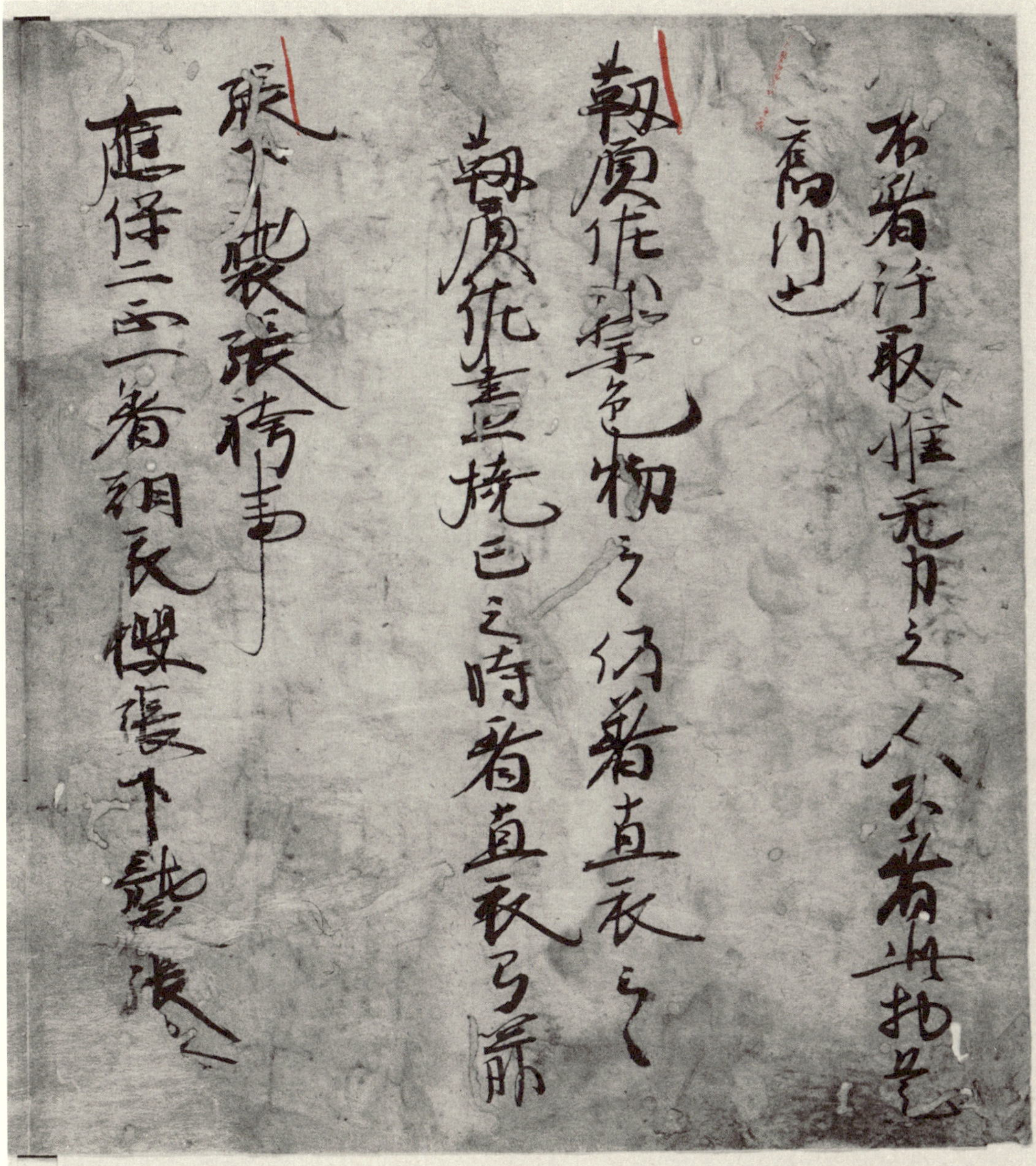

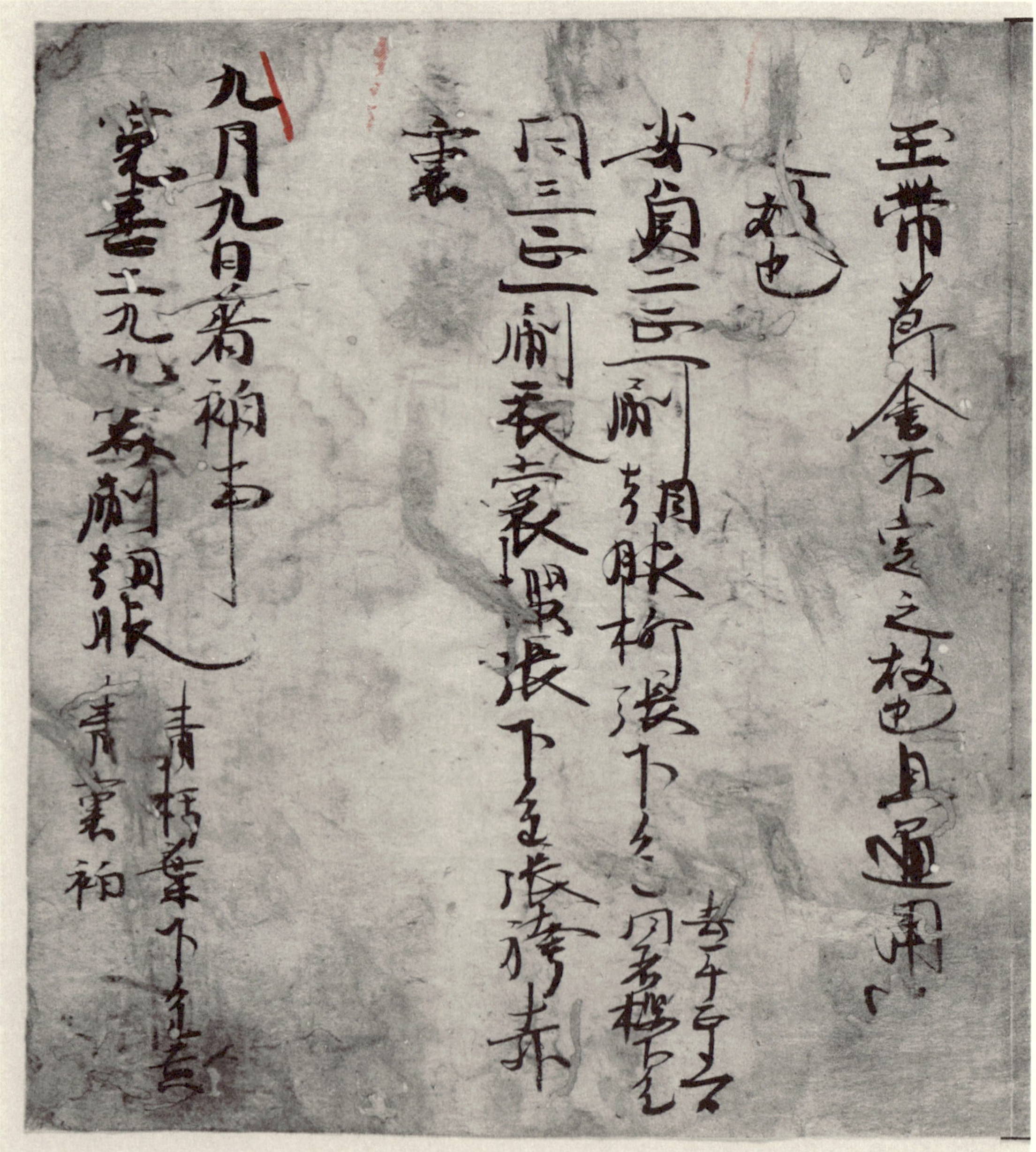

（24オ）

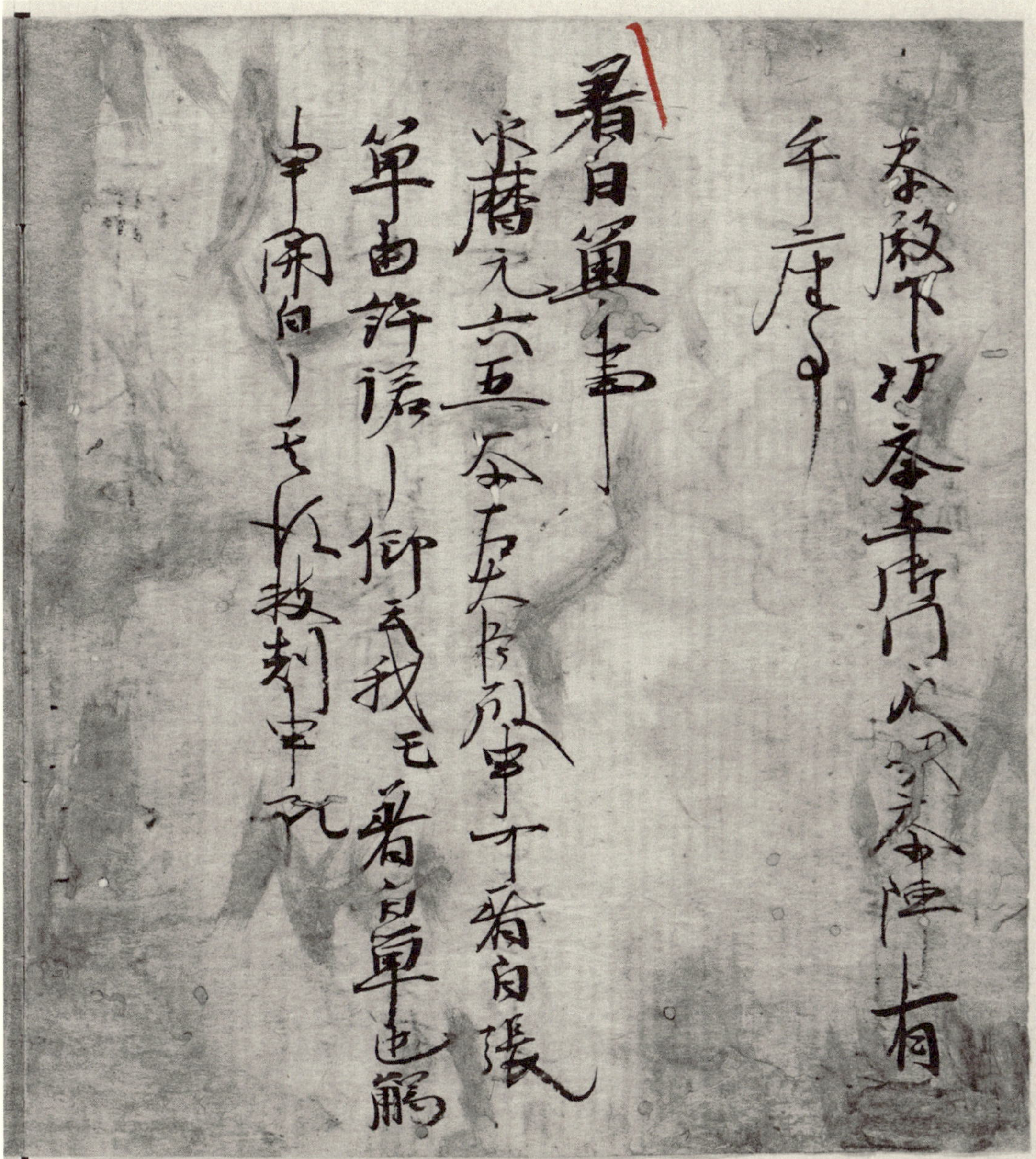

（24ウ）

〔四五頁（第二冊13オ）へ続ク〕

〔七二頁（第二冊26ウ）ヨリ続ク〕

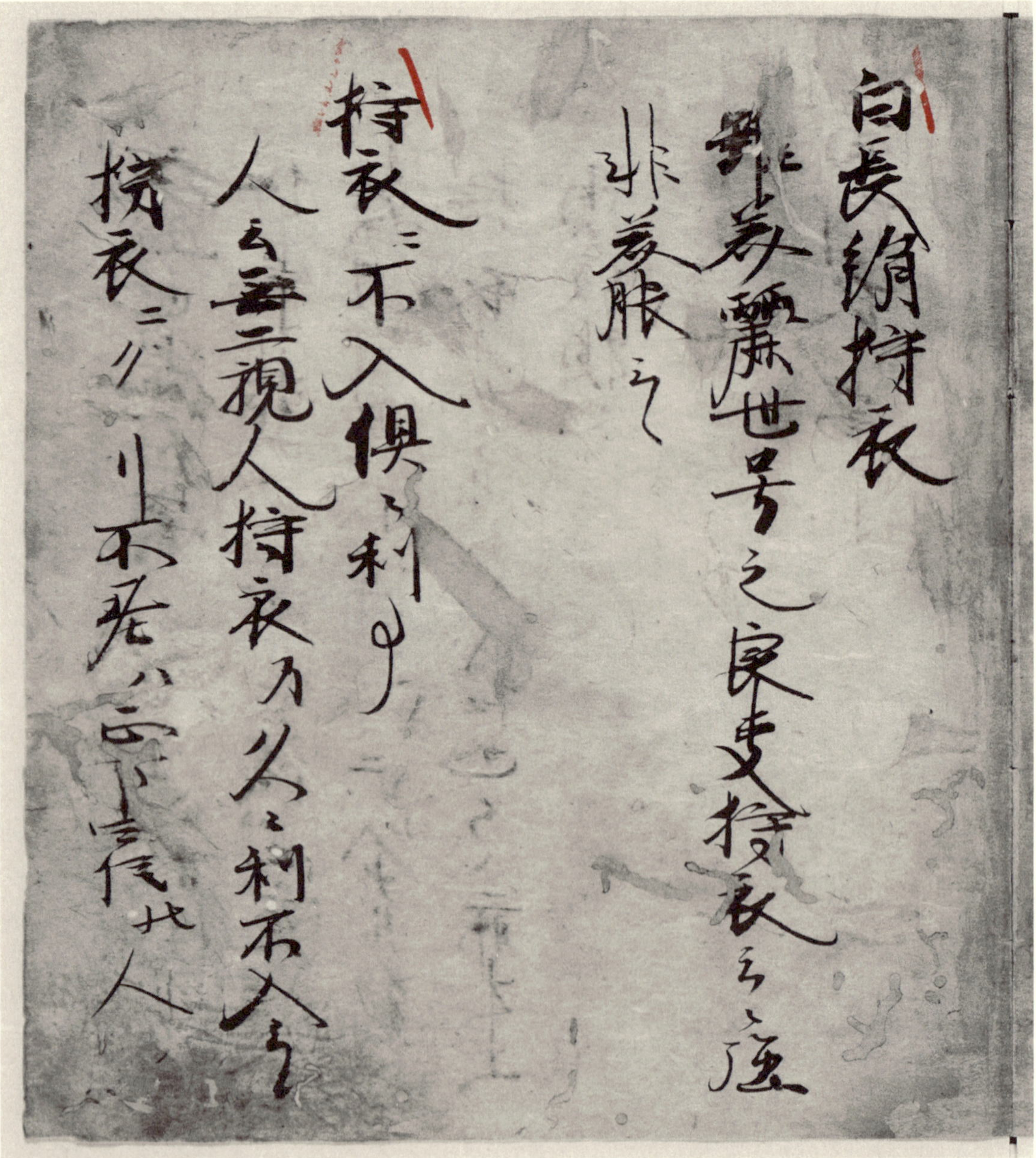
白長絹狩衣
非参[illegible]世号之良[illegible]狩衣云々[illegible]
非参[illegible]之
狩衣ニ不入倶々利
人云無ニ[illegible]人狩衣乃久々利不入云々
狩衣ニク〃リ不[illegible]ハ[illegible]人

（25オ）

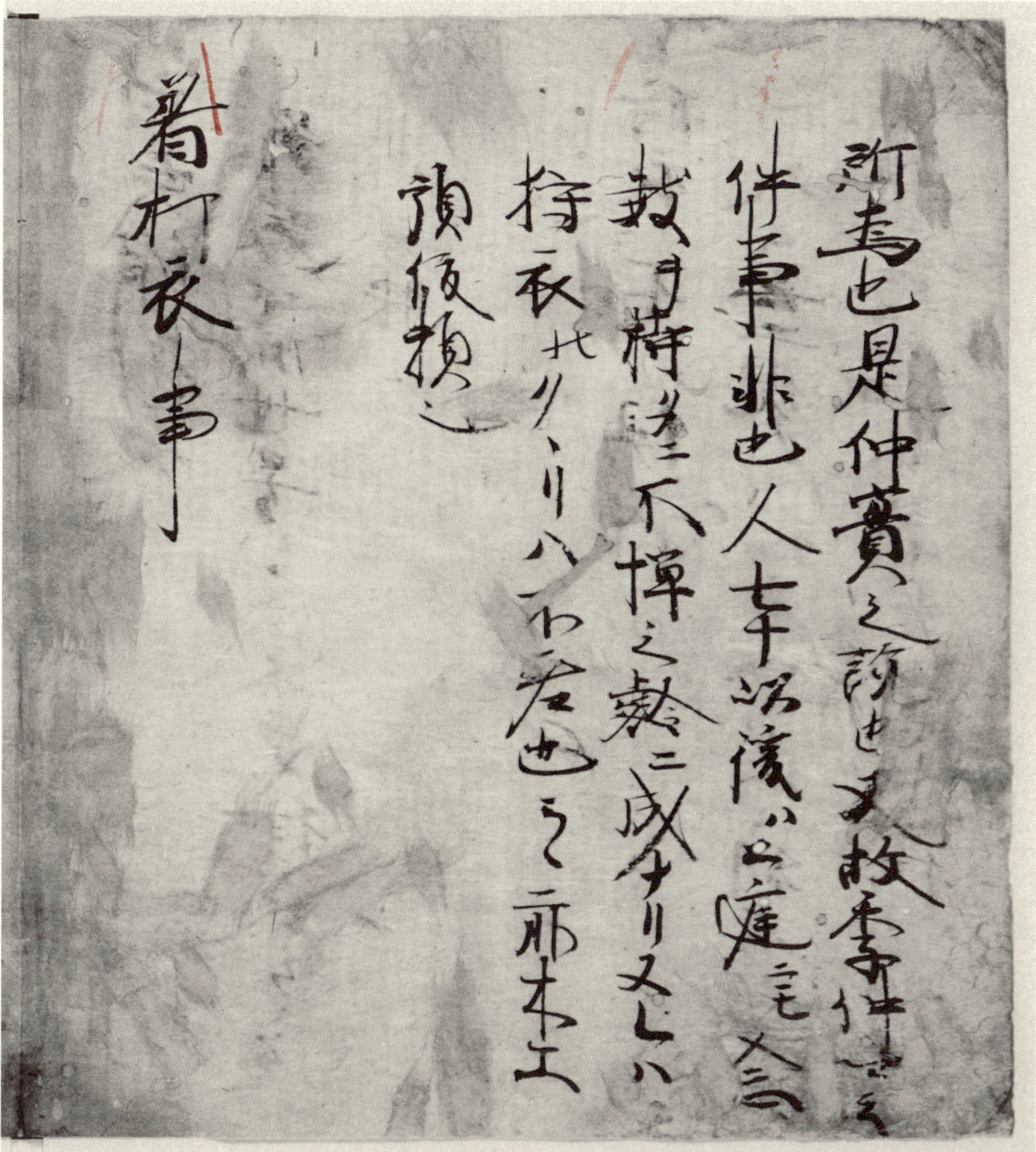

（25ウ）

〔六五頁（第二冊23オ）へ続ク〕

〔七八頁（第二冊28ウ）ヨリ続ク〕

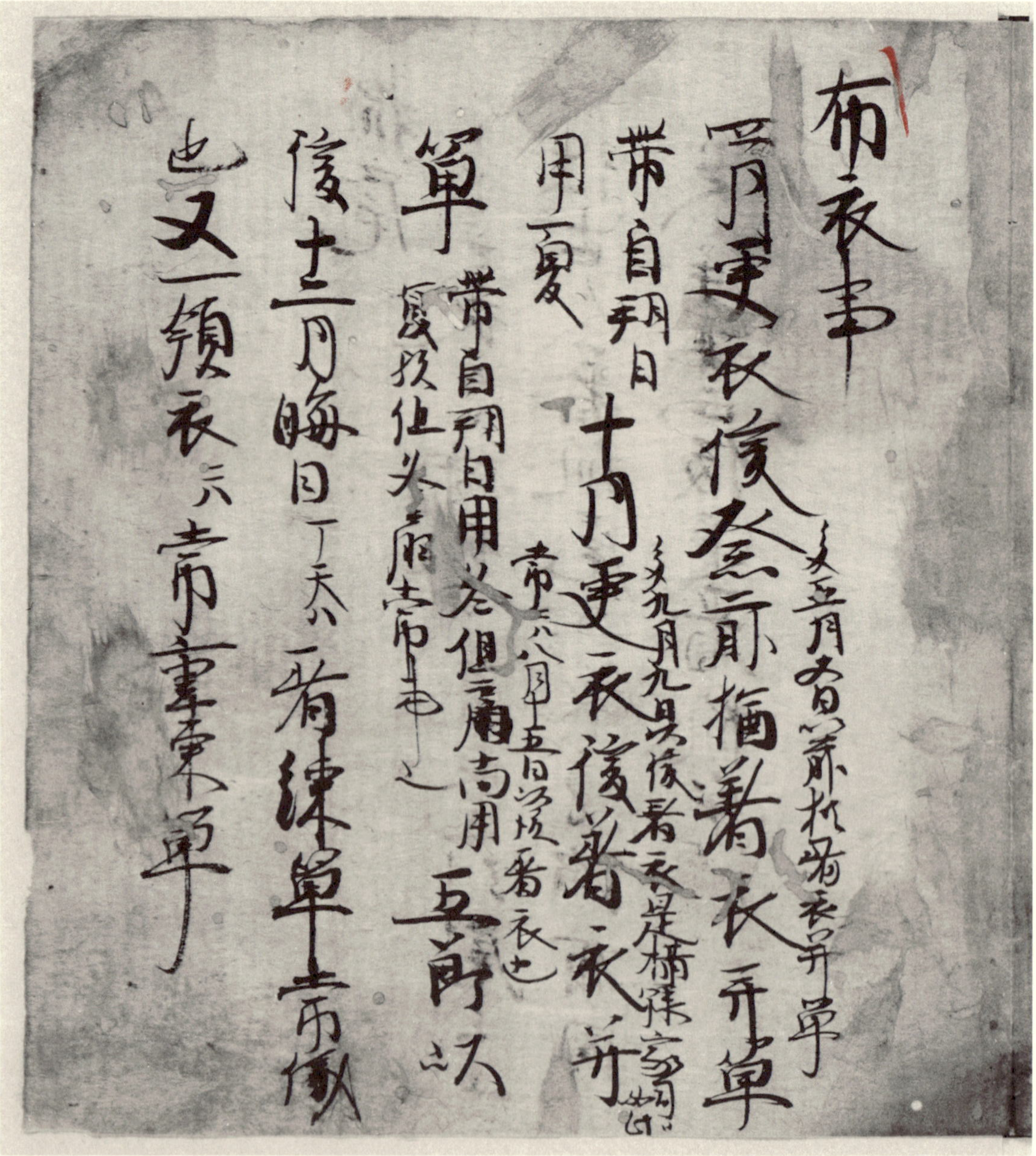
布衣事
四月更衣後参前猶着衣并単（又五月五日以前猶着衣并単）
帯自朔日用夏（帯三八　八月十五日以後着衣之）
十月更衣後着衣并単（又九月九日以後着衣是稀様宮仕歟）
帯自朔日用冬但二藍尚用　五節以後（履扱位冬帯帯也之）
十二月晦日（丁天八）一番練単一帯徹
也　又一領衣（三六）帯韋東單

（26オ）

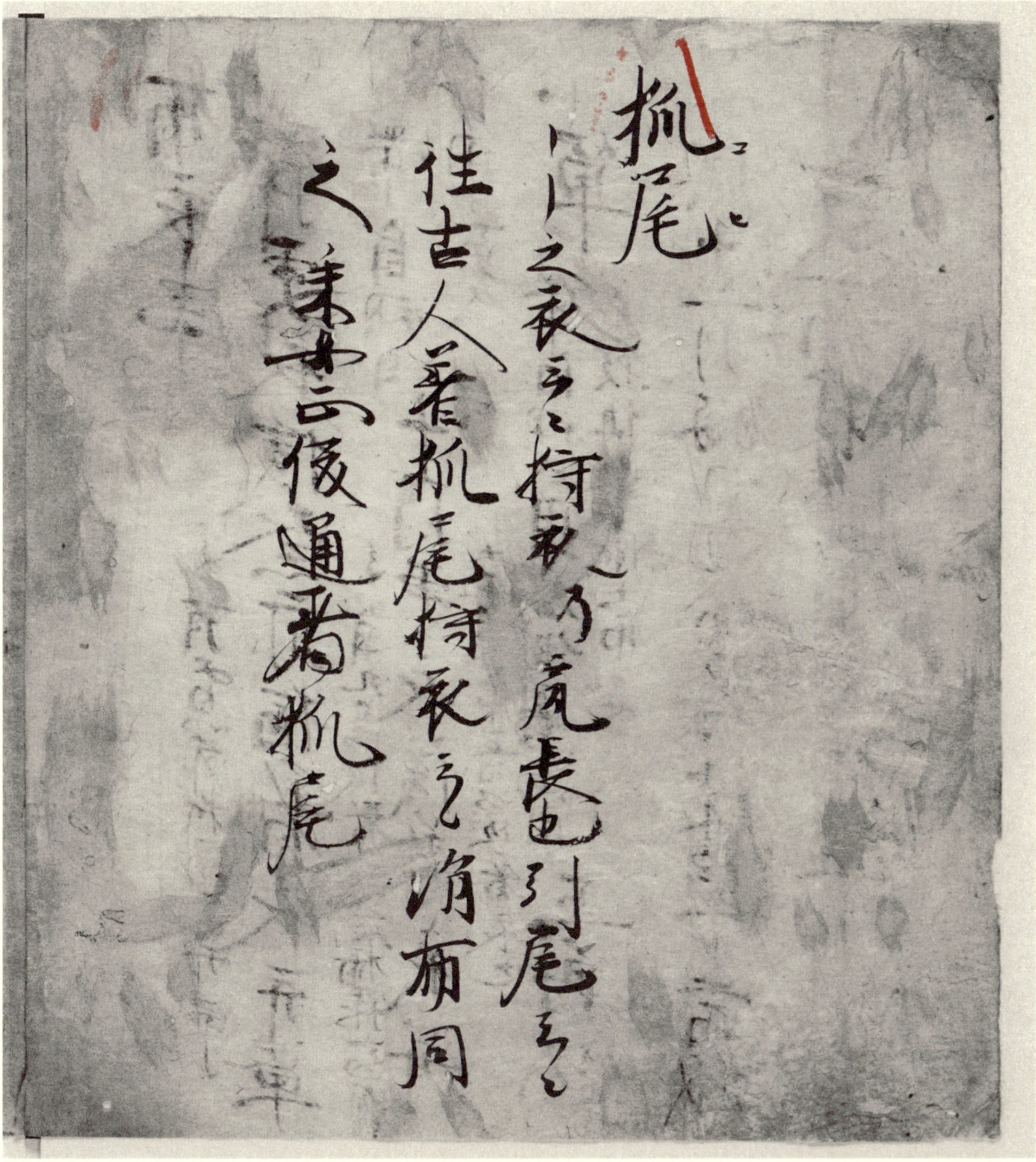

（26ウ）

〔六九頁（第二冊25オ）へ続く〕

〔五六頁（第二冊18ウ）ヨリ続ク〕

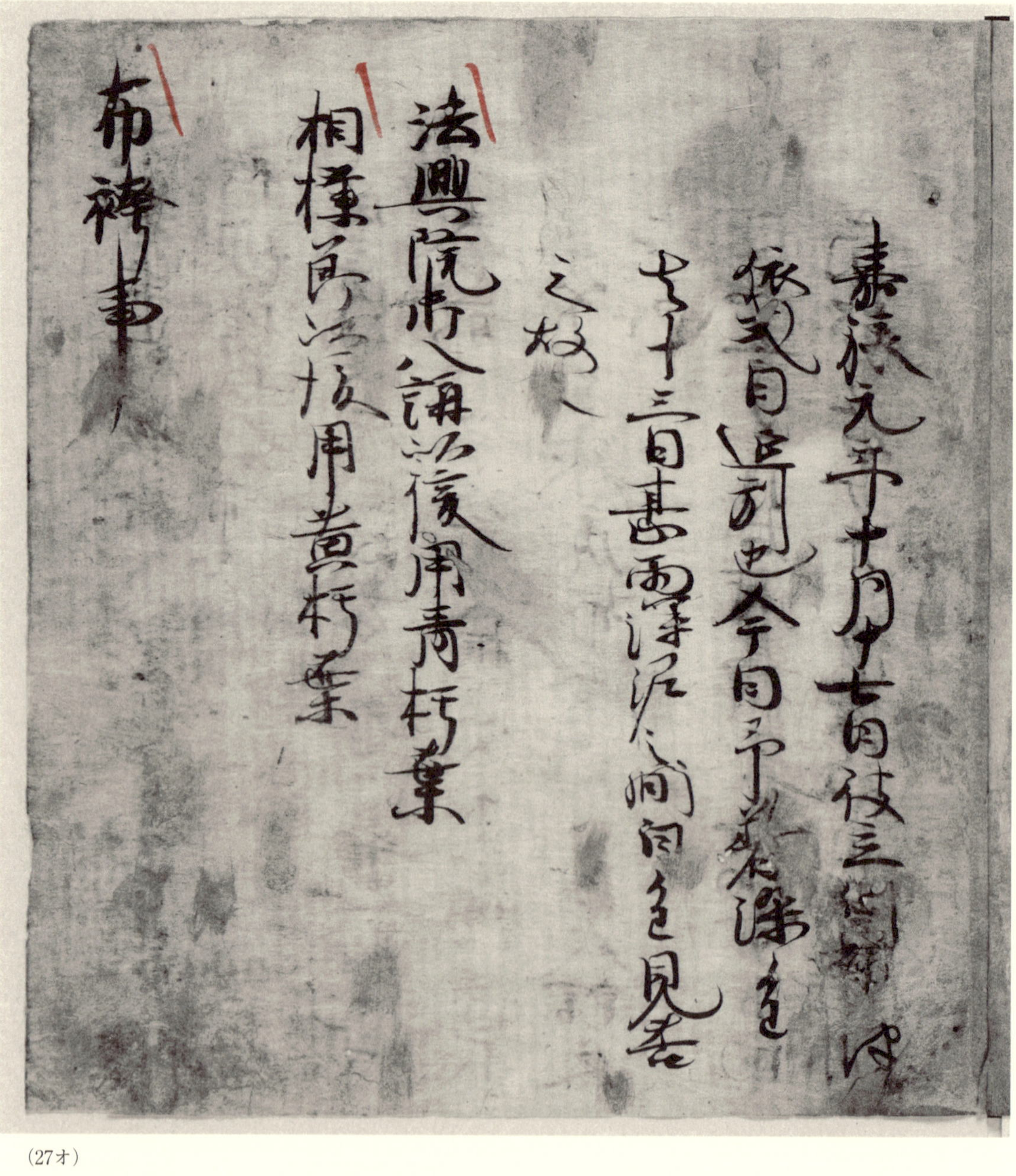
法興院御八講之後用青朽葉

布袴事

（27オ）

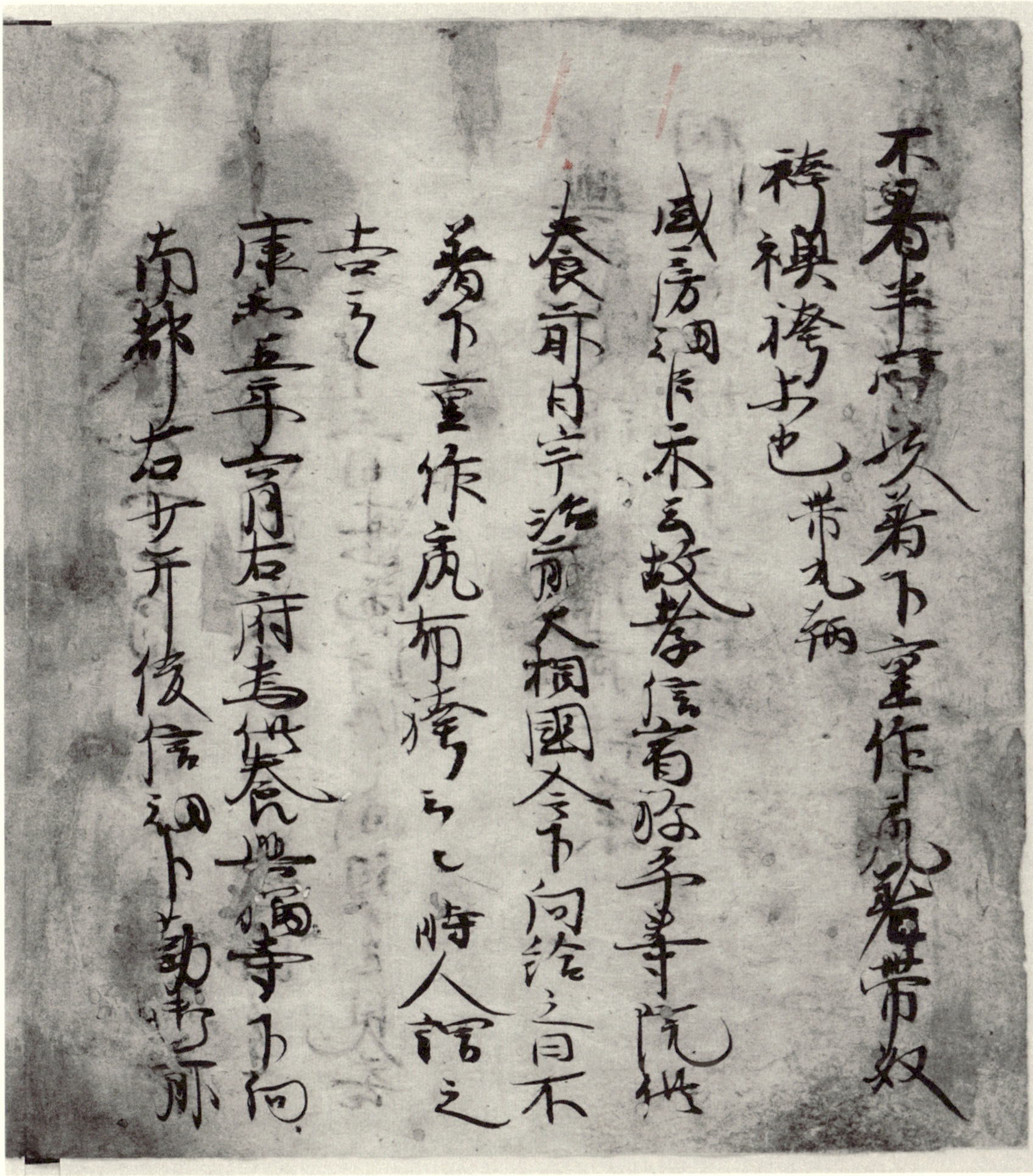
不着半臂只着下重作虎皮着帯奴
袴襖袴也　帯丸柄
盛房朝臣称云故孝信宿禰等院供
奉食前日宇治前大相国令下向給之日不
着下重作虎布袴云々時人謂之
吉云々
康和五年十月右府為供奉食堂寺下向
南都右少弁俊信朝臣下勤行事

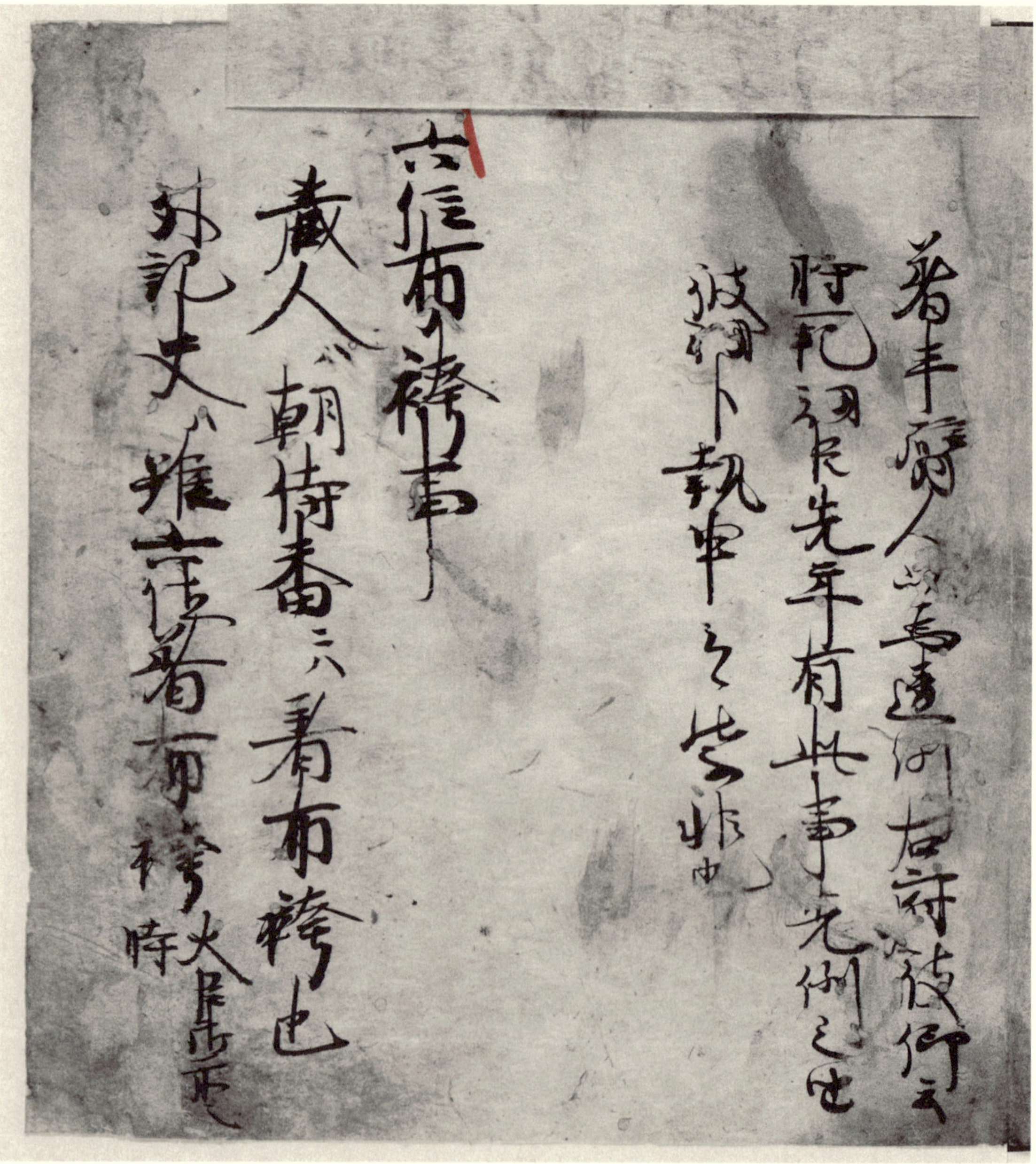

着手袍人々為遠例右府被仰云
時範朝臣先年有此事先例之也
被問卜執申之此非也

六位布袴事

藏人ハ朝侍番之ハ着布袴也
外記史ハ雖六位着布袴大臣家時

（28オ）

康元之年十月十一日戊辰天晴指亦陰定
赤云如痕日欲擔澤重延之着用白龍亦出行
予令之中旬晴改役澤重隆三豆白色又
吾有巨難款晴重事在前之時及中旬
用白童又隨庫之云 助役斉两后之後て着
浮之と主如伙人宮為管辺文史五位
一文年四月十六坊三伴誓影知者澤主之改
備州赤秘之二年七月十七日伺部之 減州
如者津之 と 地文反作然文波力視横父也

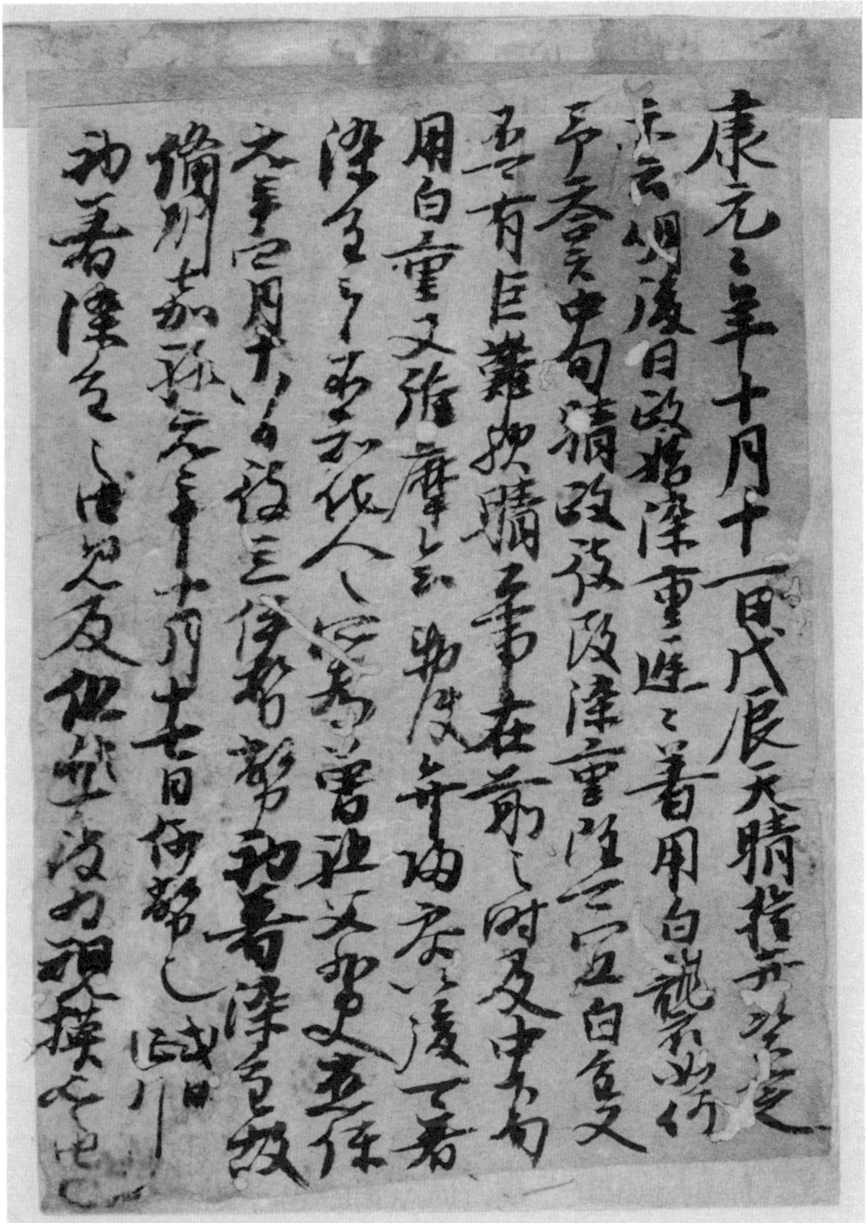

康元三年十月十一日戊辰天晴揖斐玖珪定
来言、今日後日政措澤重匡着用白瀧不必行
戸奈云中旬續政改澤重陞三位白直文
五位有巨難執晴、重事在前、時及中旬
用白瀧文所處摩云、勅授年内庚之後着
陞三位之由、勅祇父母寫文云、五代
儒州亦孫定三十一月十七日何等云
文筆之及十十日政三位者彰勅着澤白改
勅着澤可之世先反如此没力視橫之也
林記文唯立宿者雨参火昆出下
和時

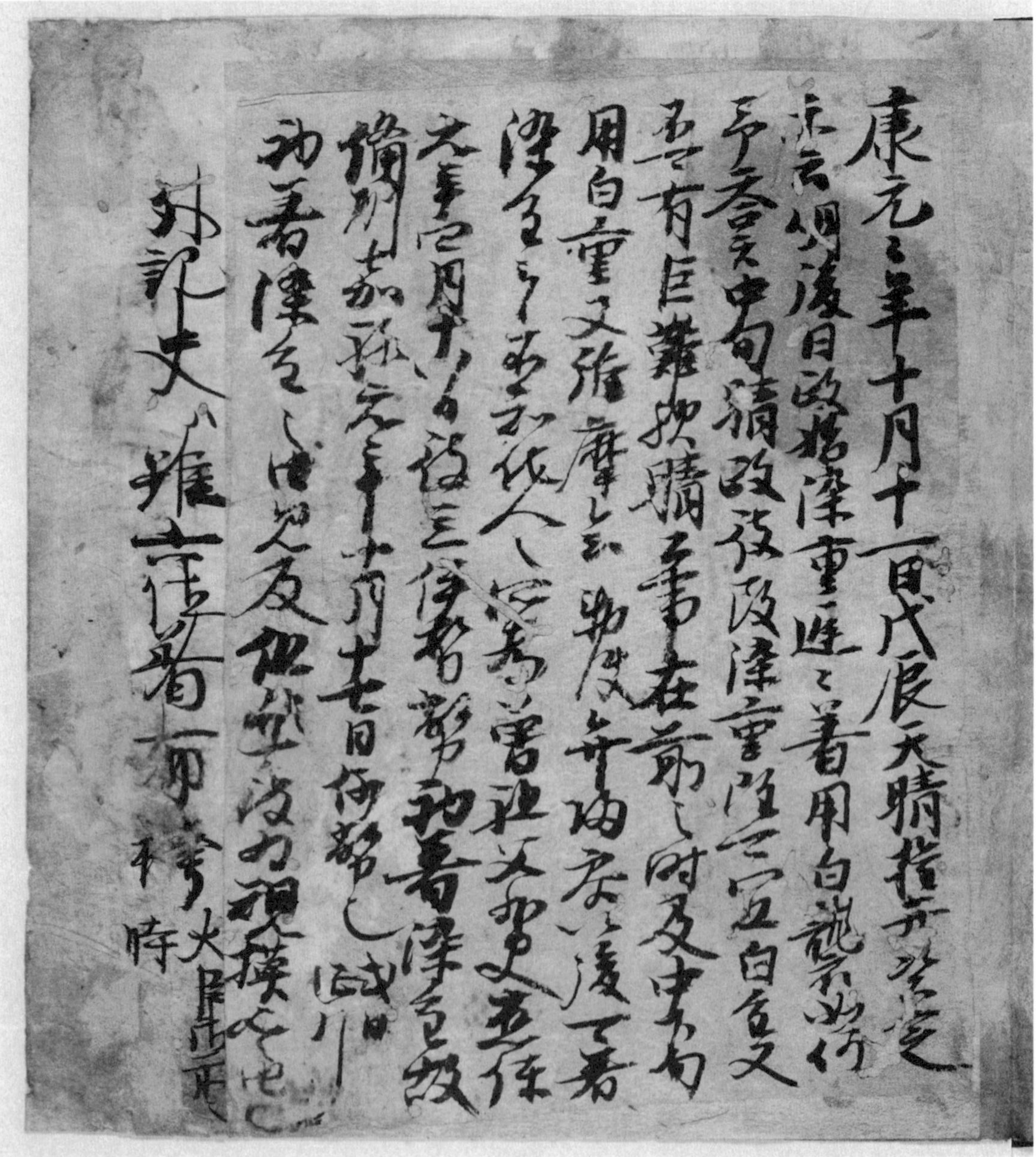

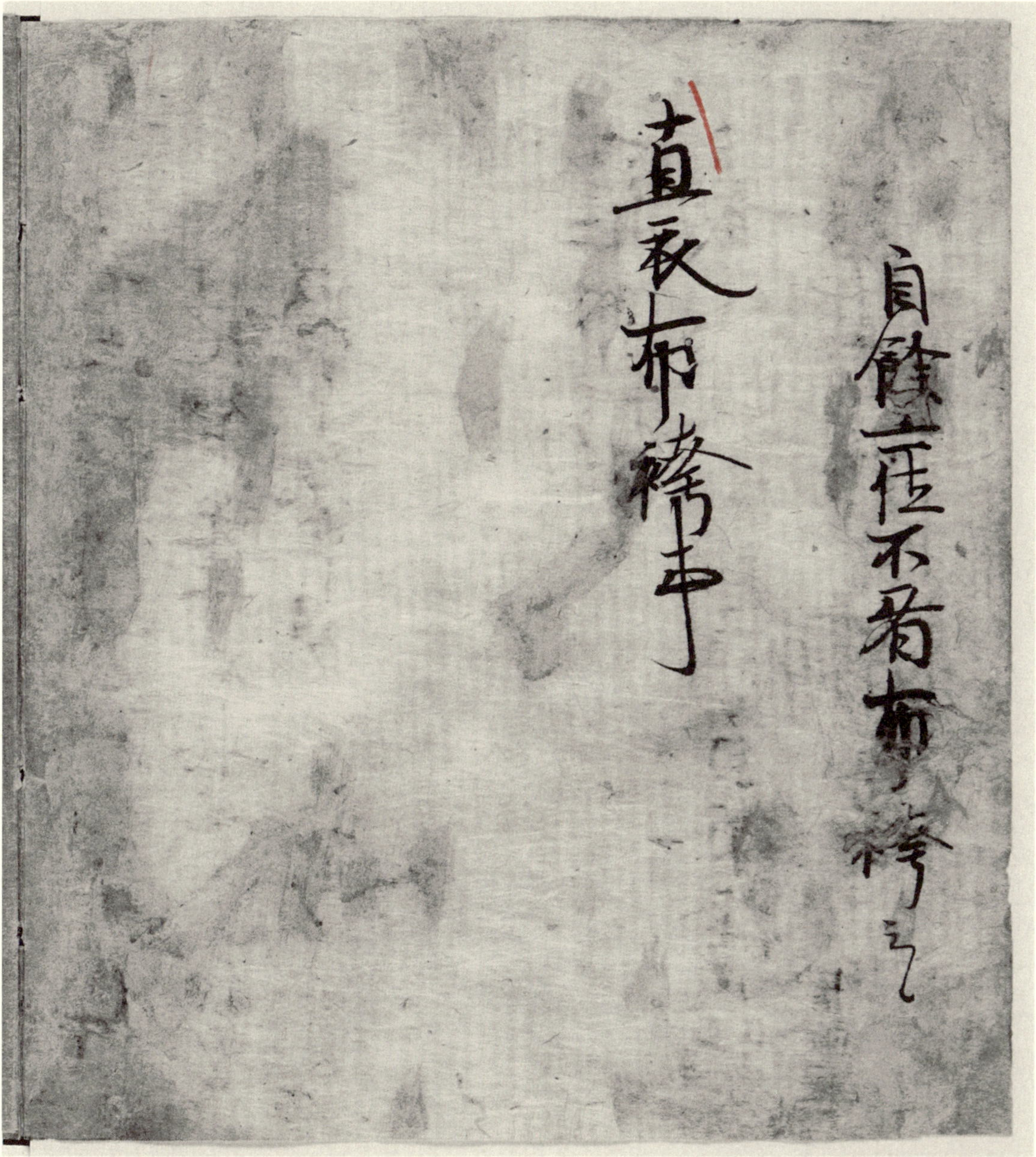
自餘六位不着布袴云々

直衣布袴事

（28ウ）

〔七一頁（第二冊26オ）へ続く〕

〔二四頁（第二冊2ウ）ヨリ続ク〕

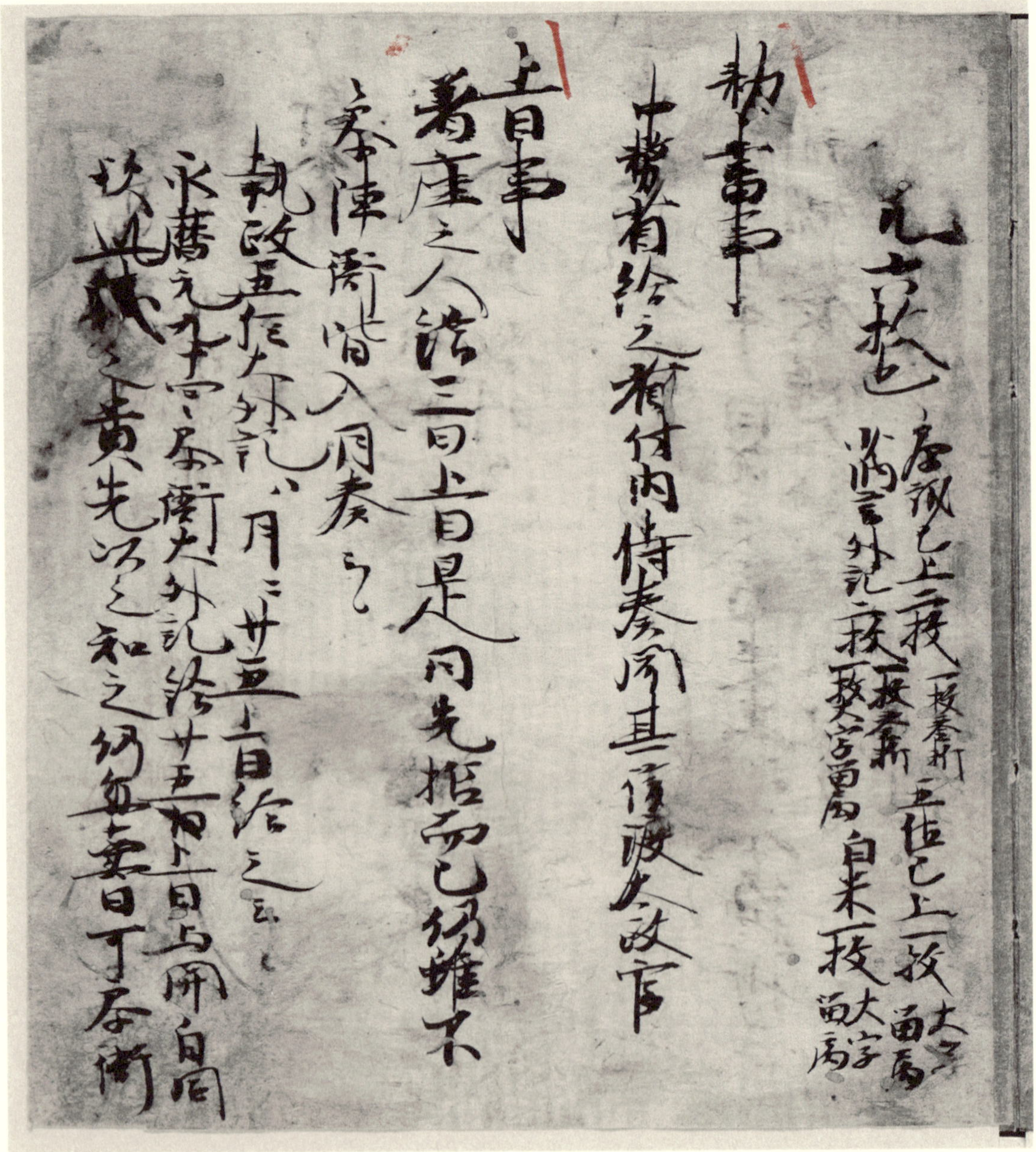

（29オ）

九十六枚也　奏紙已上二枚（一枚奏料）五位已上一枚（大字留属）消息外記二枚（一枚奏料）一枚大字留属　自余一枚（大字留属）
勅書事
中務省給之、相付内侍奏聞、其後下太政官
上日事
著座之人、給三日上日、是同先相而已、然雖不
奏陣衛皆入月奏云々
執政五位大外記八月ニ廿五上日給之云々
永暦元年中宮奏衛大外記給廿五日上日、与所自同
状、此儀之貴先以之知之、仍無案日下奏衛

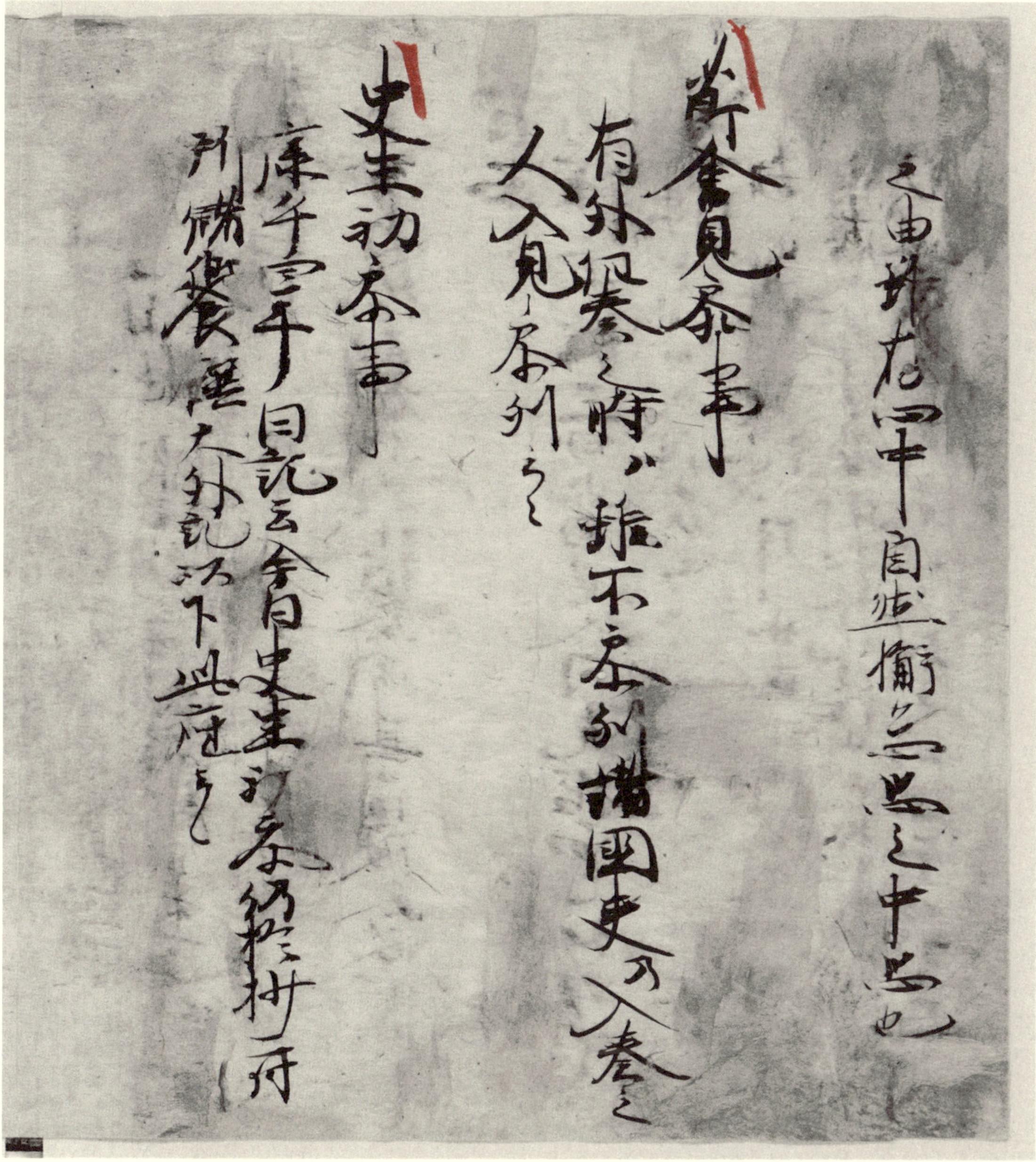

之由、雖在四中自然衛府召出之中出也

節会見参事

有外記奏之時ハ、雖不参列、諸国史生入参之
人ハ見参ニ列之

史生初参事

康平四年十月日記云、今日史生初参、仍経掛府
升備饗膳、大外記以下著座之

（29ウ）

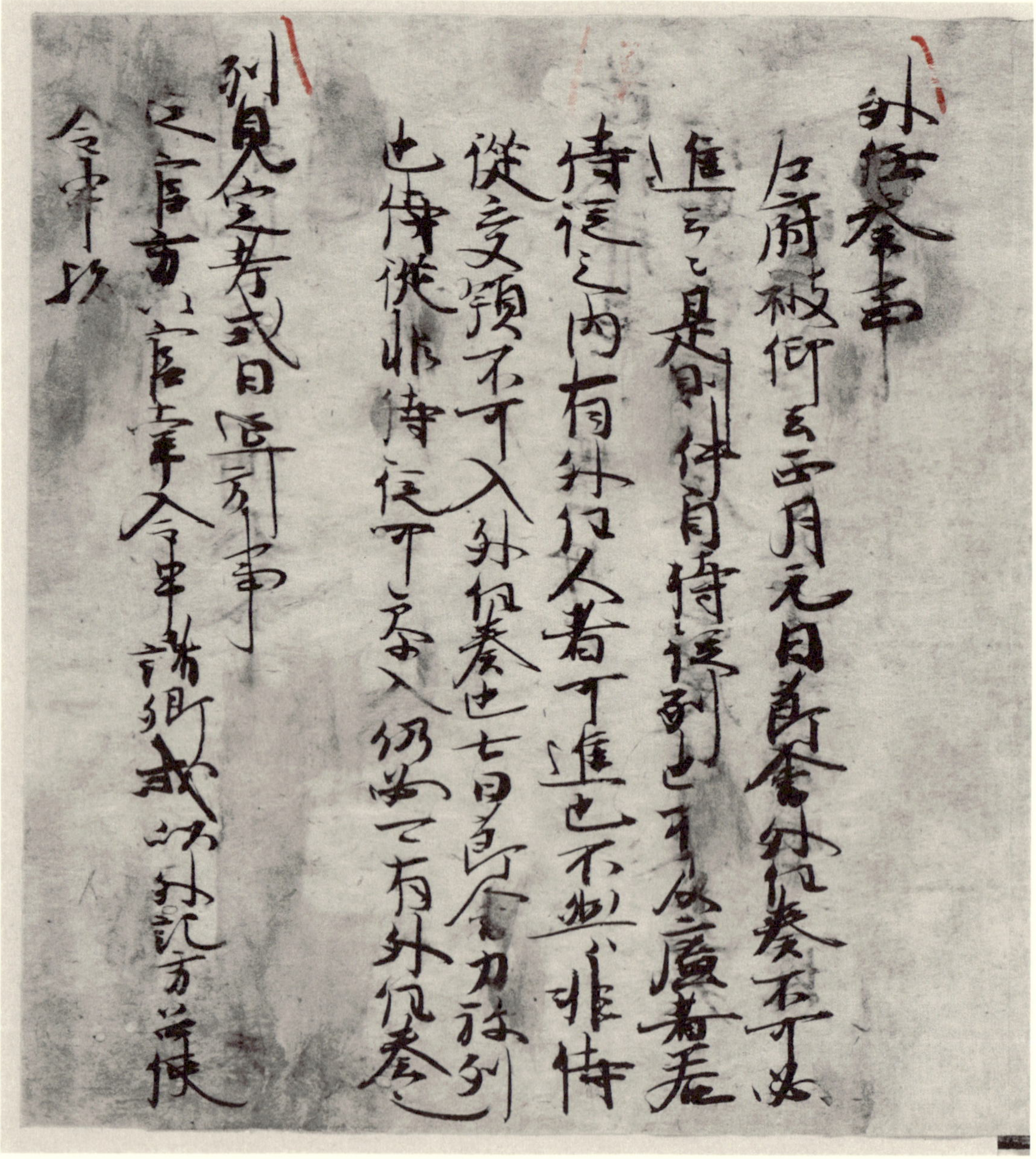
外任奏事
右府被仰云、正月元日節会外任奏不可必
進之、是則件日侍従列也、而公卿着座
侍従之内有外任人者可進也、不然者非侍
従之預不可入外任奏也、七日節会依被列
也侍従非侍従可奏入、仍必可有外任奏也

列見定考式日延引事
之官方以官掌令申諸卿、式部記方并使
令申之

（30オ）

平座事
刻限之後上﨟不参テ中﨟白ス可奏
聞也

給禄拝事　構刀拂
給馬之時拝一度ヲ両度拝人馬夫ニテ
給馬之時下庭上ヘ取若尾ホ一拝モ
随給子持参著ホウ

故孝信志〻守之時故大臣令奉
高野給勤仕御誦大臣并孝信給祿
歸孝信三度拜之経信云彼宿祢不
似官文如淋漆ヤ給馬拜三度云〻下
孝信失禮之由不相驚申云給御馬
事〻嗤千廻紛數度拜之時人歎
之云〻

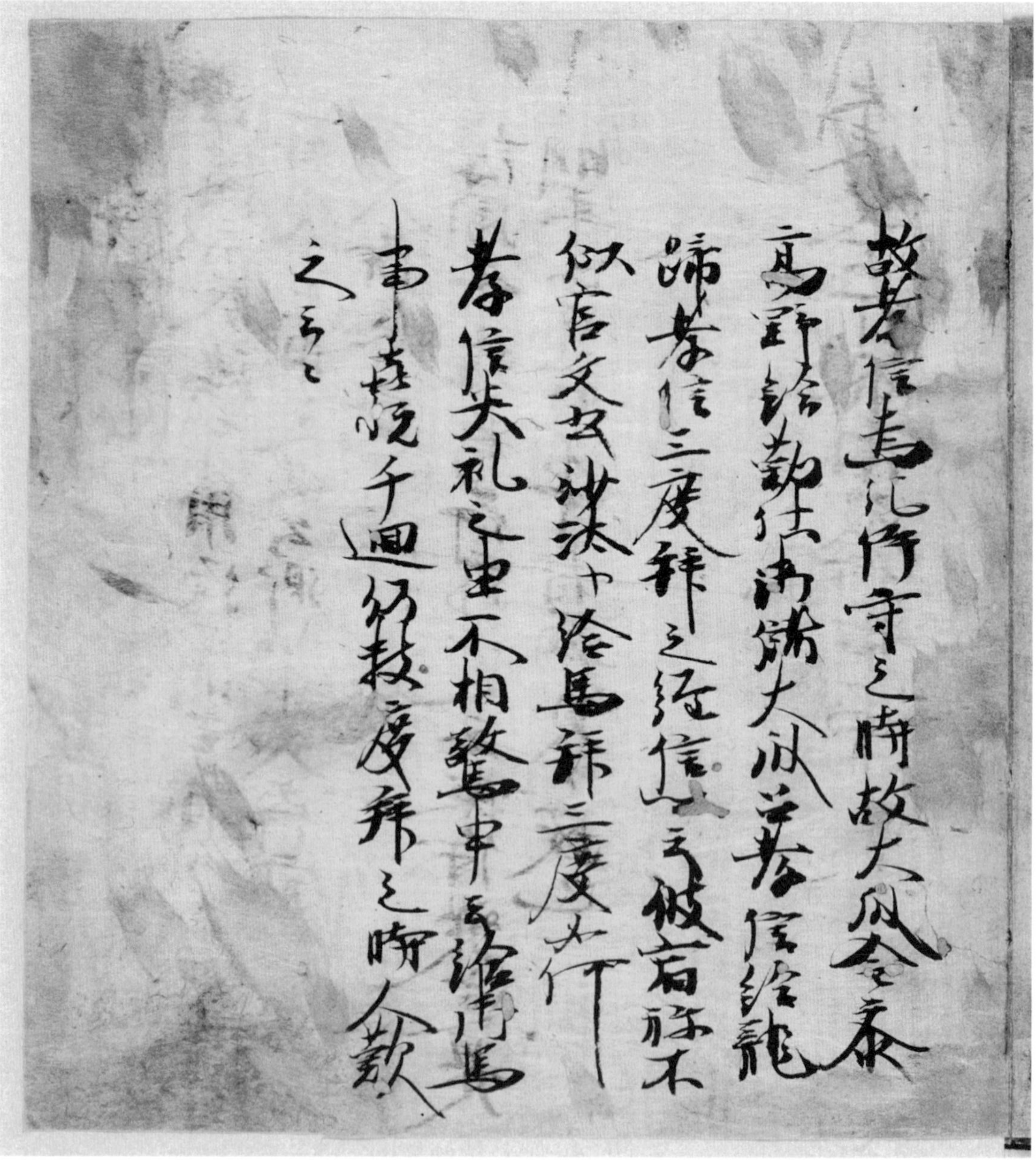

（31オ）

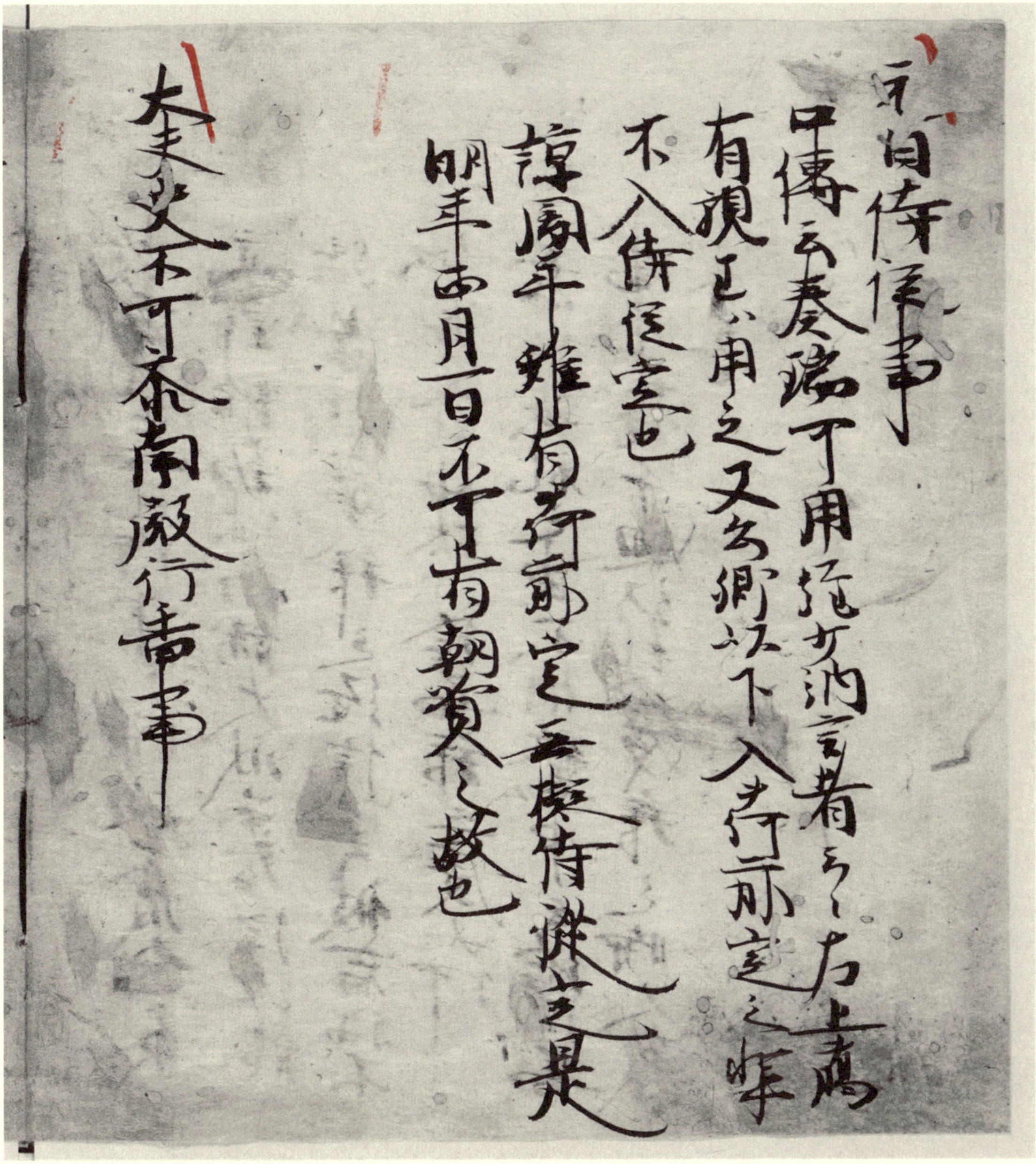

元日侍従事
口傳云奏瑞下用侍従少納言者云々左上﨟
有源王々用之又公卿以下入御所之時
不入侍従定也
諒闇年雖有御前定無御侍従之是
明年正月一日不有朝賀之故也

大夫史不可参南殿行香事

（31ウ）

天元五年八月廿二日仁王経御修法大夫史官
辰参上之間大夫外記有例大夫史無例
仍不当之旨他人畢但近代例々又云々
長保五正廿二仁王経 季御読経時南殿行香
弁并外記史不参上卿五位外記史依例参
上而近代宮仕不参上〻〻五位外記史参上
之時先居簀子敷随上卿乱足登長押
上着座直不着座弁同可候簀子
云々
保安五年三月十三日季御読経結願也権中納言

（32オ）

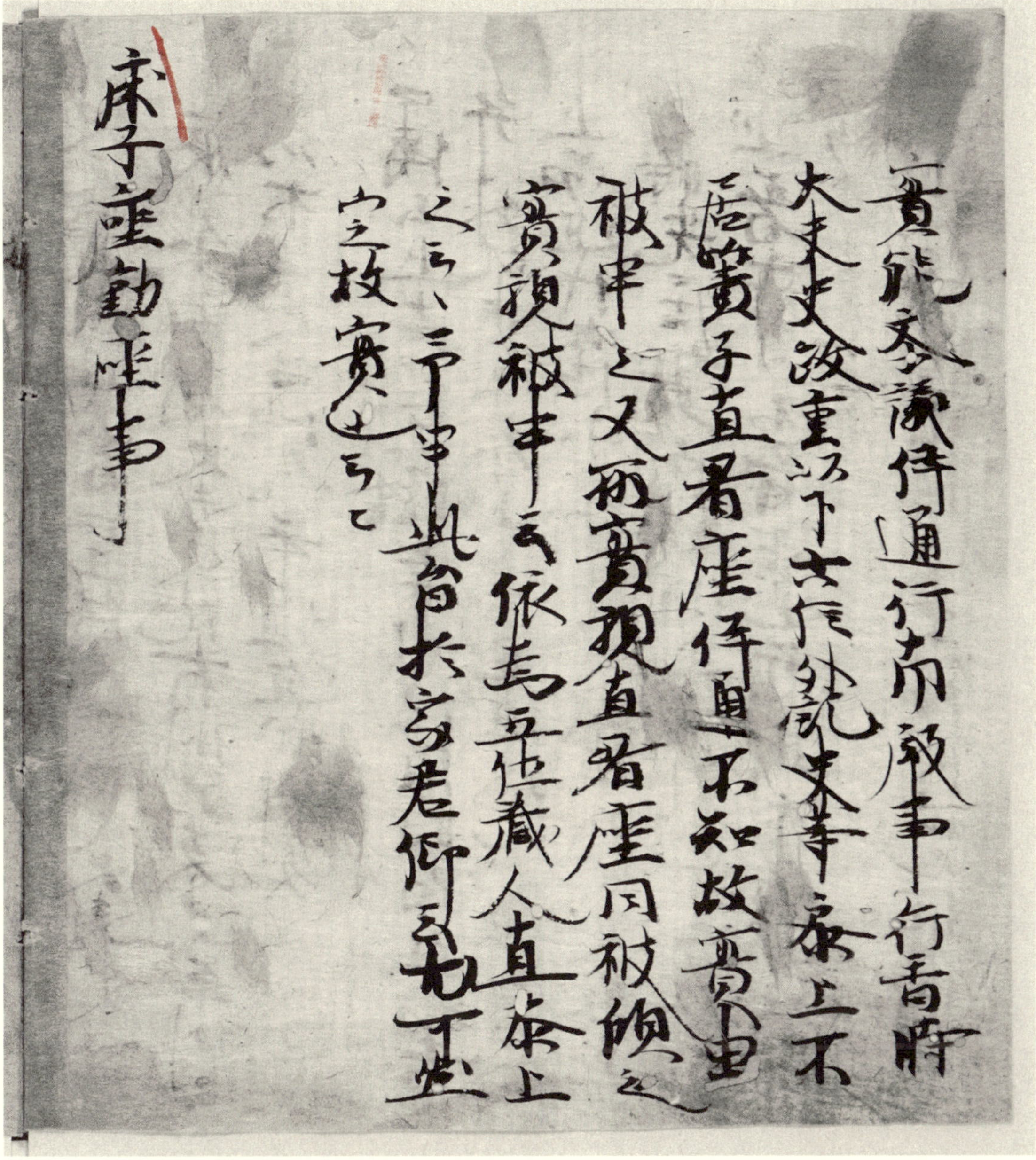
一貫首参議侍通行南殿事行香時
大夫史渡重以下出居就座等参上不
居当貫子直着座侍臣不知故實由
被申之、又称實貫視直着座同被傾之
實視被申云、依為五位蔵人直参上
之云々、三事兼官於家君御前可然
定被實之云々

床子座動座事

十少弁着仗床子時勤坐不三可勤色
予紫之日作中取床者之時下勤座五位
少弁之時不三而乱色丁宜次
    達保六年五月廿日度居正左年弁経高衝視
    亭丁申雨於床子座何宿祢史　弁着床
    夫史勤座亭座起号　　　　　子三尚大
    退リ係者一些事二
上官弁官可出入延政門坐
任元三年十二月十古日明斯麿之内延政門不明
千筆之義門者上官弁官申入今門也

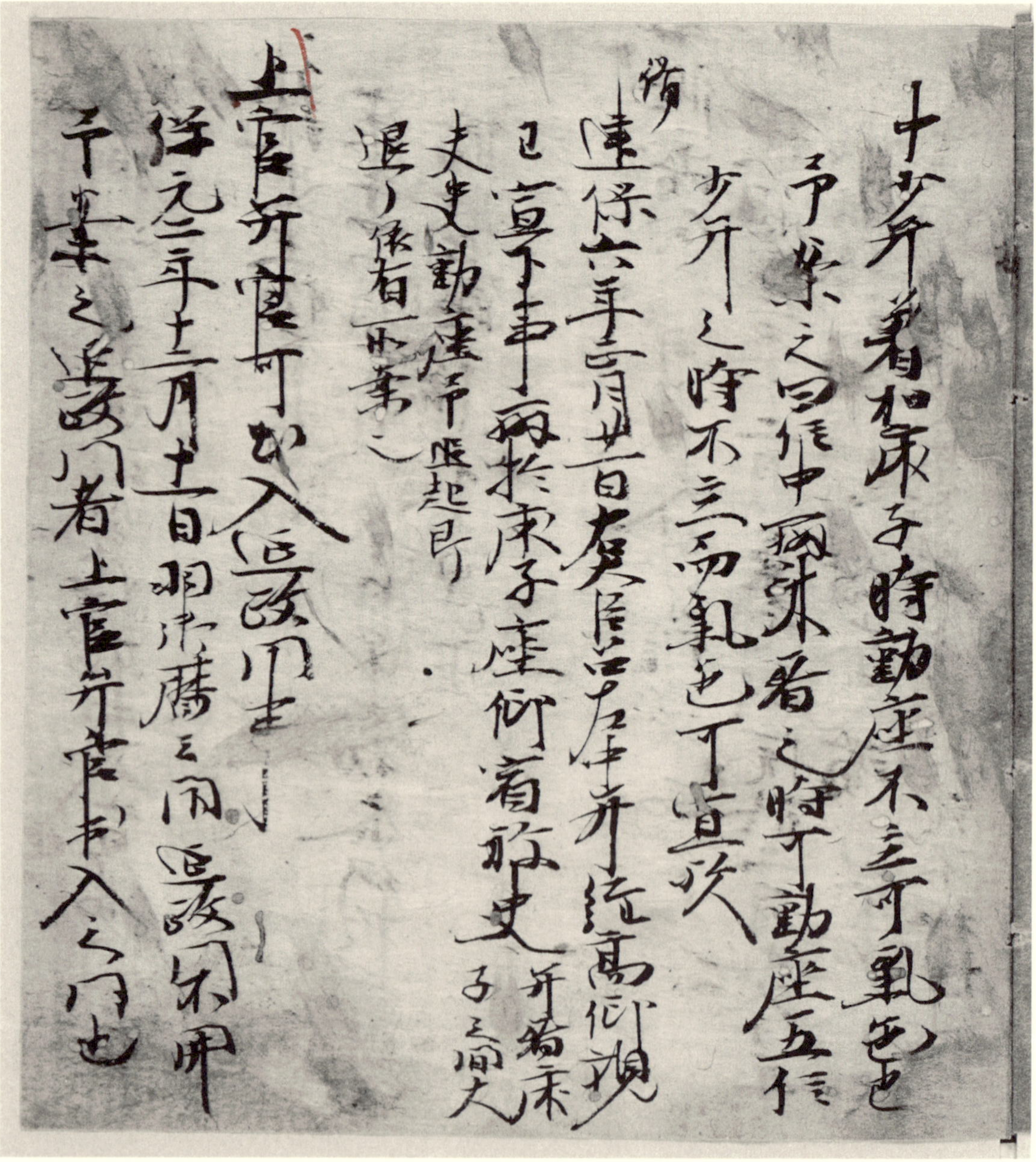

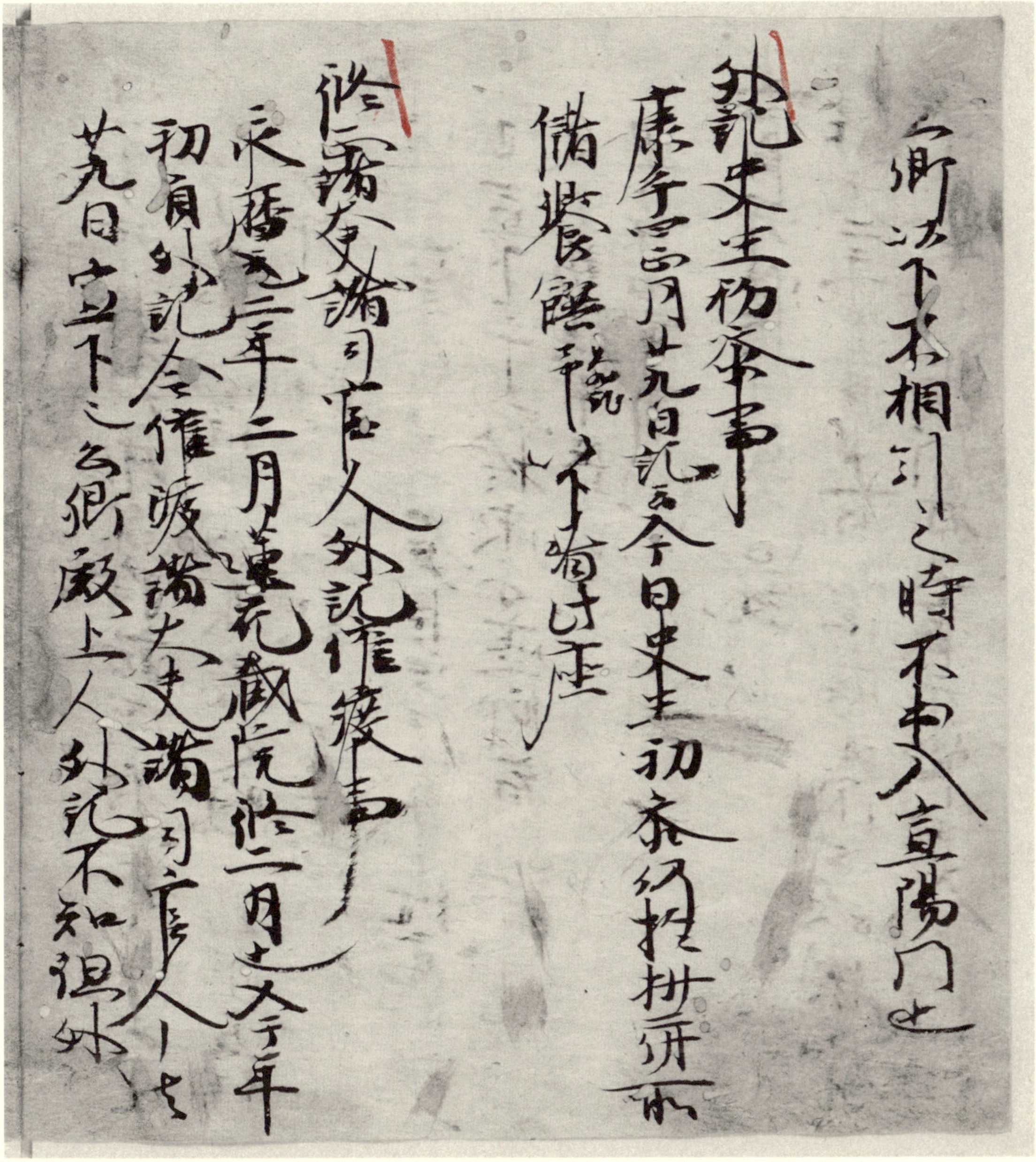
衛ゝ次下不相引之時、不出入宣陽門也
外記史生初参事
康平四年四月廿九日記云、今日史生初参、列拝掛所
備饗饌、記、下官付座
修正諸大夫諸司官人外記催渡事
永暦二年十二月、蓮花蔵院修正二月之大今年
初度、外記令催渡諸大夫諸司官人[illegible]也
廿九日、宣下之後、厳上人、外記不知、但外

(33ウ)

不乗諸大夫文云渡義給門院云々〔
外記行幸
沙汰〈

奏給政事行水溝同事
承暦元年正月三日壽帝朝覲〈右下緇具祠
大史云〈□卓極南門至大□廊西当弛搞
与笏於輙（脱カヵ）经庋此屋東行入自東〔
同庄西頭着外座第二間右上頭高半三
爿外記章威覧奏軍与平披見与獻事〔
大夫史連國奉披刺照涙

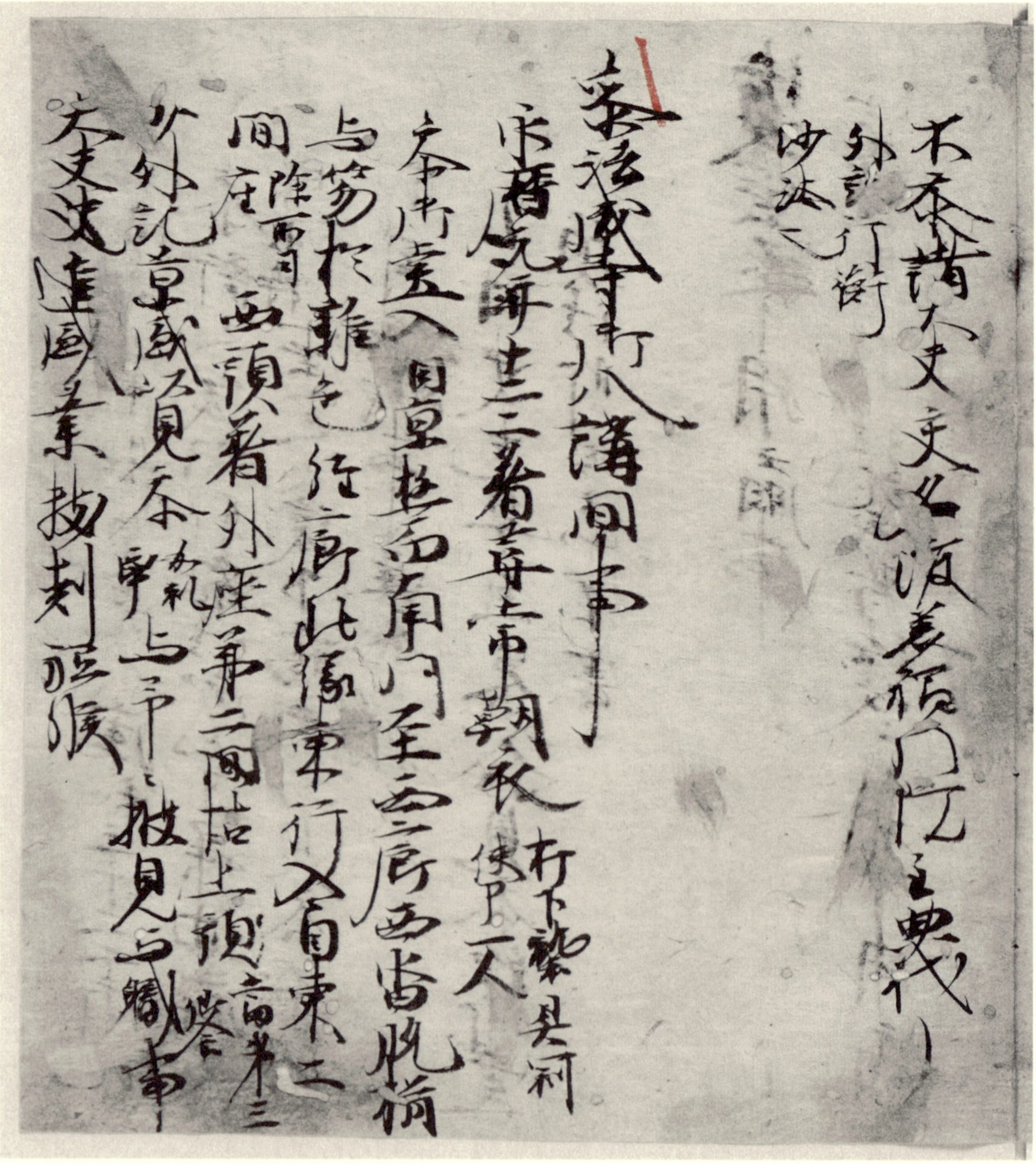

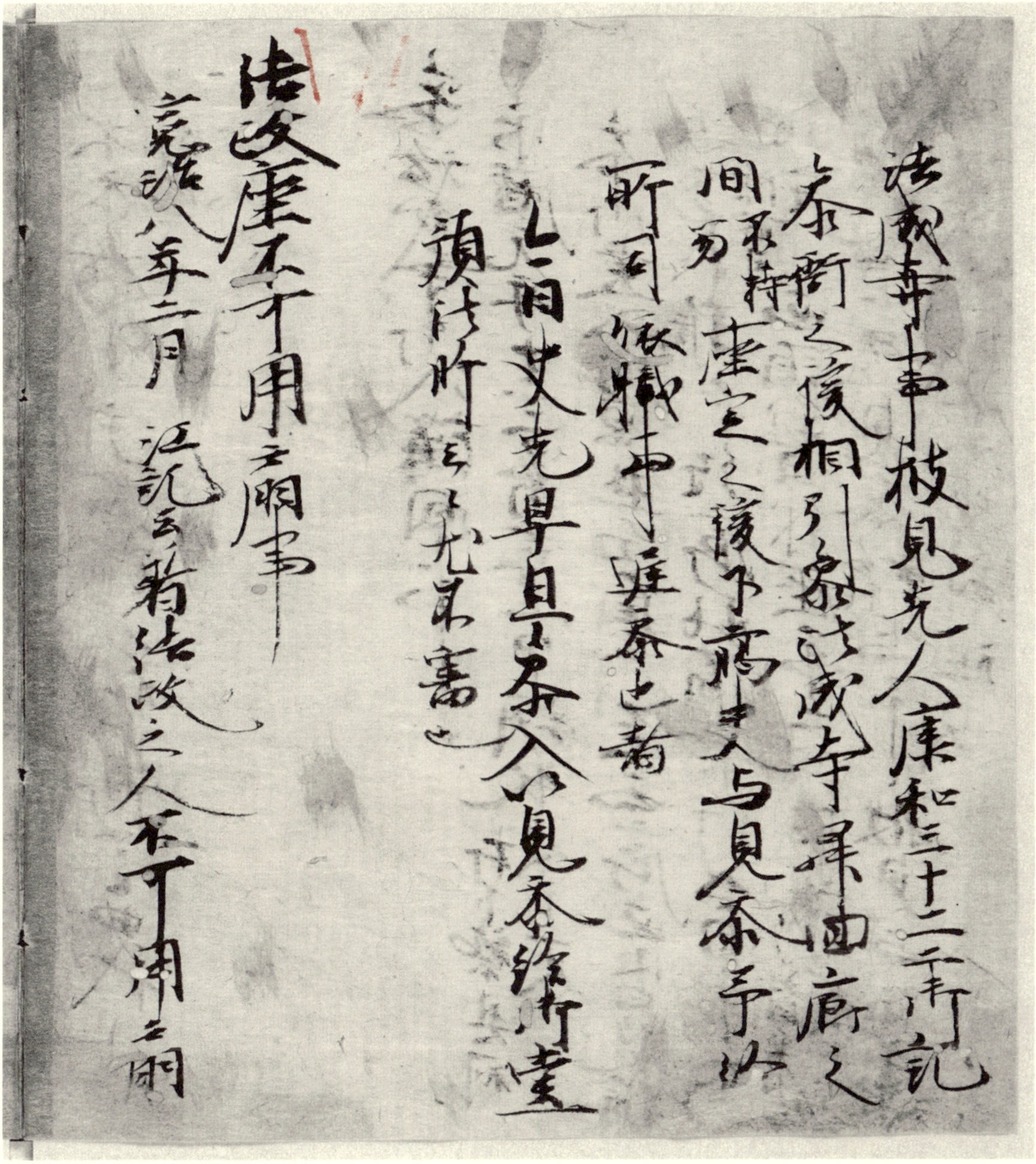
法成寺事　被見先人康和三十二月記
参御八講之後相引参法成寺、緑由府之
間不持座之後、下﨟ノ人与見参予以
所司依触申、延参也、者
上日史先早且可参入以見参給行堂
須法所云々、尤可審之
結政座不可用扇事
寛治八年二月　江記云、着結政之人不可用扇

（34ウ）

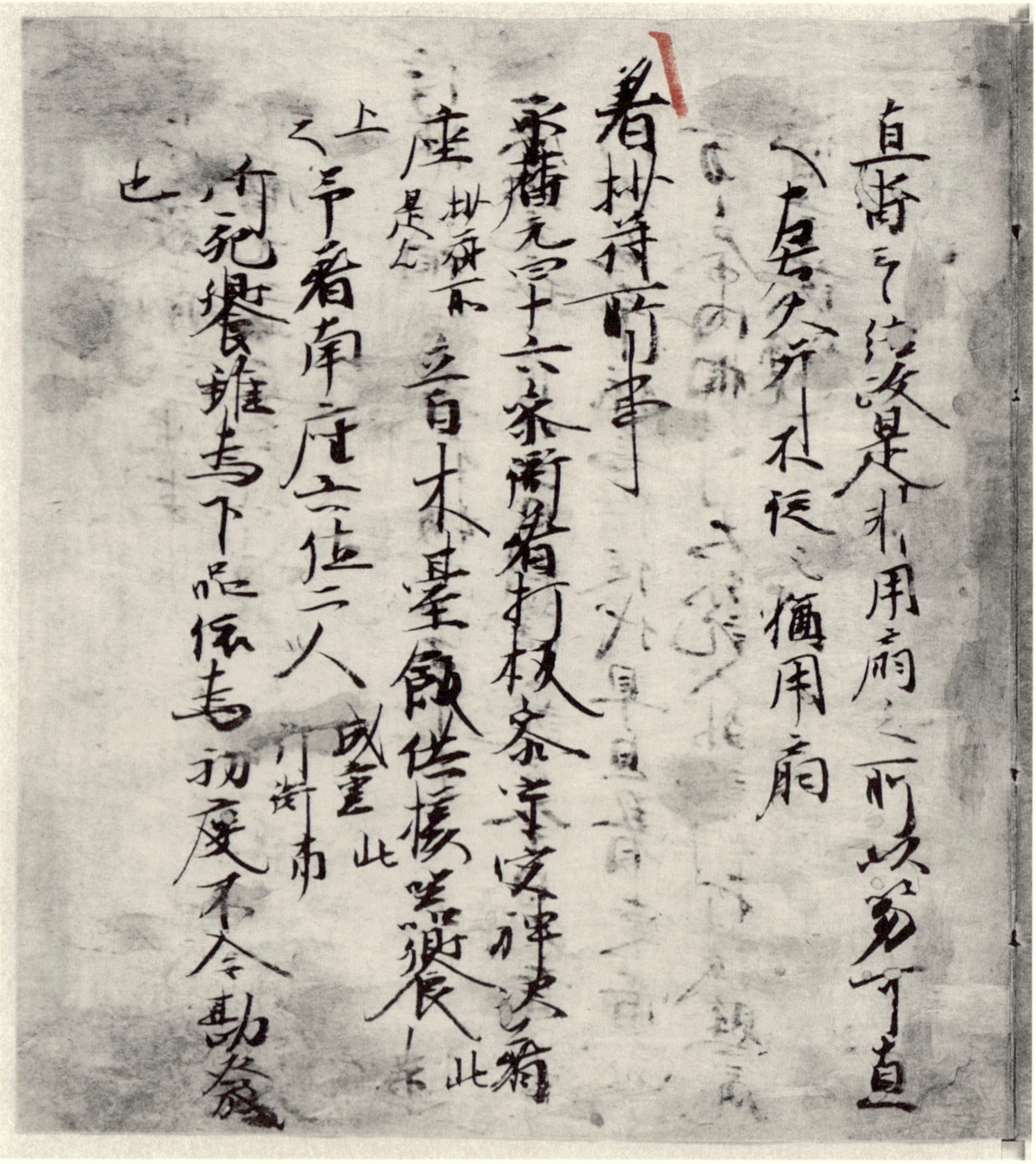

（35オ）

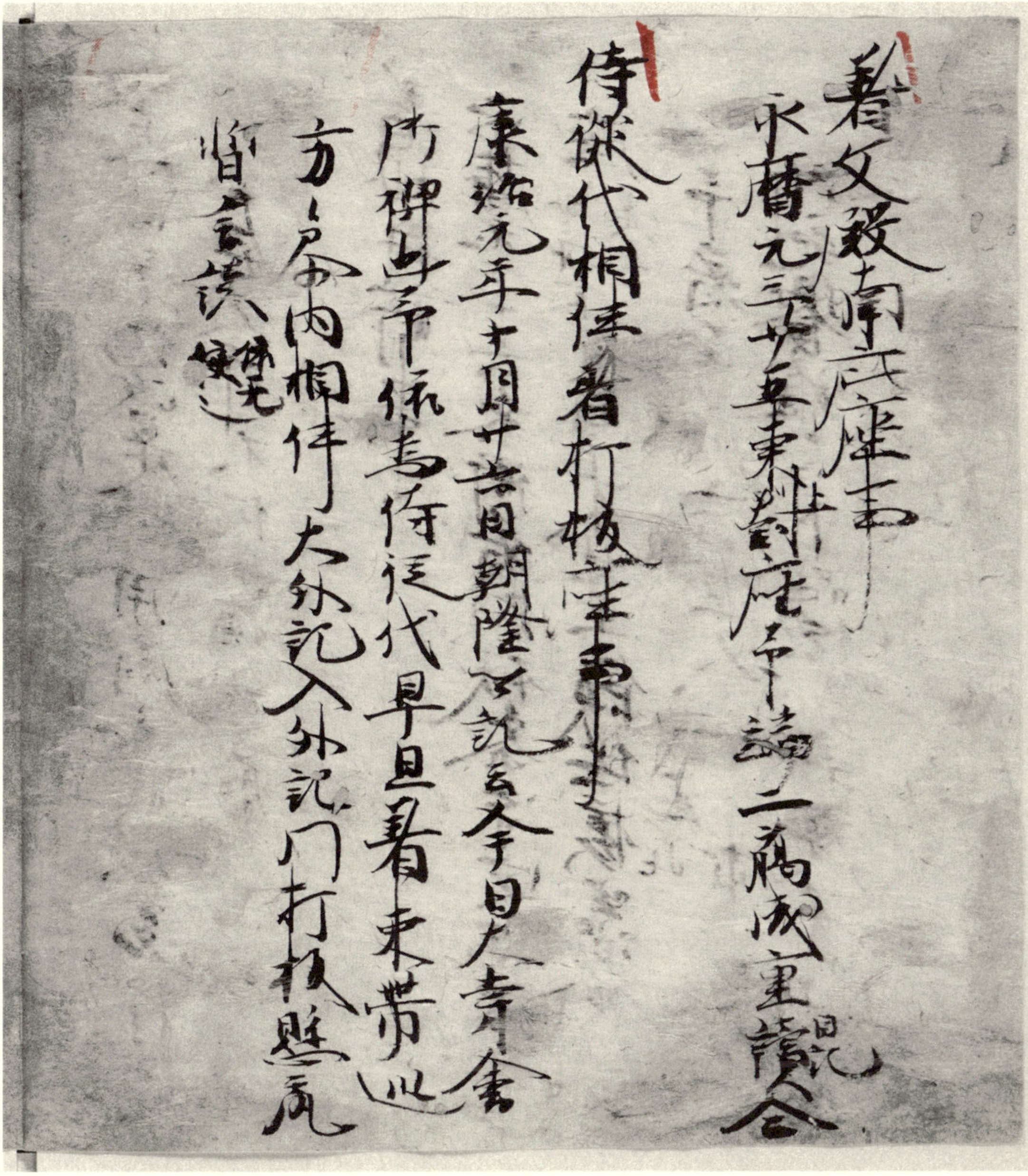

着文殿南庇座事
永暦元三廿五東対南庇南端二間為成業議合 日記

侍従代相伴着打板座事
康治元年十月廿三日朝隆卿記云、今日大嘗會
所御禊也、而依為侍従代早旦着束帯、
方々参内、相伴大外記、入外記門打板懸尻、
皆合議、依先例

（35ウ）

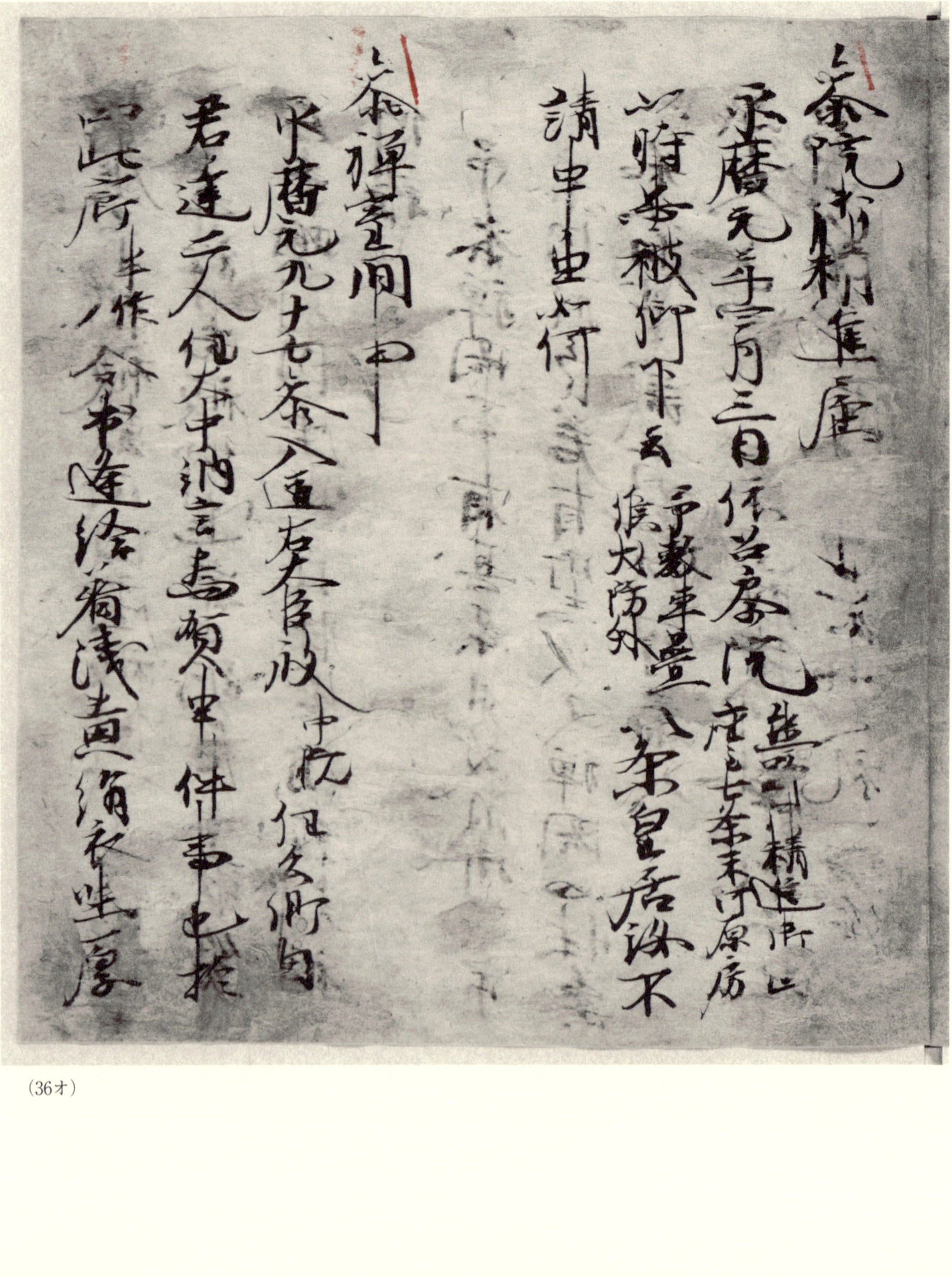
一参院御精進屋
承暦元年三月三日依参院無御精進所止　在七条末河原房
以時無被御下云々　予数年畳八条皇居後不　損大防外
請申由御伺
一参禅室間事
承暦元九十七参入通右大臣殿中院　但不御対面
君達六人　但大中納言為頼申件事申於
此間半作　今中途給着浅黄直衣坐厚

（36オ）

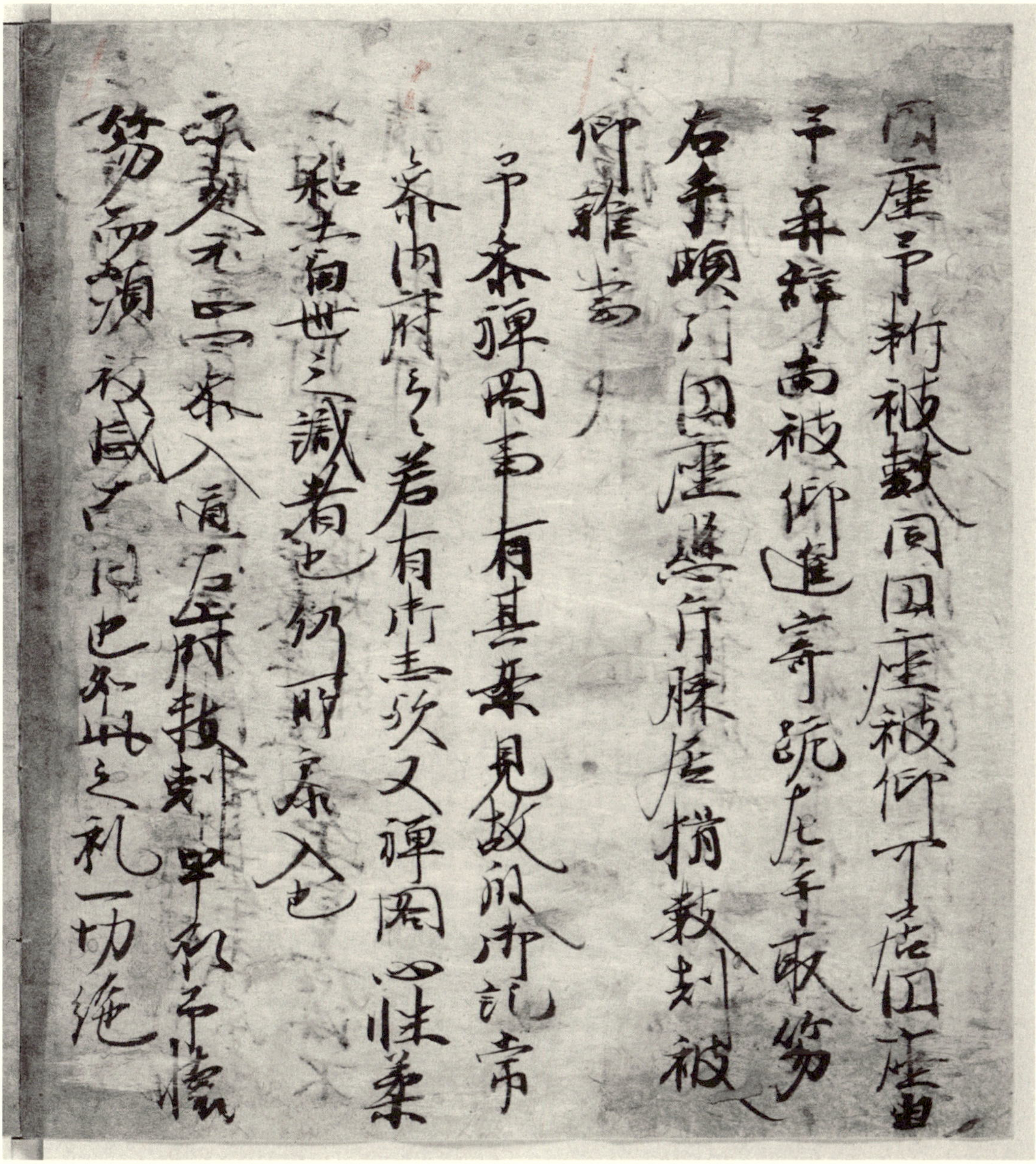

（36ウ）

〔九七頁（第二冊38オ）へ続く〕

〔九八頁（第二冊38ウ）ヨリ続ク〕

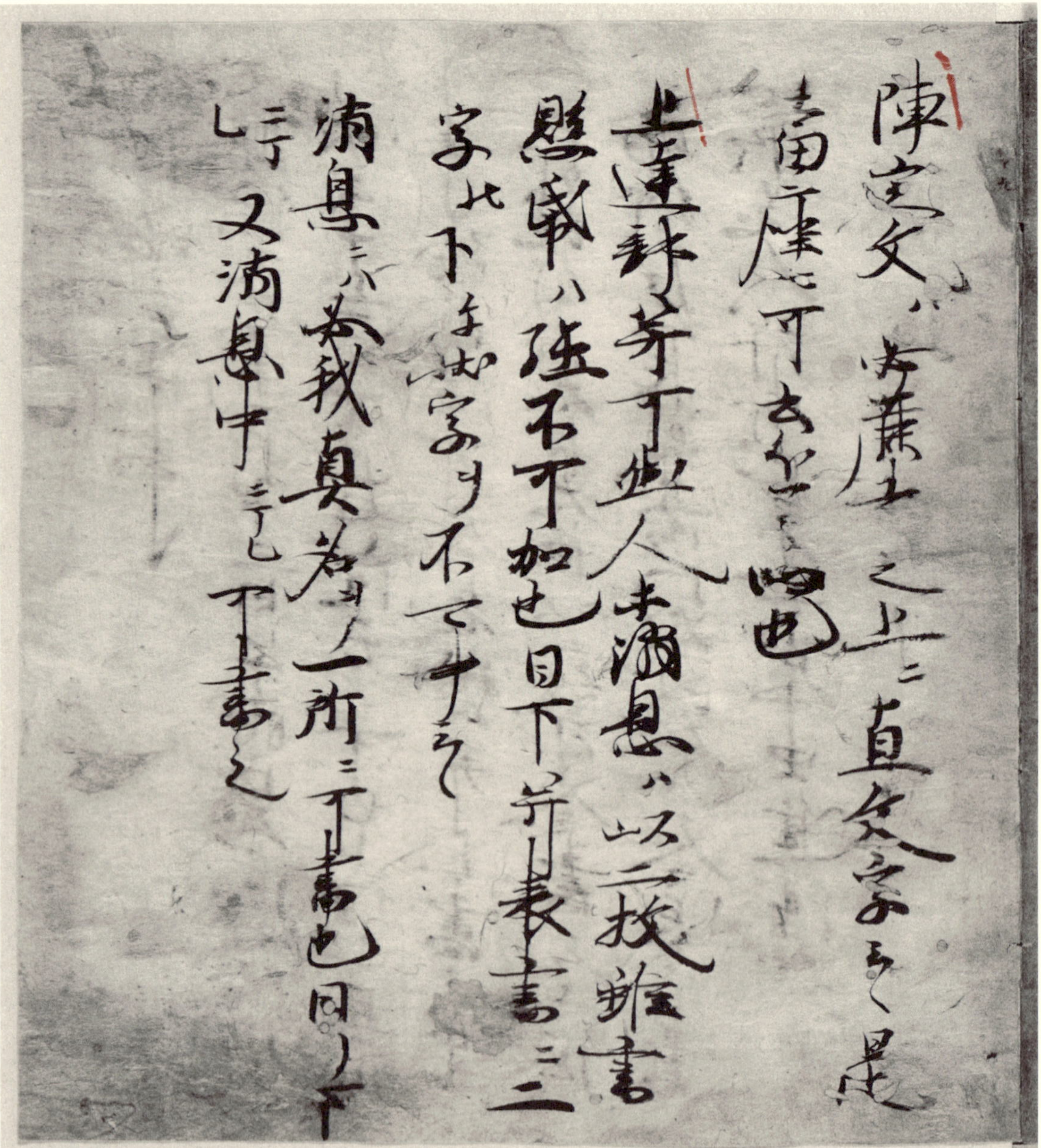
陳定文ハ安藤生之上ニ直文字ゝ是
南田康可書也
上達表并下姓人清息ハ以二枚雖書
懸紙ハ強不可加也目下并表書ニ二
字此下手如字ヲ不可書
清息ニハ我真名ヲ一所ニ可書也同ノ下
三行又清息中ニモ下可書之

（37オ）

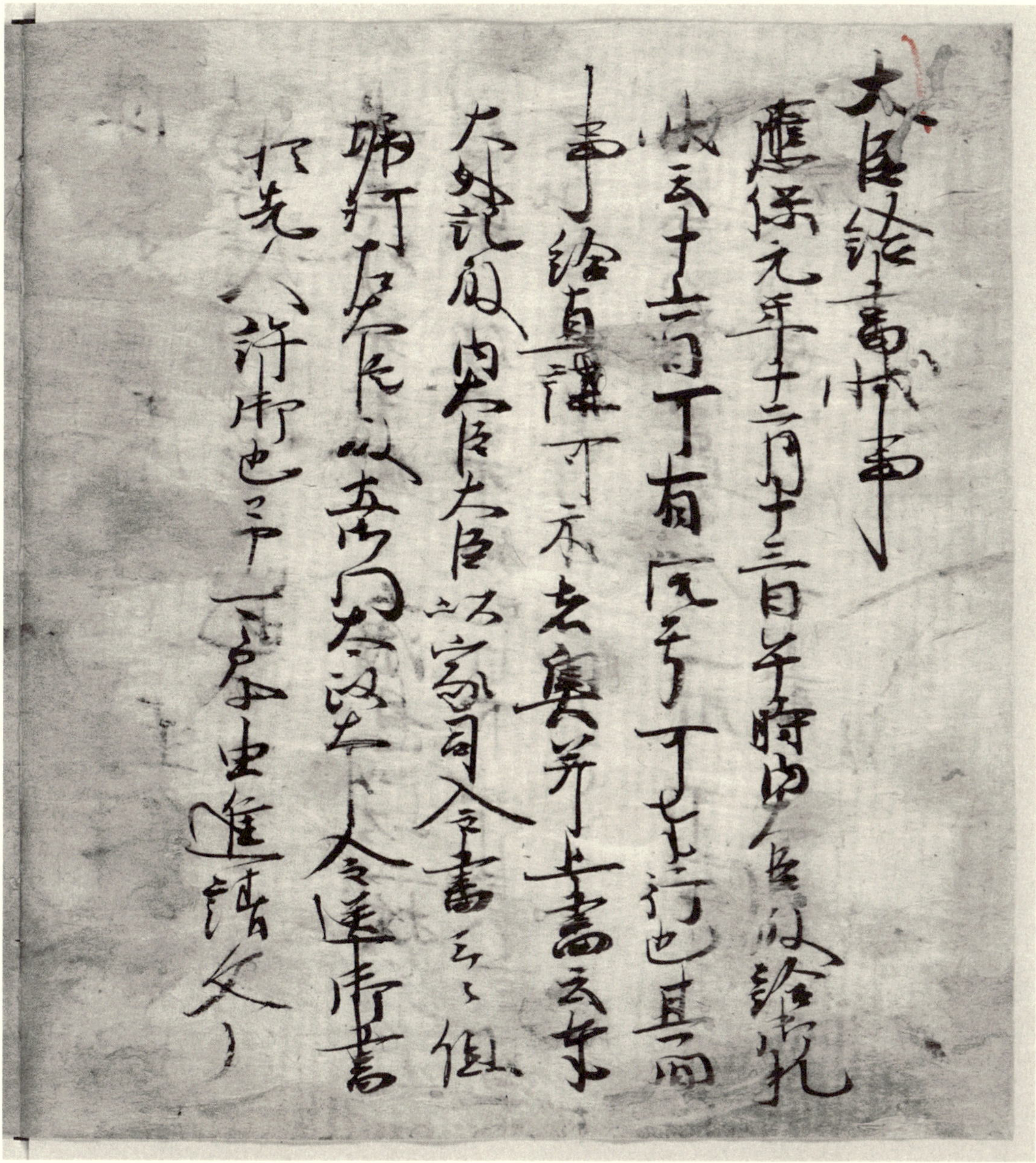

（37ウ）

〔九九頁（第二冊39オ）へ続ク〕

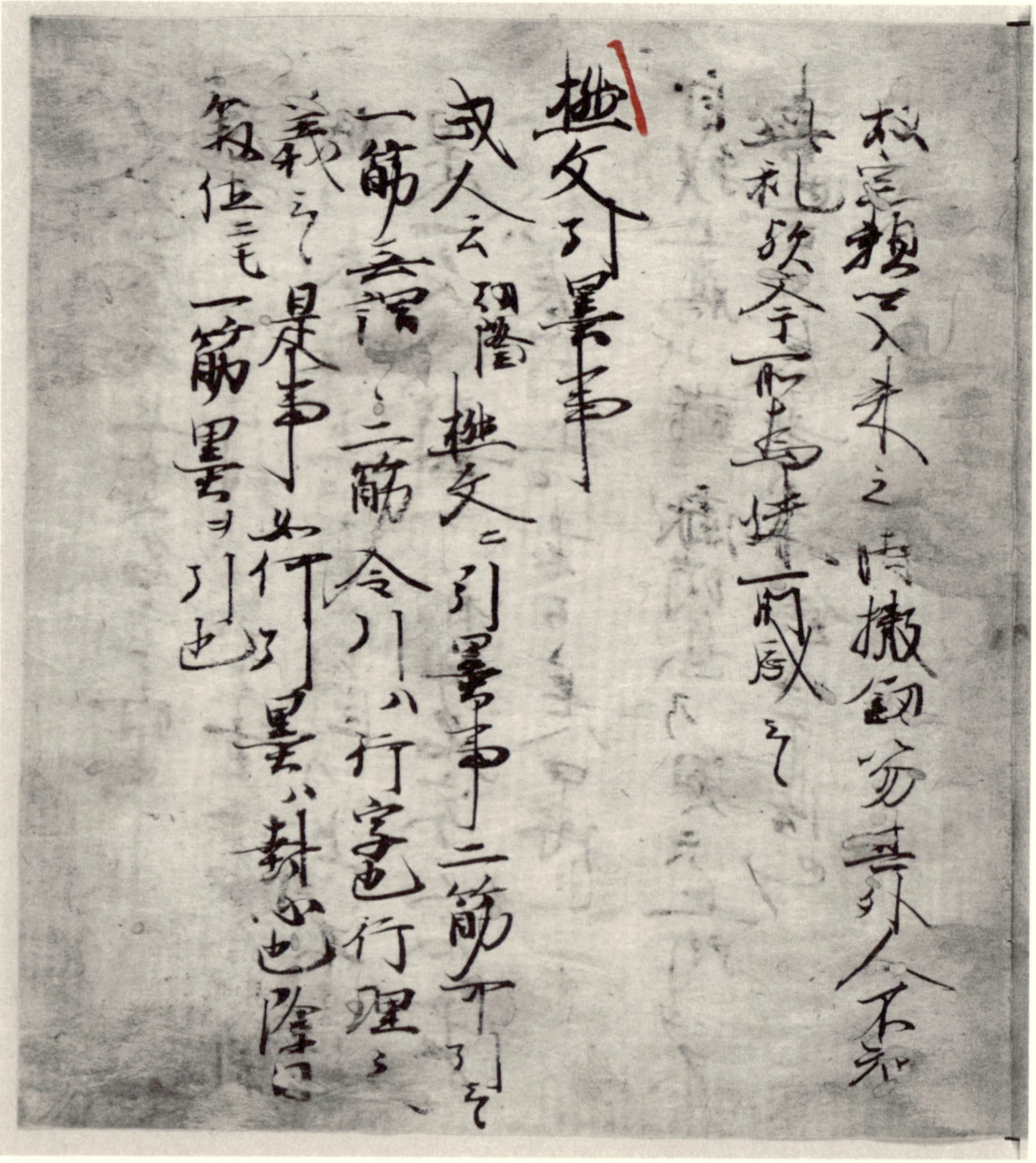
松室撚ニ入来之時撤劔勿其外人不知
也 礼歟ヲ以テ可略伝両屏ニテ

撚文引墨事

或人云 細陰 撚文ニ引墨事二筋ヲ引テ
一筋ニ云習ニ二筋令リハ行実也行理ニ
義ニテ是事如行引墨ハ封也陰已
気位ニモ 一筋墨ヲ引也

（38オ）

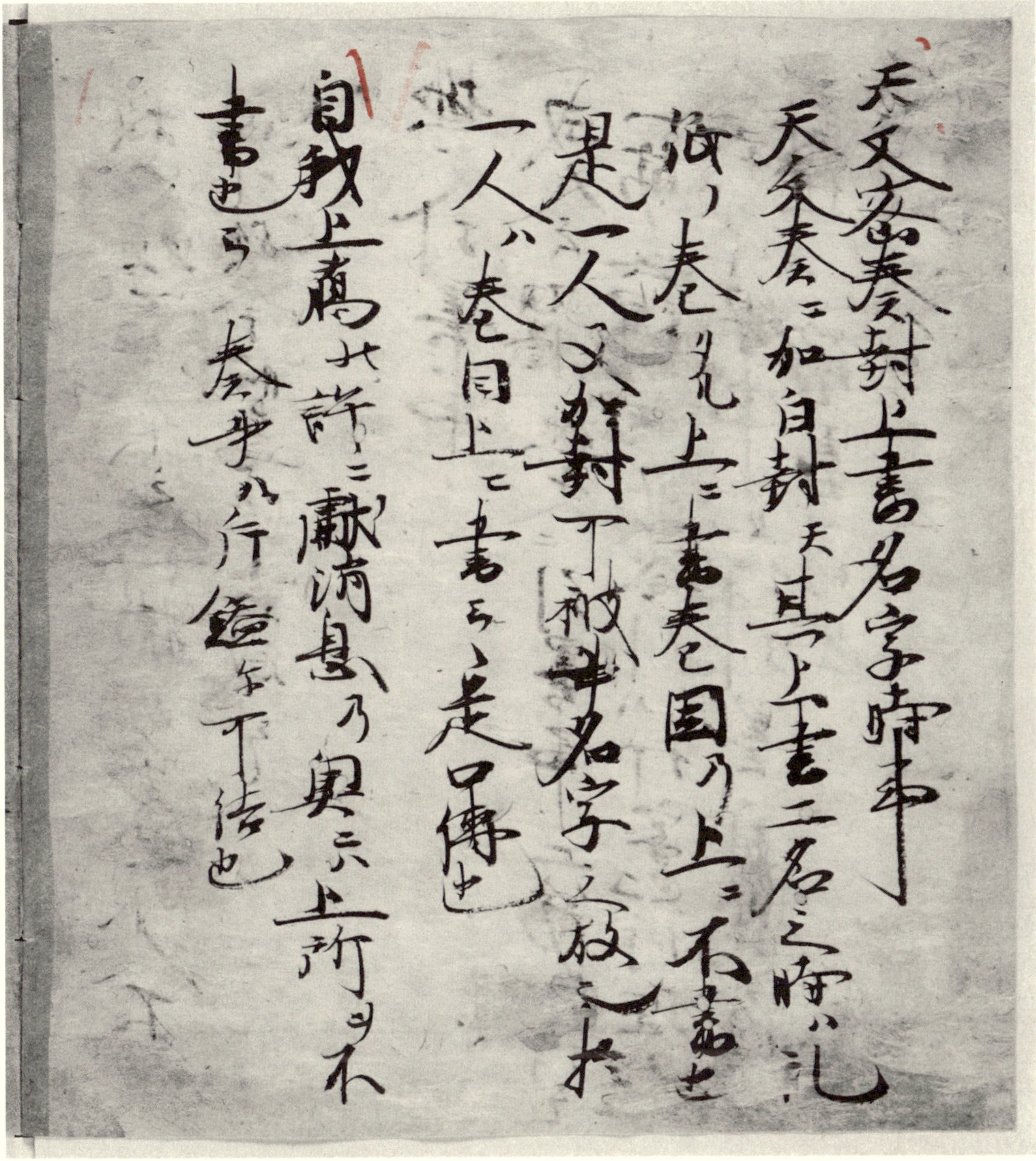

（38ウ）

〔九五頁（第二冊37オ）へ続ク〕

〔九六頁（第二冊37ウ）ヨリ続ク〕

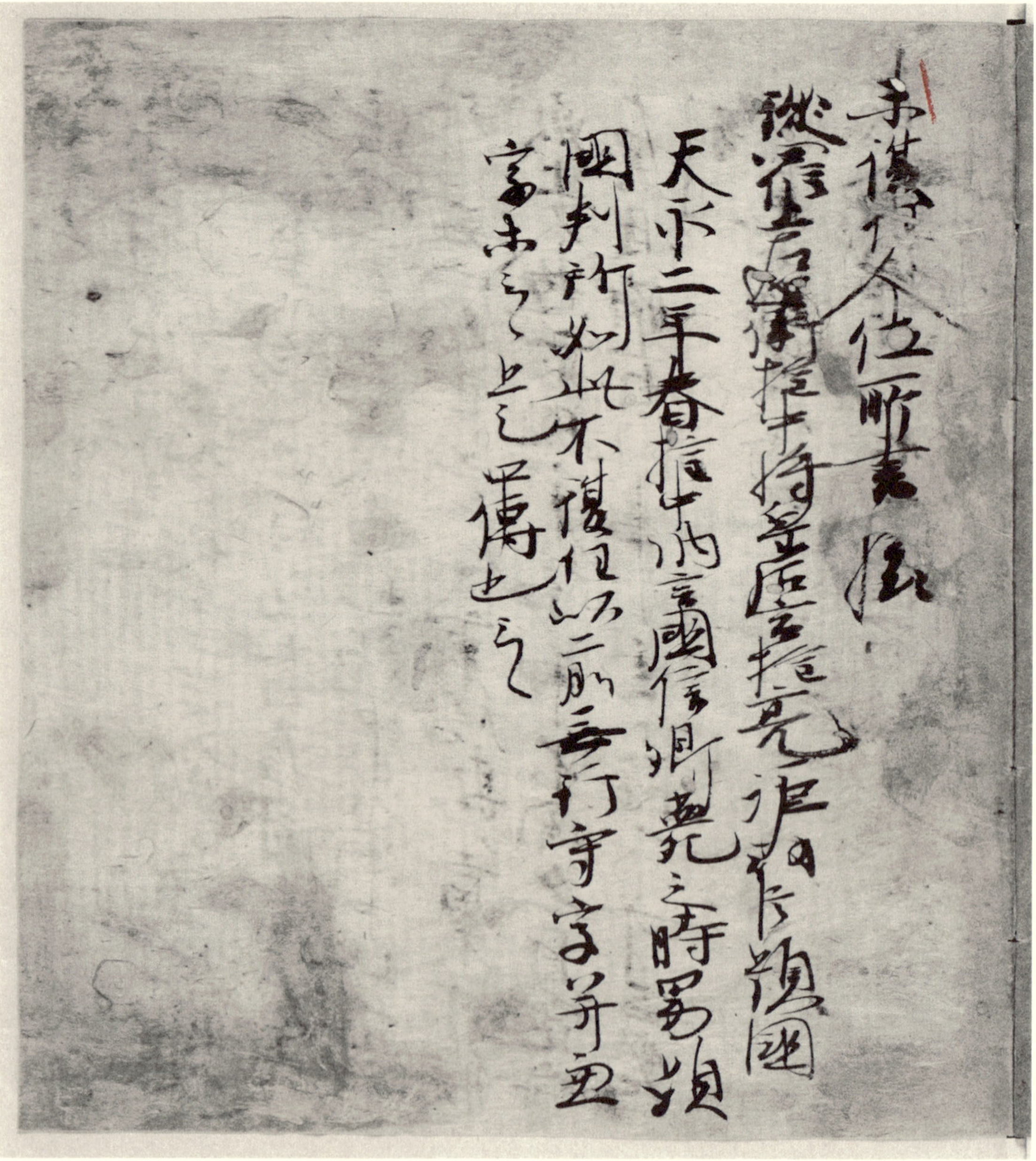

未復任人位所書様
従五位上右近衛権中将兼皇后宮権亮近江権介藤原朝臣
天永二年春権中納言国信卿薨之時署頃
国判所如此不復任以二所無行守字并署
當来之之上之傳也云々

（39オ）

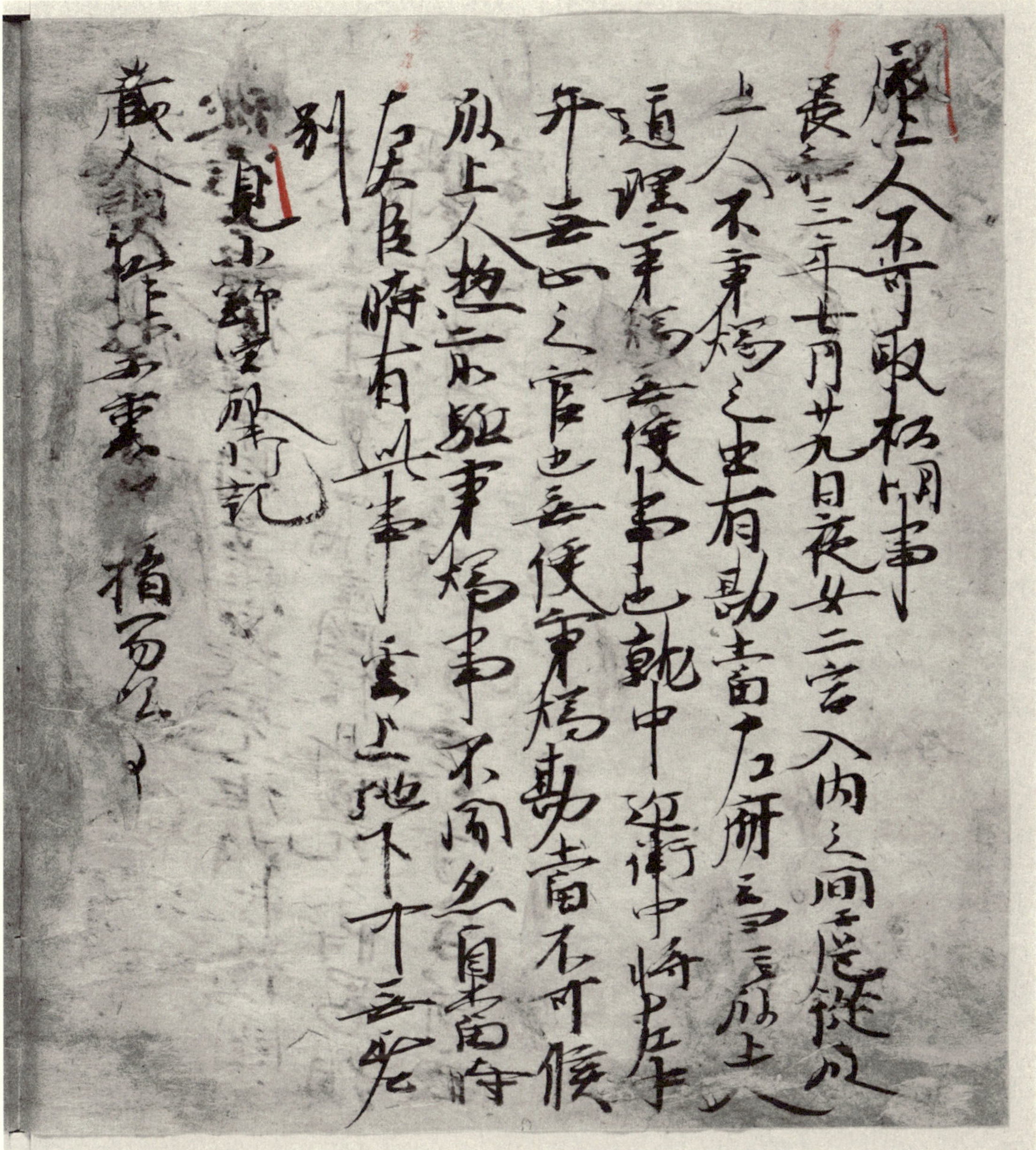
殿上人不可取松明事
長元三年七月廿九日夜女二宮入内之間扈従殿
上人不取松明之由有勘當左府云々殿上人
道理取松明無便事也就中近衛中将少将
弁無止之官也無便取松明勘當不可候、
殿上人抱之[illegible]取松明事不聞多自當時
右大臣時有此事、雲上地下可無宥
別
見小野宮右府記
蔵人頭於禁裏可指笏歟事

(39ウ)

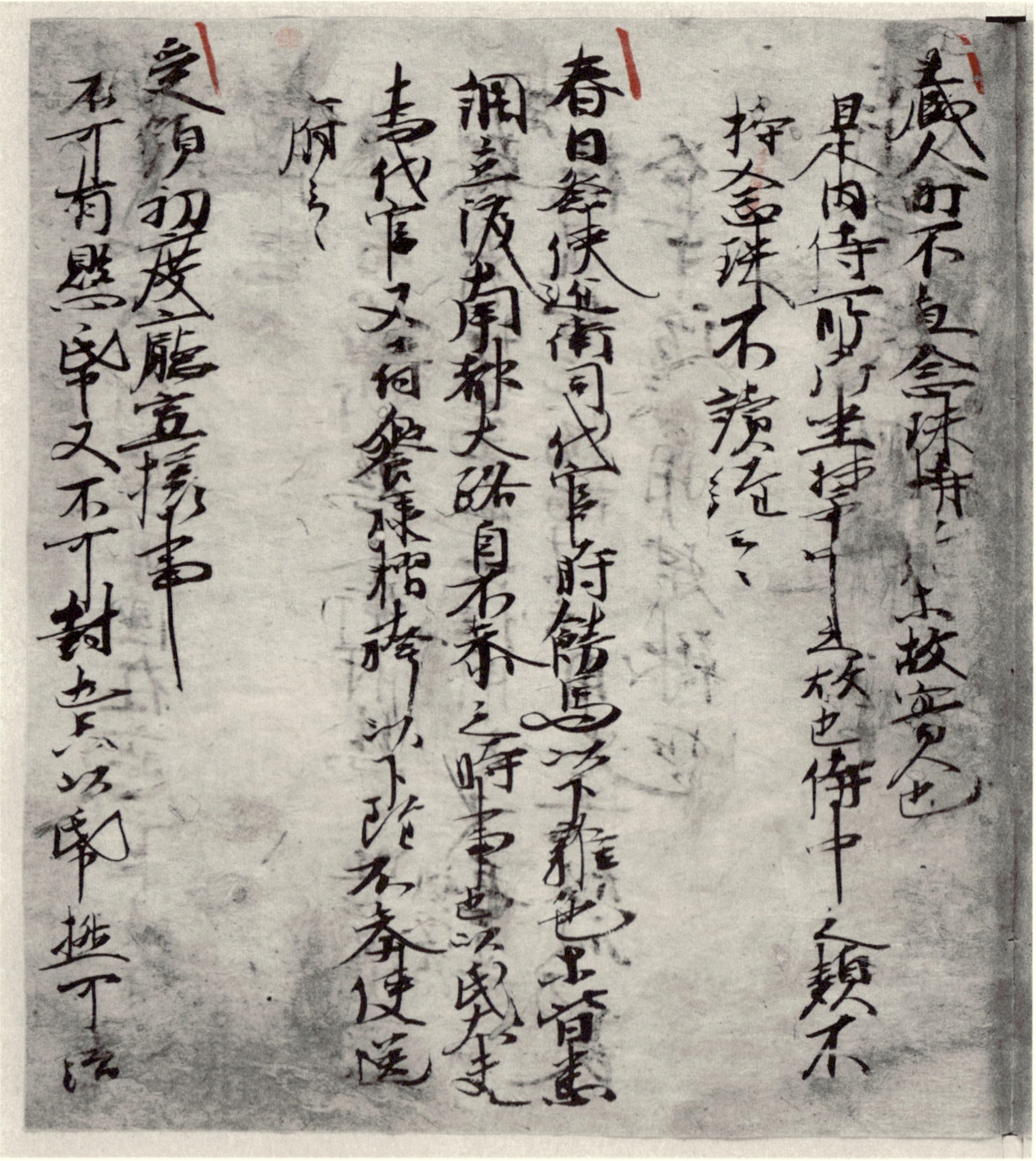

蔵人町不置念珠持経等　故実也
是内侍所女官等事也　侍中〻類不
持念珠不読経云〻
春日祭使近衛司代官時餝馬以下雑色以官要
調立　従南都大路自本家之時事也以氏長者
為代官又如饗禄指揮以下皆不奉使従
府云〻
受領初度庁宣様事
不可有懸紙又不可封也以帋押下結

（40オ）

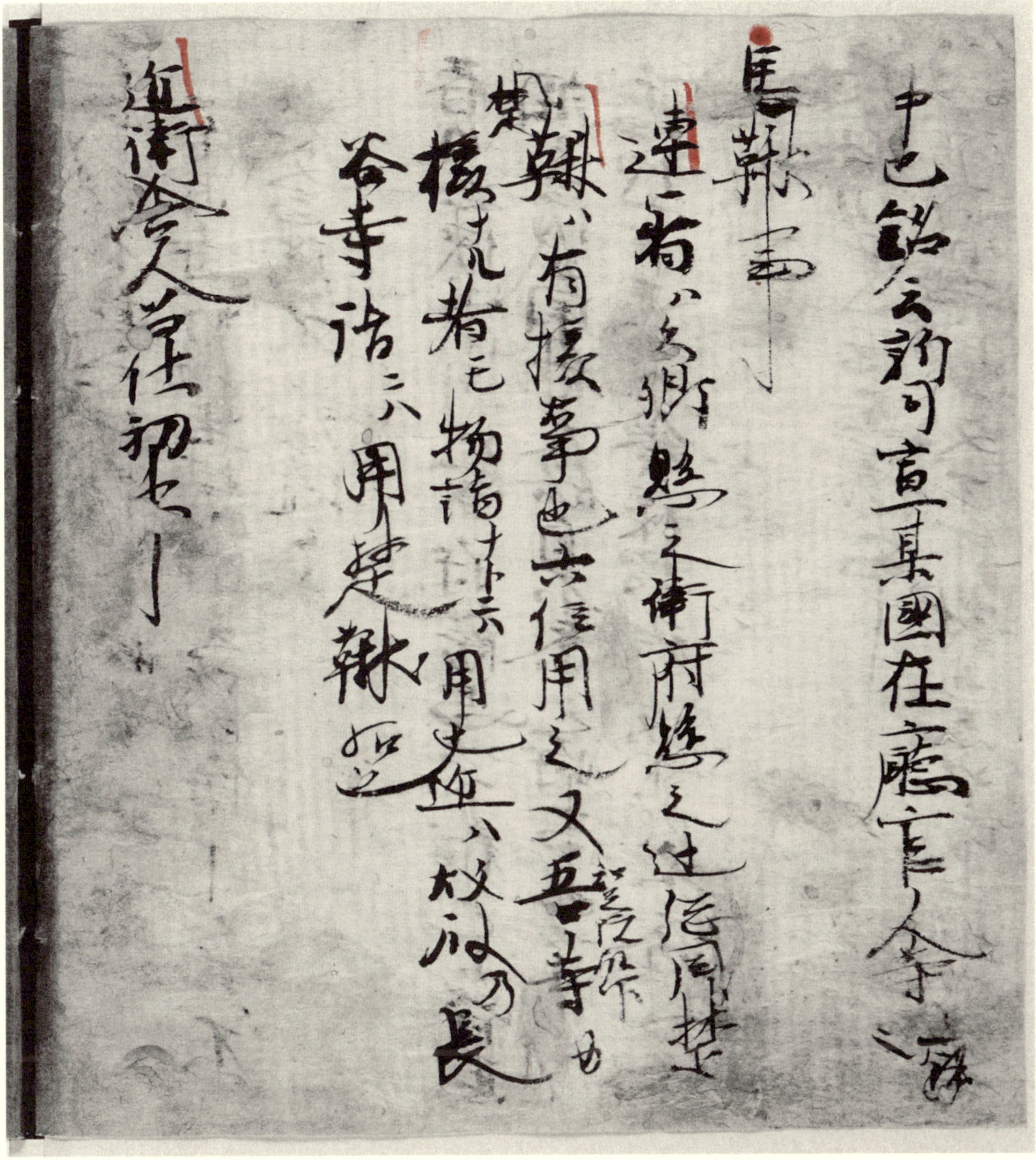

（40ウ）

始自人位臈次
以佐外記内覧気事
奥鷹二八七備州記云尻巨外役等仰天官
白五佐外記内覧気書云六十巾事後聿
候始文等佐外記内覧人二佐預承之得
取之亚上或信真已上之係事不有
審或非五佐内覧人之之事也宣御者遥
上之時吉黄为申云奉開之時五佐揆此

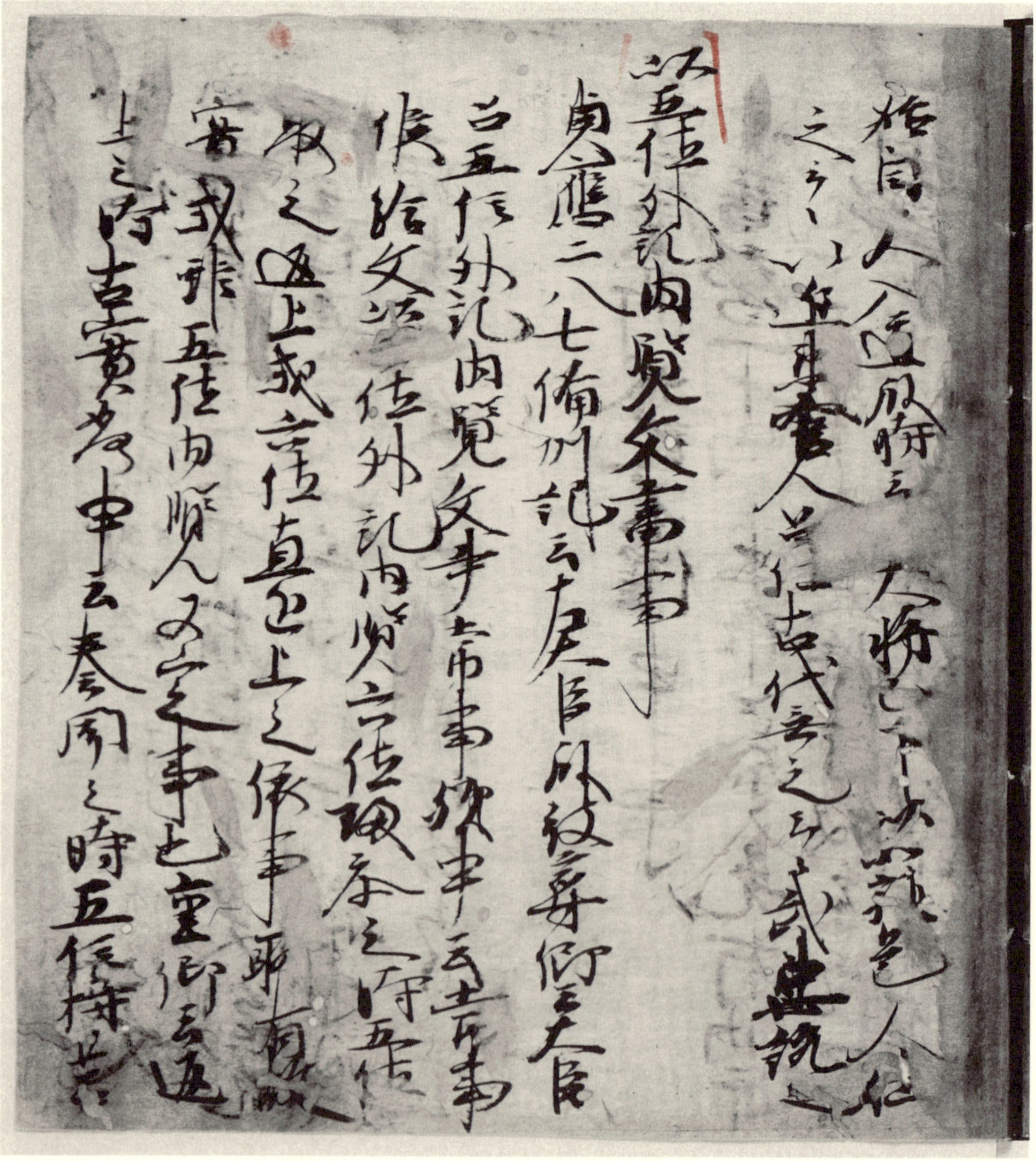

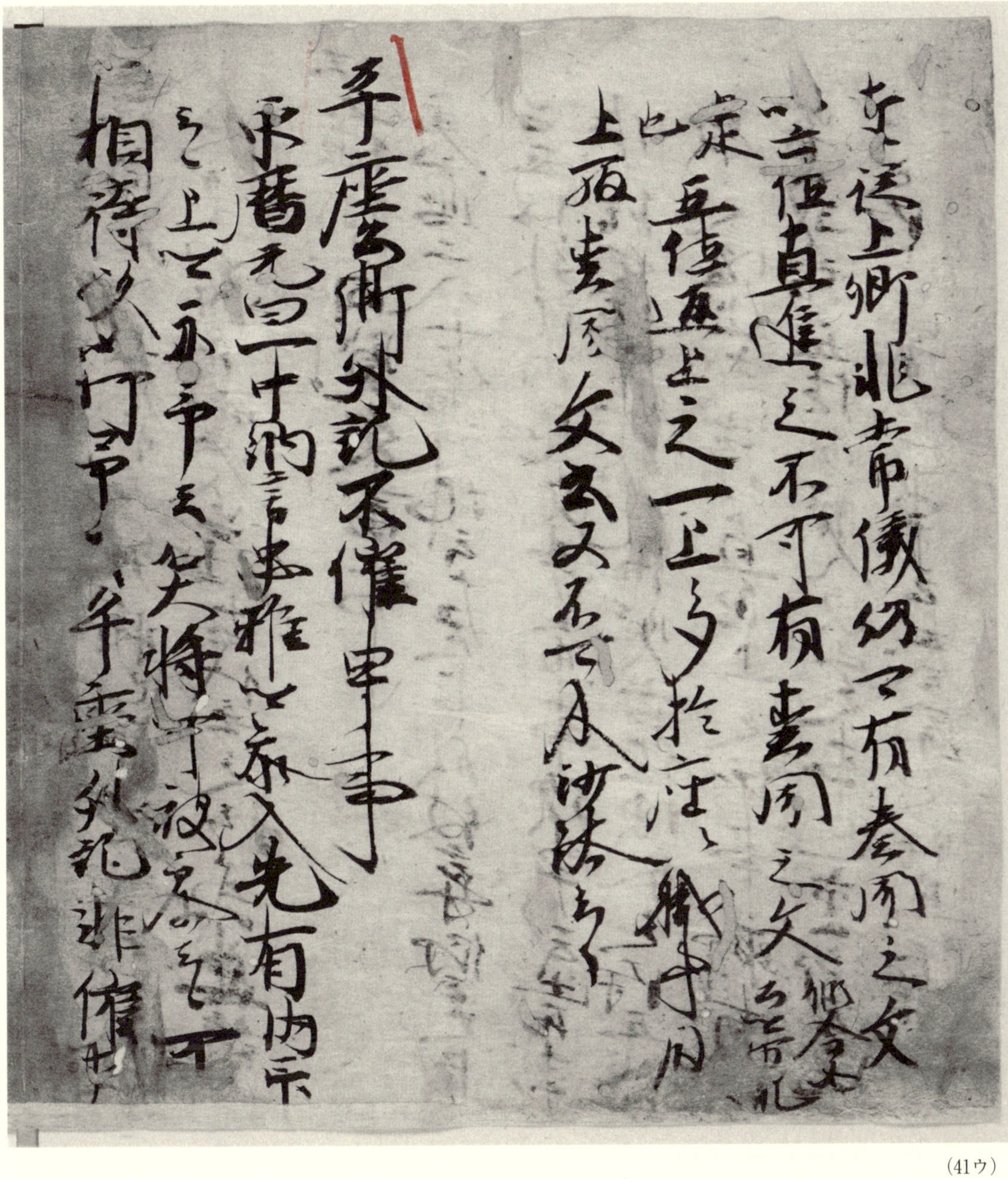

（41ウ）

去二廻年官中三合坐則合奏
上鴯不令行状於被仰之由可使下
告中大将
先申上卿三川見去年訖往毎三年
見宗業不年載大殿於行素得乎
十被行載宣草換ヲ所不催欤術于
可牟上色又申三年是噢良於下印三體
或不行亦三席門大政大名時或載入
雖載存之也年大丈不云之泰在
載杉可須者奉沙弥不奉之時元

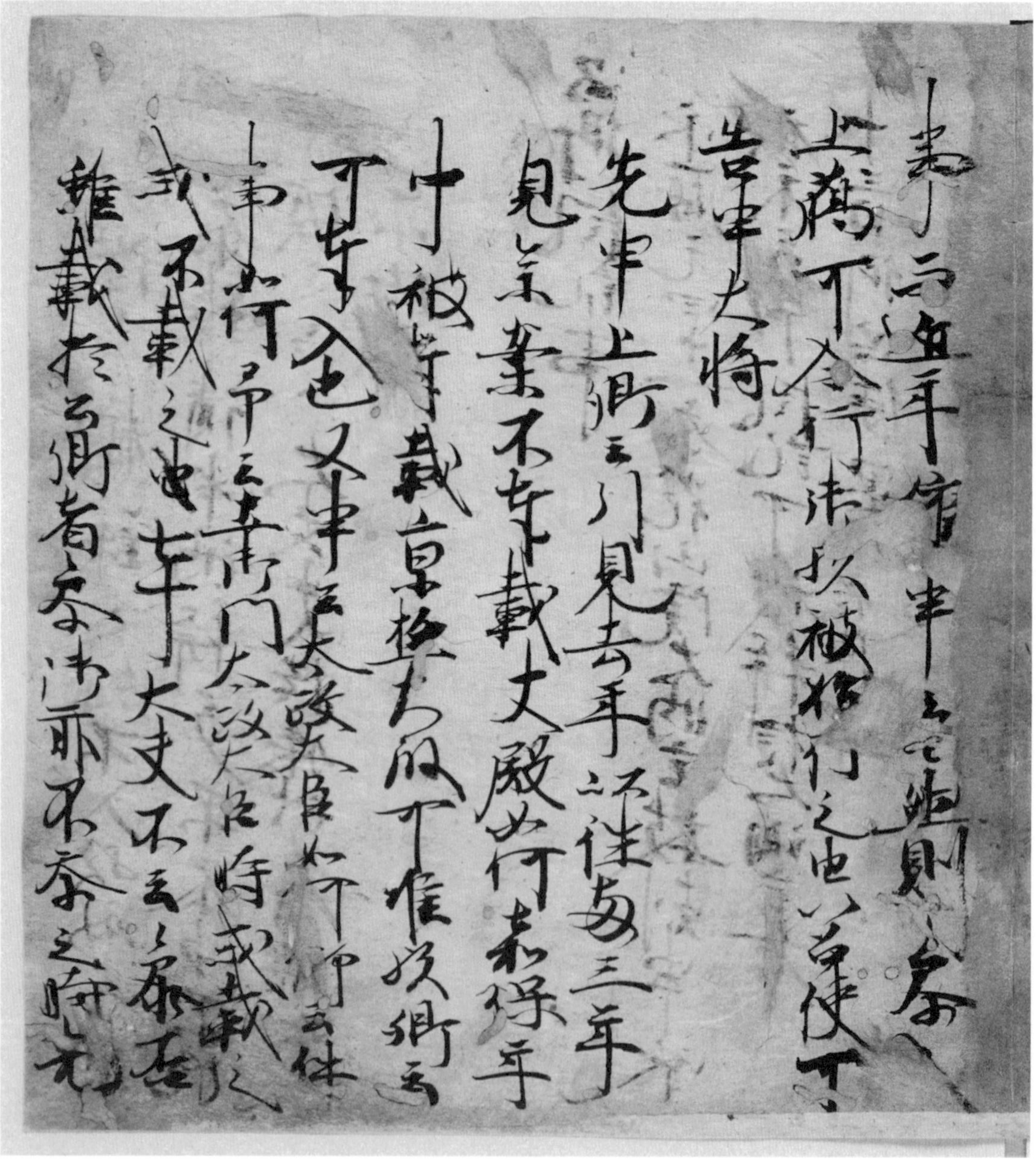

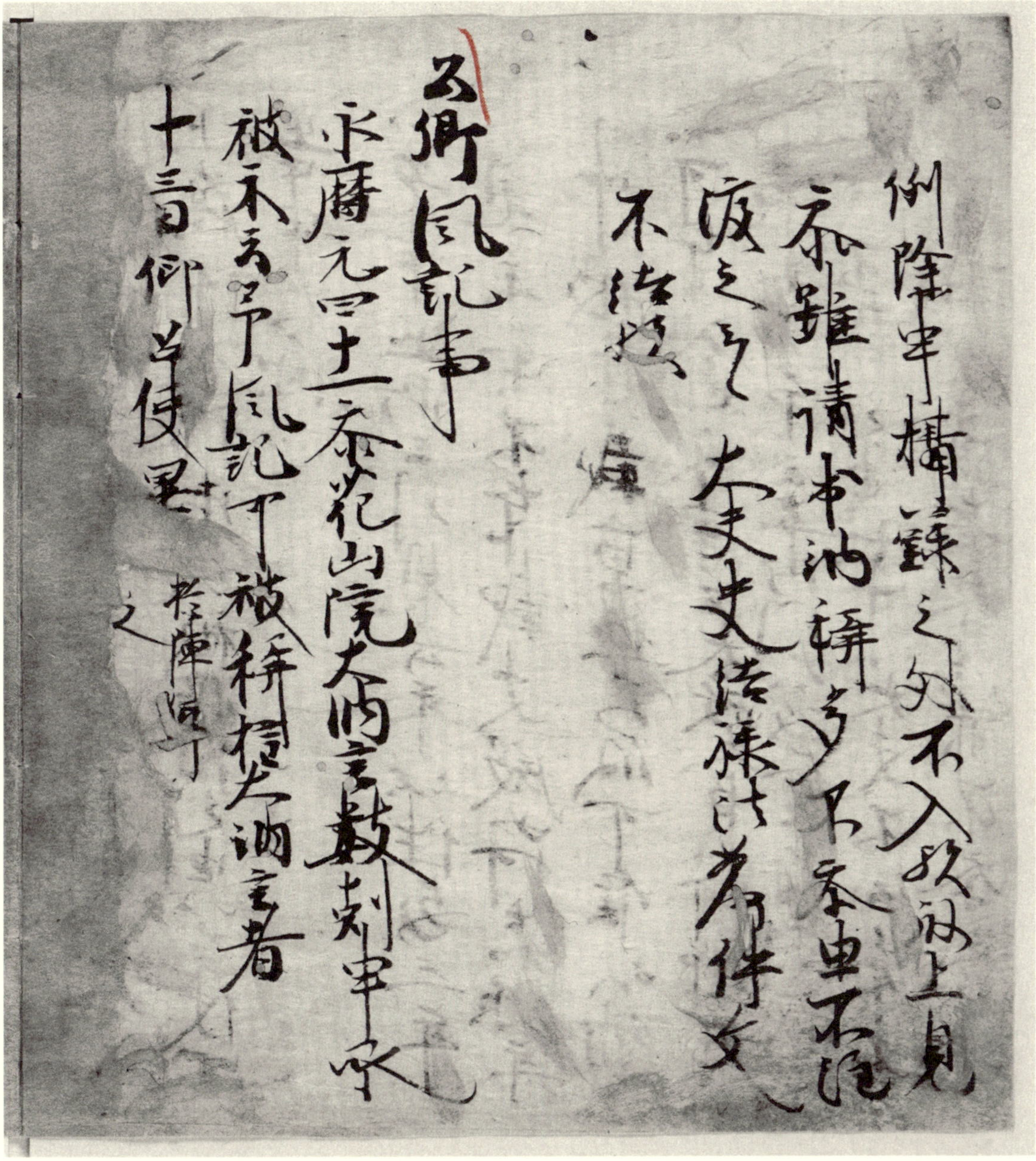

（42ウ）

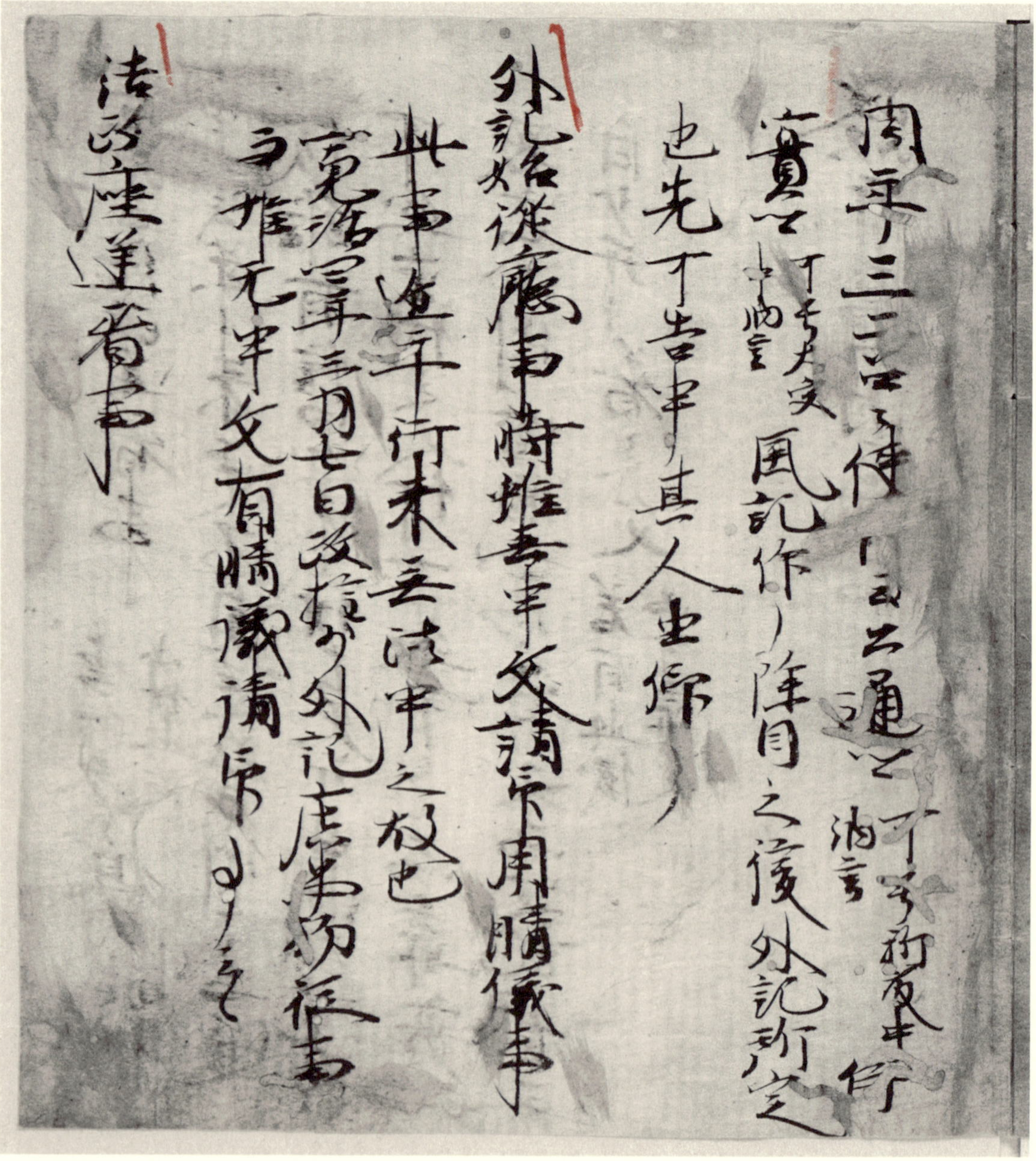
[illegible]
[illegible] 風記作 [illegible] 外記所 [illegible]
[illegible] 其人 [illegible]
外記始従庁事時雖無申文請印用晴儀事
此事追二千行未無陳申之故也
寛治四年三月七日政始於外記庁申刻従事
雖無申文有晴儀請印云々
結政座逆着事

(43オ)

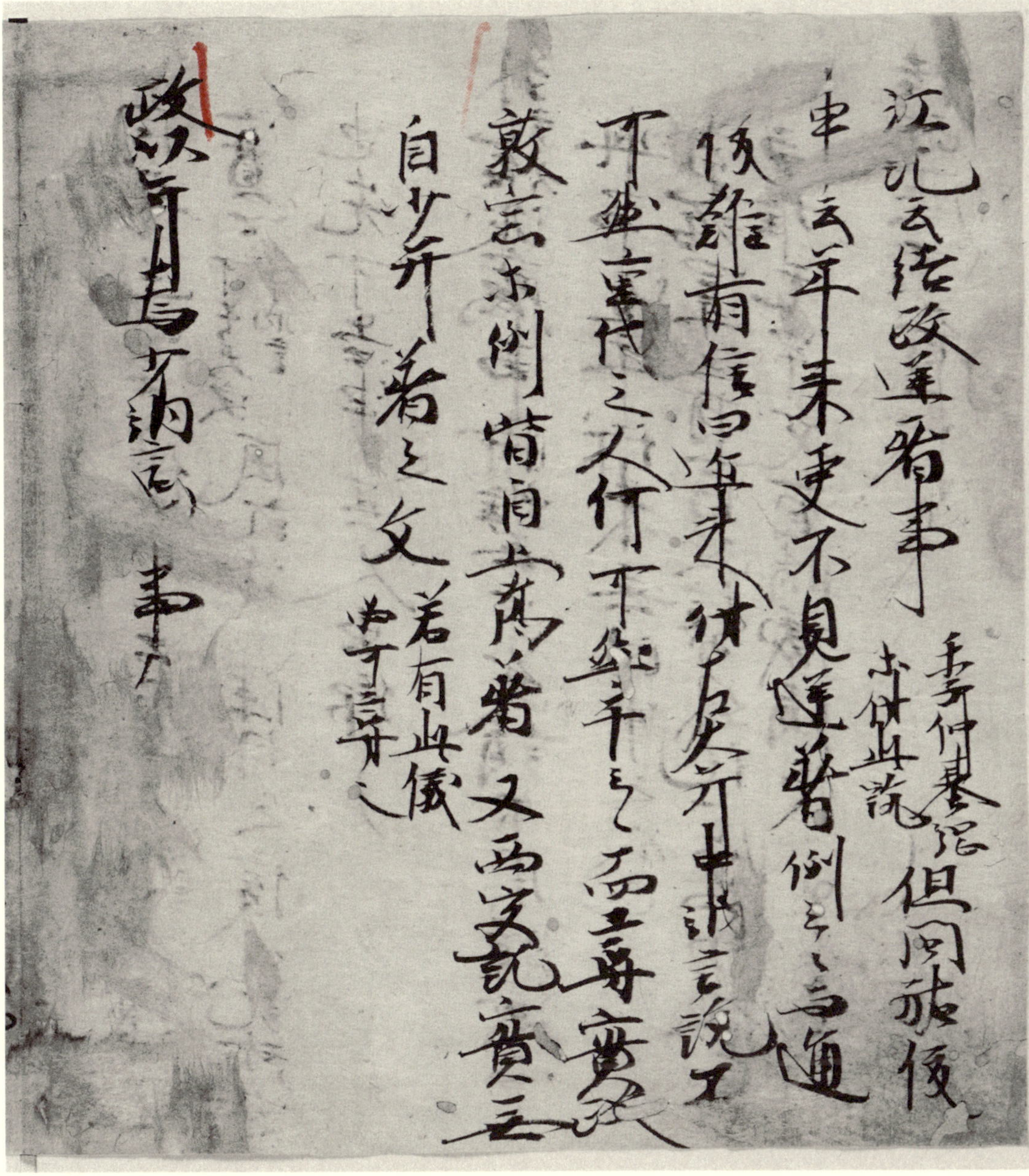
江記云結政逆着事
中云年来更不見逆着例云々而遁　弄仲基説　亦付此説　但同被使
然雖有信由年来付大弁中納言説了
下並宣代之人付下臈弁云々而上首参議
敦宗亦例皆自上臈着又西宮記云
自少弁着之文　若有此儀　[illegible]
政以弁為少納言事

（43ウ）

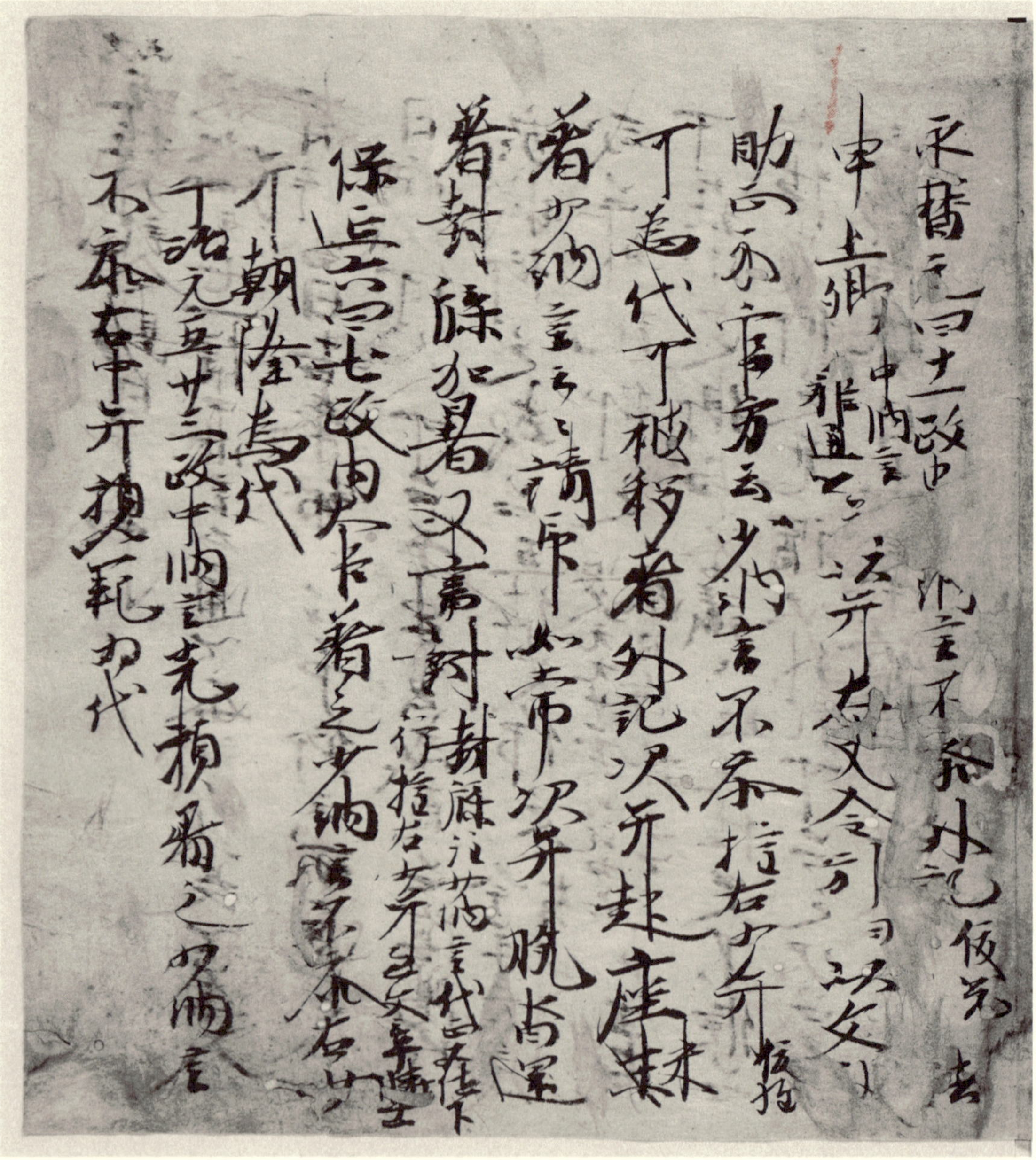

（44オ）

以五位外記令勘日次事

永延元七一檀中四言云通て承誠頭長て事入
有仰蛩日吉奉幣ニ日ニ予御云所事史卒
日時以行人丁ニ子生 云或直 玄陰陽に
於賦御之或と五佐史作之今年三ヶ度
或弁外記御之受元元廿二天悦史長有例
丁在珎定御与承議之此五佐史不候当大唐
吉佐史何之无冒以外記丁三之次日予
御云伊預日土 半故 日時令勘也

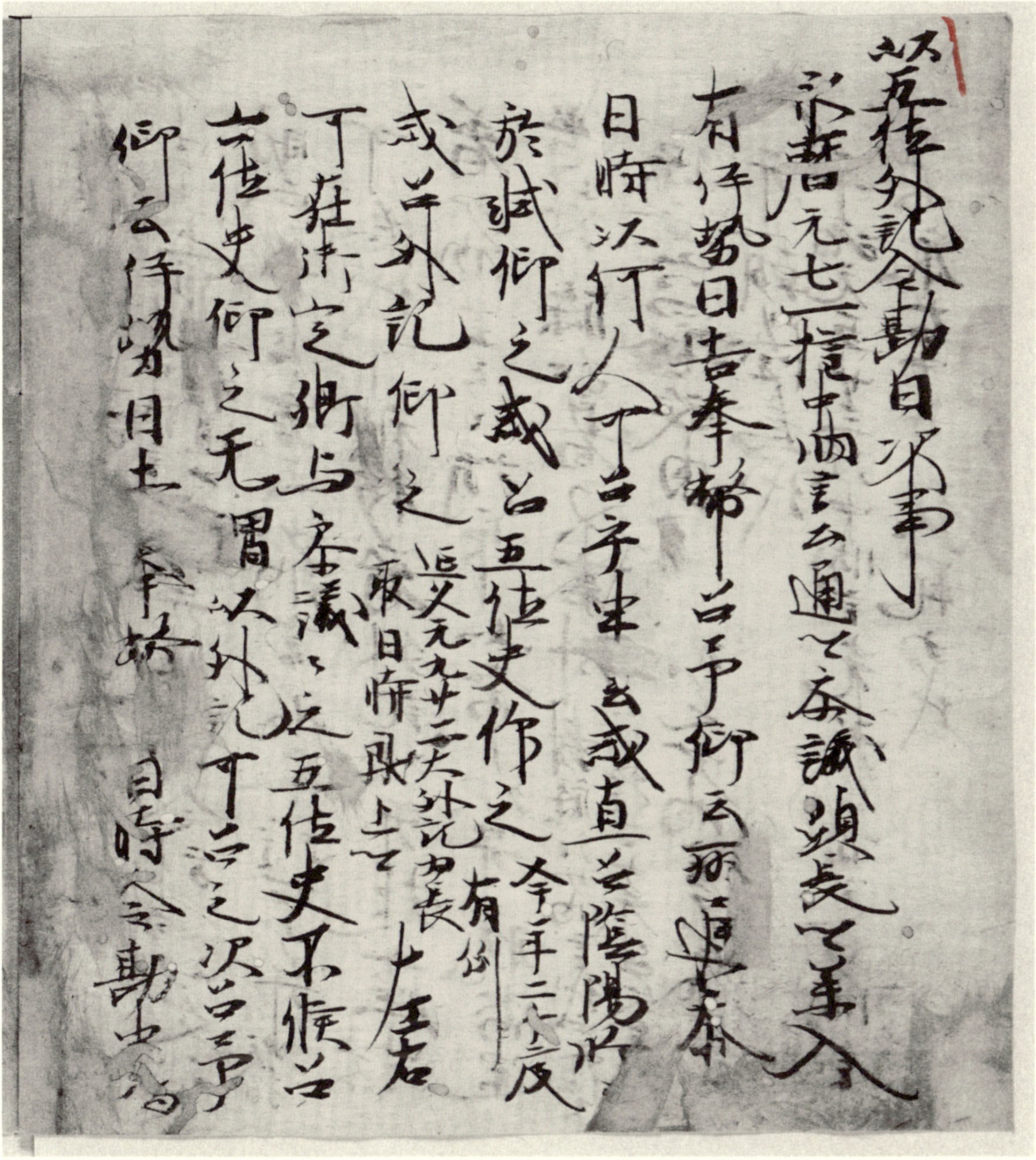

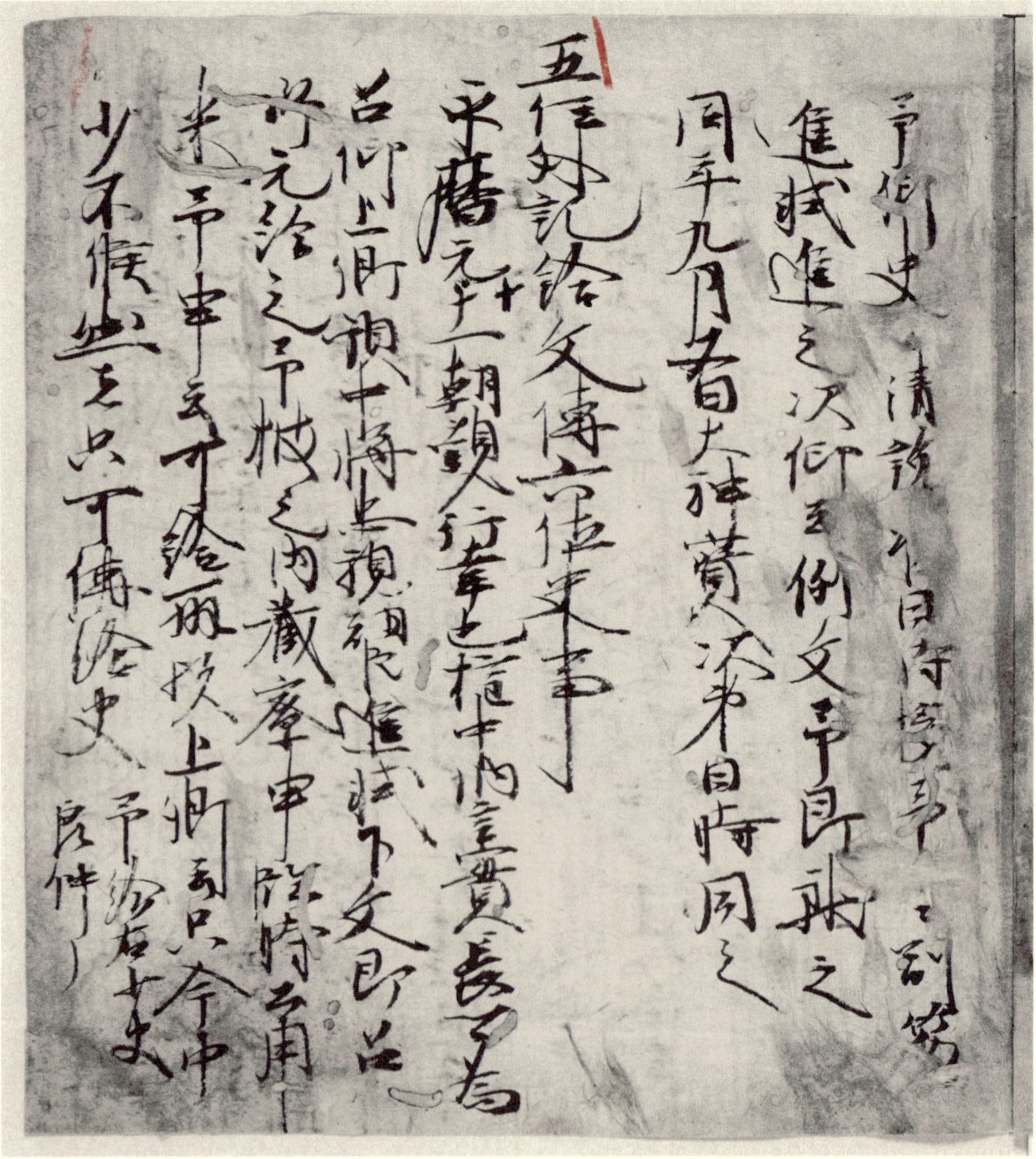

（45オ）

五位外記為辨代事
延応元十一廿大事書五巻已在大臣家入着
府座大臣召了仰云孤不候錄事僧五位
事了仰人其予三代例不覺悟但弁
不候之時外記為二代有一先例不覺悟但弁
了被仰仍五位史永章不候於行大臣云
大臣直不了仰史者即仰予云借本
入手予唯令行也史頼康問經西史云
經西申二三个二家入且不預格勒

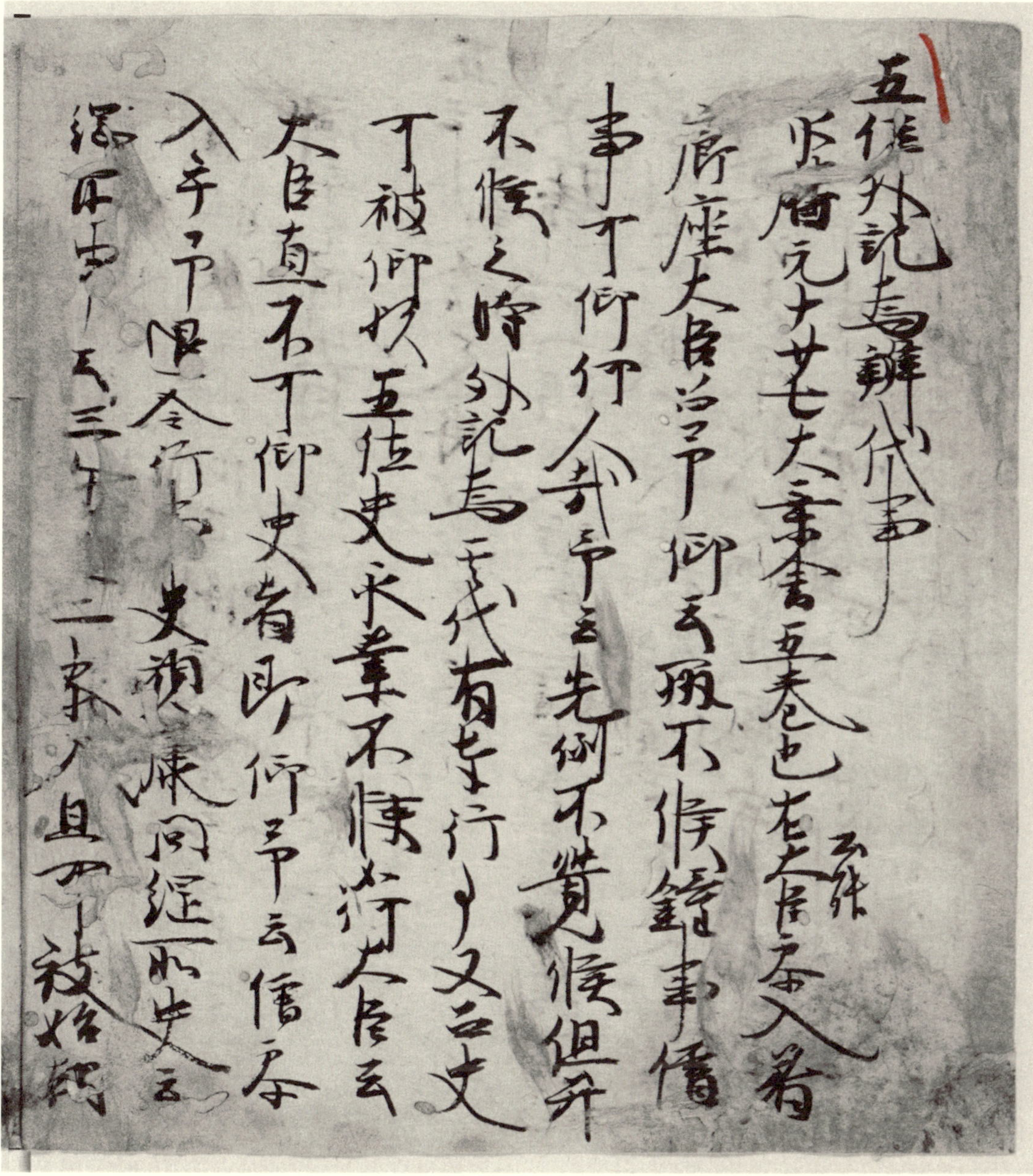

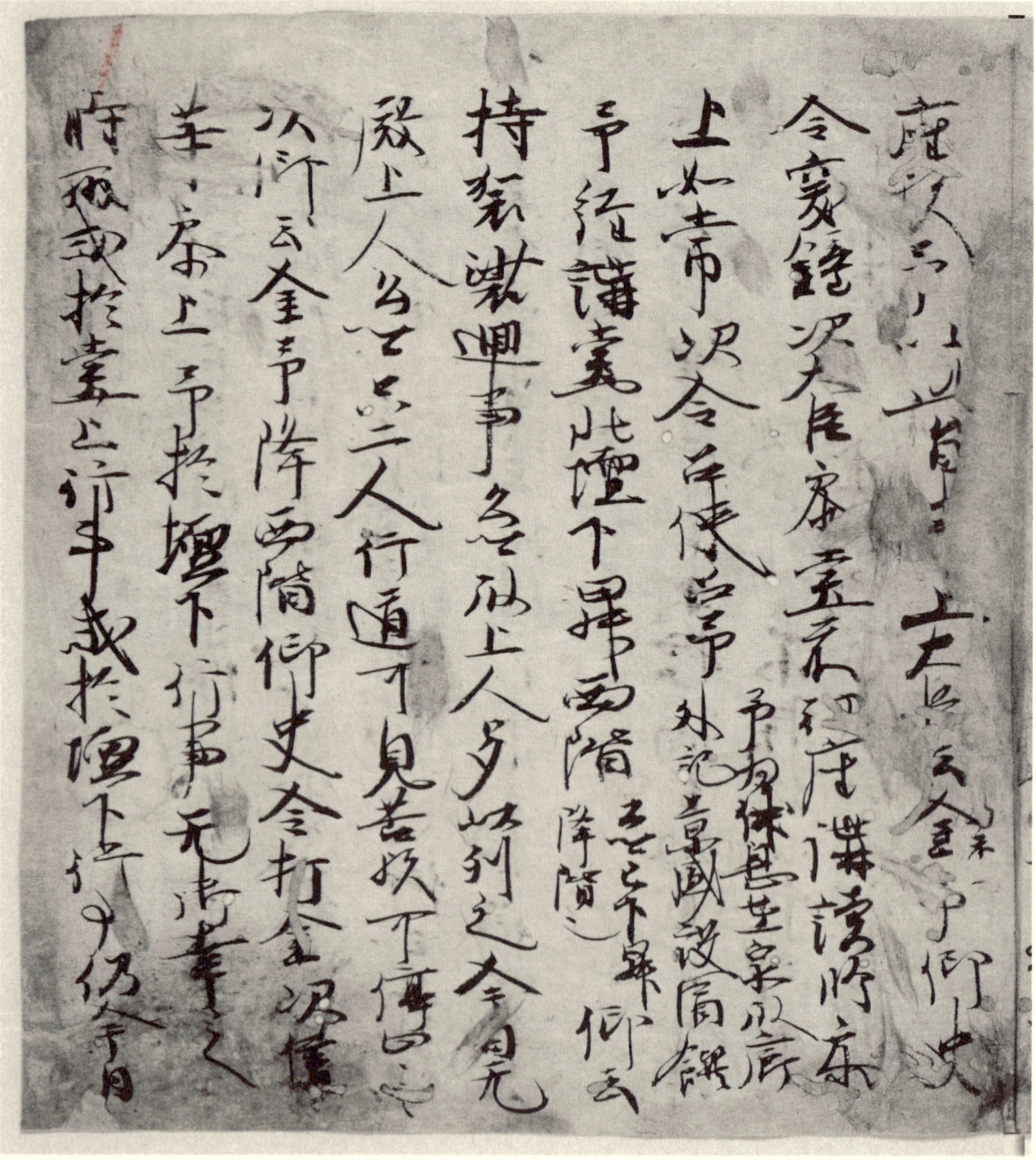

（46オ）

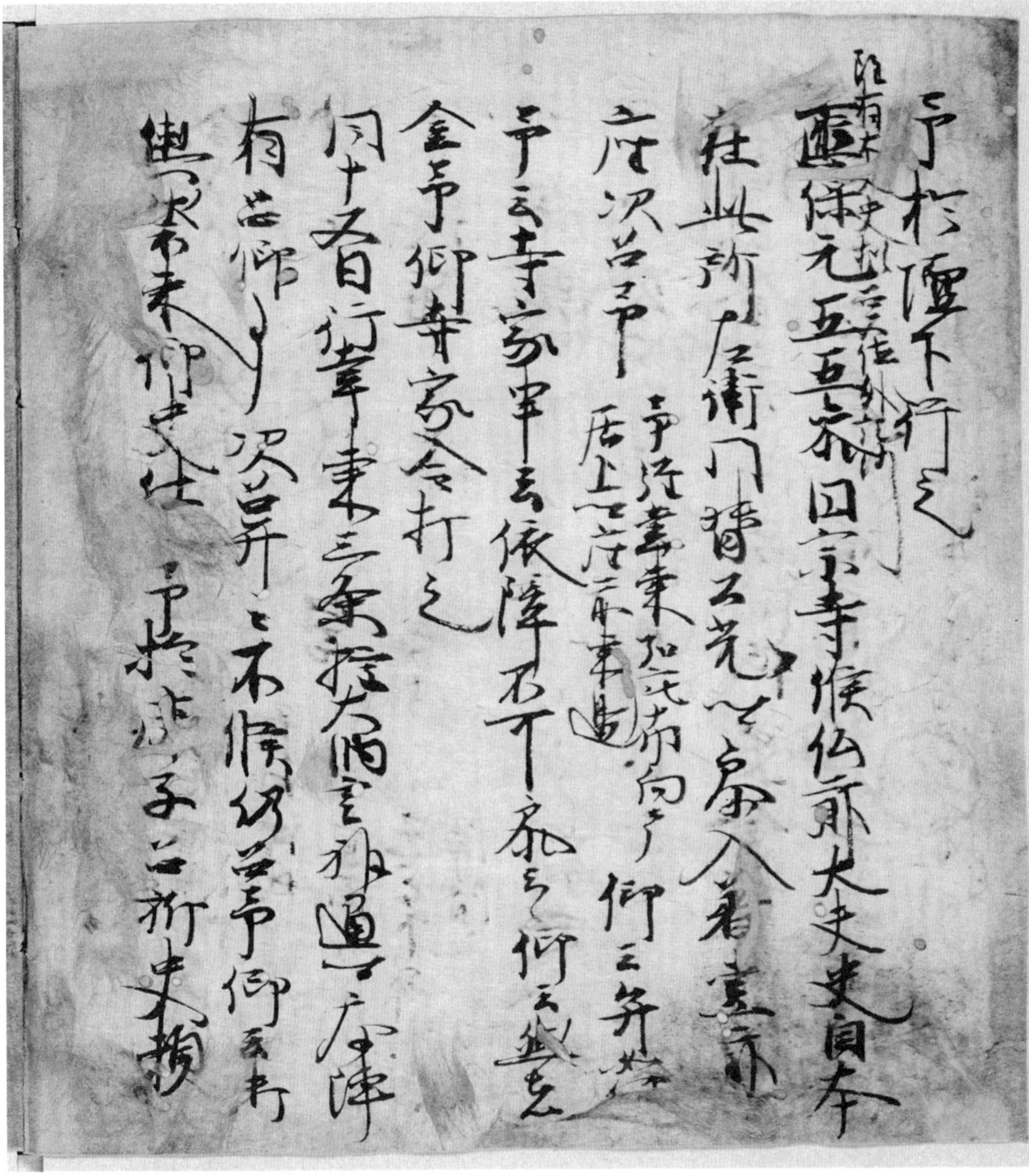

（46ウ）

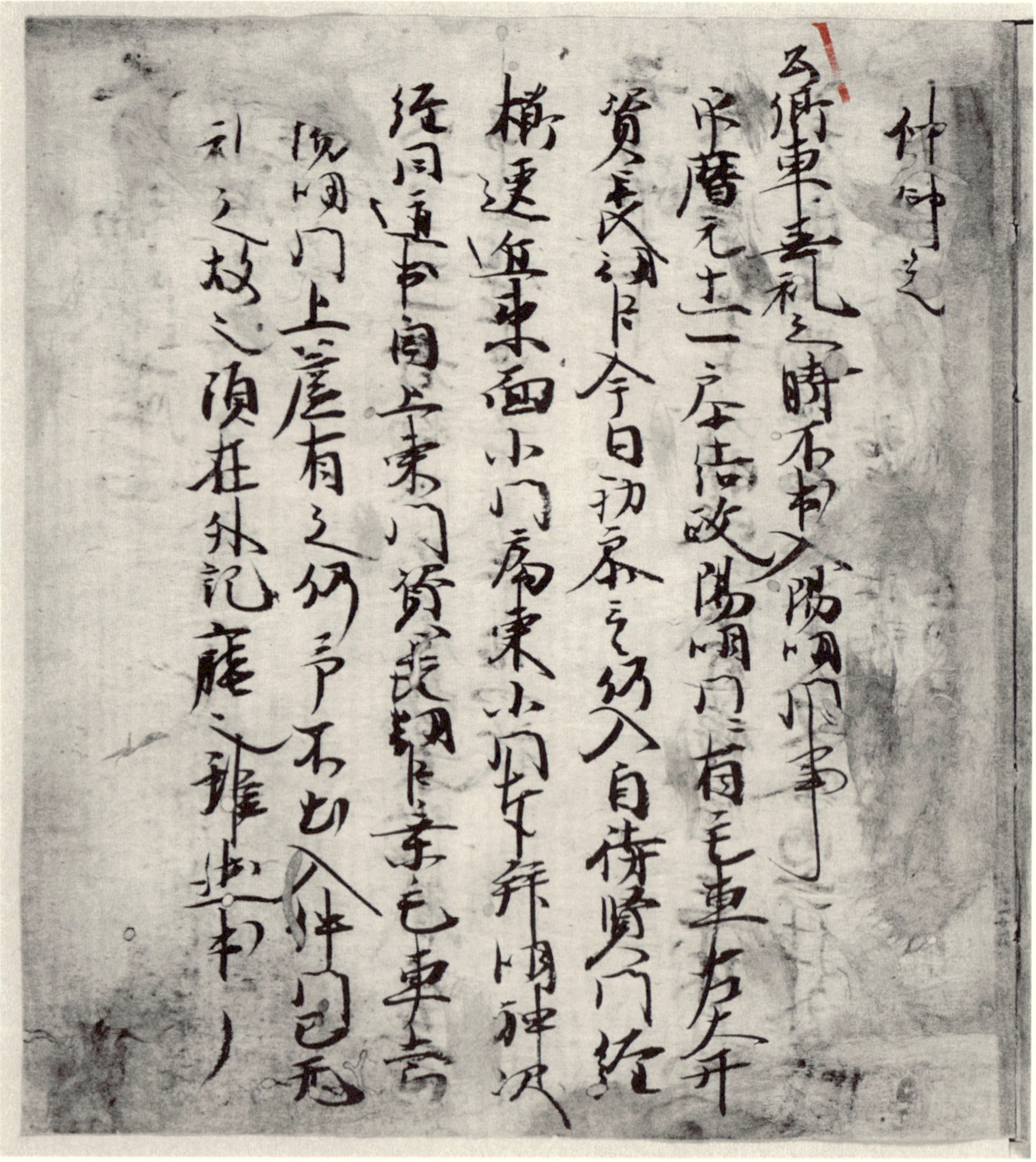
仲師之
公卿車無礼之時不出入陽明門事
承暦元十二一　左治政陽明門〃有毛車右大弁
資長卿今日初参之間入自待賢門経
横湊直東西小門扇東小門去拝陽明神祇
経同道南面上東門資長卿毛車上言
陽明門上蔵有之間争不出入仲因已無
礼之故也須在外記庭之雖然其者也

（47オ）

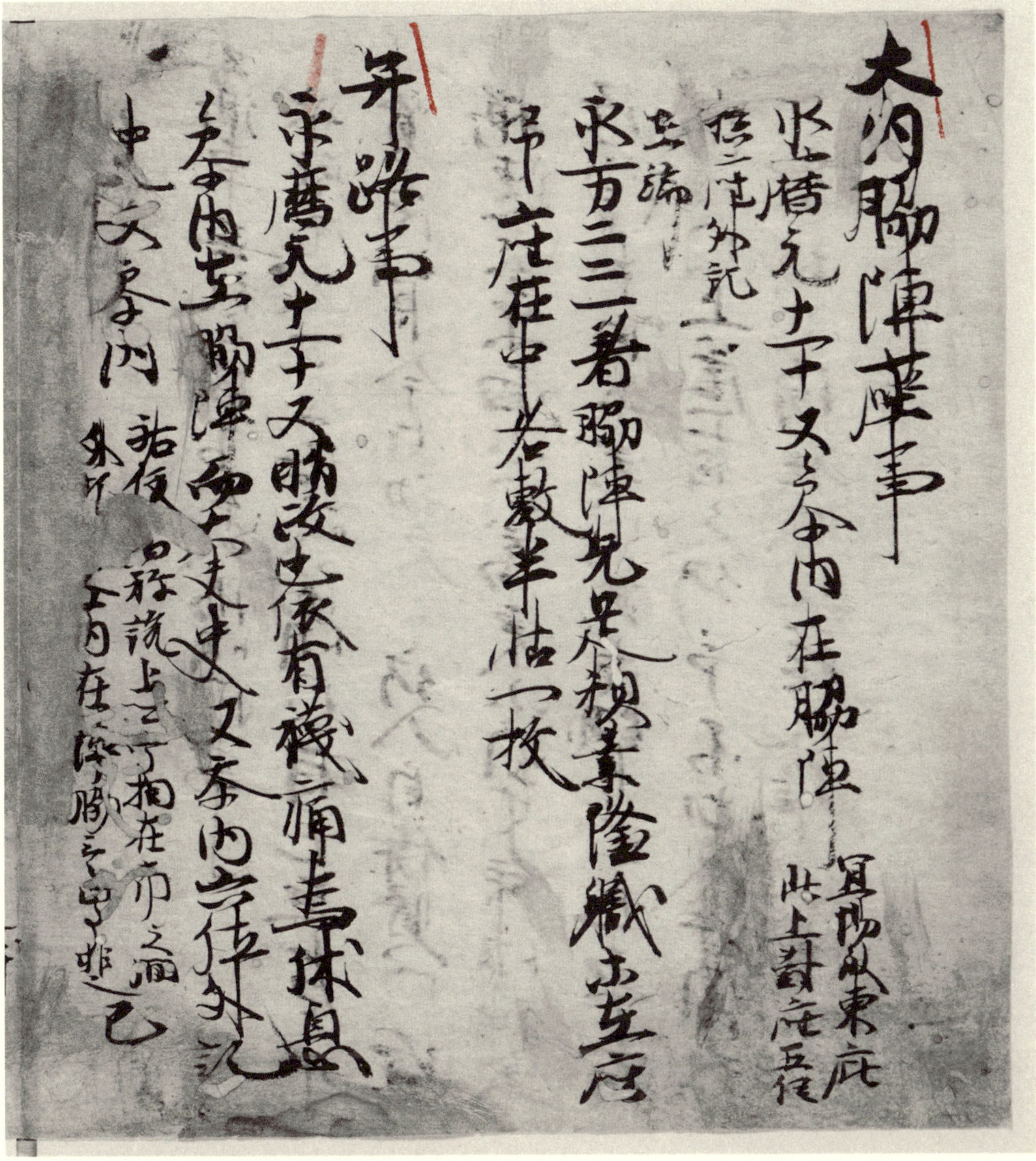

（47ウ）

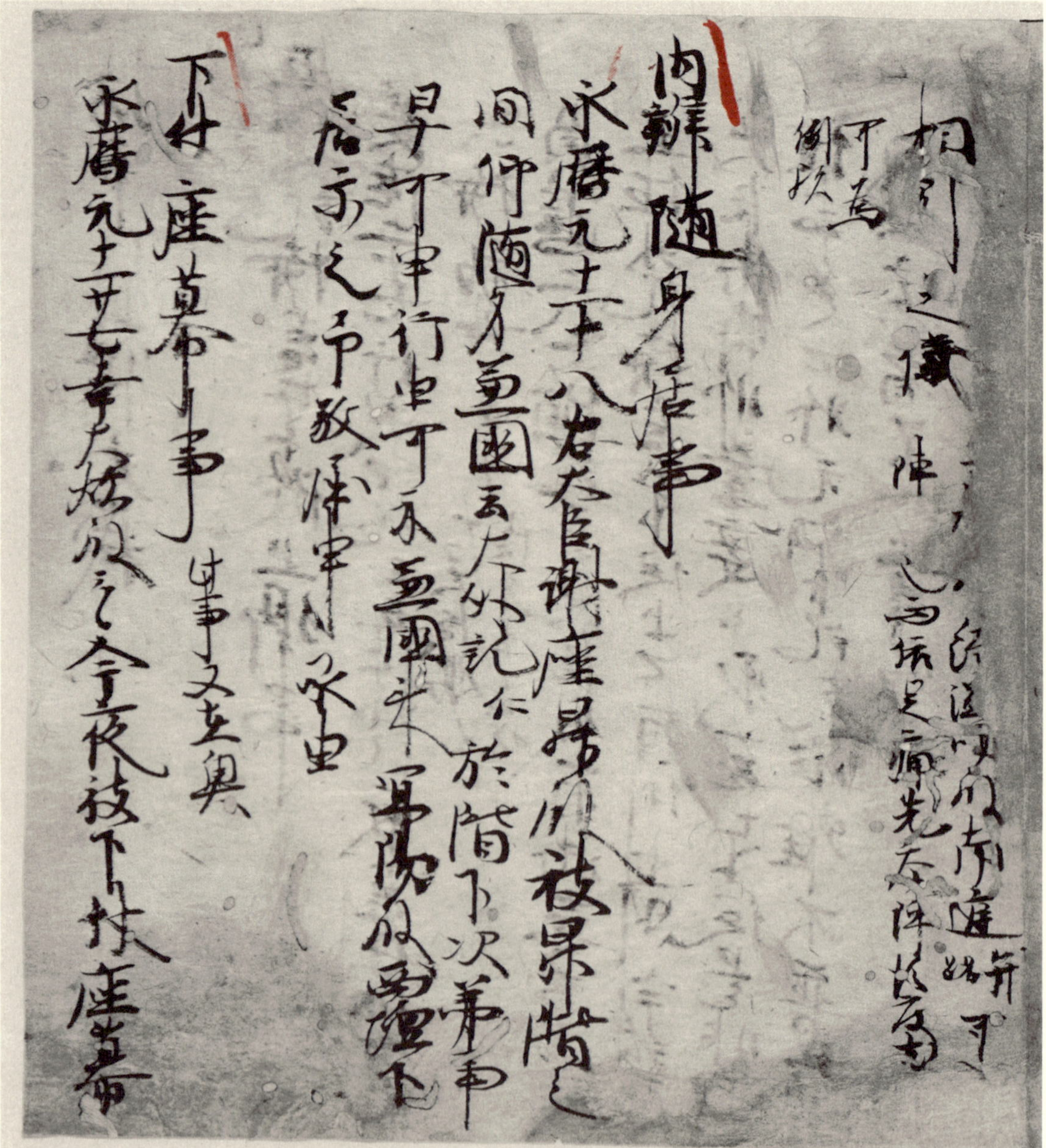

（48オ）

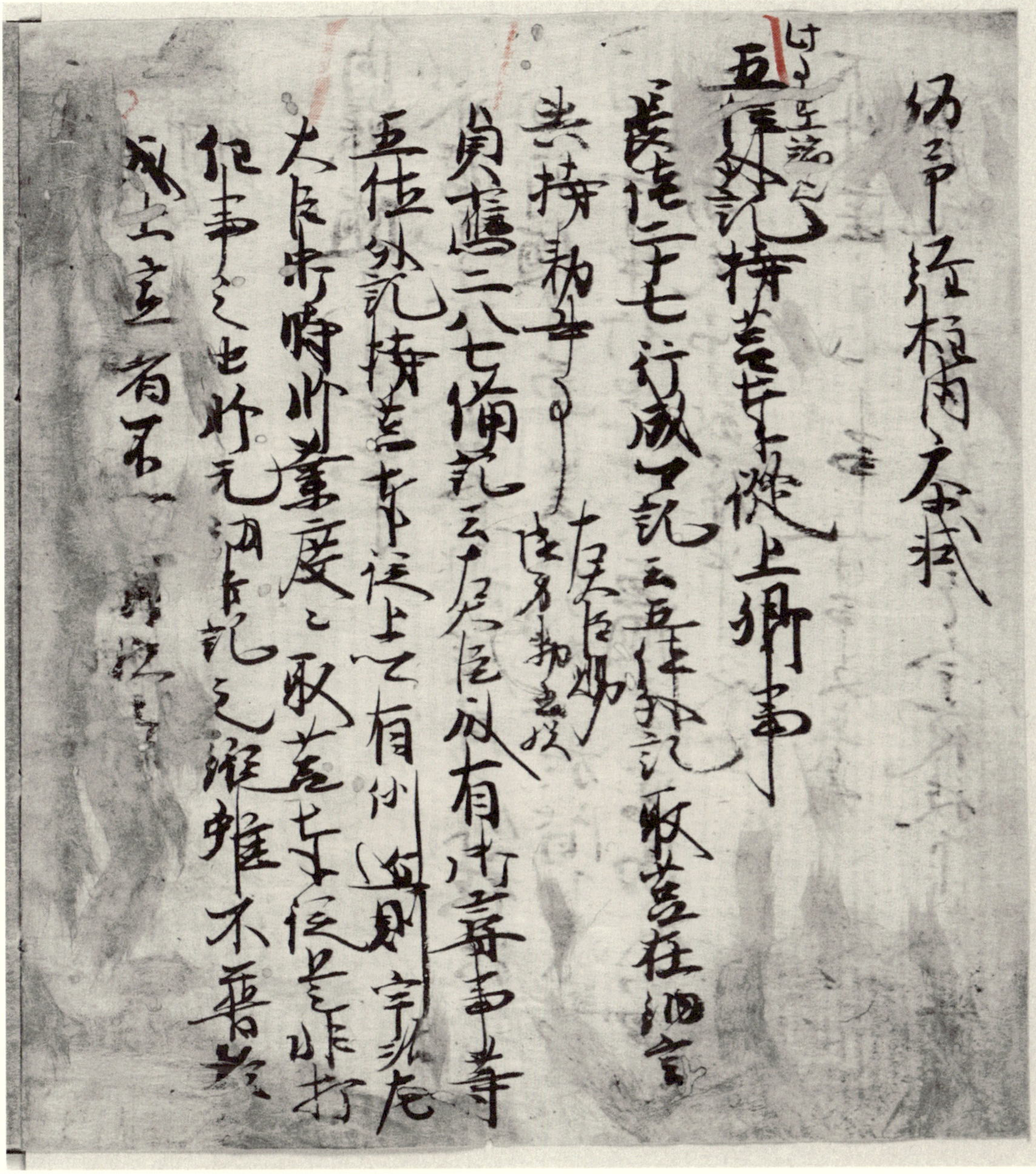

（48ウ）

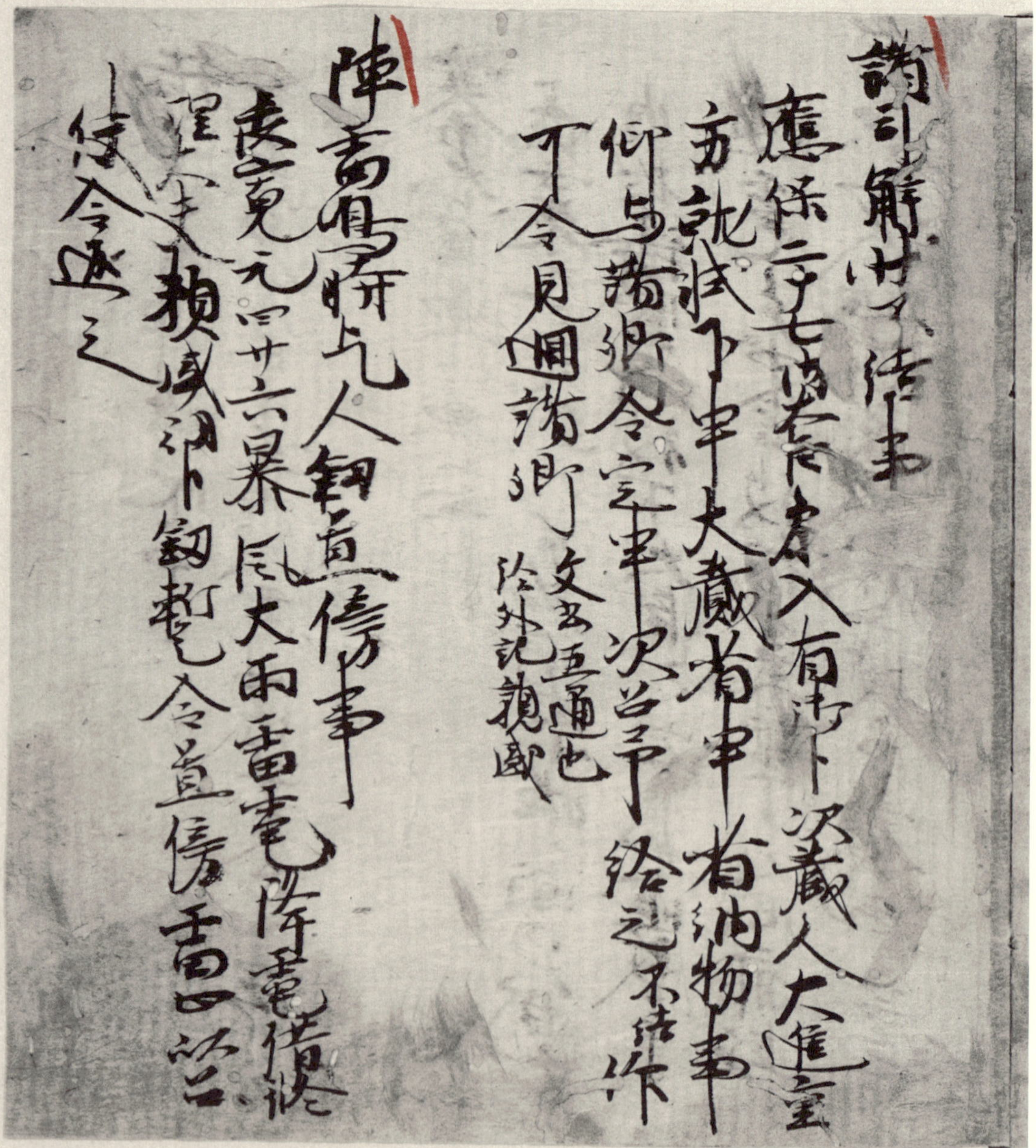

諸司解状不結事
應保二年七月[illegible]入有沙汰下　次蔵人大進宣
方就状下申大蔵省　申省納物事
仰与諸卿令定申　次召下給之不結作
不令見[illegible]諸卿
文書五通也
給外記親盛

陣雷鳴時乞人釼置傍事
長寛元四廿六暴風大雨雷電降雹[illegible]
付令返之

（49オ）

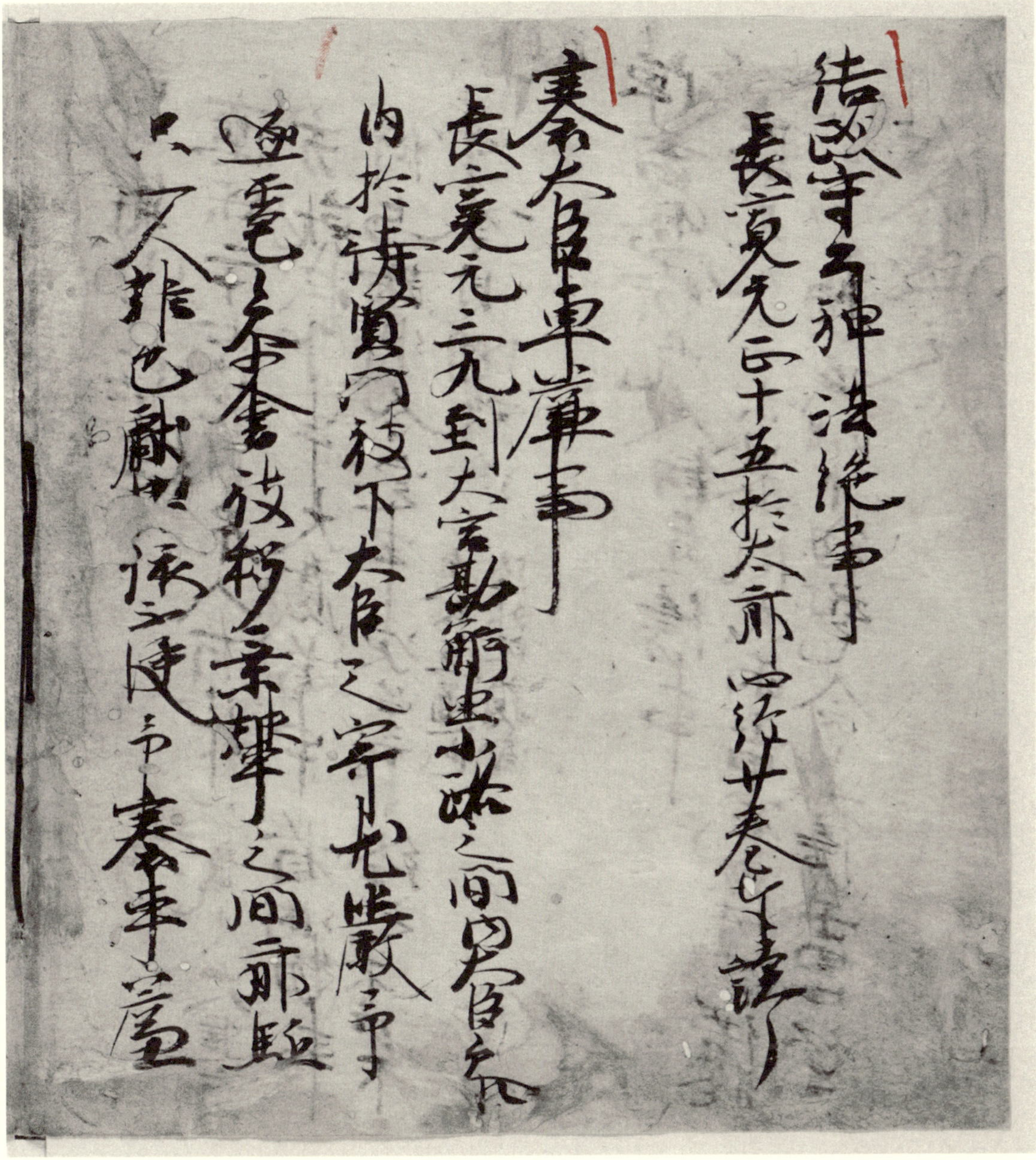
結政守公神法施事
長寛元四十五於太政所[illegible]廿[illegible]請
褒大臣車簾事
長寛元三九到大宮勘解由小路之間内大臣[illegible]
内於待賢門被下大臣之宣旨[illegible]厳事
逐電之条雖被称令蒙事之間所[illegible]
只不入非也献[illegible]依之[illegible]事奏事[illegible]

（49ウ）

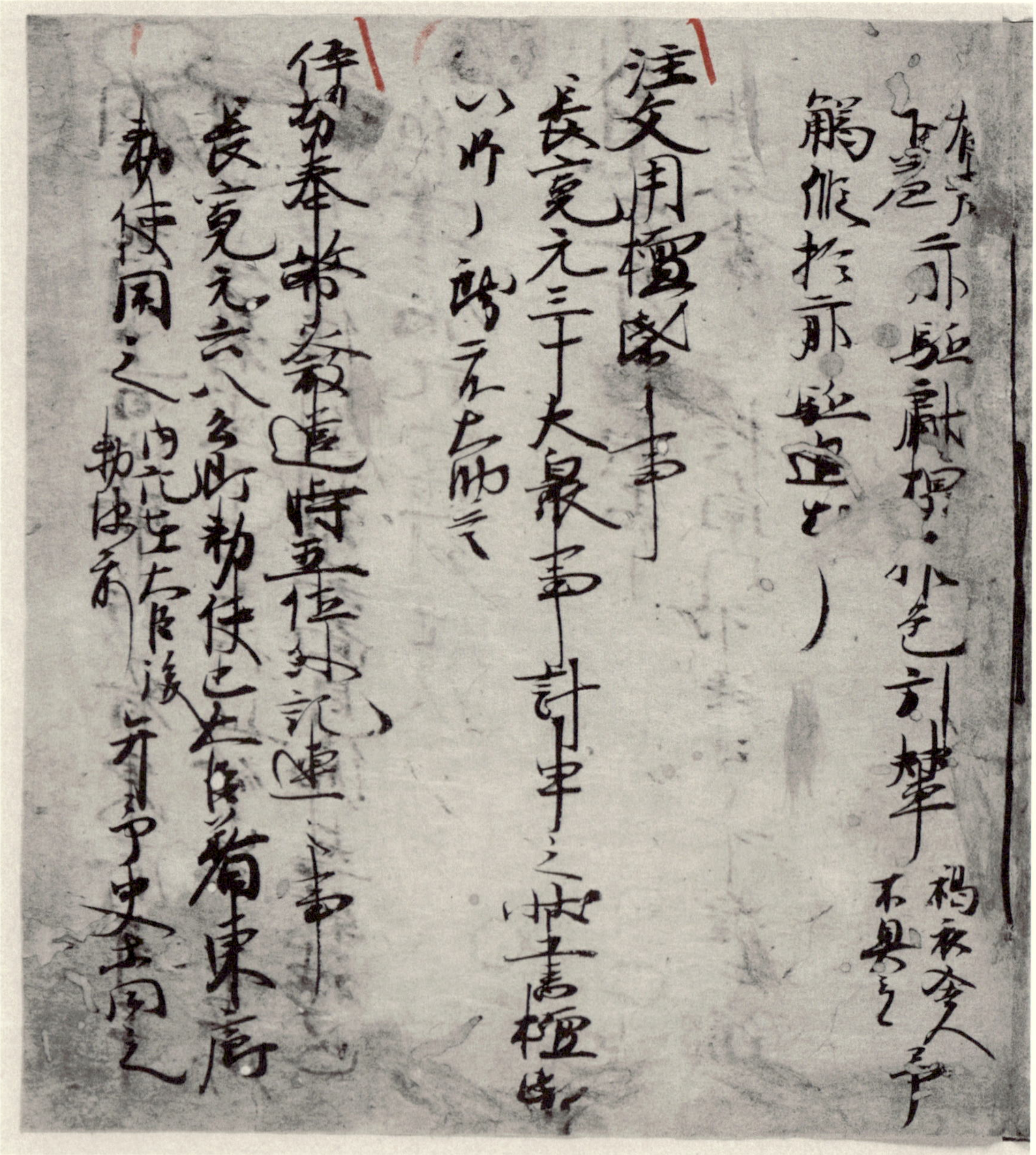
注文用檀紙事
伊勢奉幣發遣時五位外記連之事

（50オ）

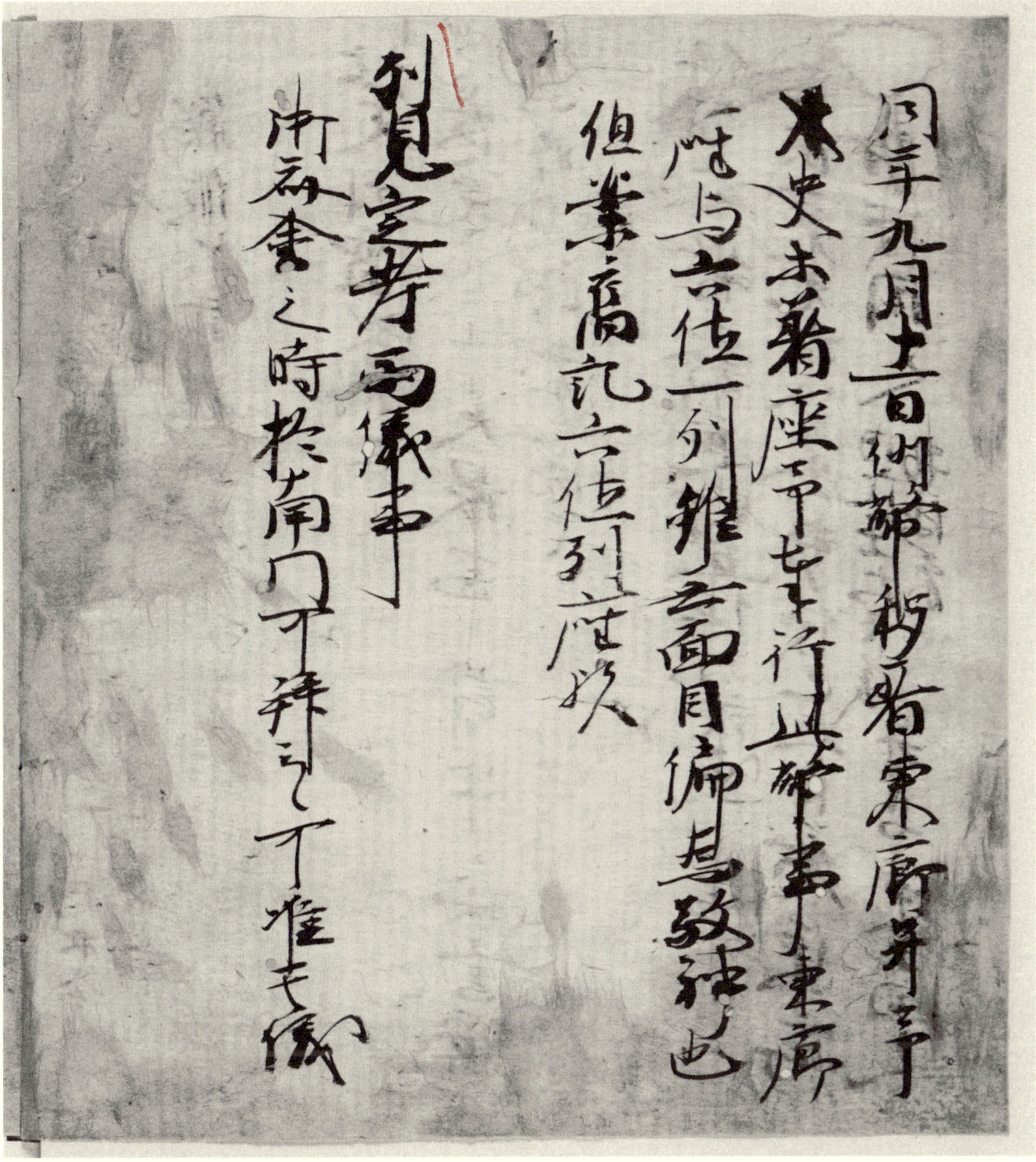

同年九月十一日例幣称者東廊并宰
相大史未着座前史生行其事東廊
階与五位一列雖不面目偏是敬神也
但業高記五位列座歟
列見定考雨儀事
御府奏之時於南門下拝之下准其儀

（50ウ）

〔一一五頁（第二冊52オ）へ続く〕

（くずし字の古文書のため翻刻は省略）

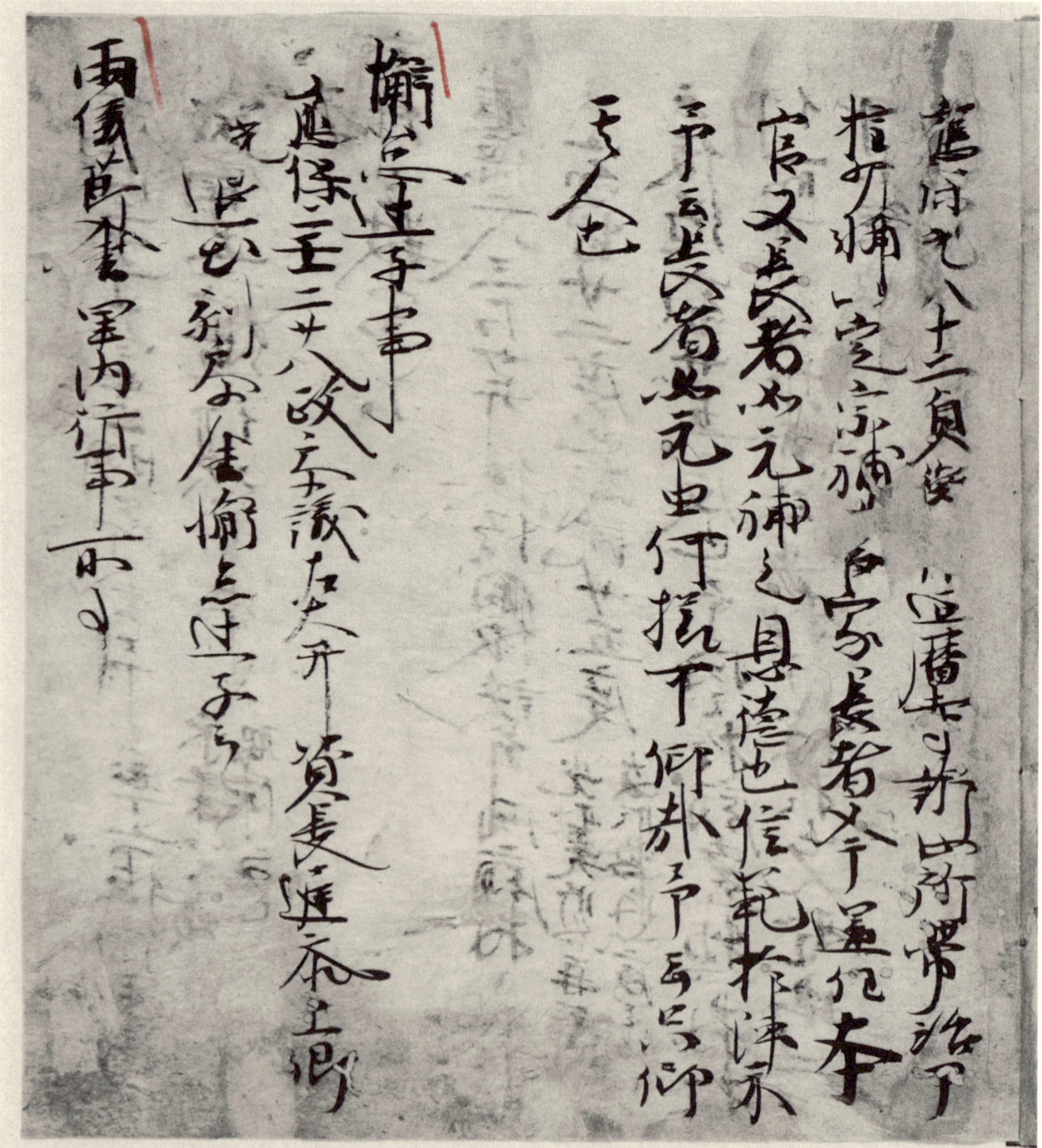

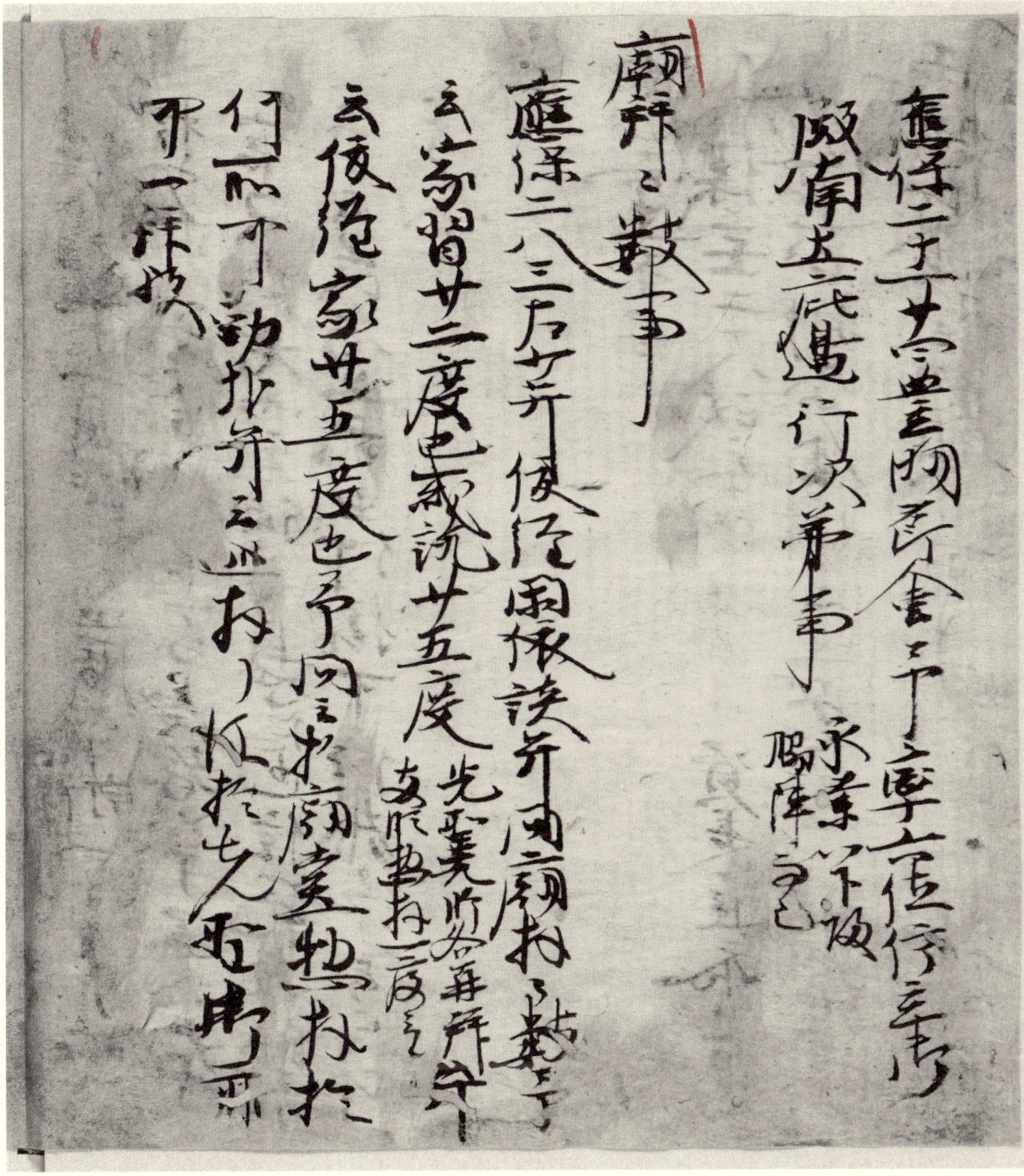

（51ウ）

〔一二七頁（第二冊53オ）へ続ク〕

〔一二二頁（第二冊50ウ）ヨリ続ク〕

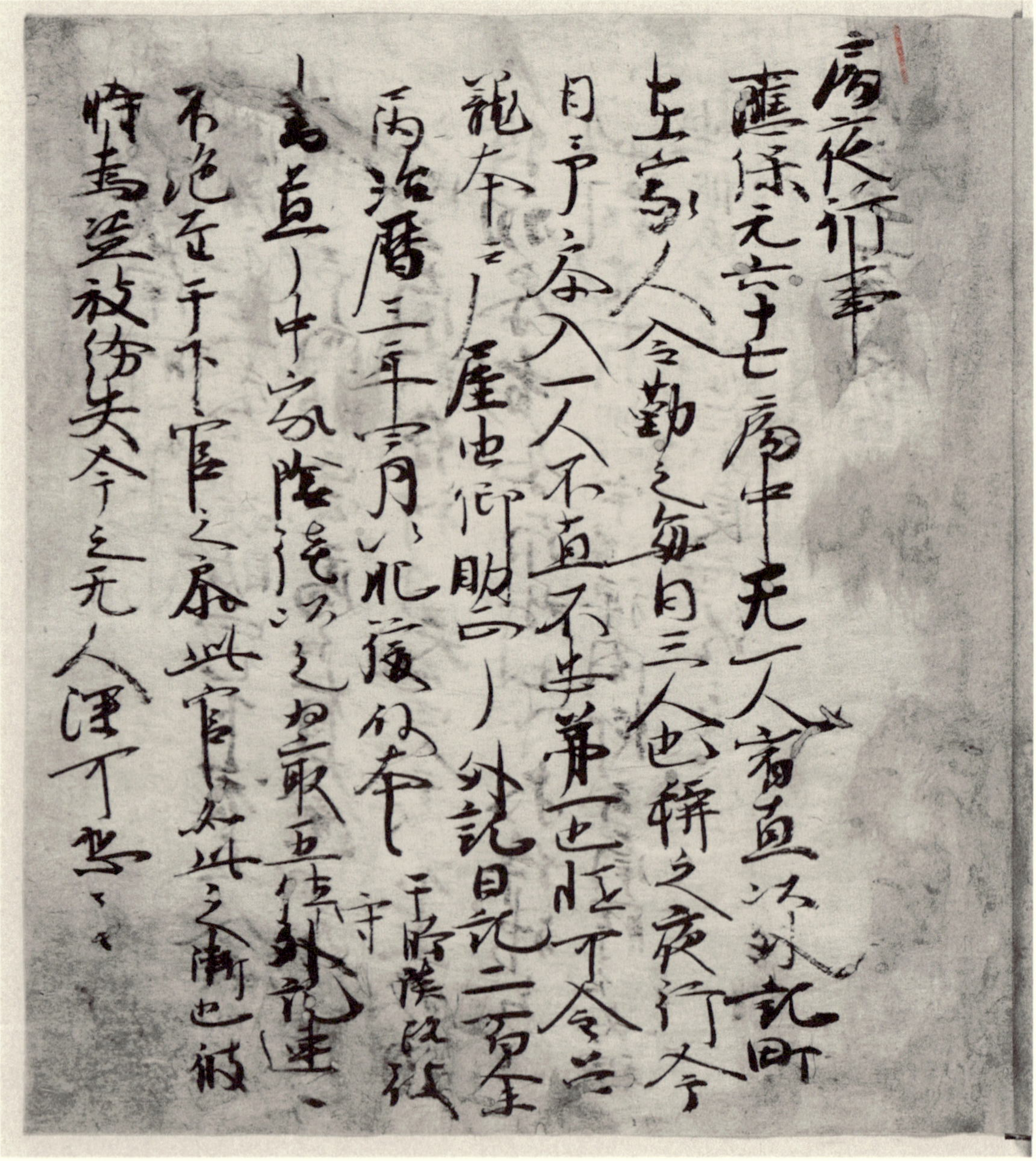

（52オ）

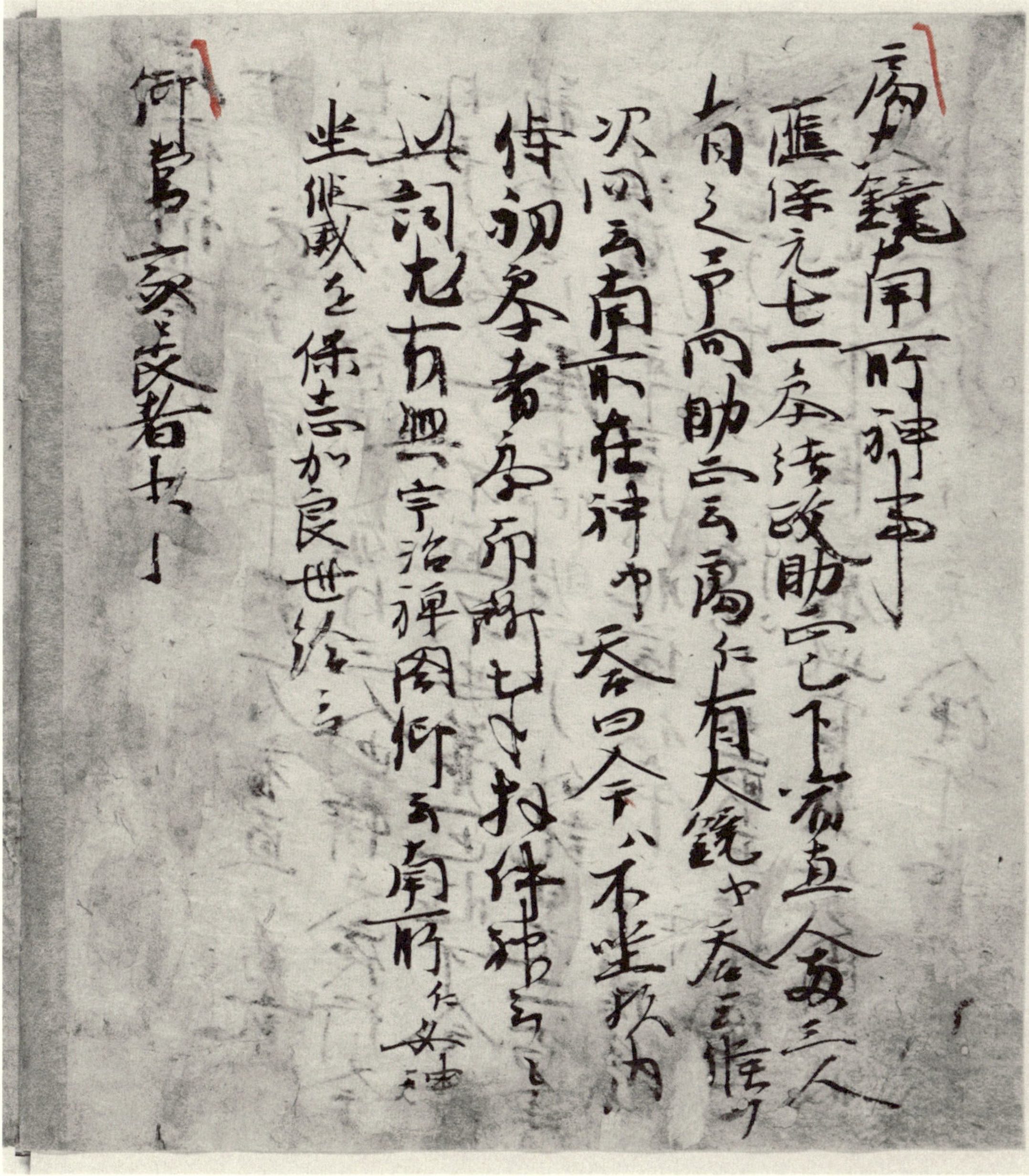
局大鏡南所神事
應保元七一奉法改助己下局直人々女三人
有之其内助云局ニ有大鏡也奉云住ア
次内云南所在神也奉日今ハ不坐歟内
侍初参者参所御もちを投件神ニと
此詞也有興宇治禅閤御云南所ニ坐女神
坐候歟と倸志か良世給云々
仰萱家長者事

（52ウ）

〔一一三頁（第二冊51オ）へ続ク〕

〔一二四頁（第二冊51ウ）ヨリ続ク〕

非神事時於車中持笏事
建保五二十六右大将通光可被賀茂詣従参議右大弁宗行乗車之上蓋持笏

賢所出御間礼事
永暦元十一廿七華大炊殿賢所出御予於杉幕衛門東各依路此次於陽明門乗車自近衛東行至油小路南行自中御門東行至室町南行到大炊御門下車引返東於大炊亭此間賢所入門令過御所之後賢所

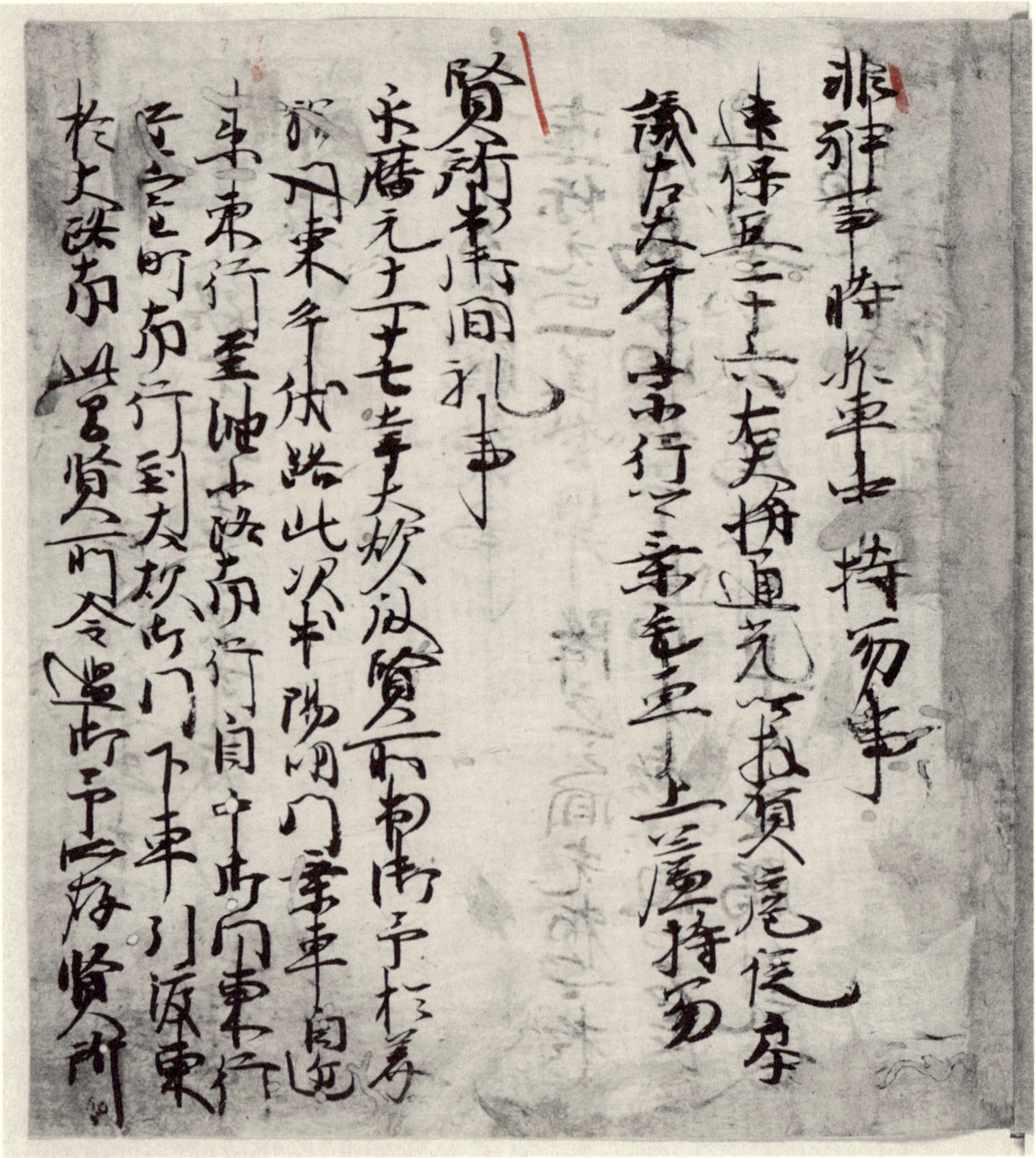

（53オ）

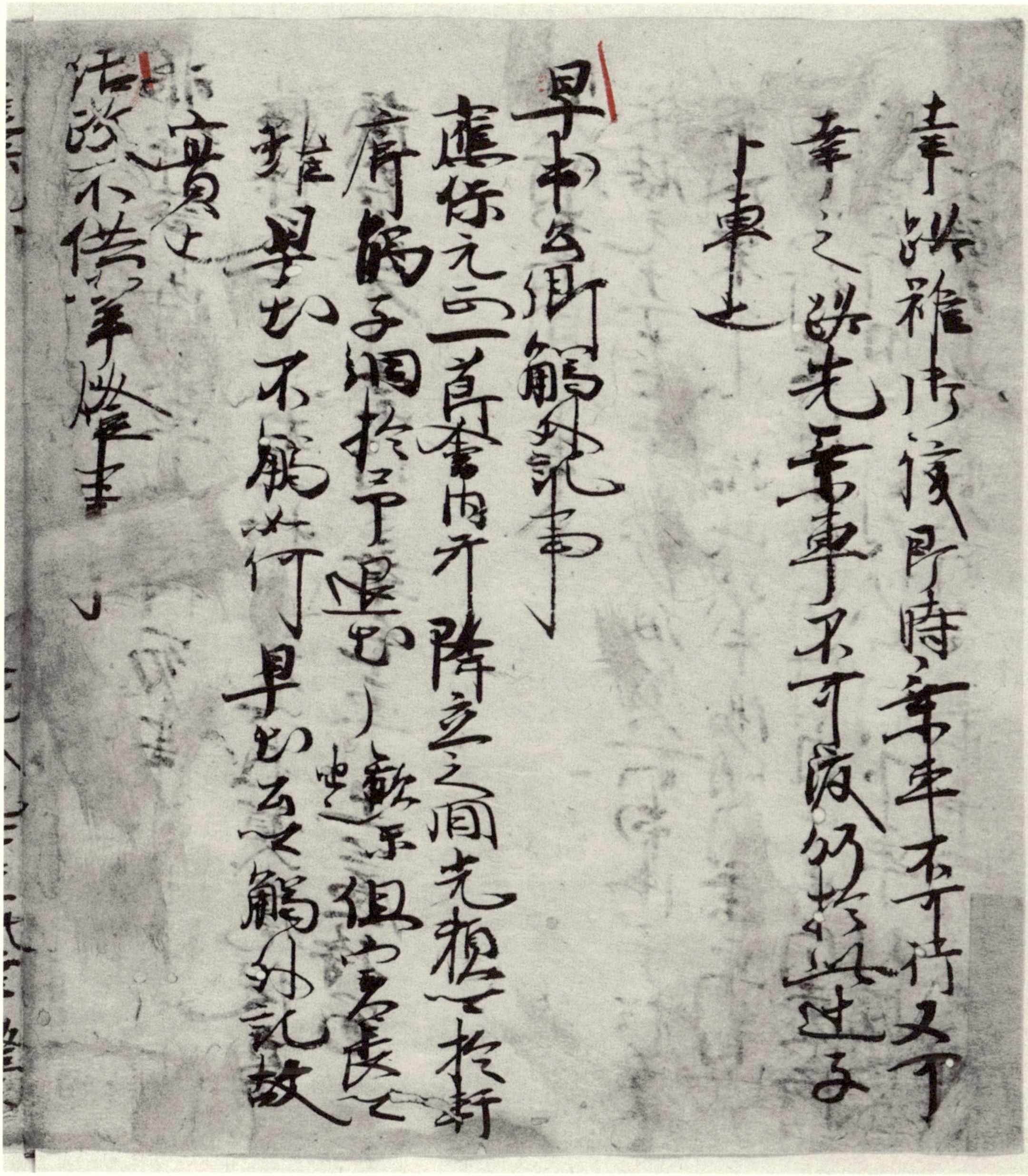

幸然雖候御所時年来不奉行又可
幸之然先年事不可被仍於此進之
上東之
早出公卿触外記事
遮保元々二一首書内弁降立之間先被仰於新
府触子細於下退出歟宗但定長之
雖早出不触外記　早出云々触外記故
[illegible]之
結政不供掌燈事
之

(53ウ)

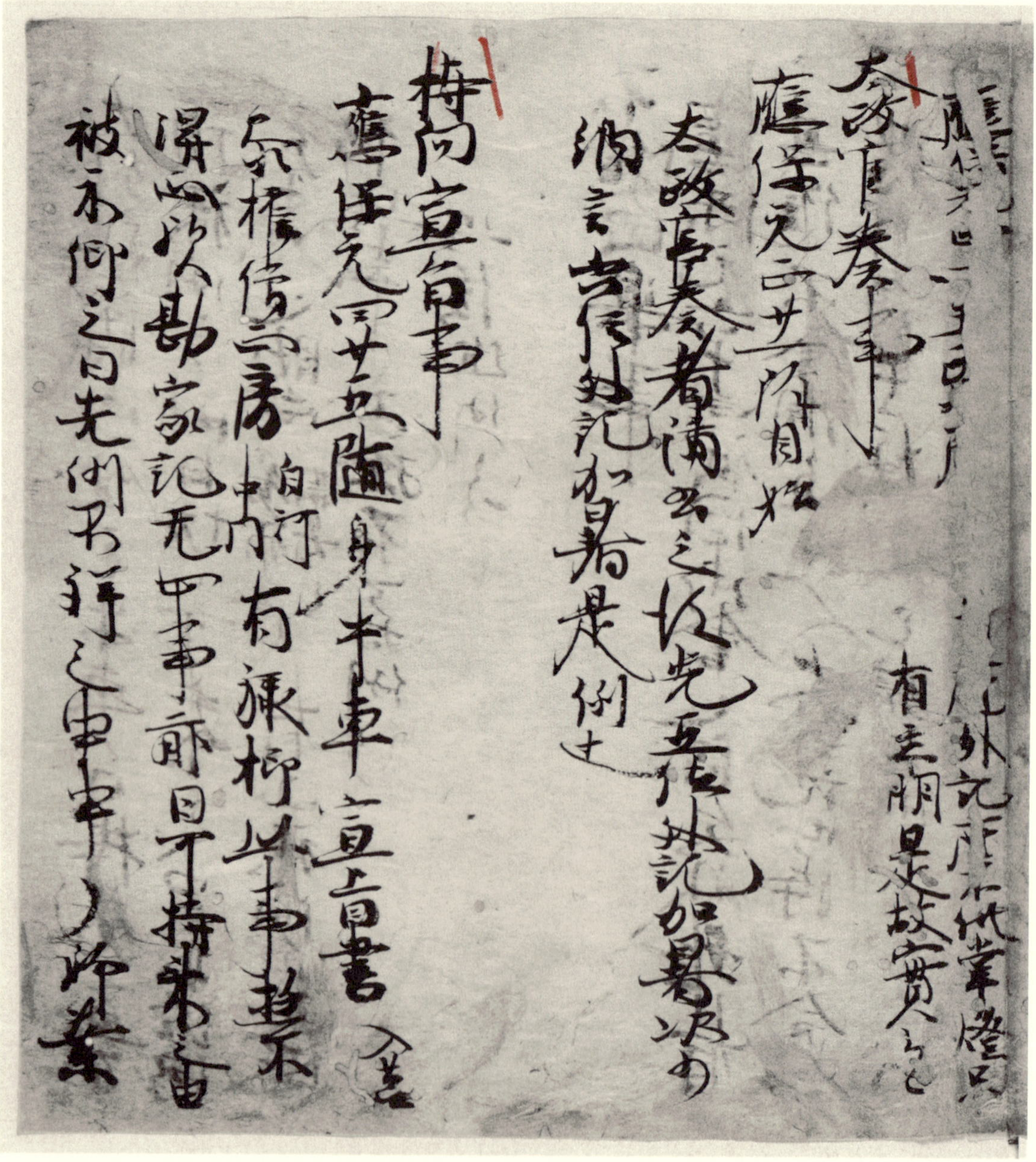

（54オ）

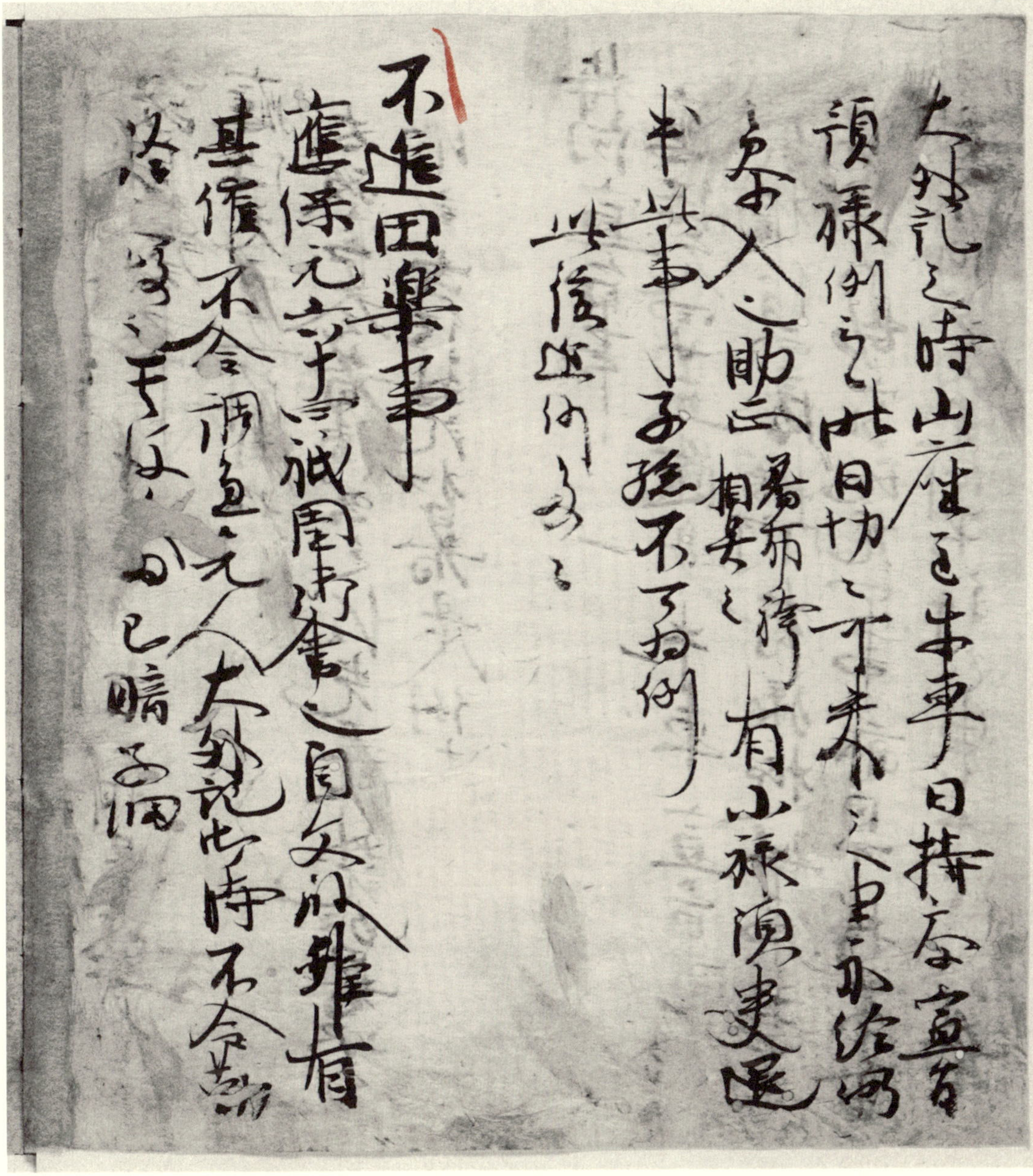

（54ウ）

〔一三三頁（第二冊56オ）へ続ク〕

〔一三四頁（第二冊56ウ）ヨリ続ク〕

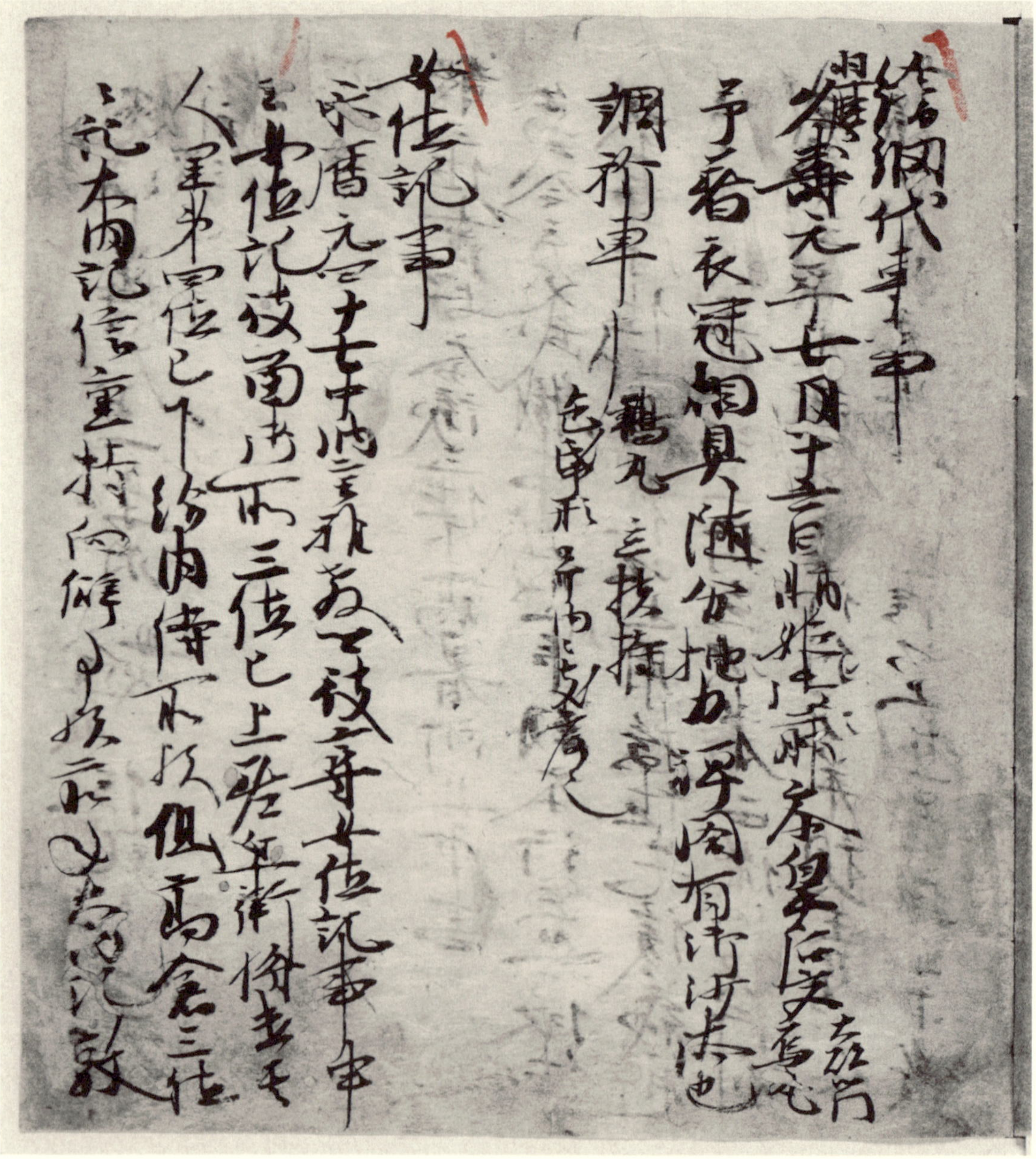
絵網代車事

女位記事

（55オ）

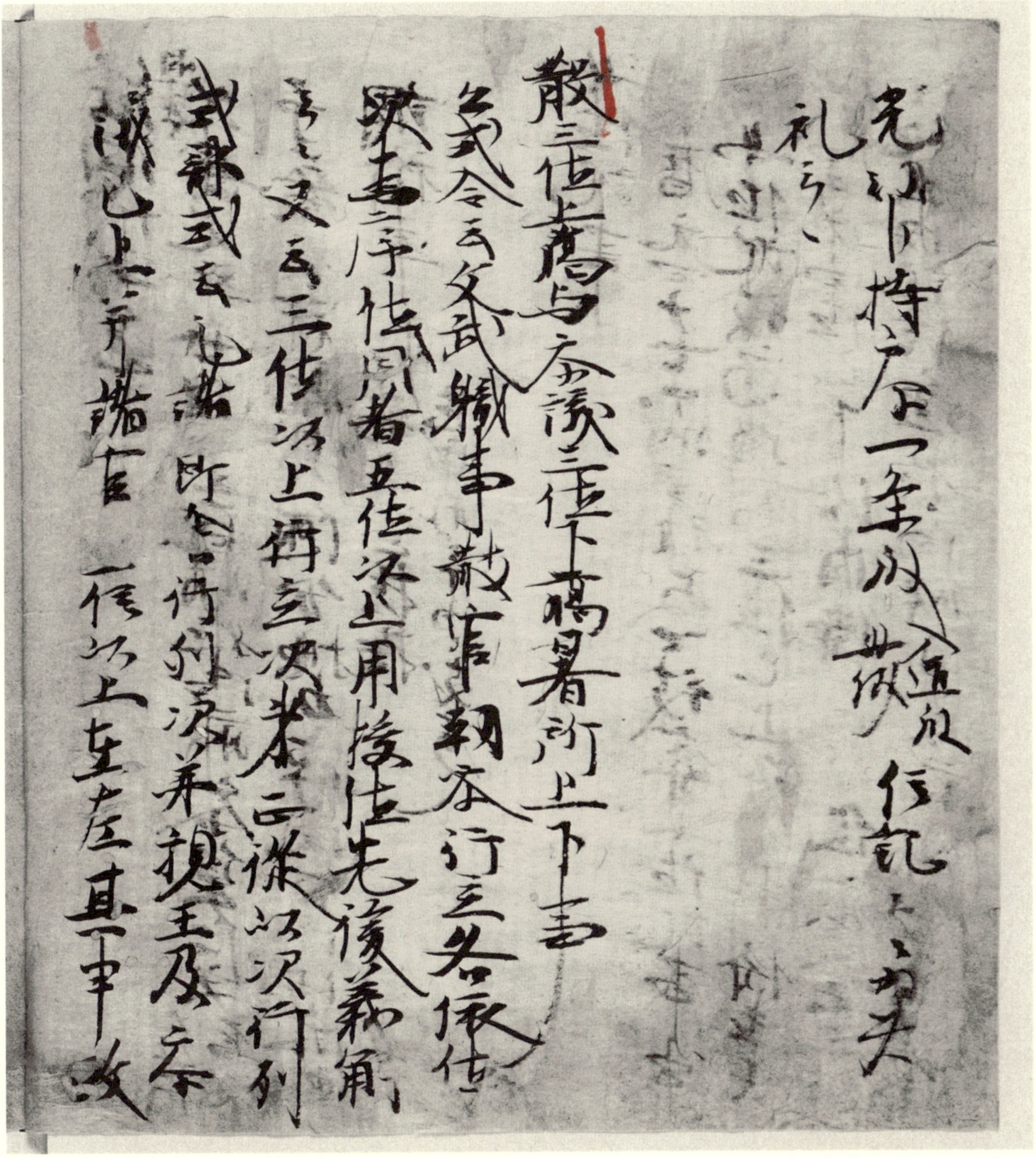

（55ウ）

〔一三七頁（第二冊58オ）へ続く〕

〔一三〇頁（第二冊54ウ）ヨリ続ク〕

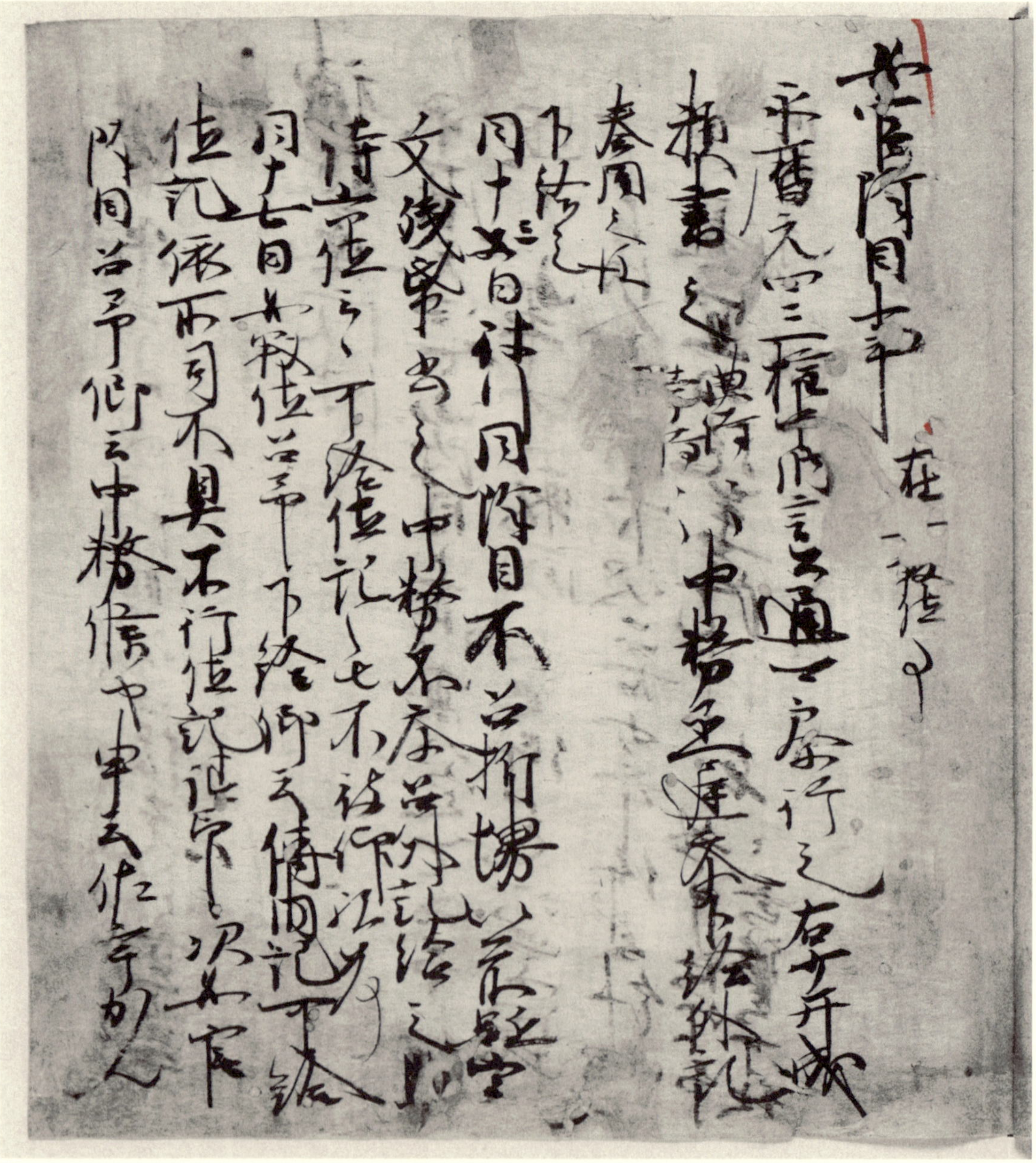

（56オ）

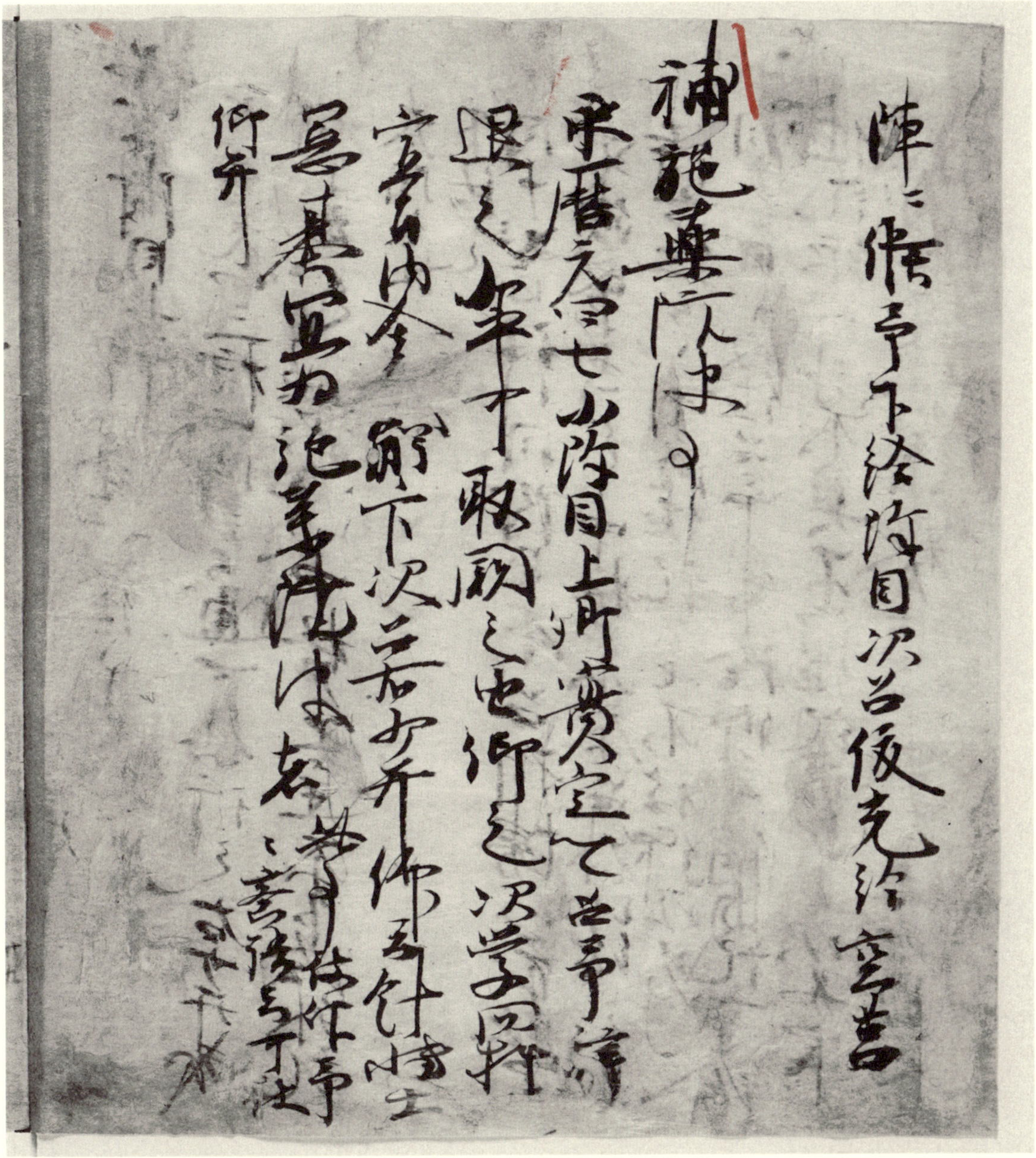

（56ウ）

〔一三二頁（第二冊55オ）へ続ク〕

〔一三八頁（第二冊58ウ）ヨリ続ク〕

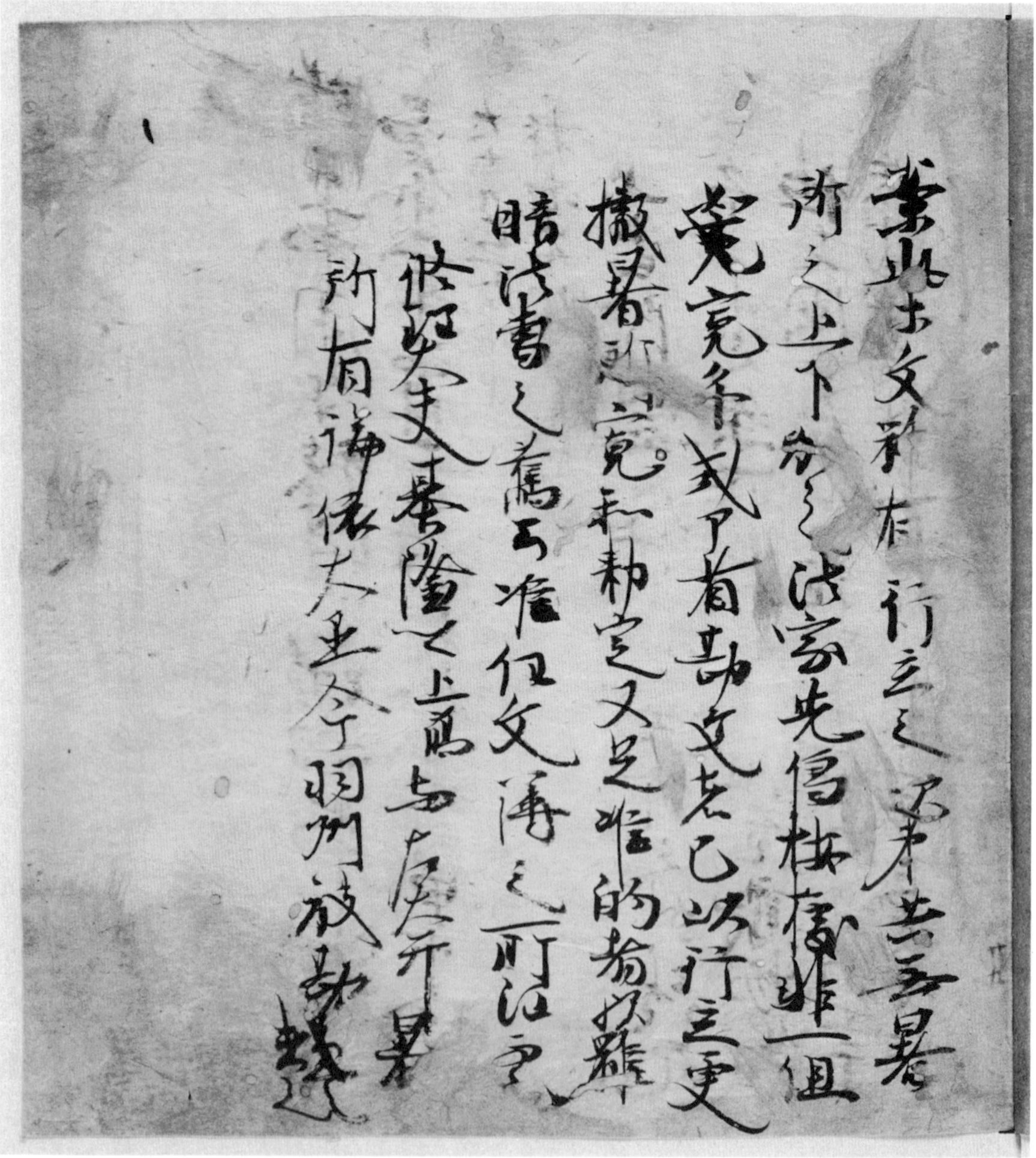

（57オ）

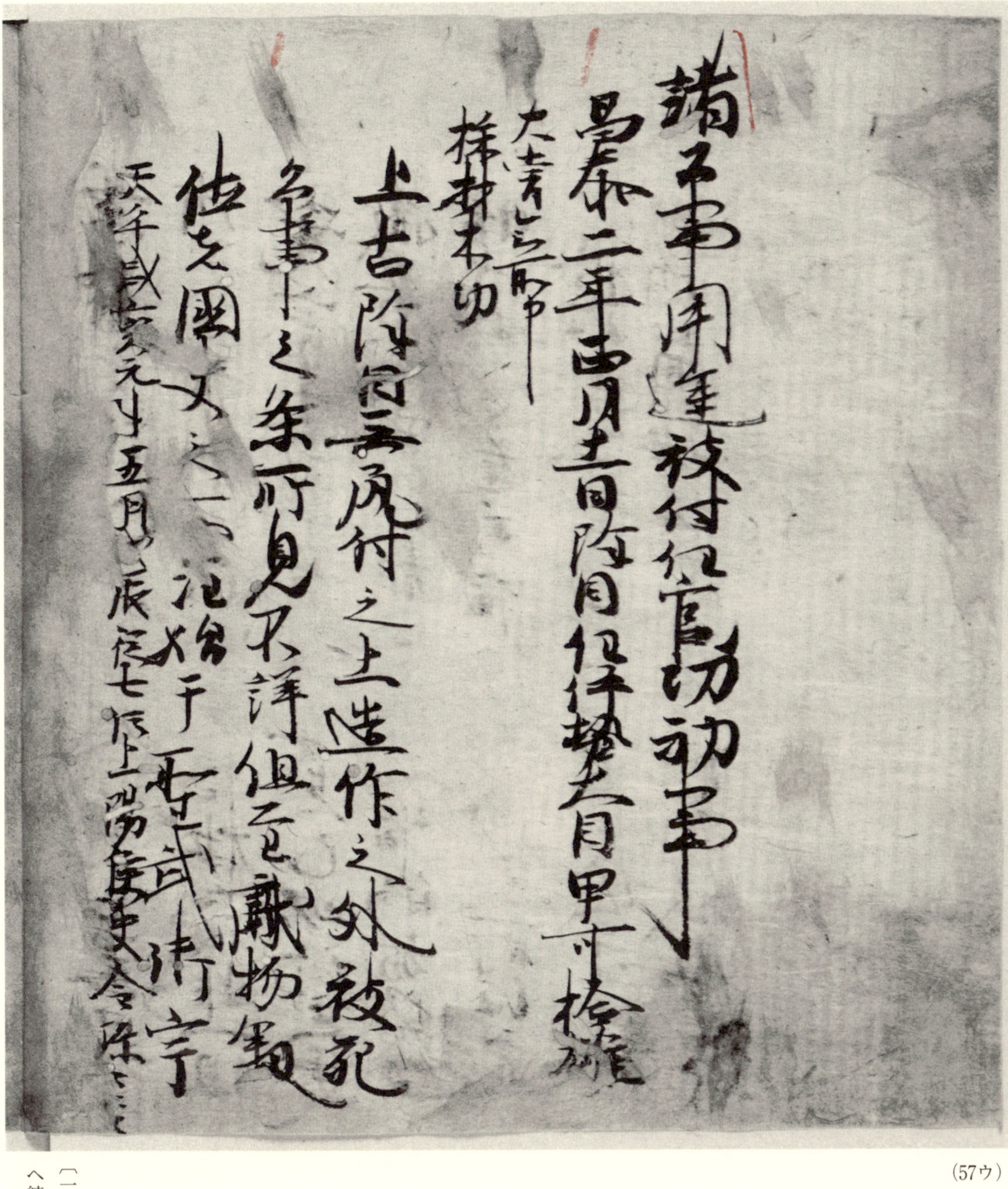
諸公事用途被付任官功初事
景泰二年四月十二日除目任件輩之目甲可検非違使
大膳亮
採材木功
上古除目無成功之上造作之外被託
名事之条所見不詳但至献物賞
他之国文之二 於于西戎 衛守
天平感宝元年五月 辰 従七位上 令除

（57ウ）

〔一三九頁（第二冊59オ）へ続く〕

〔一三二頁（第二冊55ウ）ヨリ続ク〕

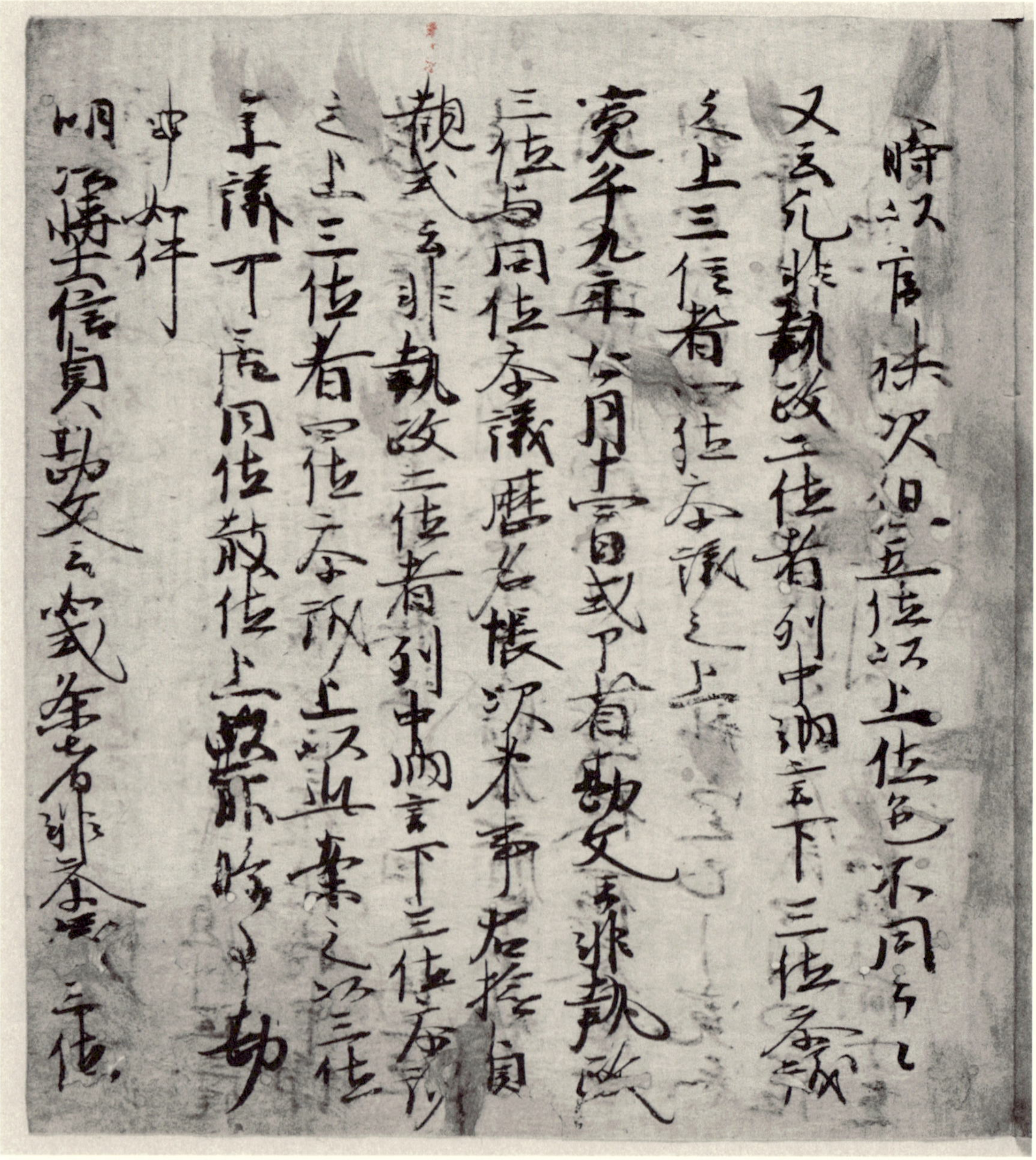

時次官、状次日、五位以上位、不同云々
又云、元非執政三位者、列中納言下三位参議
之上、三位者一位参議之上
寛平九年六月十三日式部省勘文云、非執政
三位与同位参議歴名帳以来事、若相違
歟、式云、非執政三位者、列中納言下三位参議
之上、三位者四位参議之上、以近案之、以三位
参議可居同位散位之上、然則猶以可勘
中、如件
明法博士信貞勘文云、散位者有非参議二位

（58オ）

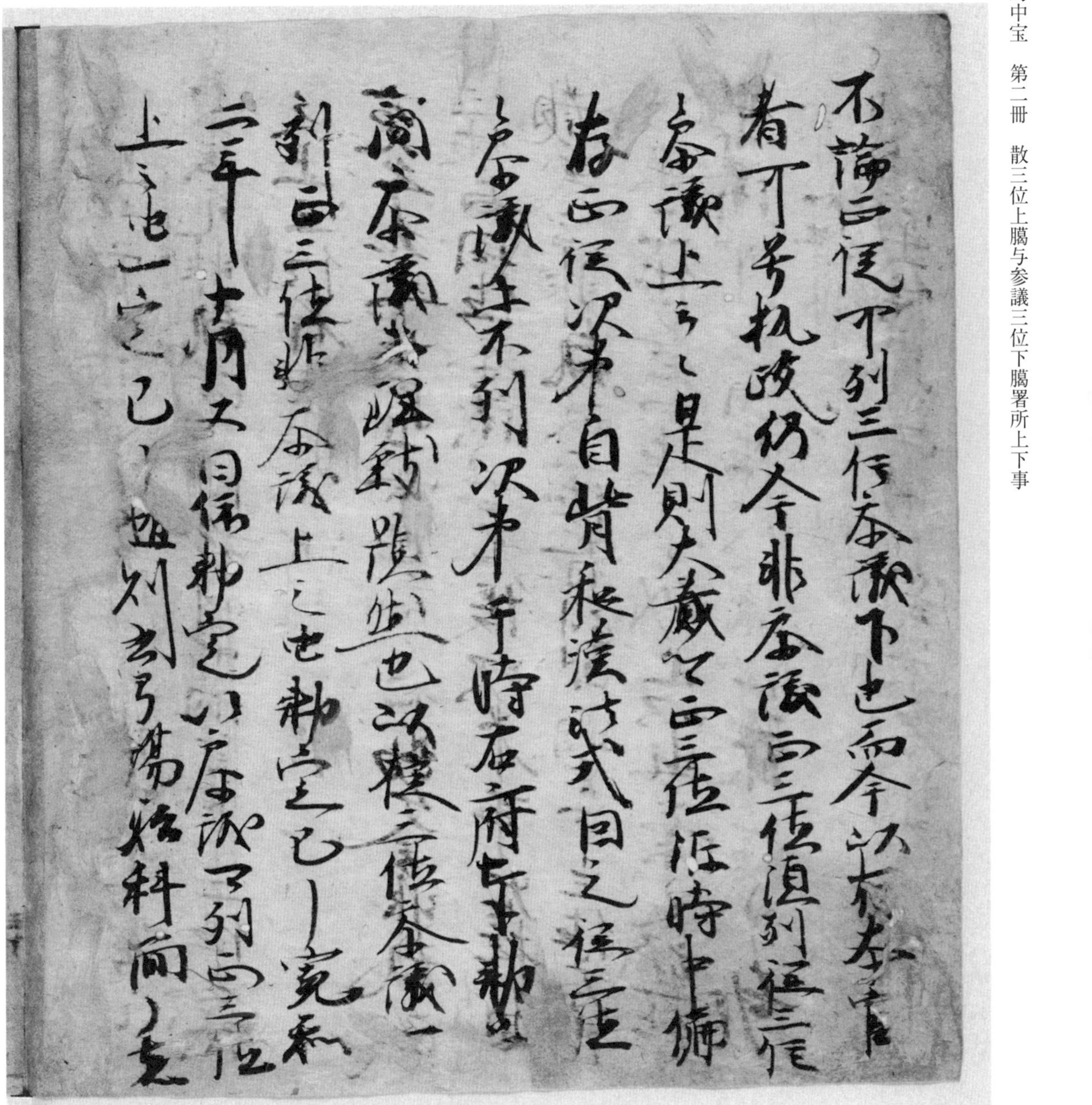

不論三従下列三位参議下也而今以大夫史
着下并執政仍今非参議而三位須列従三位
参議上云々是則大蔵卿而三位依時中納
者而従以下自背秘蔵次式曰之従三位
参議以上不列以下于時右府左中納
藤参議忠輔雖然也以後三位参議一
新云三位非参議上云々也勅定已了寛和
二年十月廿日依勅定以参議下列而三位
上云々也一定已了無別馬料衝可之

(58ウ)

〔一三五頁（第二冊57オ）へ続く〕

〔一三六頁（第二冊57ウ）ヨリ続ク〕

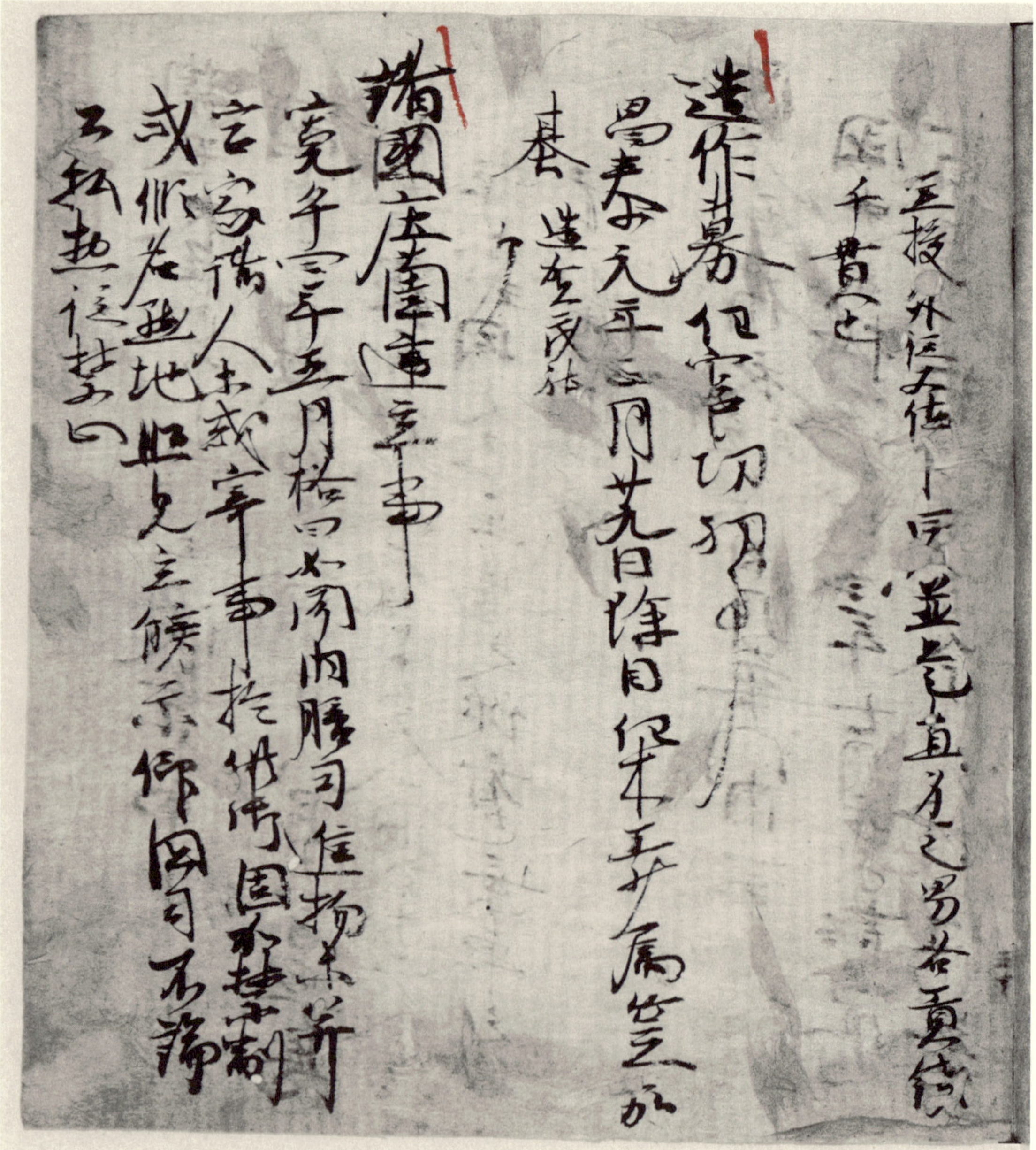

（59オ）

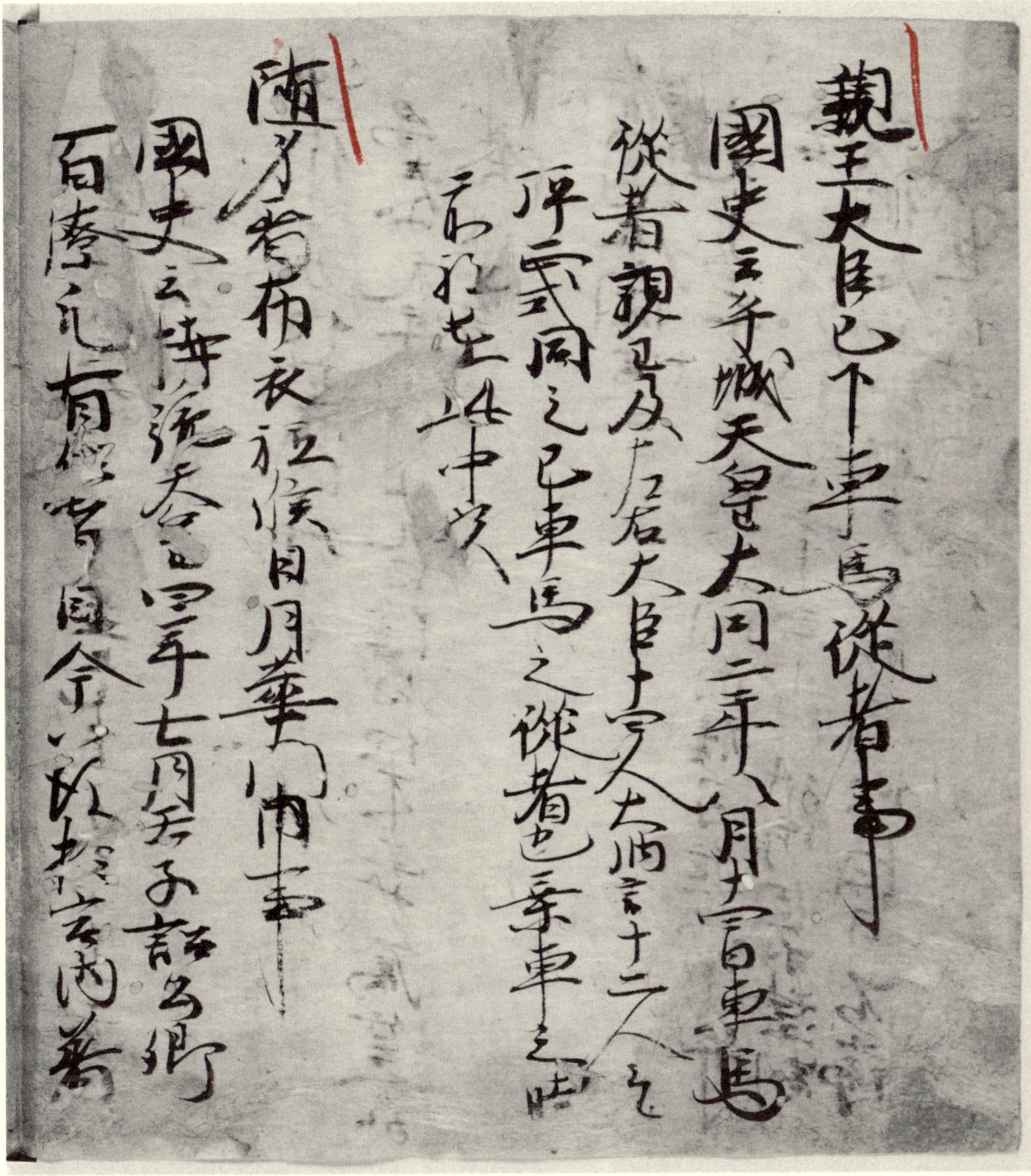

親王大臣已下車馬従者事
國史云、平城天皇大同二年八月十三日、車馬
従者、親王及左右大臣十二人、大納言十二人、
四位同之、已車馬之従者也、乗車之時
前駈在此中也、

随身着布衣祇候日月華門内事
國史云、[illegible]天皇四年七月壬子詔曰、卿
百済王有[illegible]国令以[illegible]

(59ウ)

調服両疋并着到官人着綱
服
墨所事云凡侍警近衛所生江上昇
拾非参陸衣陣菖蒲之外不安着綱
服上申滝司政之日
服不在此限
於山拊人最政因尤上官進王府亦不得
包入中陽何是連年陣王申
水長元年七月二日進房令勅云后室諸
九月大将実陳云屋數政門所構
三寸蒲莱

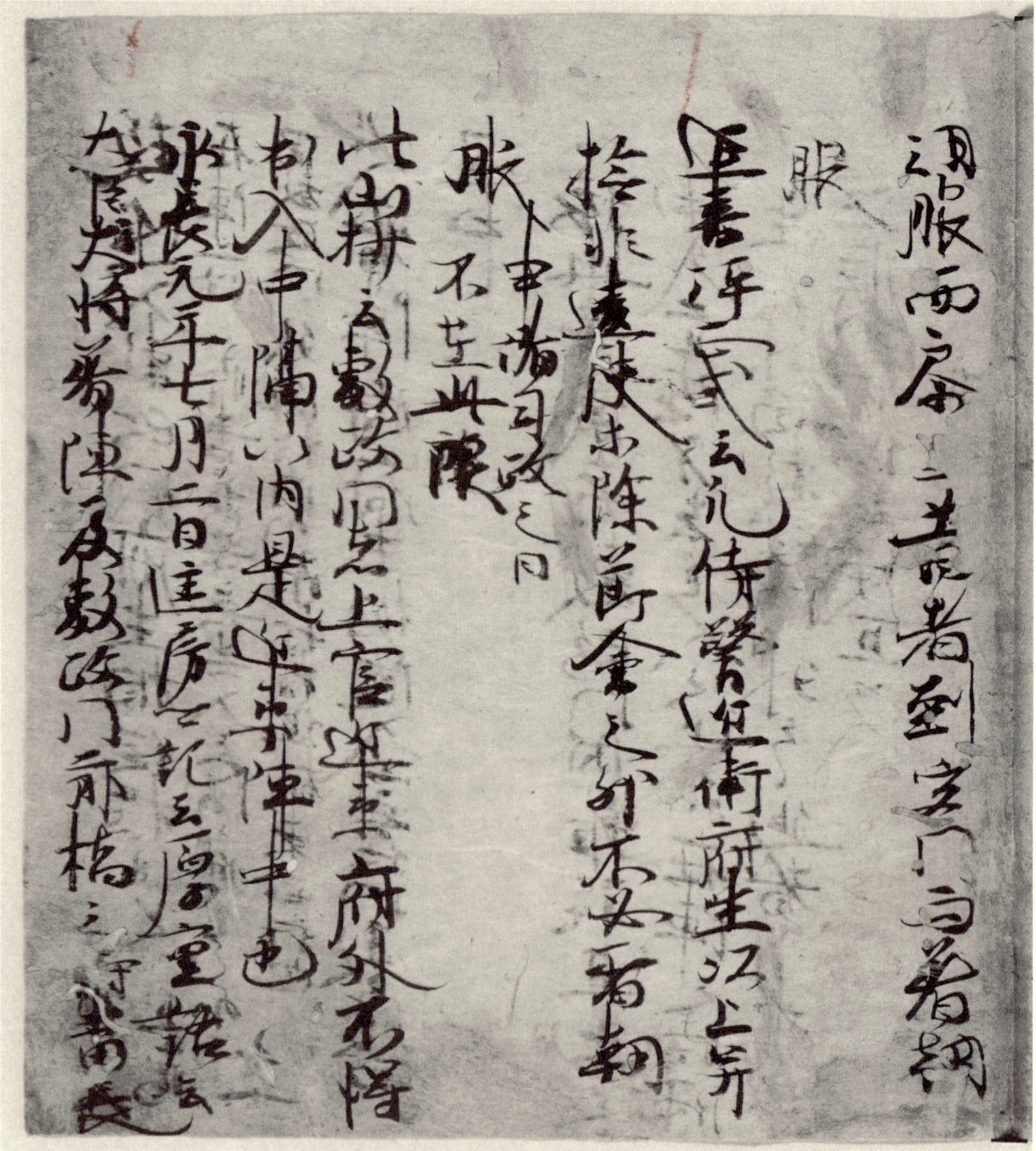

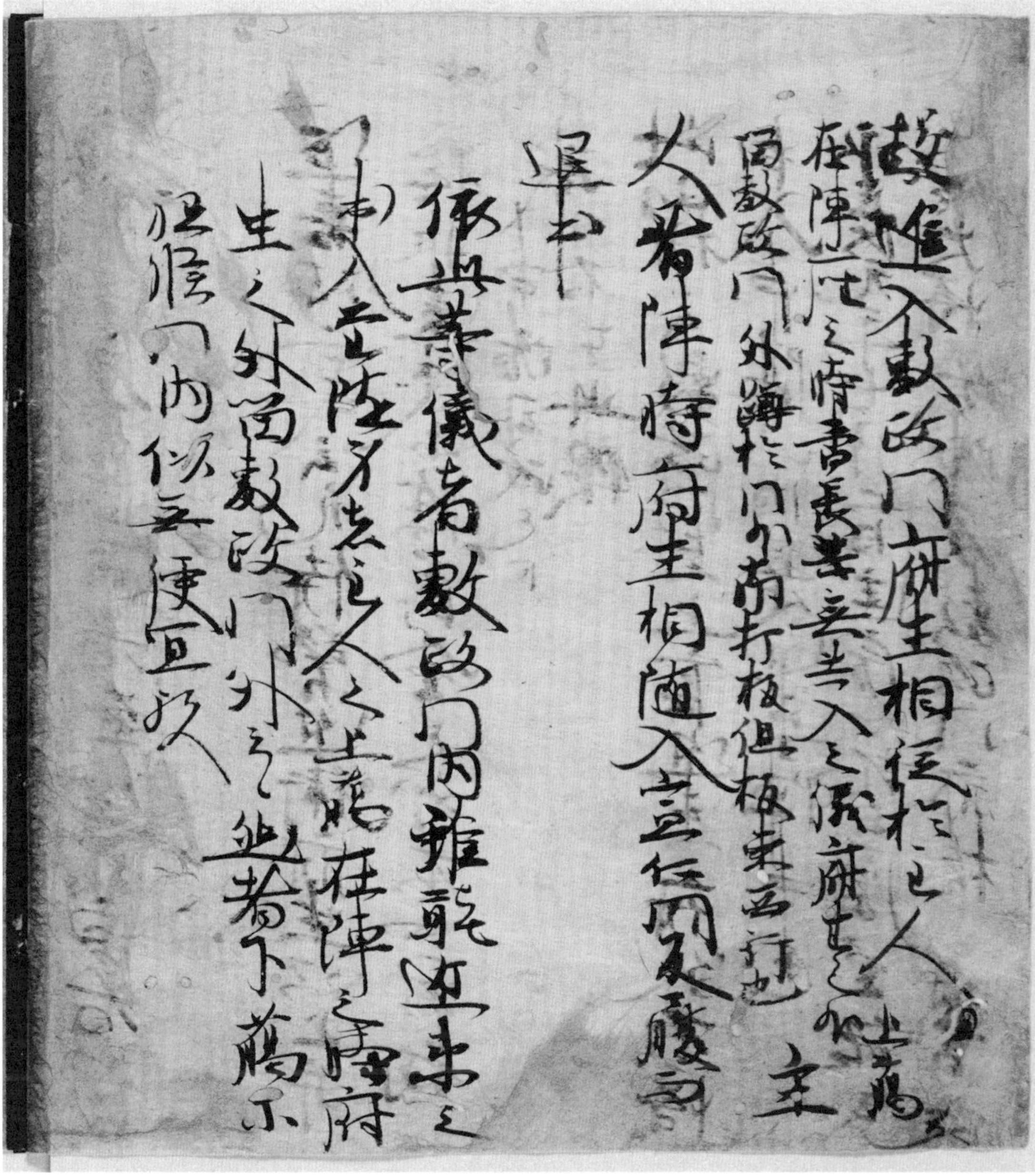

（60ウ）

〔一九三頁（第三冊1オ）へ続ク〕

〔一四六頁（第二冊62ウ）ヨリ続ク〕

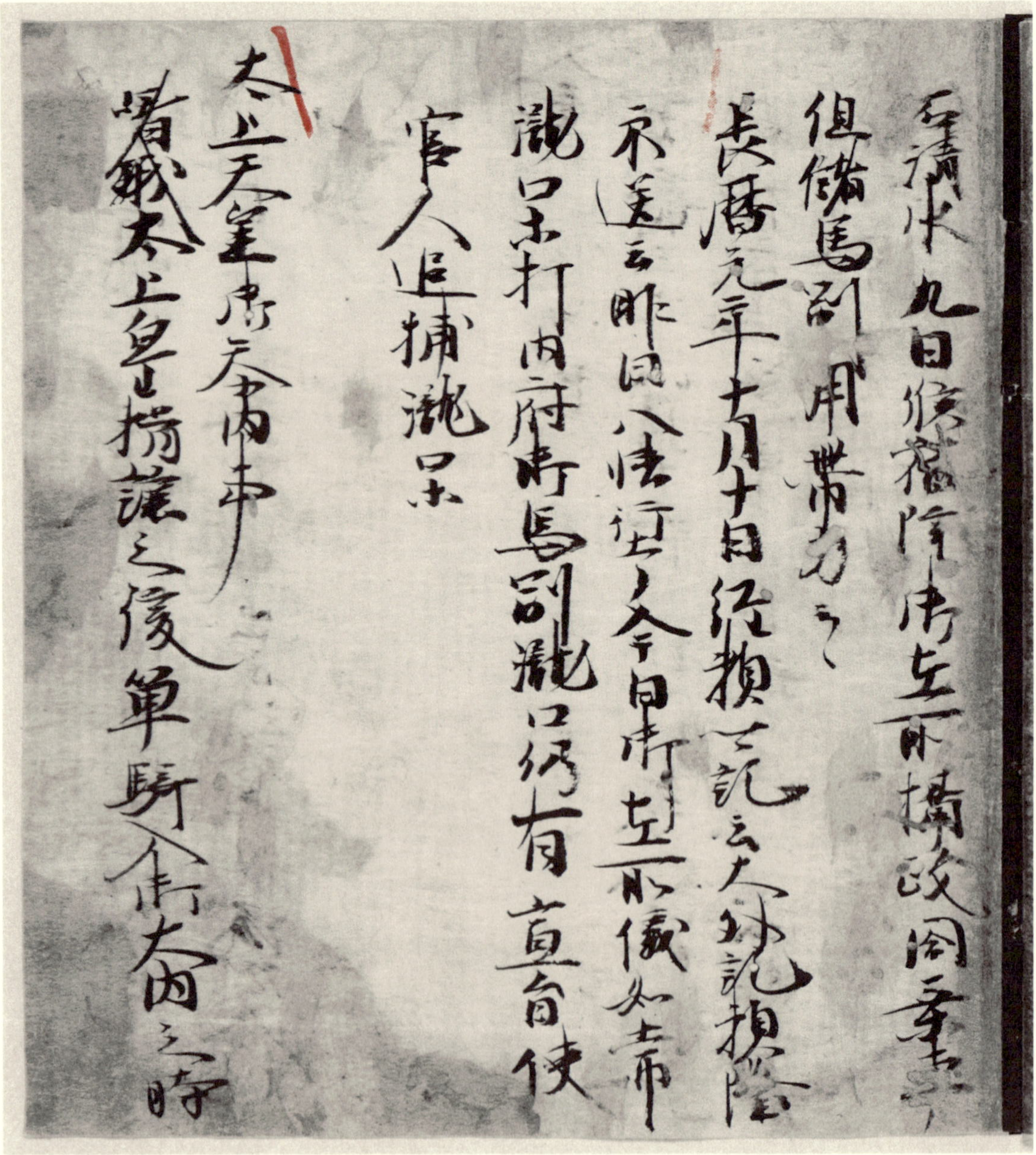
[illegible]九日依御禊行幸衛左府摂政御乗云々
但備馬副用帯刀云々
長暦元年十月十日経頼卿記云大外記頼隆
示送云昨日八幡行幸今日衛左府儀如去年
瀧口等打内府御馬副瀧口依有宣旨使
官人追捕瀧口等
太上天皇御参内事
嵯峨太上皇自摂譲之後単騎入御大内之時

（61オ）

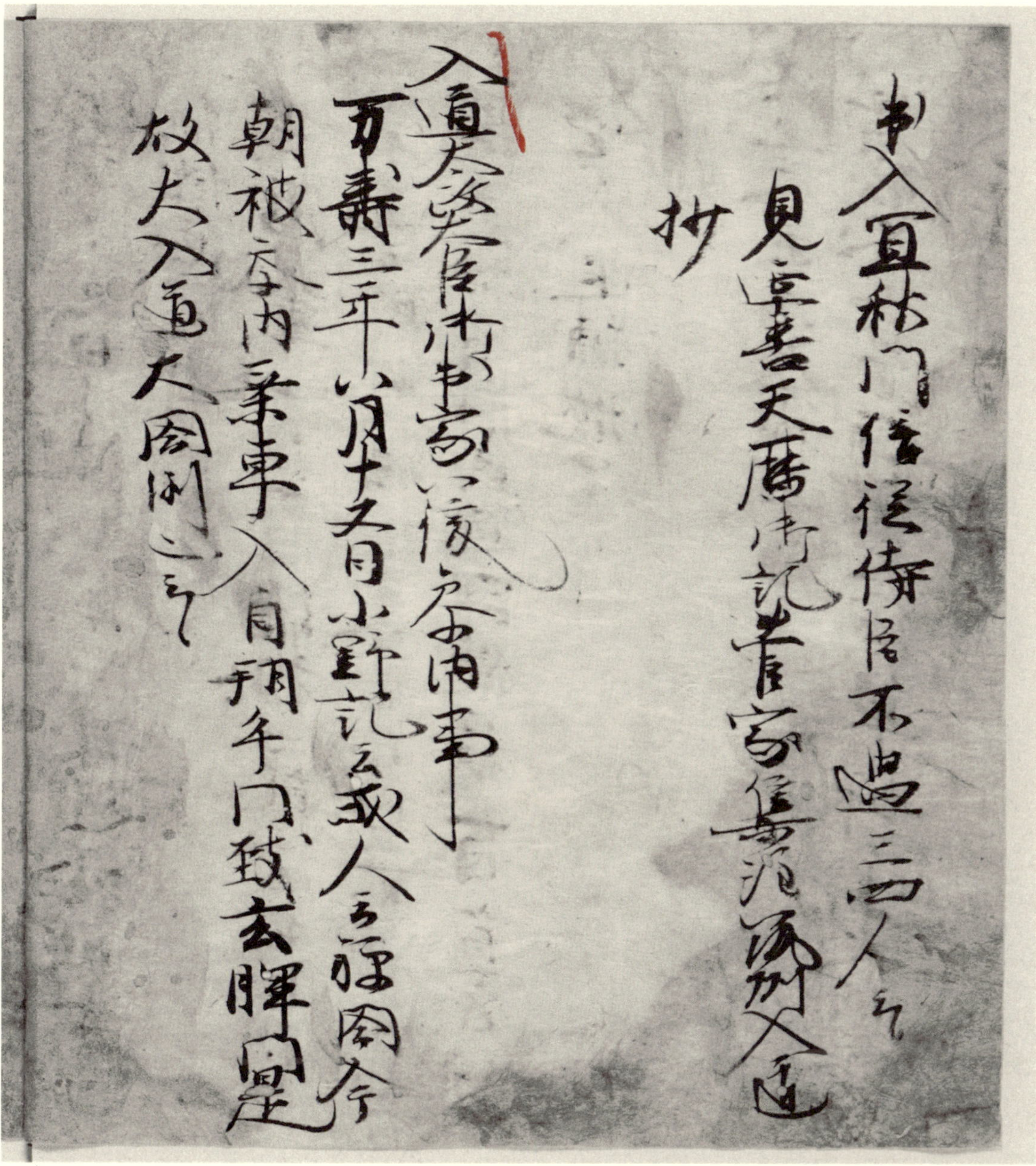

（61ウ）

［一四九頁（第二冊64オ）へ続ク］

〔五二頁（第二冊16ウ）ヨリ続ク〕

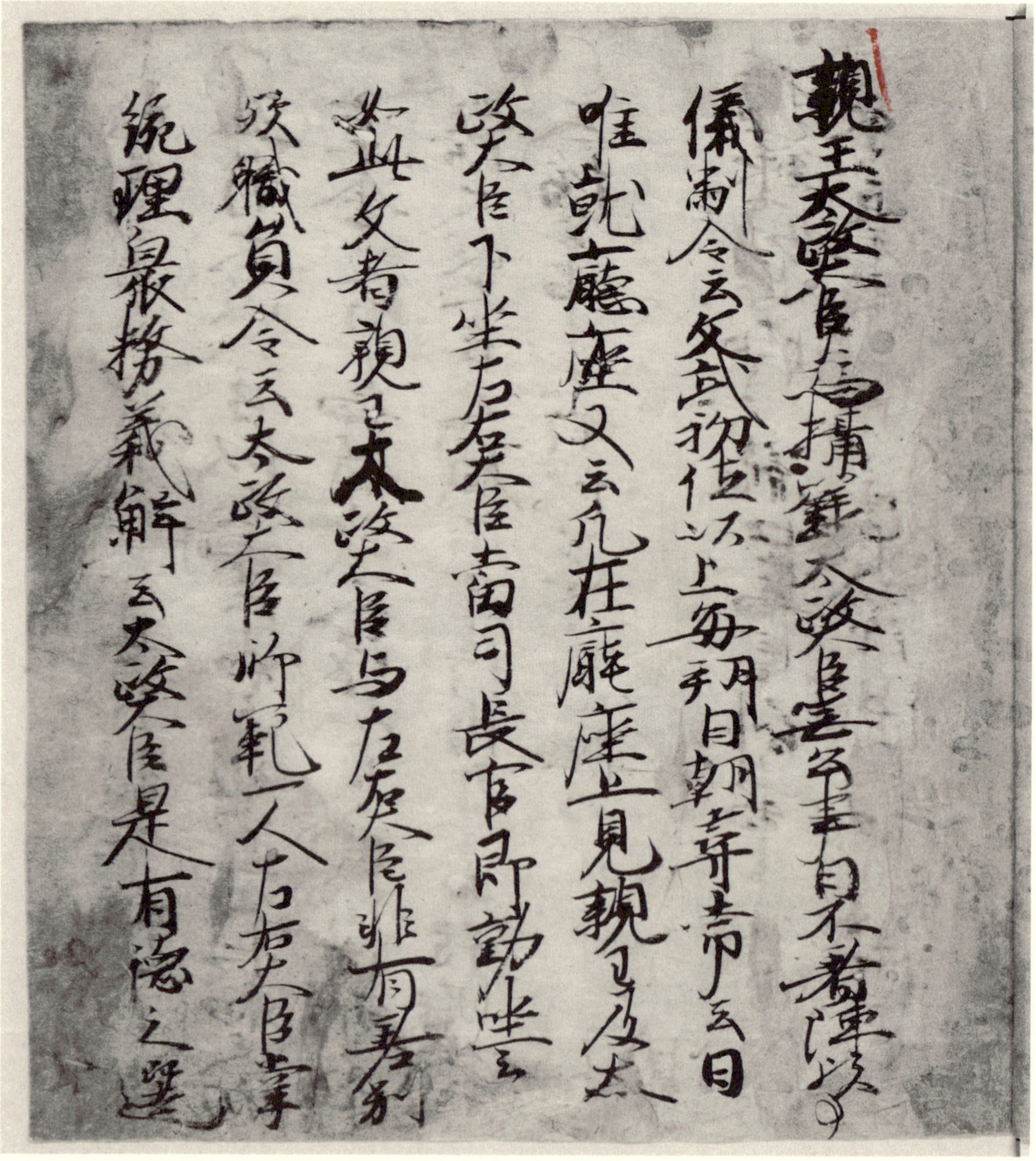
親王太政大臣為摂籙太政大臣無公事日不着陣歟
儀制令云、文武初位以上毎月朔日朝[illegible]云日
唯就庁座、文云、凡在庁座上見親王及太
政大臣下坐、右大臣当司長官即動坐云々
然此文者親王太政大臣与左右大臣雖有差別
於職員令云、太政大臣師範一人、右大臣掌
統理自最務、義解云、太政大臣是有徳之選

（62オ）

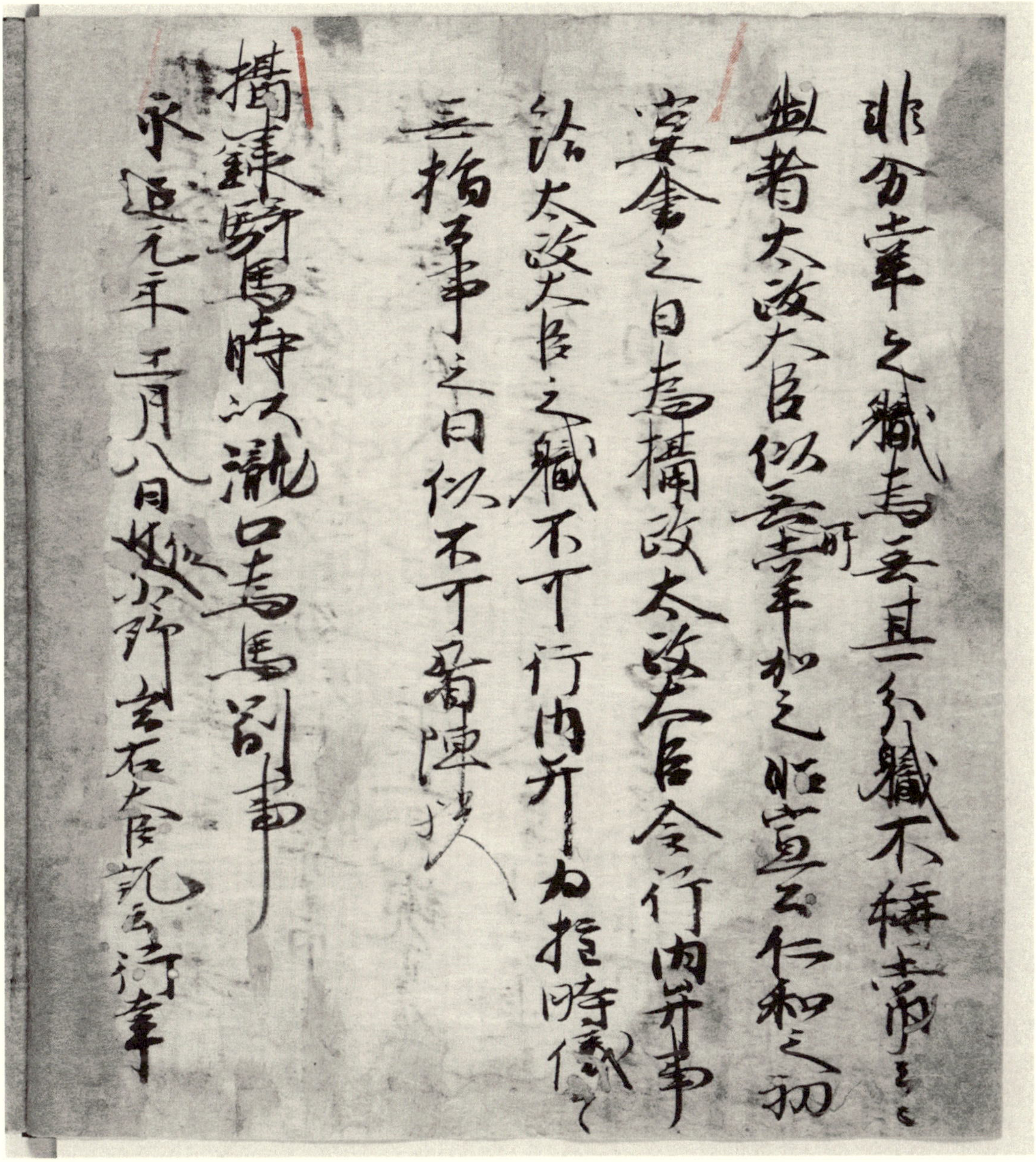

非分幸之職焉無且一分職不稱幸ゝゝ
然者太政大臣似無幸所加之旧宣云仁和之初
宴會之日為攝政太政大臣令行内弁事
給太政大臣之職不可行内弁如指時儀て
三指事之日似不可着陣歟
攝籙騎馬時以瀧口為馬副事
永延元年三月八日於小野宮右大臣記云行幸

（62ウ）

〔一四三頁（第二冊61オ）へ続く〕

〔一五〇頁（第二冊64ウ）ヨリ続ク〕

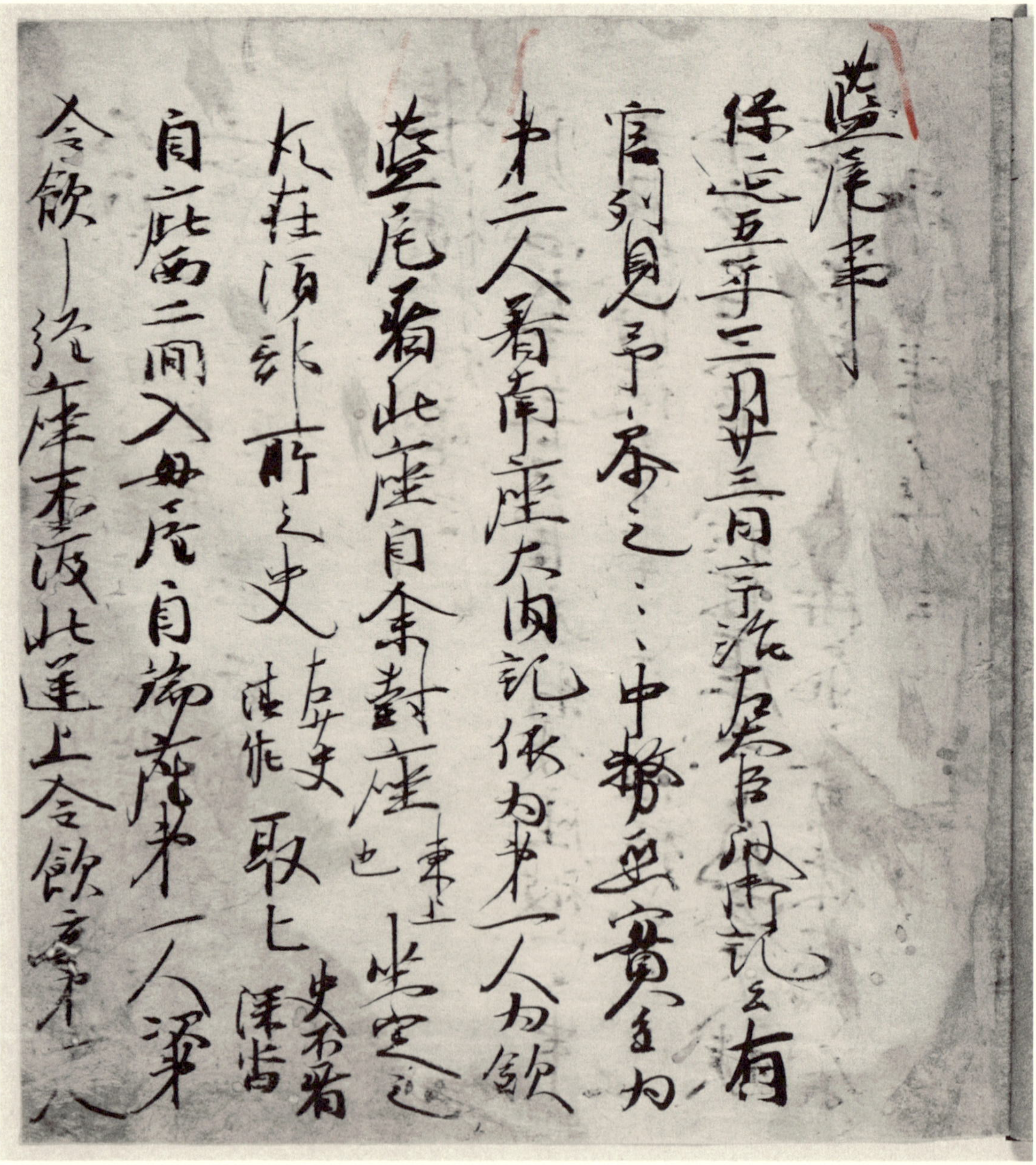

藍尾事
保延五年三月廿三日宇治左府御記云、有
宮司見参、次之、、、中務丞實貞為
中才二人着南座、大内記依為弟一人勧
藍尾着此座、自余着座也　東上　坐定之
次拝酒、取之史　左史生　法師　取匕　史不着　深皆
自庇間二間入、母屋自端着座、才一人深
令飲了、従座末渡此筵上令飲、左才一人

（63オ）

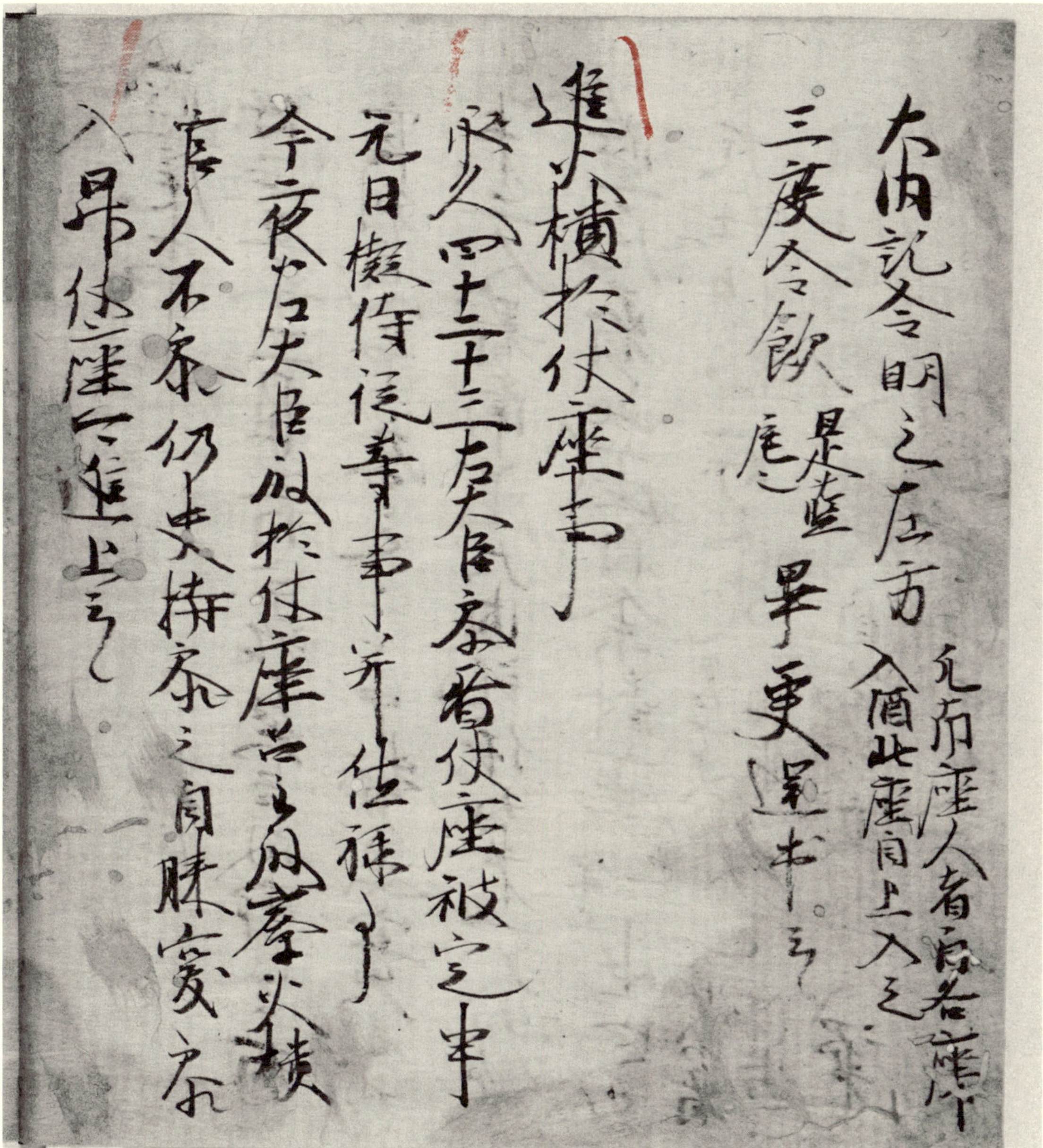

（63ウ）

〔一五一頁（第二冊65オ）へ続く〕

〔一四四四頁（第二冊61ウ）ヨリ続ク〕

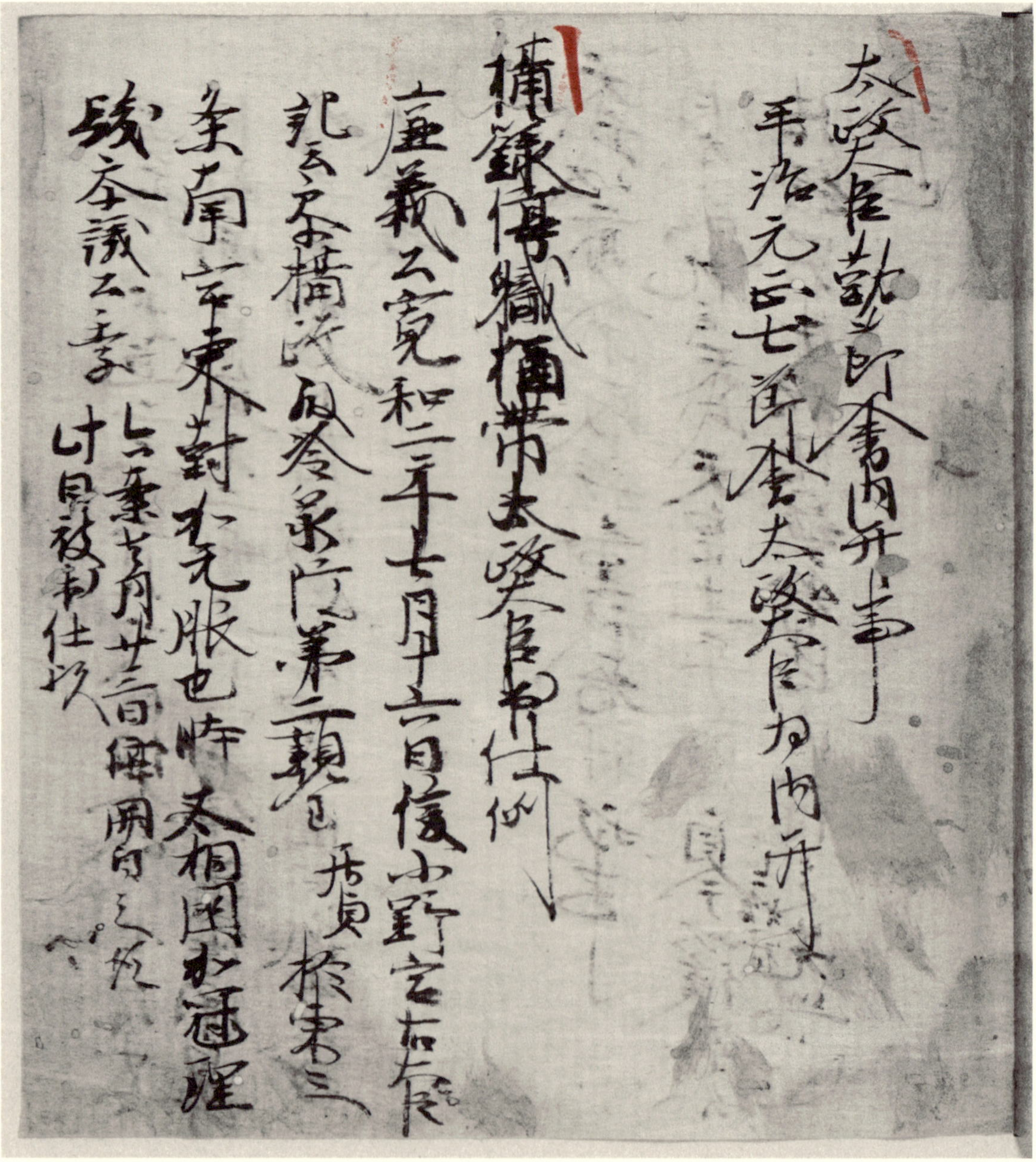
太政大臣勤節会内弁事
平治元年正七節会太政大臣為内弁
摂籙停職猶帯太政大臣出仕例
廉義公寛和二年七月十二日後小野宮右大臣
[illegible]

（64オ）

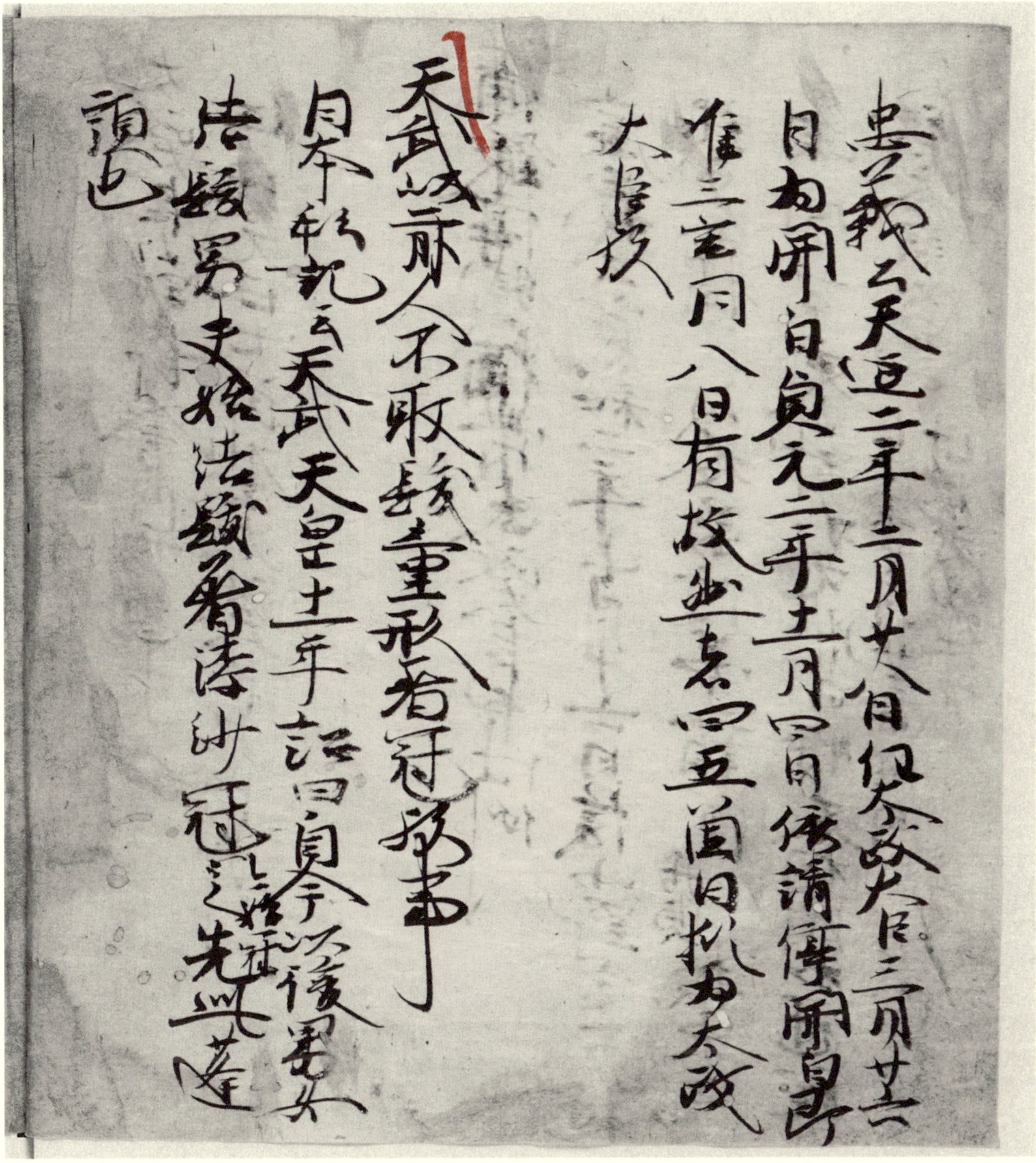

忠義公天延二年三月廿八日任太政大臣三月廿六
日為関白貞元二年十月四日依請停関白即
任三宮同八日有故出家同五箇日執為太政
大臣旅

天武以前人不取髪童形着冠歟事

日本紀云天武天皇十一年詔曰自今以後男女
悉結髪男子結法髪着漆紗冠先此蓬
頭也

(64ウ)

〔一四七頁（第二冊63オ）へ続ク〕

〔一四八頁（第二冊63ウ）ヨリ続ク〕

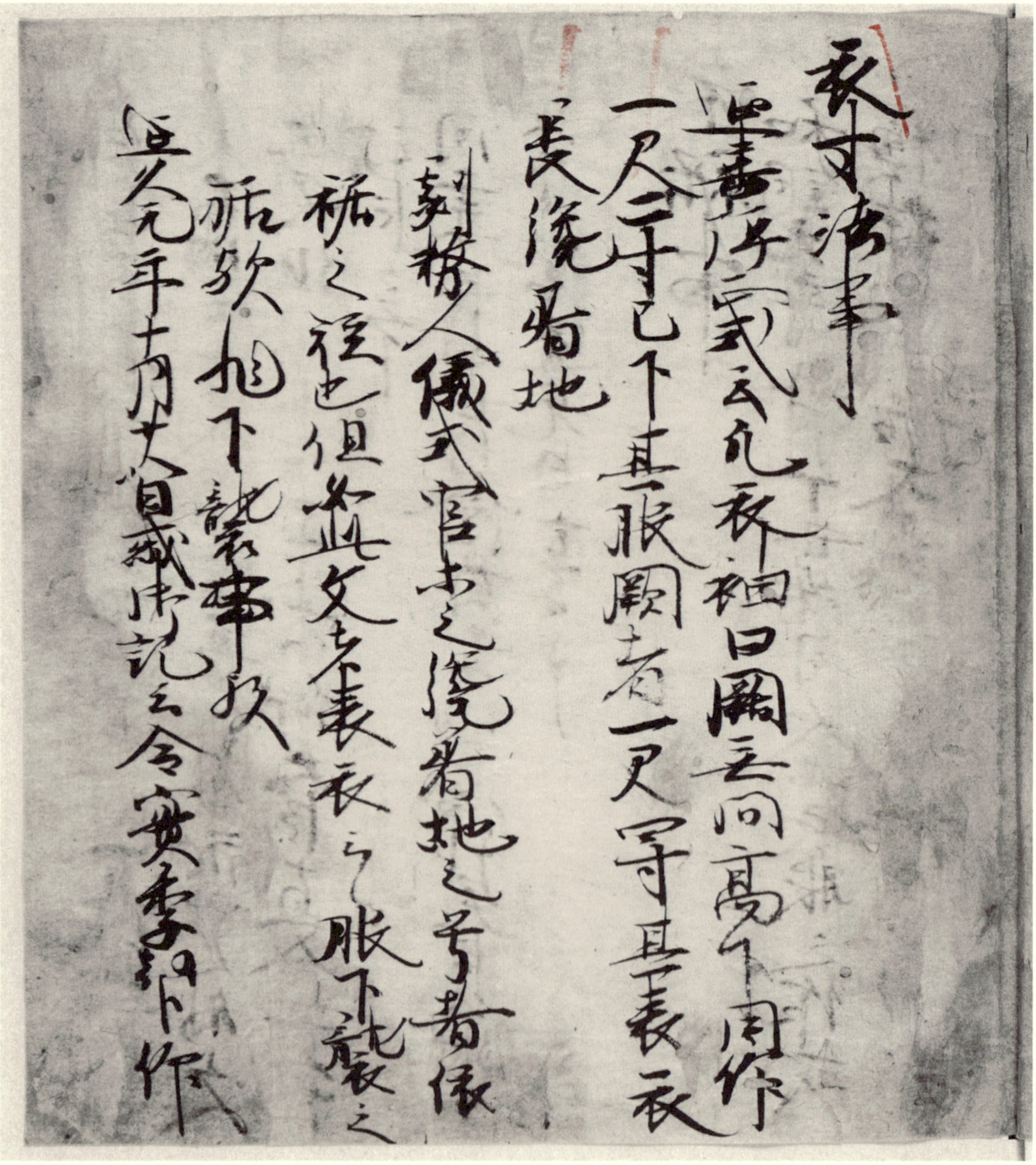

（65オ）

左大臣云々御下襲衣丈過先例宜仰大臣七
尺大納言六尺中納言五尺已宰相四尺以之
三尺人但殿上人事不仰大臣直令齋宰
頭弁宣下
同二年三月廿七日令齋宰相頭弁仰大臣公卿
本下襲遣先日宣旨了

衣裾事
和銅元年十二月丁丑諸司人等衣服之作裁
襖袂以成裾大長

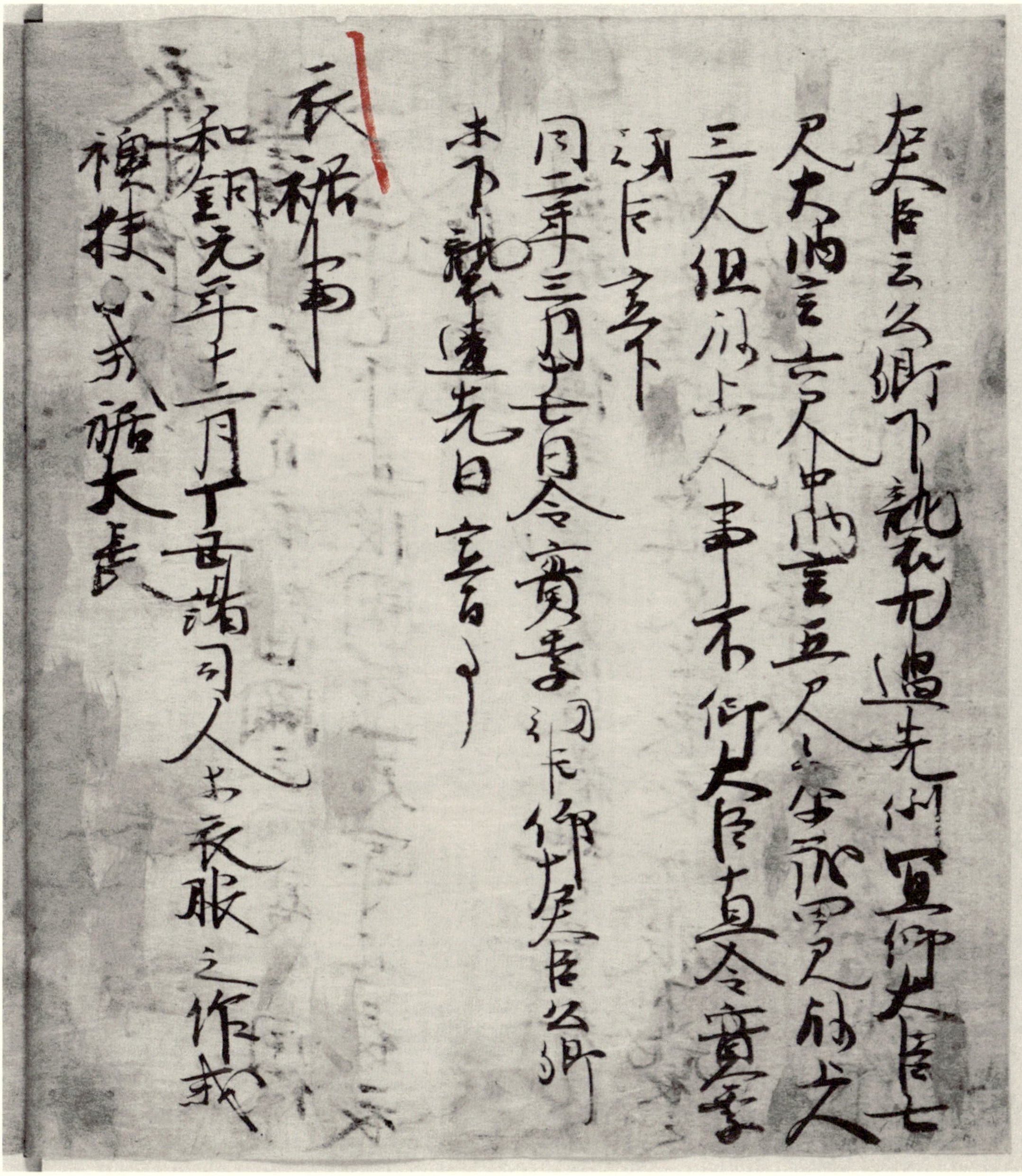

（65ウ）

天暦元年十一月廿七日吏部王記云兵庫頭假
季経傳左大臣清息云近日有被定行給
物事之由是参使及中宮五節妓者也
也自餘雜事色〻有定事就中下
﨟長衵裾一尺五寸大臣一尺納言八
寸参議六寸公卿節會日得用綾羅
不得着襖子下人摺衣不得手作布
又紅花染色其葉用蘇芳等止卿以之
相法輔云大臣親王服色不異已格式令

（66オ）

親王衣長於大臣頗似過差

不令帯大臣給摂関御着陣例

中山入道関白

仁安元年七月廿七日為摂政　十一月当日辞左大臣

十一月八日為着陣

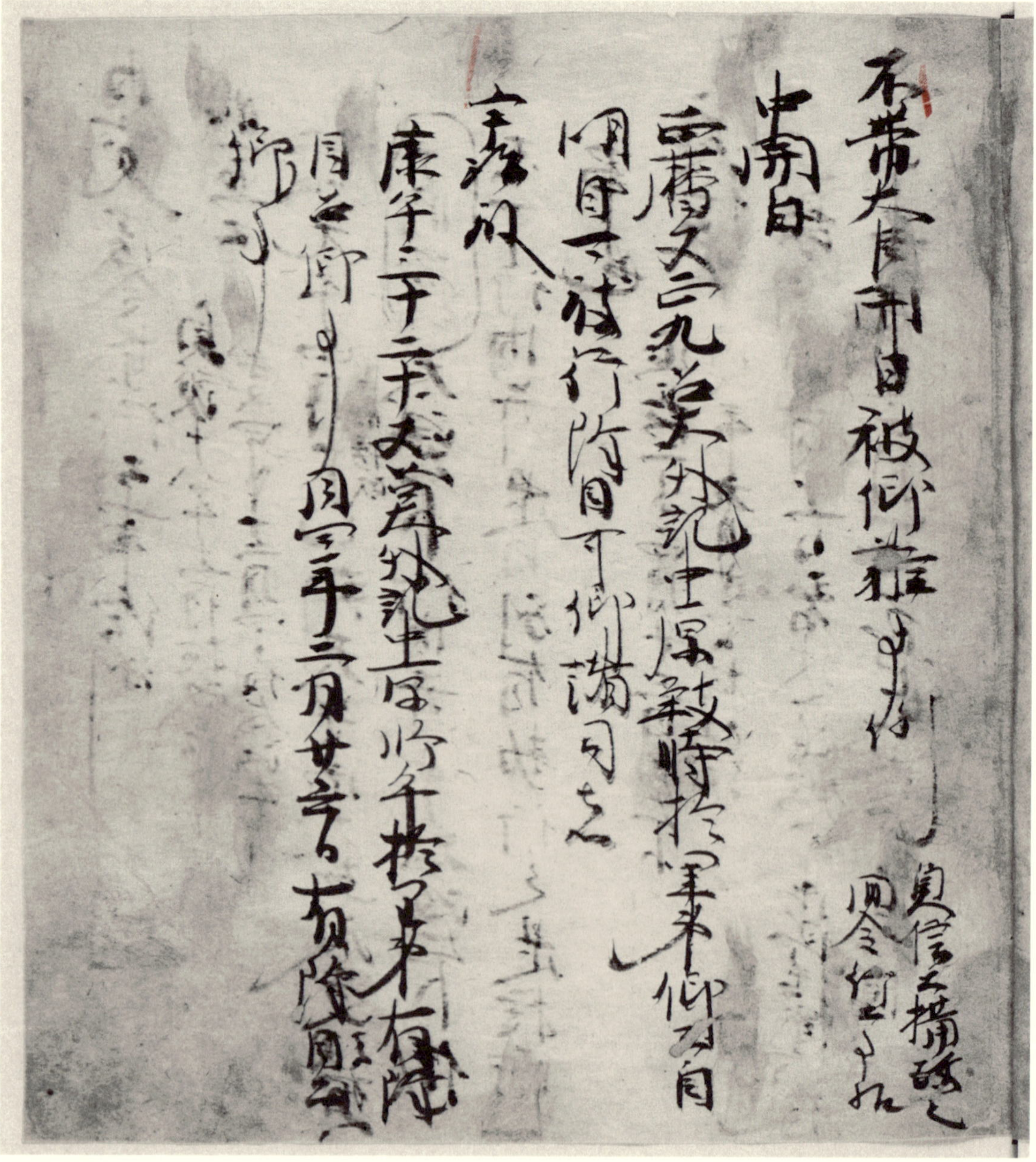
不帯大臣関白被仰雑事例　貞信公摂政之間令行之給

中関白

（67オ）

内覧後令奉行公事給例

旧記云　貞観十八年十一月摂政云々
天安元年二月十九日任太政大臣
仁和元年十二月丁巳、勅天皇御太政大臣受領貢
元摂政太政大臣行内弁、元摂政 太政大臣儀
不可行内弁、是日別有勅行之、是摂政時
事也
貞信公　延長二年十二月廿三日左大臣
同八年九月廿二日摂政
延長八年十二月十八日着仗座之後、定申四位撿非違
承平二年二月一日着行内弁左大臣

(67ウ)

月七日有之内弁左
同年十二月七日有之内弁左
二月廿五日同仁寿殿下節会内弁左
同天平四月一日有之内弁左
同七日有之四月廿七日内弁左
一為外拵陣と行雅事音可尋
月十日者海き喜
所記 天德元年十二月廿六日
一　　天德元年十二月廿六日左　二月廿九日左下
　　　仍寛弘三年七月廿二日有同
　　　有仍有召令左下之在陣事割出
　　　所以有召令左下行也　源兼見

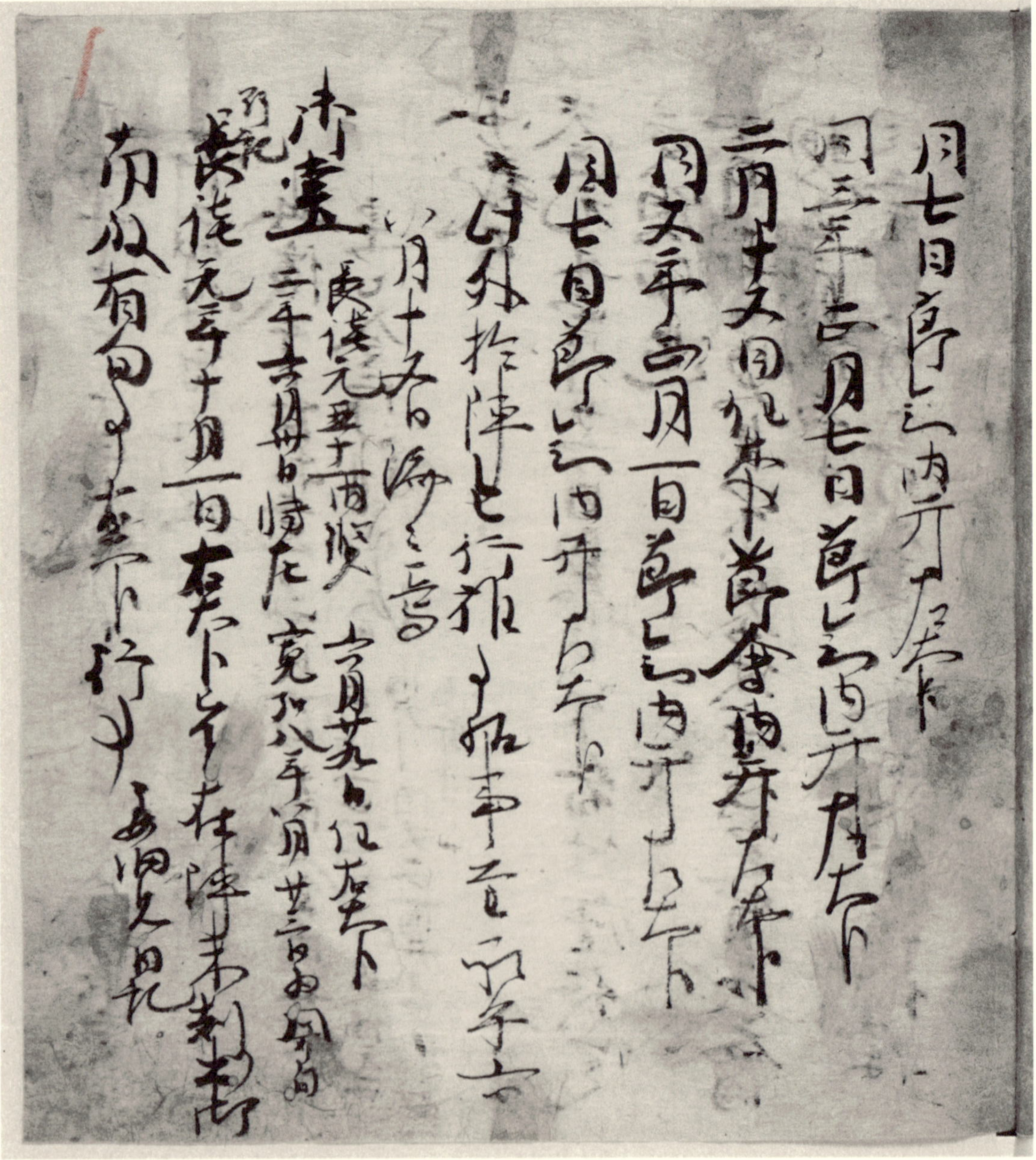

同二年十二月十三日左大臣已下參入太皇太后宮申
請前侍從擬侍從了
此後至長和二年正月一日着倉内弁了下
兼亡令行雑事了後
長徳三正内弁　長保元正七
内弁　同又正内弁　寛弘三正
内弁
中義云
天延元年四月廿二日内大臣以下着仗座被定
交替御遊
四月五日内大臣以下參仗座被定賀茂祭
頭了二所雑事了
同二年十月十一日太政大臣參着仗座被行除目

(68ウ)

(判読困難のため省略)

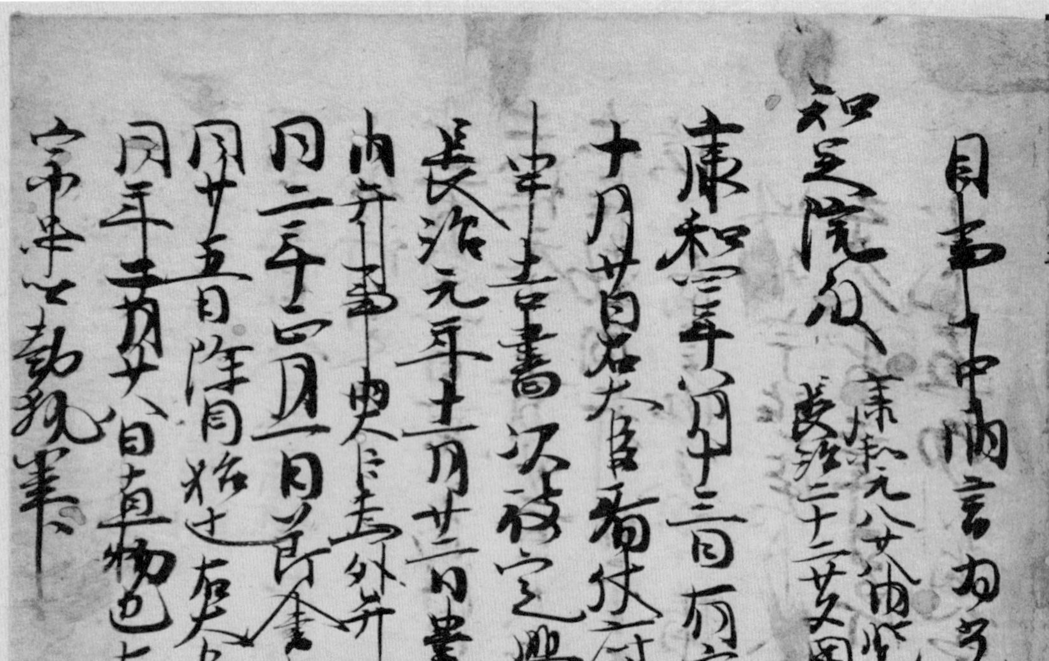

(古文書のため翻刻省略)

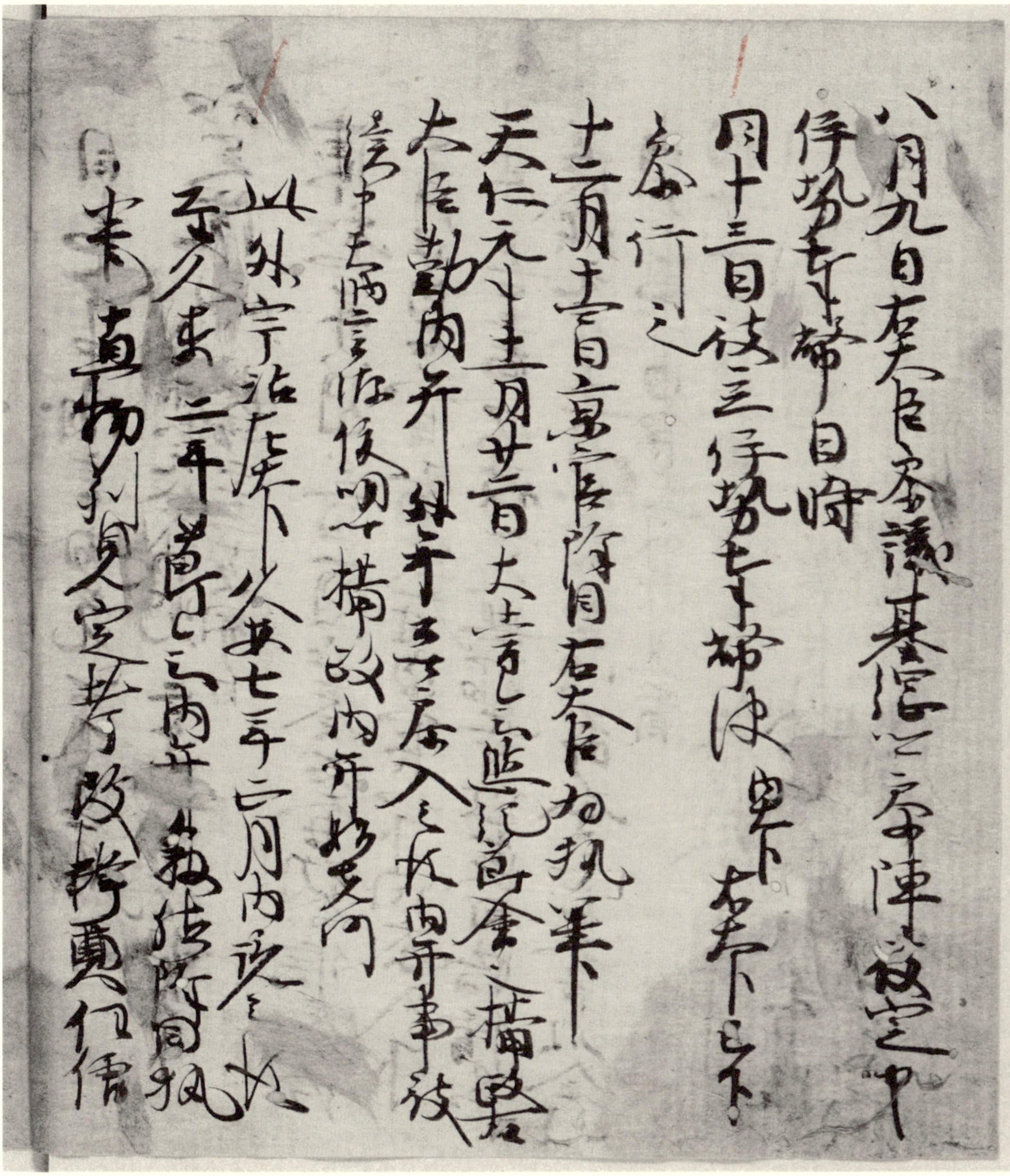

偶未上卿不連々被行歟事

節會大臣二人着外弁年々

長和二年十一月豊明　寛治二年十一月　同三年正月七日白馬

天治二年正月七日白馬　貞應元年正月七日　建保五年正月七日白馬

此外例繁之　承安四年正月七日節會

太政大臣自腋昇殿事

仁平三年正月七日節會太政大臣參内弁着宣命使

銀已下列外弁立常候之後太政大臣起座

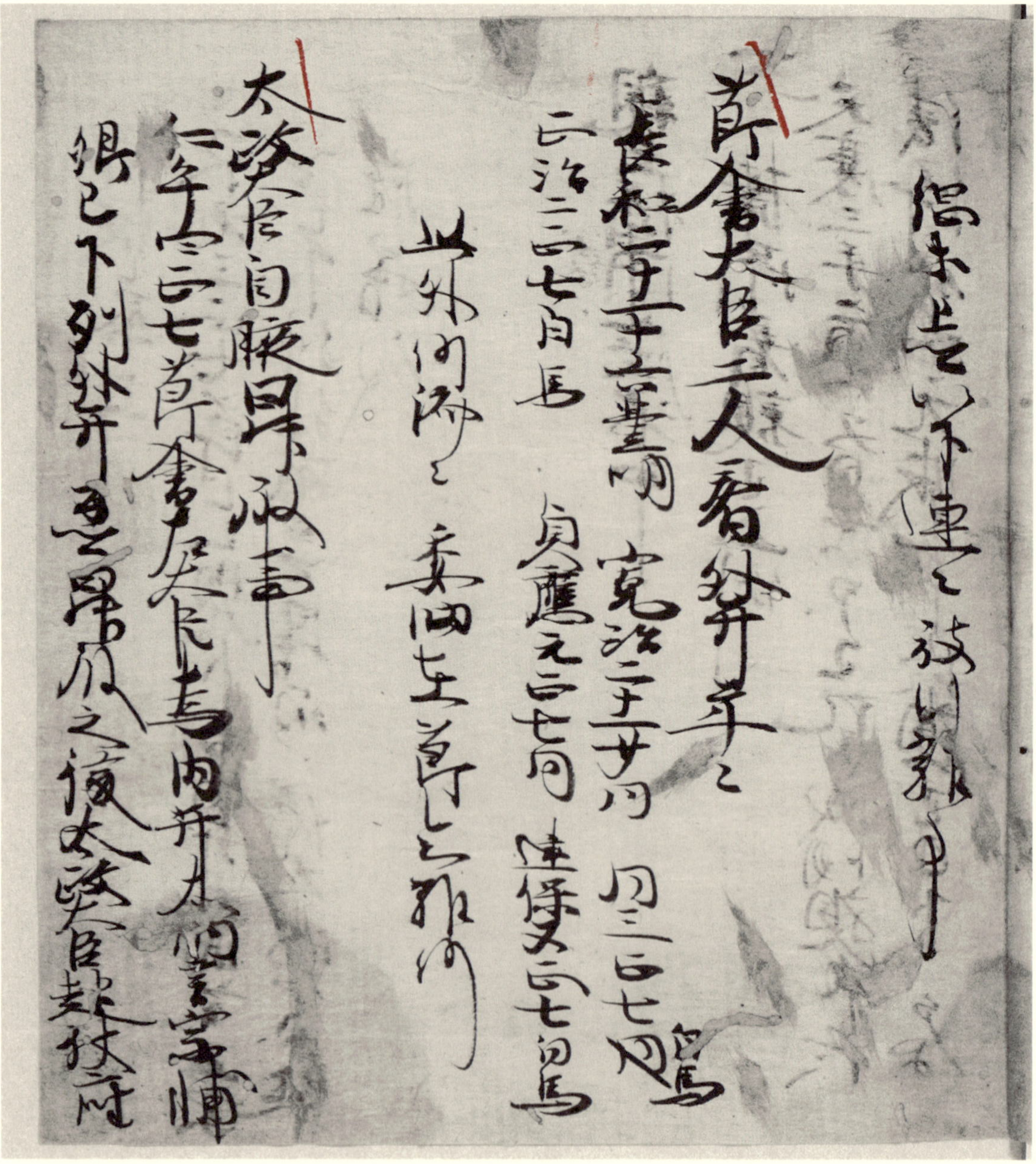

（70オ）

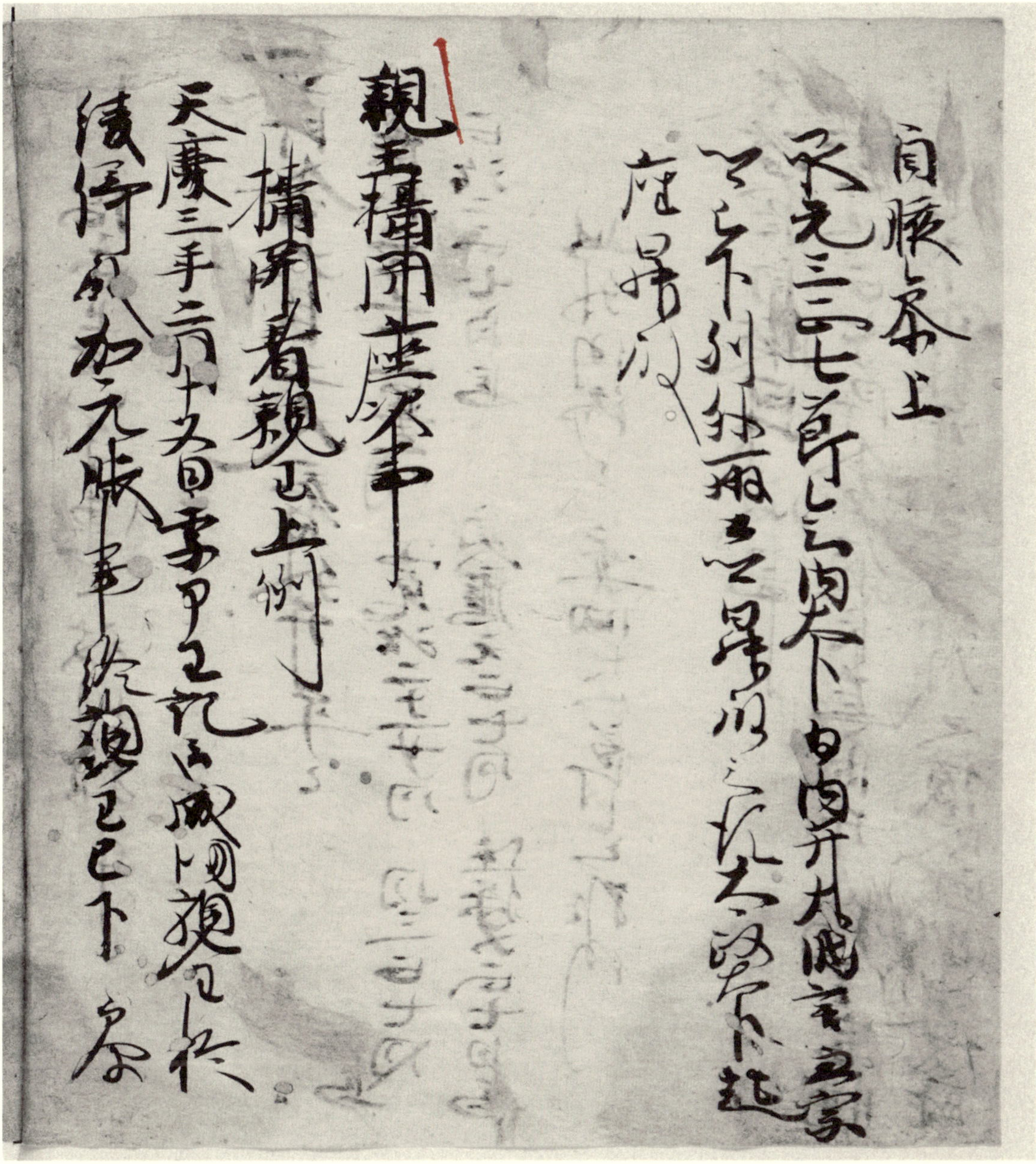

（70ウ）

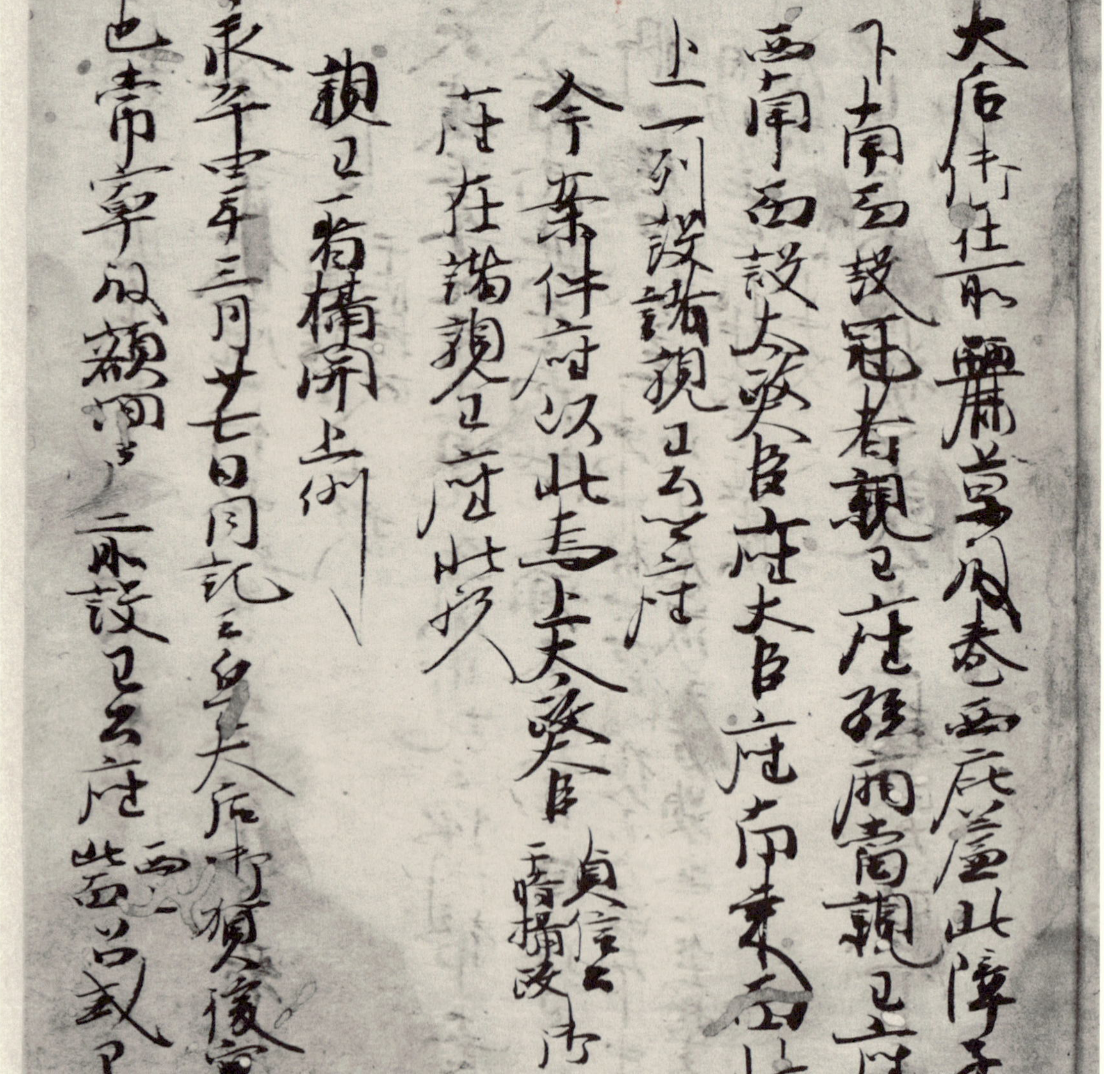

大后御在所撤屏風巻西庇簾此障子
下南面設冠若親王座孫廂當親王座
西間西設太政大臣座大臣座南東面北
上一列設諸親王西上座
今案件座以此為上大政大臣 貞信公 于時攝政 御
座在諸親王座北歟
一　親王一宿構所上例
永承四年三月廿七日同記云、皇太后宮御後宴
也帝上寝殿額間二間設王卿座 西上 此面 式了

（71オ）

但親王左右大臣ヽヽ已下着座
今案彼座一行敷、其東対ニ親王着右
大臣　貞信公
于時摂政也
天慶三年九月十二日九条殿御記云、依例卿奉
八省院無其座、仍階之間太政大臣同親王西
掛左右分立
東中務並宮、同親王太政大臣以下中西
時ノ左仗、元方卿並左大将実頼
自初立西指中西立陣座
左仗高坐与文武共之
上東中務並親王立摂政太政大臣下上
次

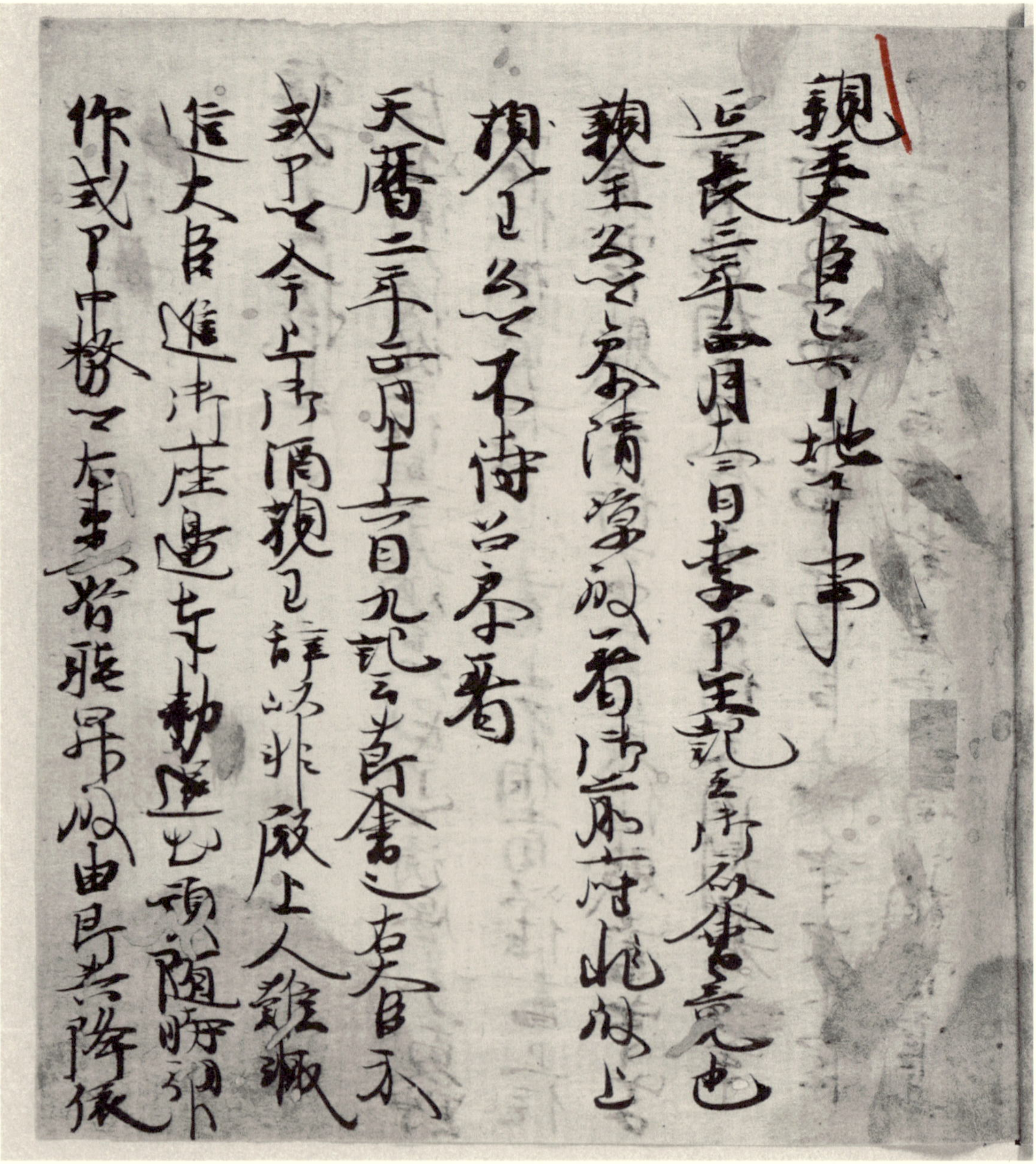

親王大臣已下地下事
延長三年四月十三日李部王記云、衛府参會竟也
親王公卿参清涼殿前着衛府座北殿上
親王以下不待召參着
天暦二年四月廿二日九記云、着舎之、右大臣不
式部已下令上衛府酒、親王辭以非殿上人雖職
追大臣進衛府座邊、左右動座也、須随時宜
作式部中務丁大臣、皆昇殿、昇殿由、共降依

(72オ)

州郡等

位所書様事

左近衛大将従二位兼守大納言行民部卿清原真人夏野

官位相当者以官書上不相当以位書上位

貴官賤書行字官貴位賤書守字

官位相当者不書行守同判署者之守

行守字之書　高官上守字下官

上書行字若有数兼官者以相当官書

上餘官雖高官為五官若共不相當
官次第相當官賤不相當官貴者相
當官下書之、左右近衛大将者相當
従三位、仍以大将中従三位上大納言者相當
正三位、仍位下中守字也、者猶若相當官
四位下、仍大納言下書行字歟、推遷代不信
相當以京官中上京官之中、以文官為
先、以武官為次、以外國守下歟、随時可斟
酌之、例今従三位中大納言兼左近大将

（73オ）

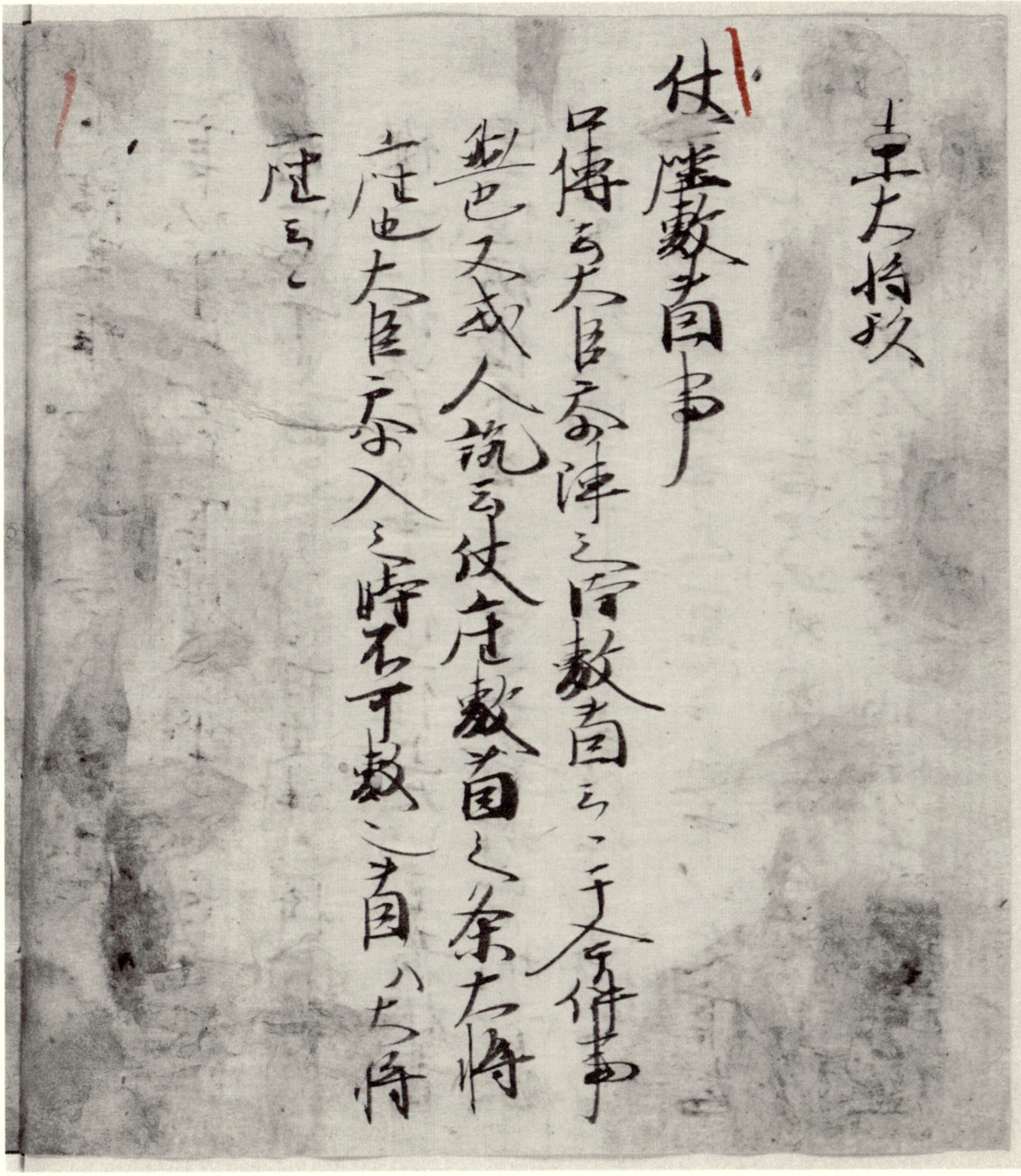

左大将歟

杖座敷茵事

口傳云大臣参陣之時敷茵云〻于今件事

無也又或人説云杖座敷茵之条大将

座也大臣奏入之時不可敷之茵八大将

座云〻

（73ウ）

宜陽殿大臣座事
治安元年八月廿三日小右記云、右府参太政大臣右大臣
摂政座左府下東、内大臣連座、官外記庇座同之歟
同日経頼記云、太政大臣関白座今案太政大臣座也日故下入令着陣座也
被仰云、人々有太政大臣之時、官外記備庇座
宜陽殿東右大臣座之数納言上摂政
関白之大臣猶可別他大臣、被人不被座同
時関白亦已関白摂政之座也、況也不座者相
議之異也、左大臣云々、中之先被仰、次不云数
太政大臣上座次立道所謂之非光先例也

（74オ）

雀他大臣早立敷大弁官立座次丈ま丞主十
被仰下之位至左仰内大下若状下主敷
納言座上之處待仰下什白一又開所
枝仰云員信乙任仰大弁下之扇反
尼於文尼下瞽兒置焉子侍文子乂
同有怖列座仍別納言上也至其名限已
力承門云乂無去上古例吏不立敷趣至
上披乂
件小座只二个目記示委曰記之今致者
略汗之敷主座大弁下據座左信乙

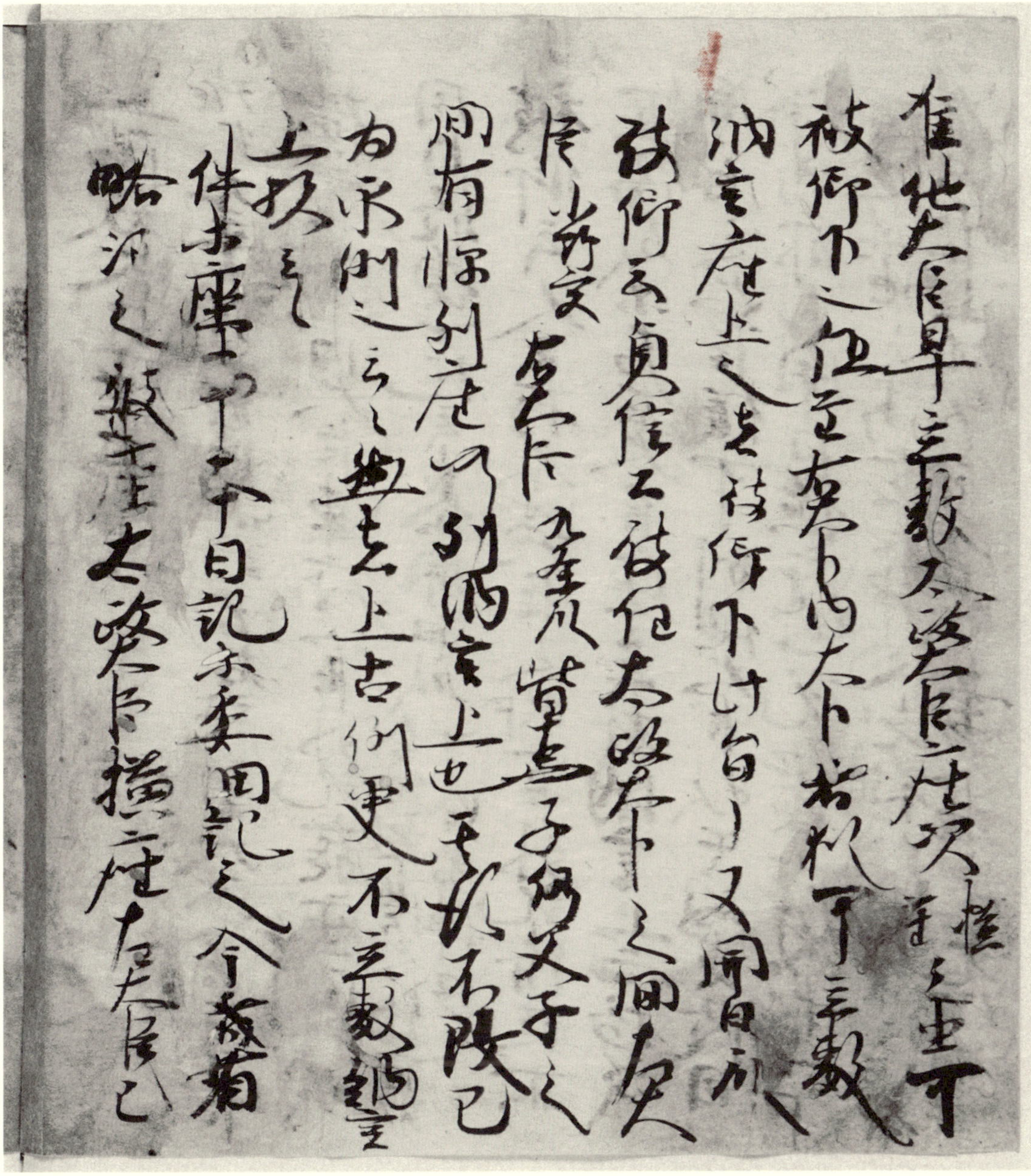

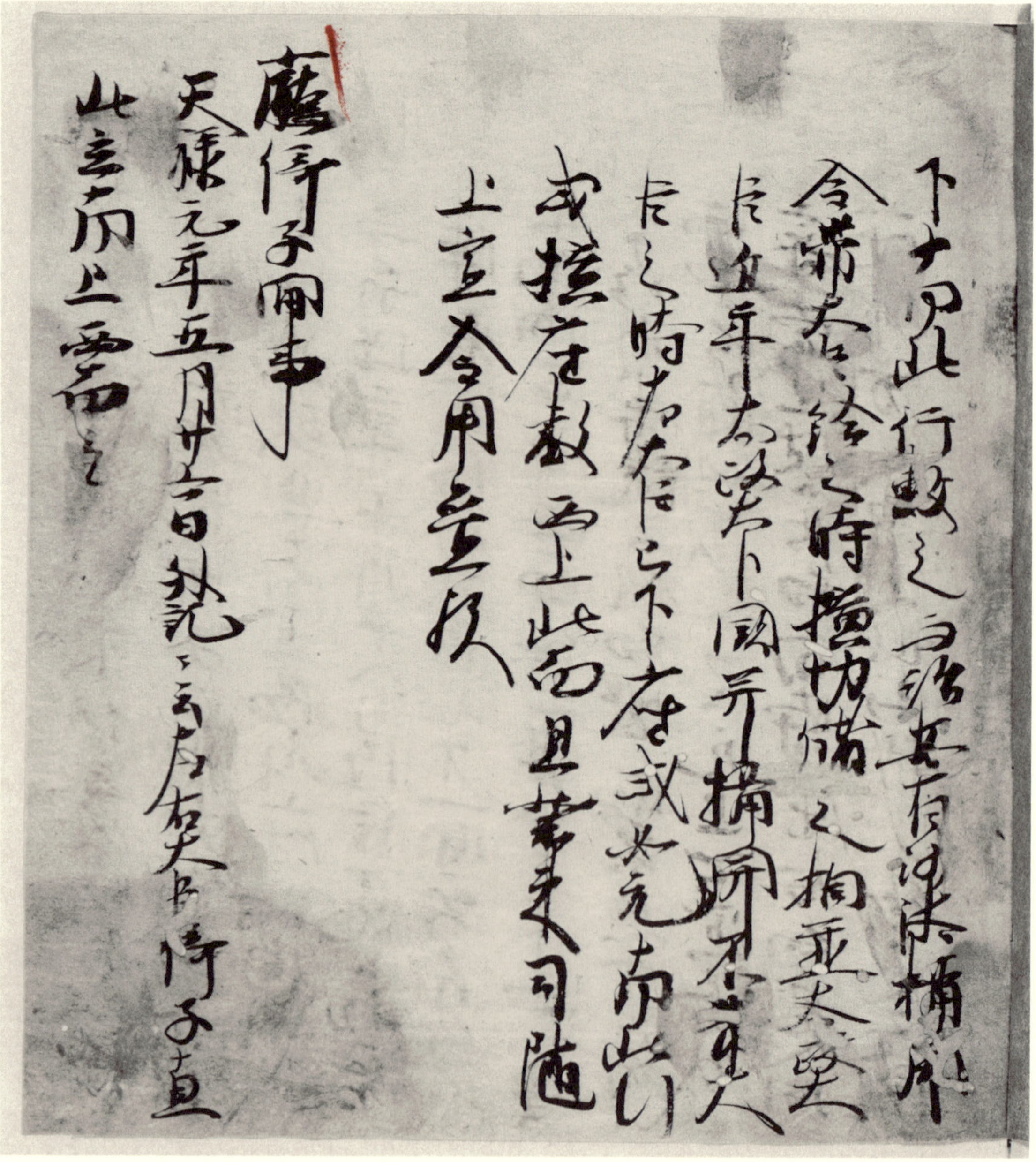
廳倚子間事
天禄元年五月廿六日

（75オ）

千時太奥信國而來仍立政然有大客大
長時左衛長衛子東上而在之云云
久下知歉出去宣陽庭何相同故
予怪二十二月廿八日自信下近初暑
陣賢五陽所入自此第一局賢所未
一局酒言庭西件庭木東西三盞
字沙所申說杭向盛饗先絶了者
雲云隨如儀之云元上之至陽所
寺帝庭左向時庭右向是向
庭下方可更見此如排
靴之近信

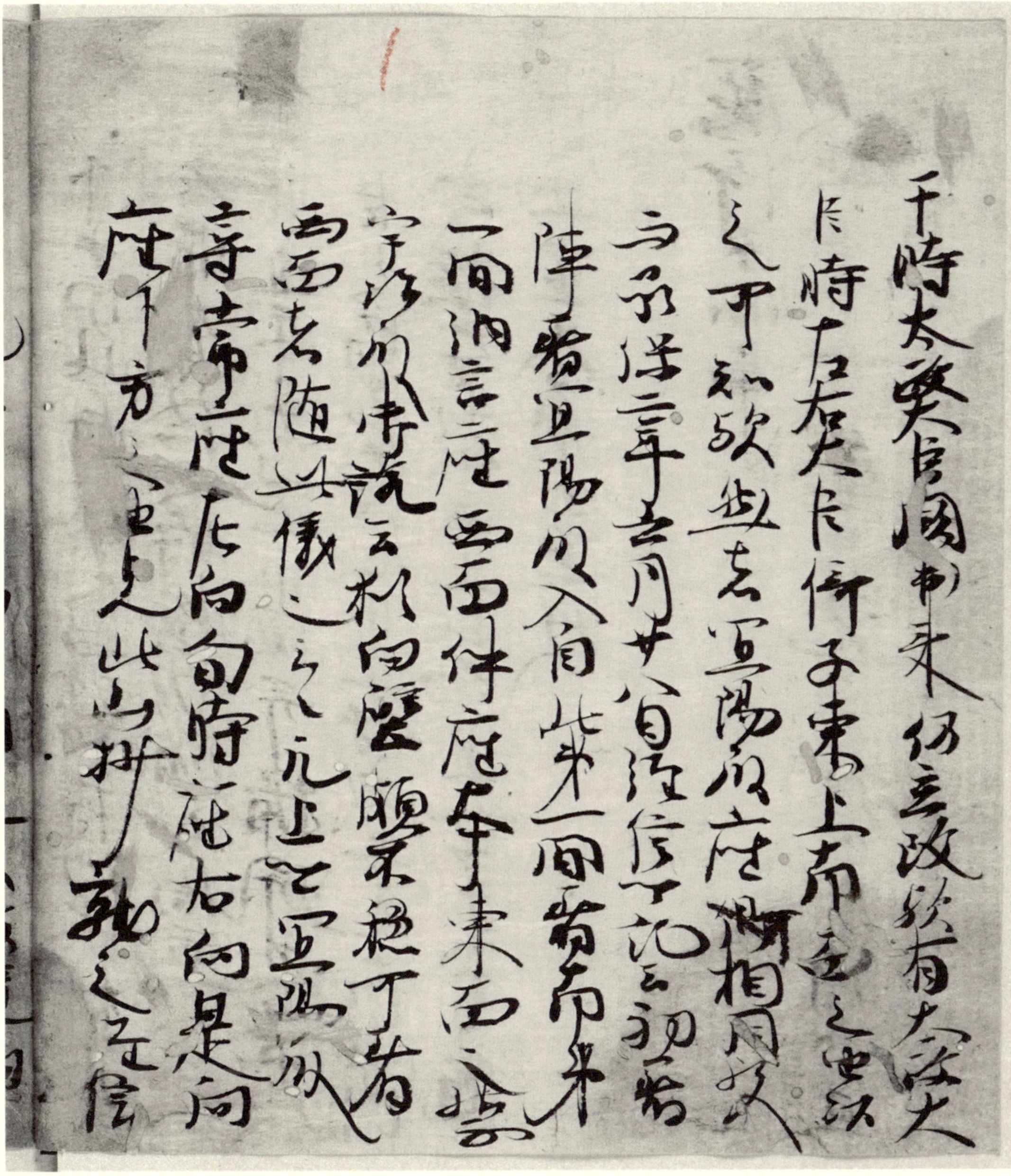

之所記大中東西不相違歟、彼遇日
並之儀、尤有此面之条、又非無不審歟

太政大臣着陣時一上若次大臣着陣行事例

仁平元年正月七日節会、太政大臣・左大臣以下諸
卿着仗座、左大臣行内弁、
廿六日有改元定、太政大臣・左大臣・右大臣・内大臣以下
諸卿着仗座、左大臣行事、
同三年正月七日節会、太政大臣・右大臣・内大臣以下諸
卿着仗座、右大臣為内弁、太政大臣自取座上
同四年正月七日節会、太政大臣・左大臣以下諸卿着座

（76オ）

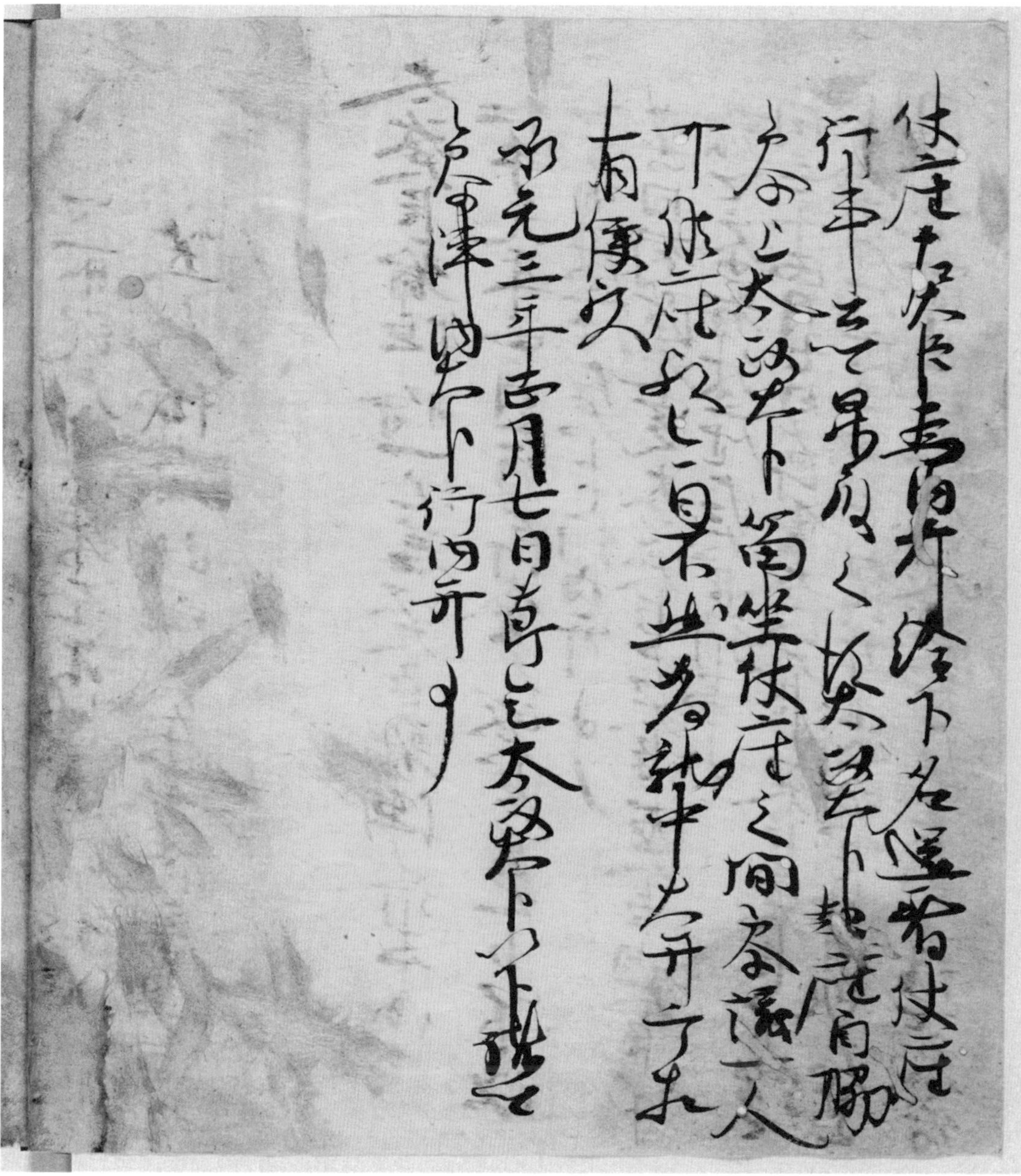

（76ウ）

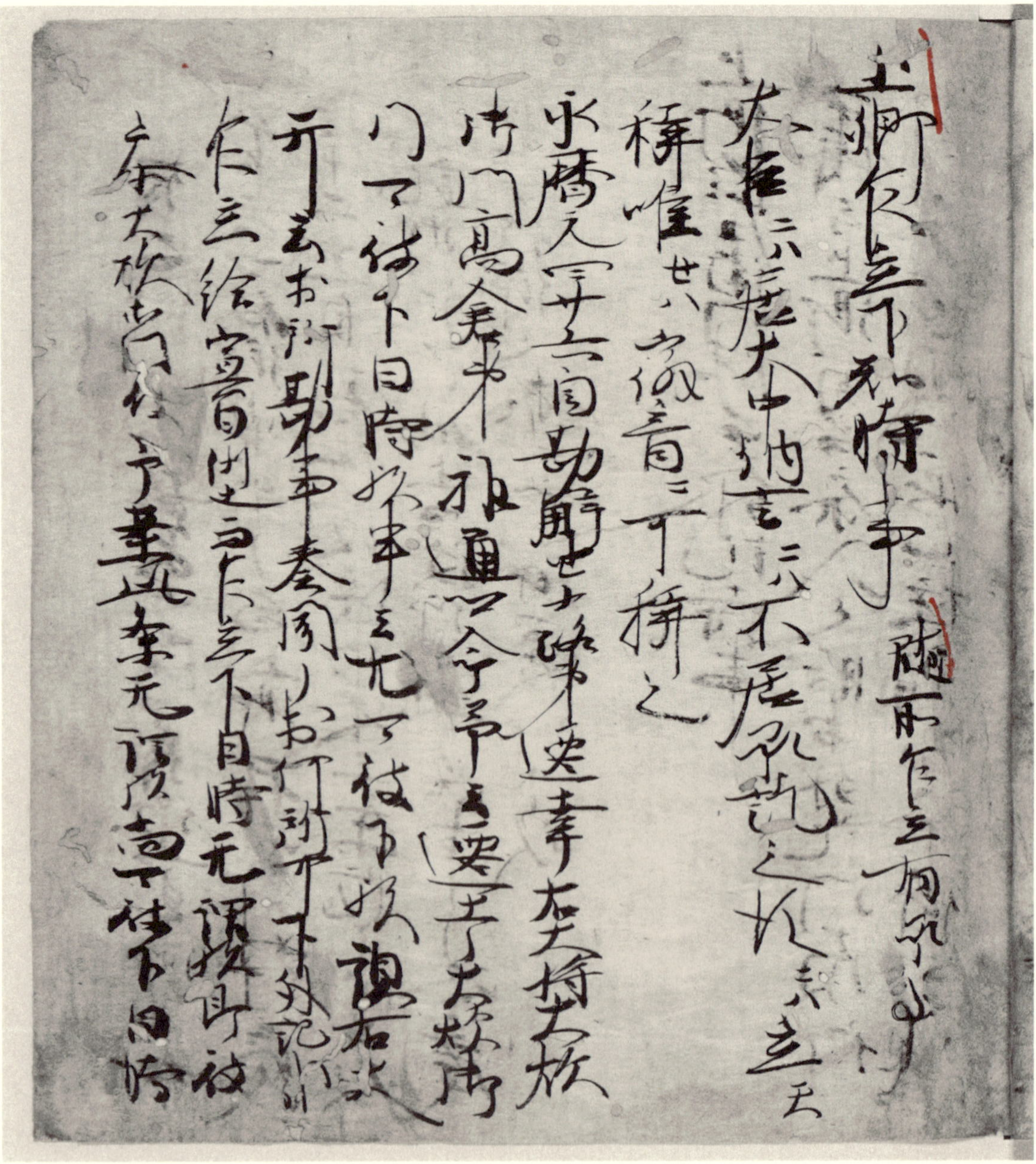
上卿乍立下知時事

（77オ）

(古文書のくずし字のため判読困難)

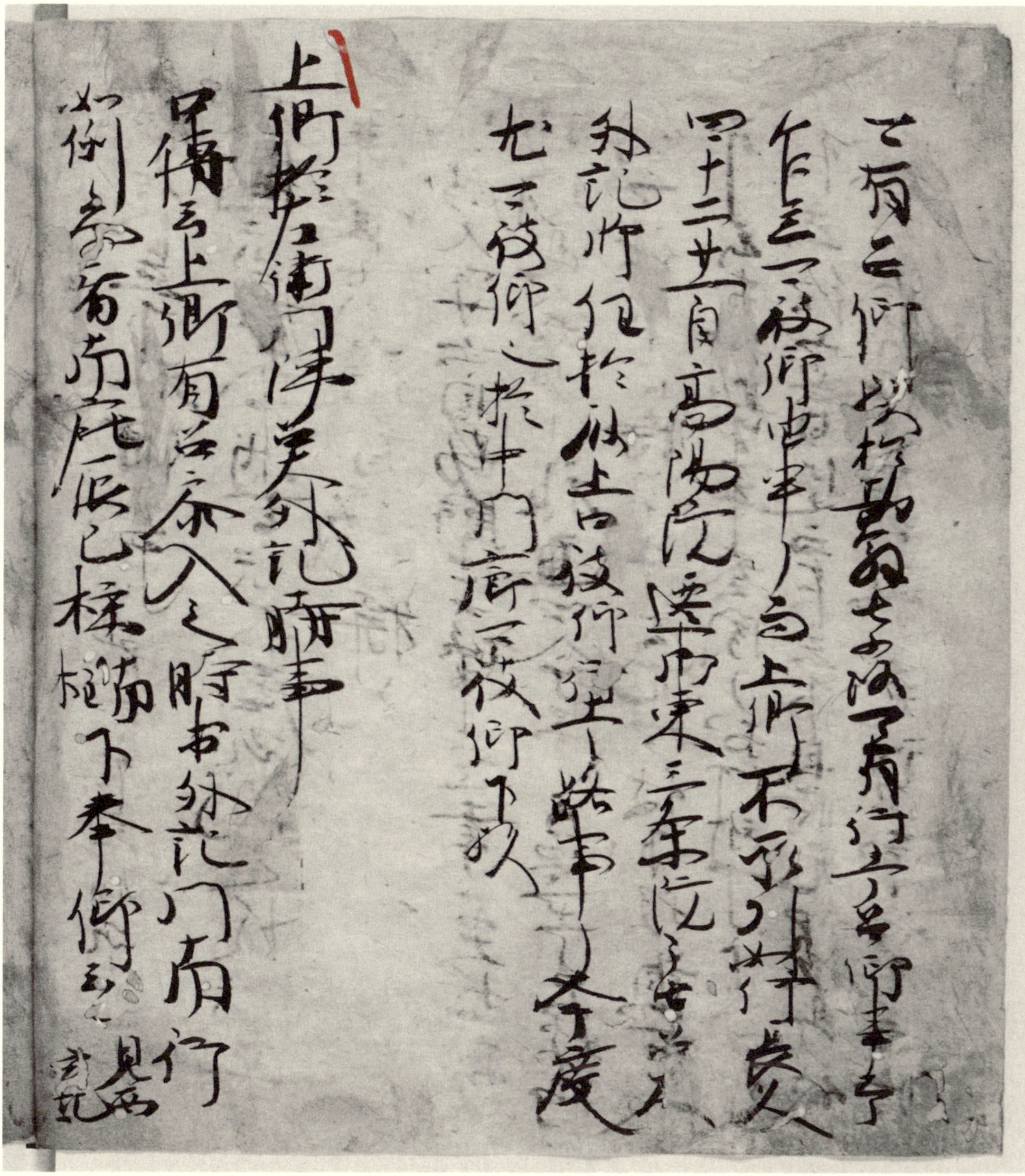

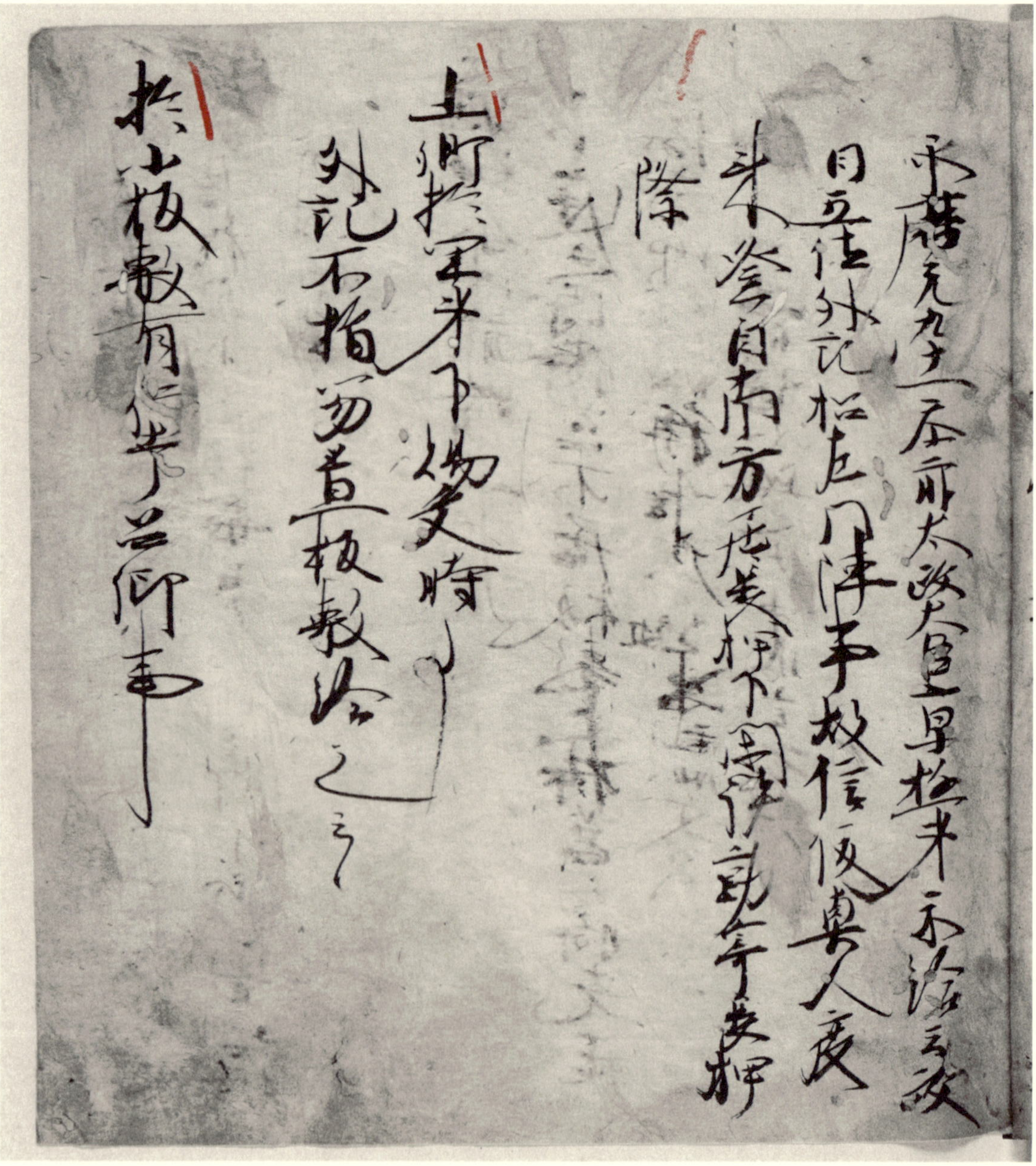

（78オ）

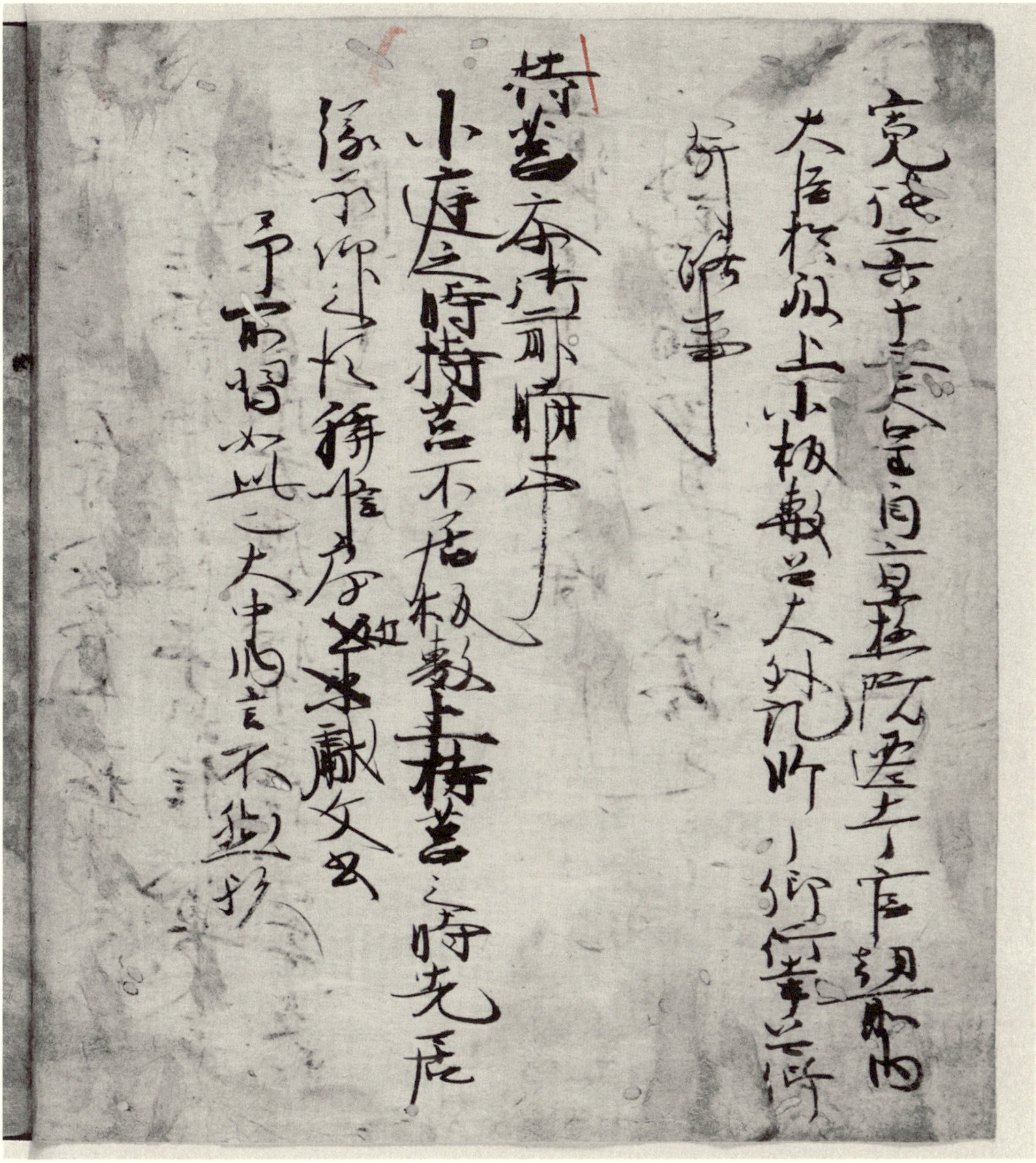

（78ウ）

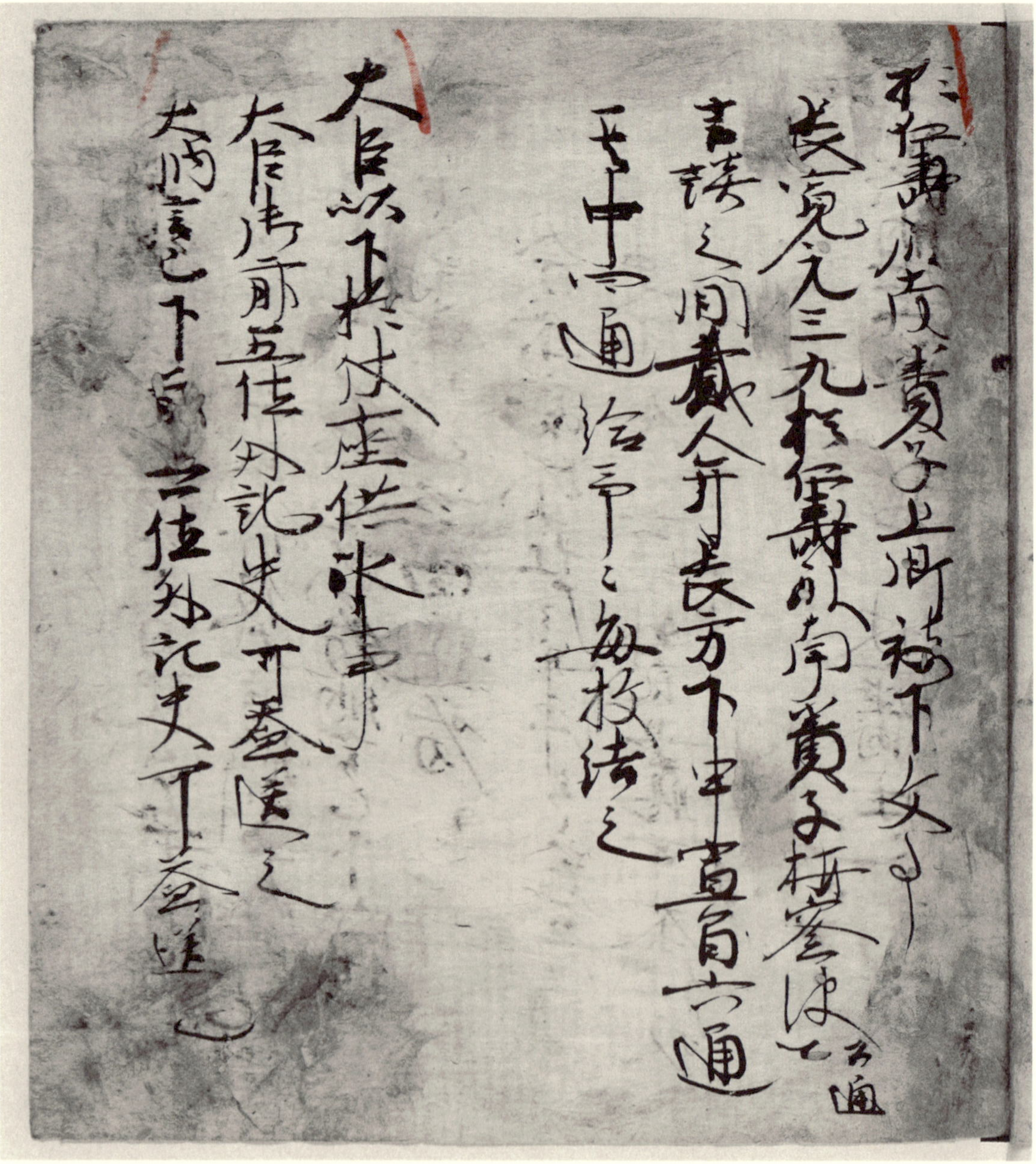

於仁寿殿南簀子上卿被下文事
長寛元三九於仁寿殿南簀子[illegible]
書読之間蔵人弁長方下申宣旨六通
一巻中二通給予之毎披読之
大臣以下於仗座供氷事
大臣着[illegible]五位外記史可参候之
大納言以下[illegible]二位外記史可参候

（79オ）

永保三年四月廿一日記云、左大臣御廬
同家令借氷仕役人、召折五位外記史
等勤之、以高坏為納之、下二行外記
史等勤之、以高盃為
今案、高坏在左、并陣々々若五位外記
史不奉者、六位外記上臈可奉仕歟

上卿於内座召筥事
仗座内座也

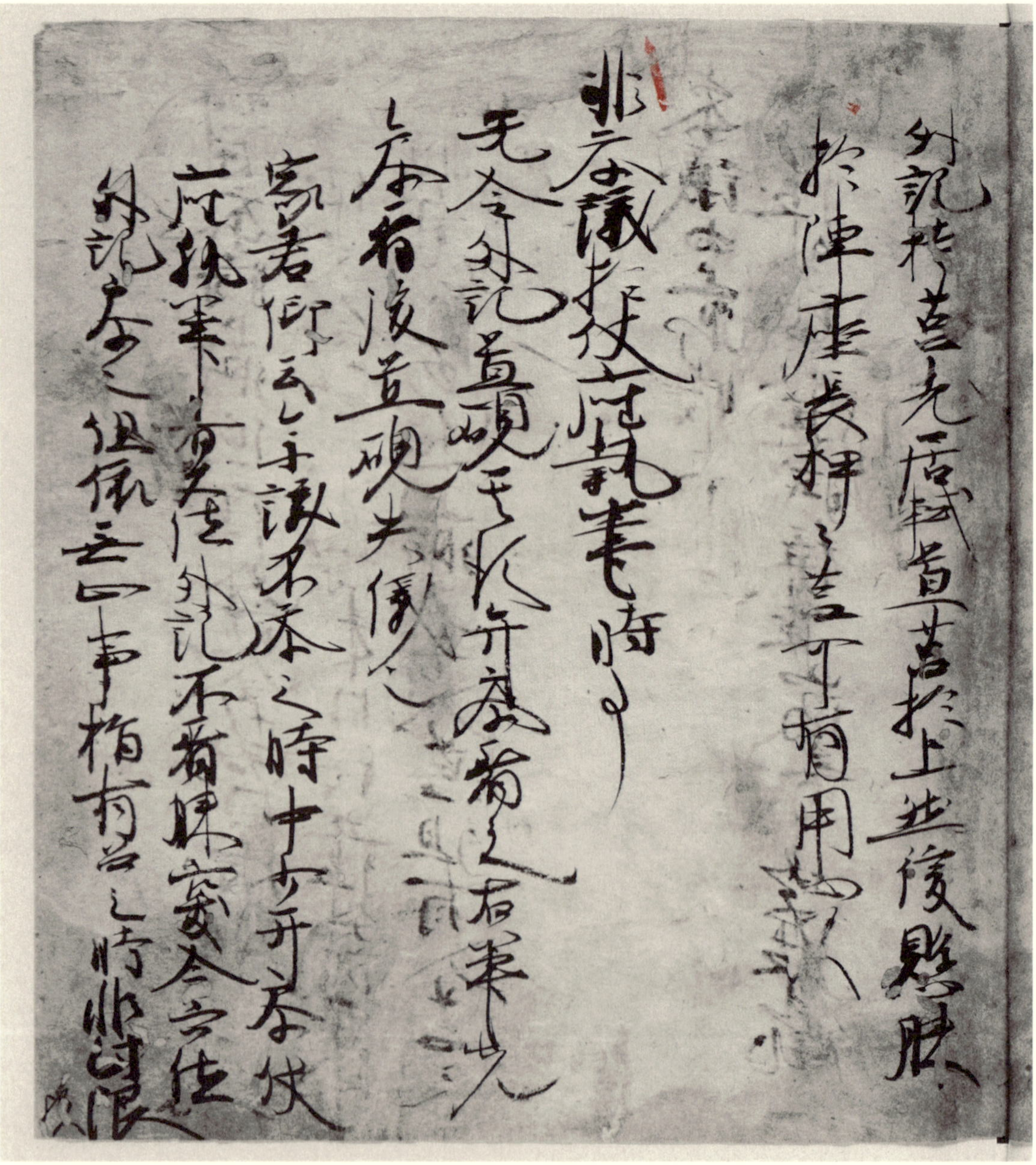
外記於筥先居机着筥於上並膝脱
於陣座長押之筥可有用意歟
非参議於杖座執筆時
先令外記置硯于弁座前之右第一也
参議有後置硯大僻也
家君御云々、参議不参之時、中少弁参杖
座執筆、中納言外記不置硯、座後参議座
外記参議之假置之事、猶有着之時非為限

（80オ）

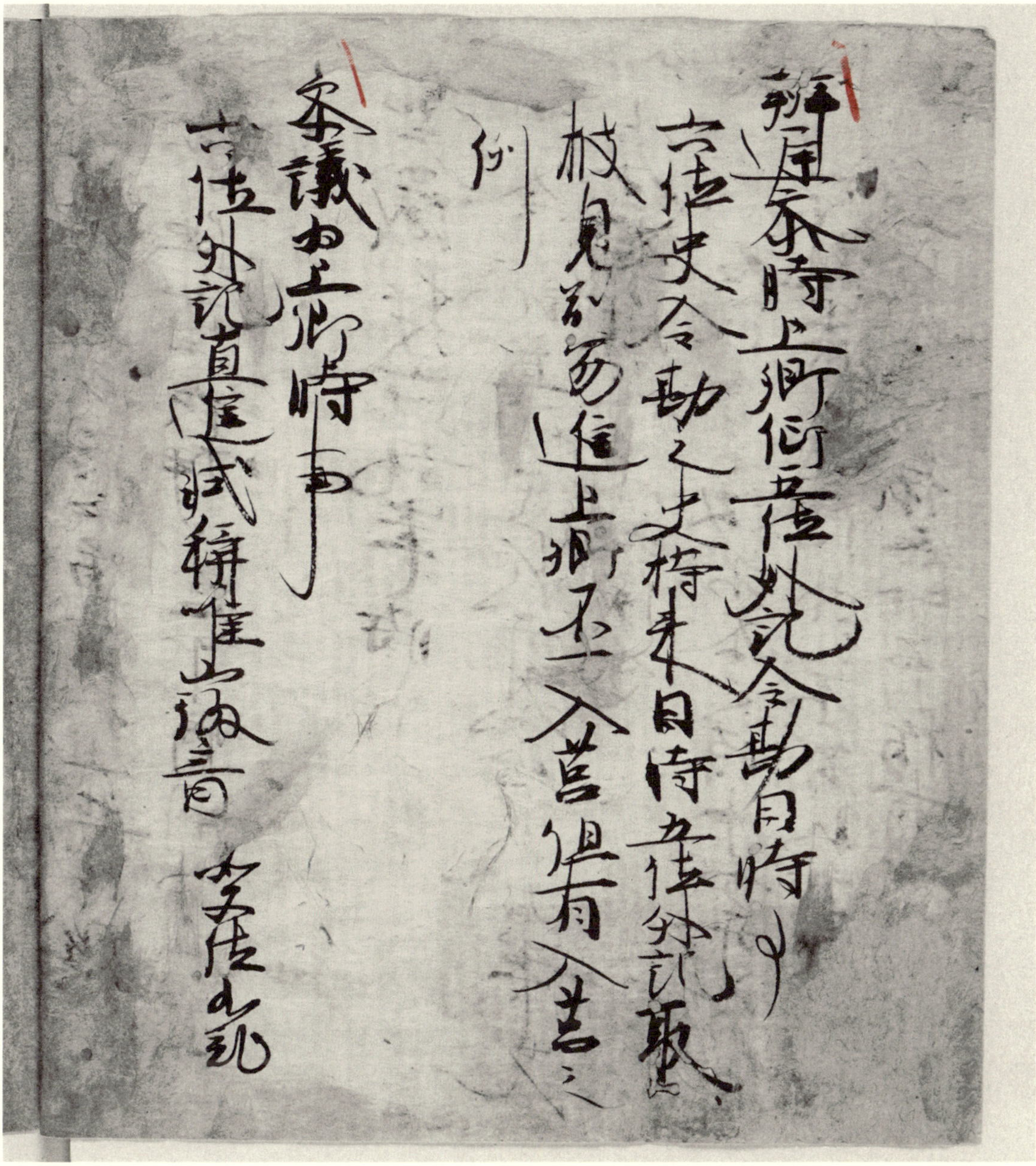
弁遅参時上卿仰五位外記令勘日時事
六位史令勘之史持来日時五位外記取之
被見了而進上卿不入筥但有入筥之
例
参議為上卿時事
六位外記直進之弁催上卿云々　安居記

（80ウ）

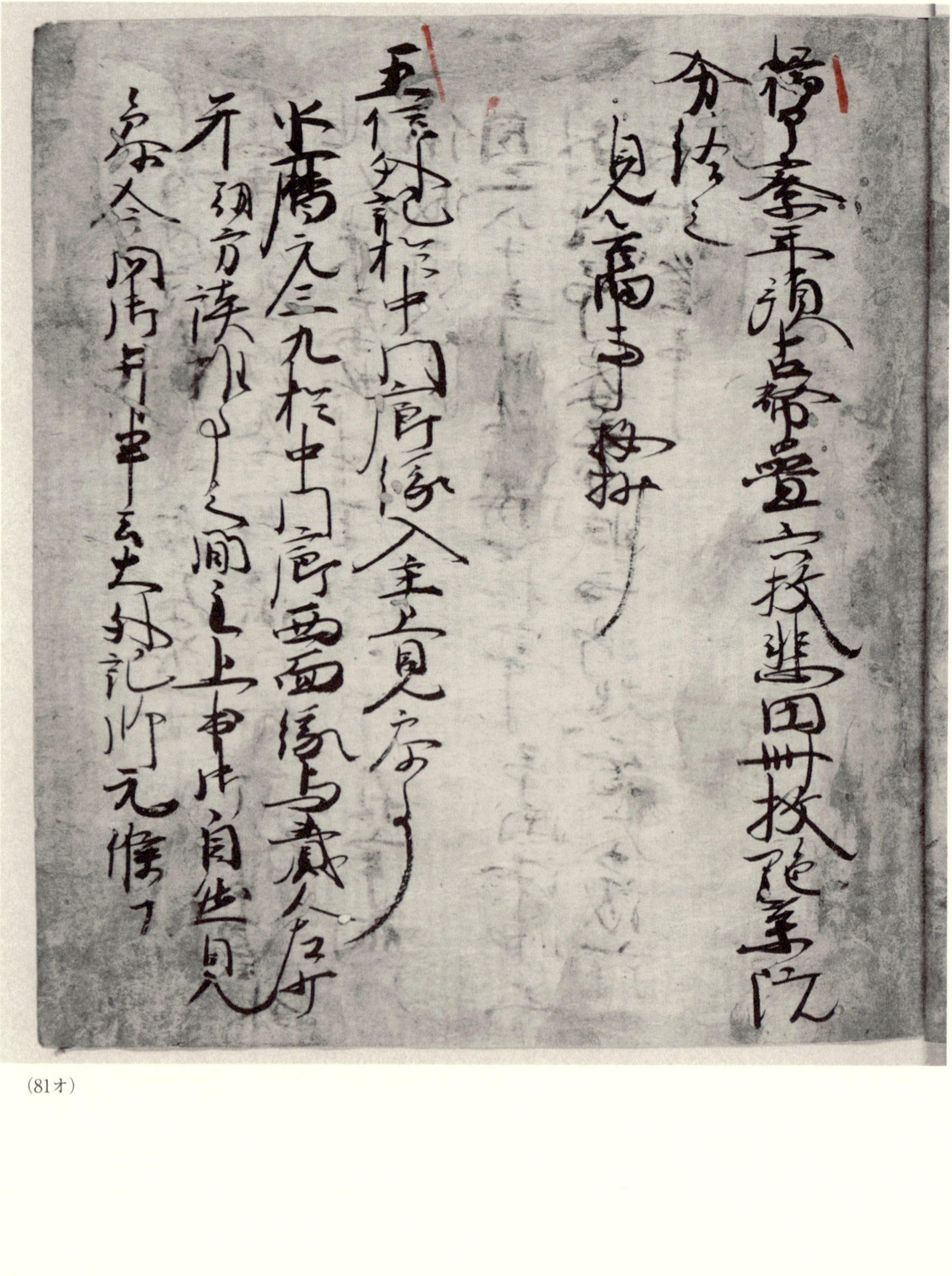

（81オ）

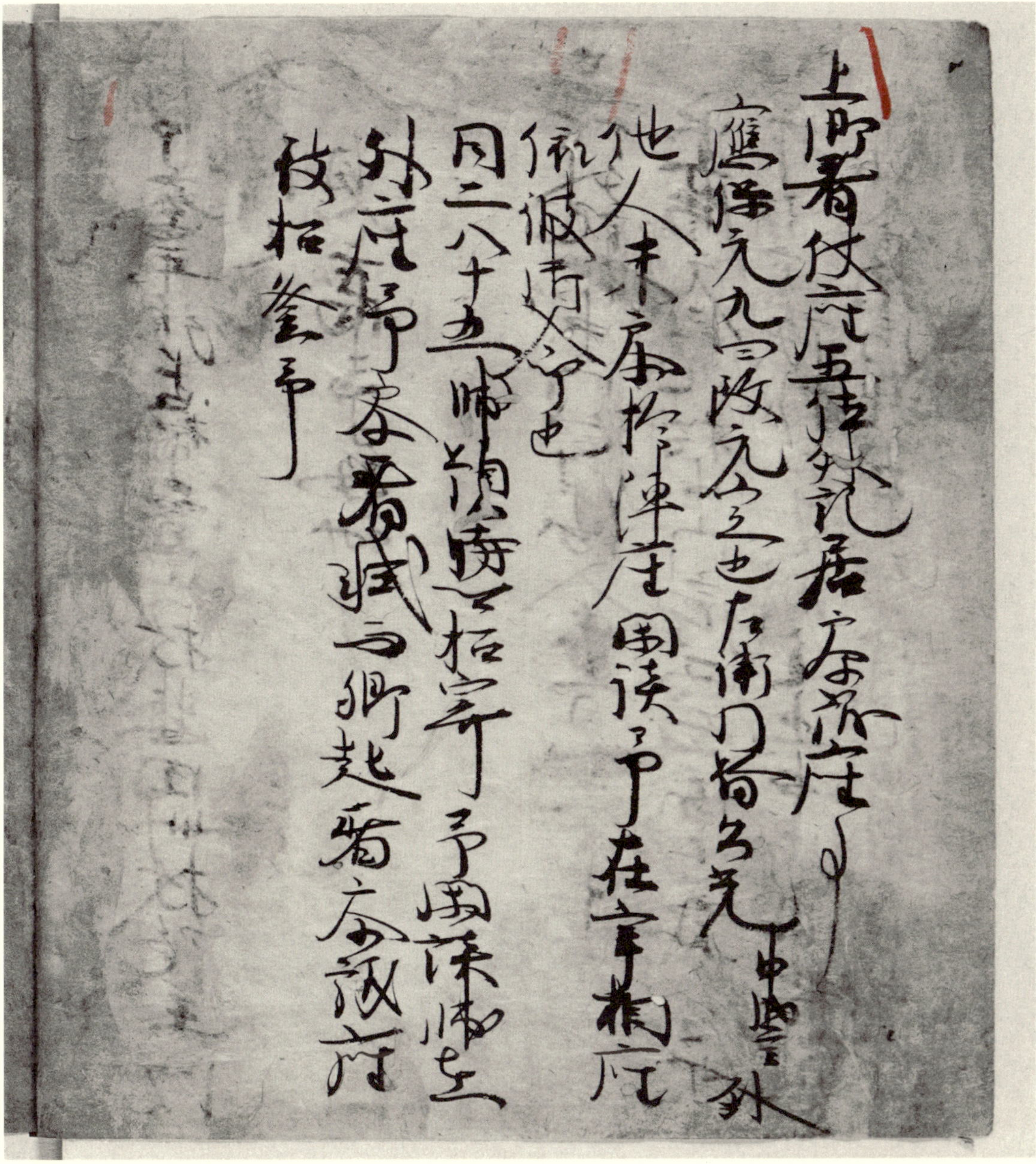
上卿着仗座五位外記居参議座事

（81ウ）

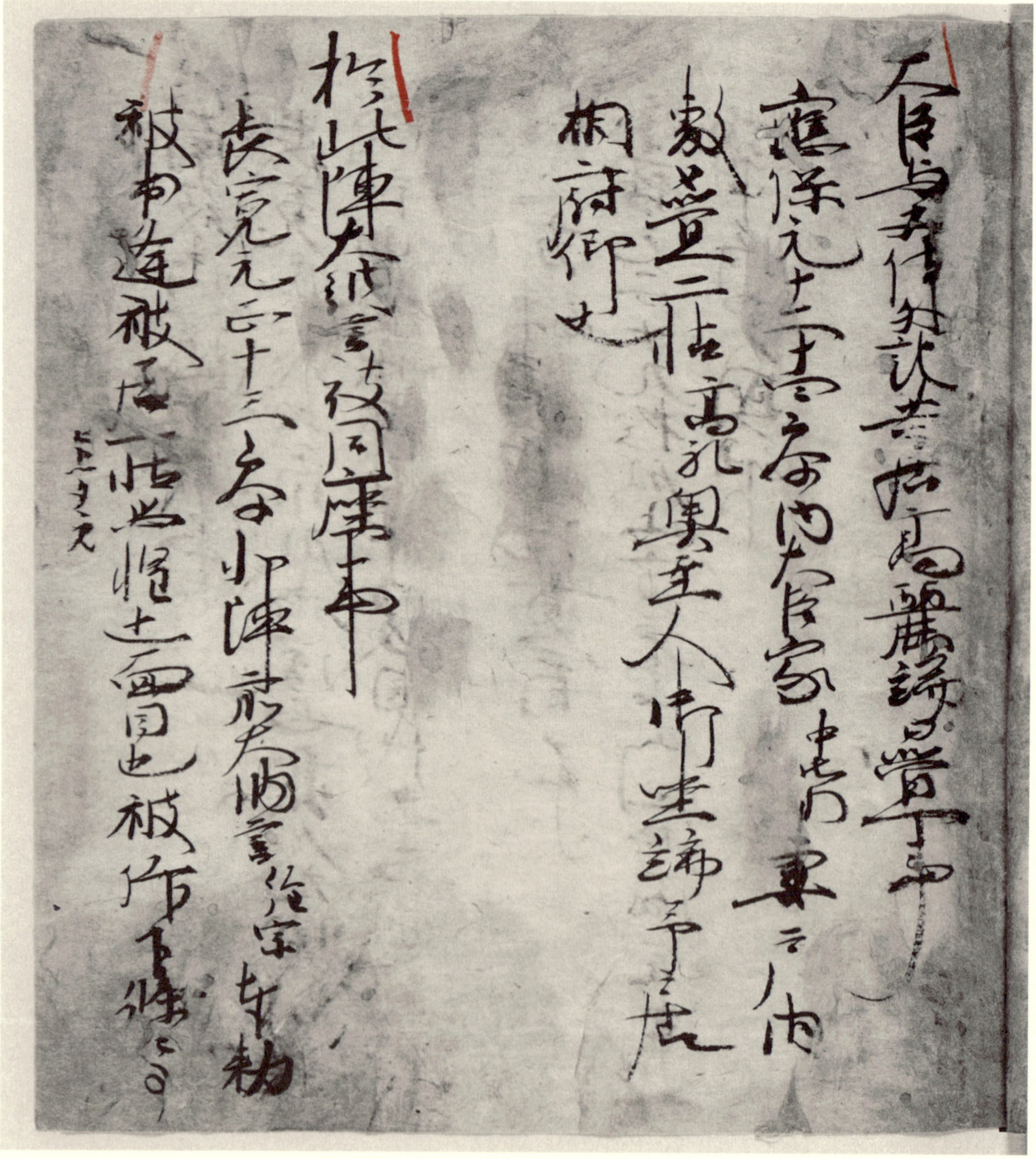
大臣与五位外記共居高麗端畳事

於北陣大納言被同座事

(82オ)

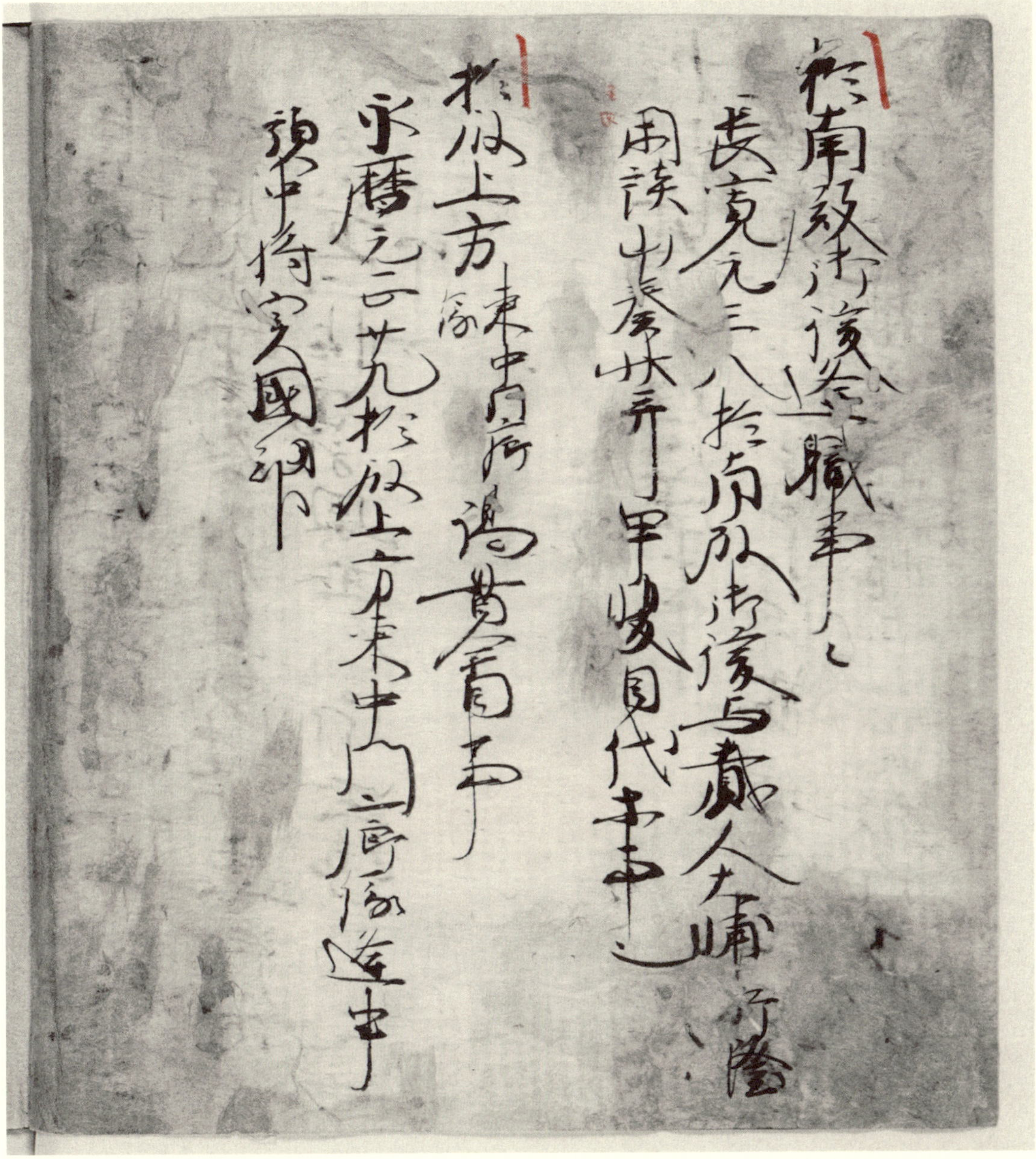
於南殿御後逢職事々
長寛元三八於南殿御後与蔵人大輔行隆
申談出奉幣丁甲使闕代事也
於殿上方東中門廊謁貫首事
永暦元二廿九於殿上方東中門廊邊逢事
頭中将実国朝臣

（82ウ）

〔三三頁（第二冊7オ）へ続く〕

局中宝　第二冊　裏表紙見返

局中宝　第二冊　裏表紙

第三冊

局中宝　第三冊　表紙

一　御所於縁不仰時事
不稀唯於丁号可立せ
持勘文参納書第事
平暦元五臨才千野諸司中々勘文者
中庭人文（通）来蔚役布逢献之儀
被不動可近代五位外記持勘文不尚被言
米同見家記後所用令向治勘仍件
し向治仍之一所捧向～從七月為中康承入
被源石扇一品中一七事

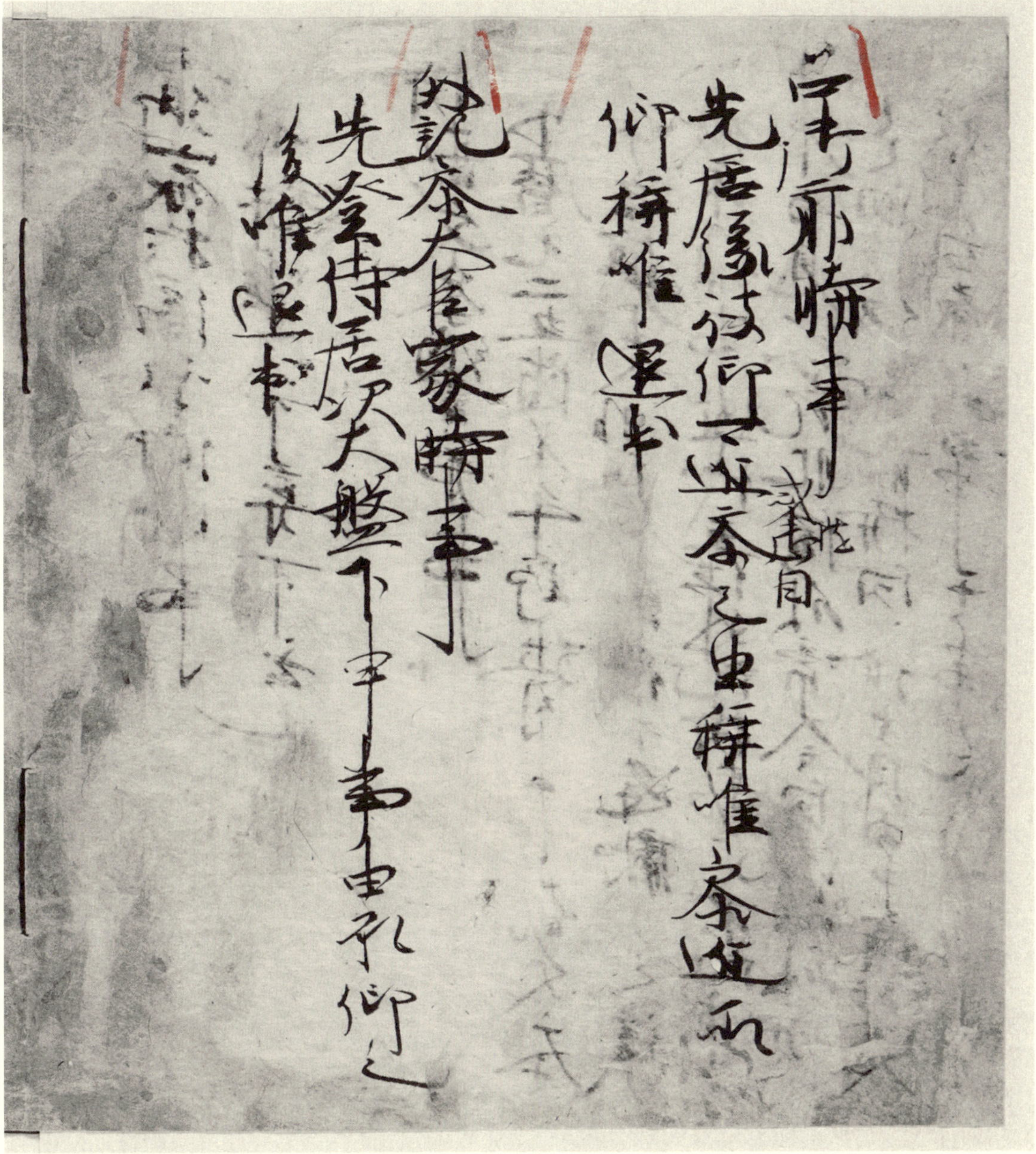
一 召御前時事

外記参大臣家時事

（1ウ）

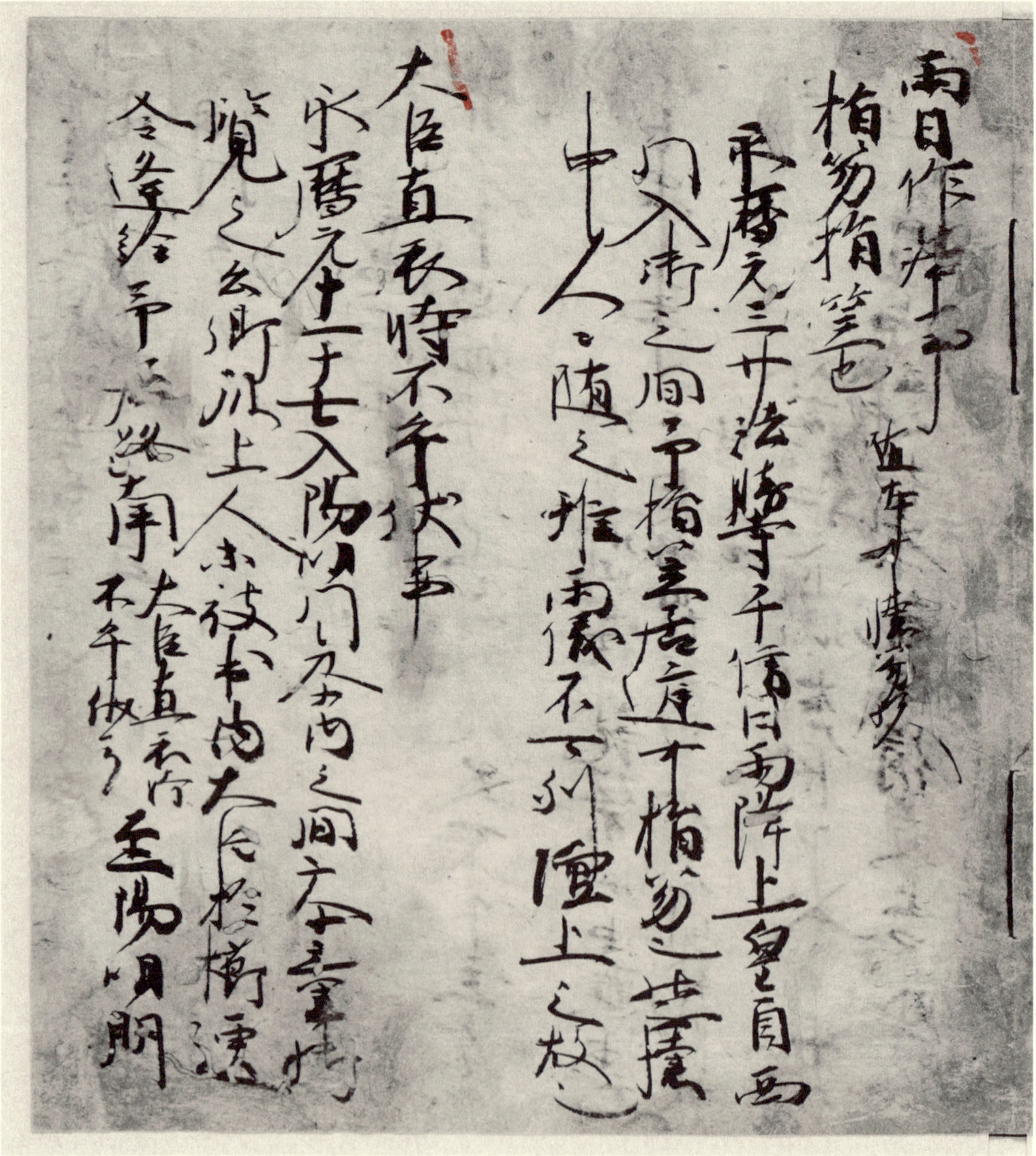
雨日作法事
笏指笠也　近年不審多々
永暦元三廿法勝寺千僧日雨降上皇自西
門入御之間予指笠居庭中指笏之時
中人々随之雖雨儀不可然便上之故
大臣直衣時不平伏事
永暦元十二十七入御陽明門之間予参会
覧之公卿以上人々被立大臣於樹下[illegible]
[illegible]

（２オ）

（縦書き、右から左へ）

一字可尋文也義富佳子モ立右云ト又ヌ達已隔内
　直被示御難事直衣之時ろニ不ヌ入
　同門ミ

辨少言過膝陣事
弁以下過脇陣郁去之外記史下下ニミ
　開下串事　納言上卿將云佐外記係不用申庭候
　　　　　　　廿七秦拝帝曰記ムド両三元秋言示以外記作送極
　　　　　　　　結渡華

平勝九八承言新行上衝右大臣下又下串
三枝於吉　立ミ枝茶組織掲真上吟赤取

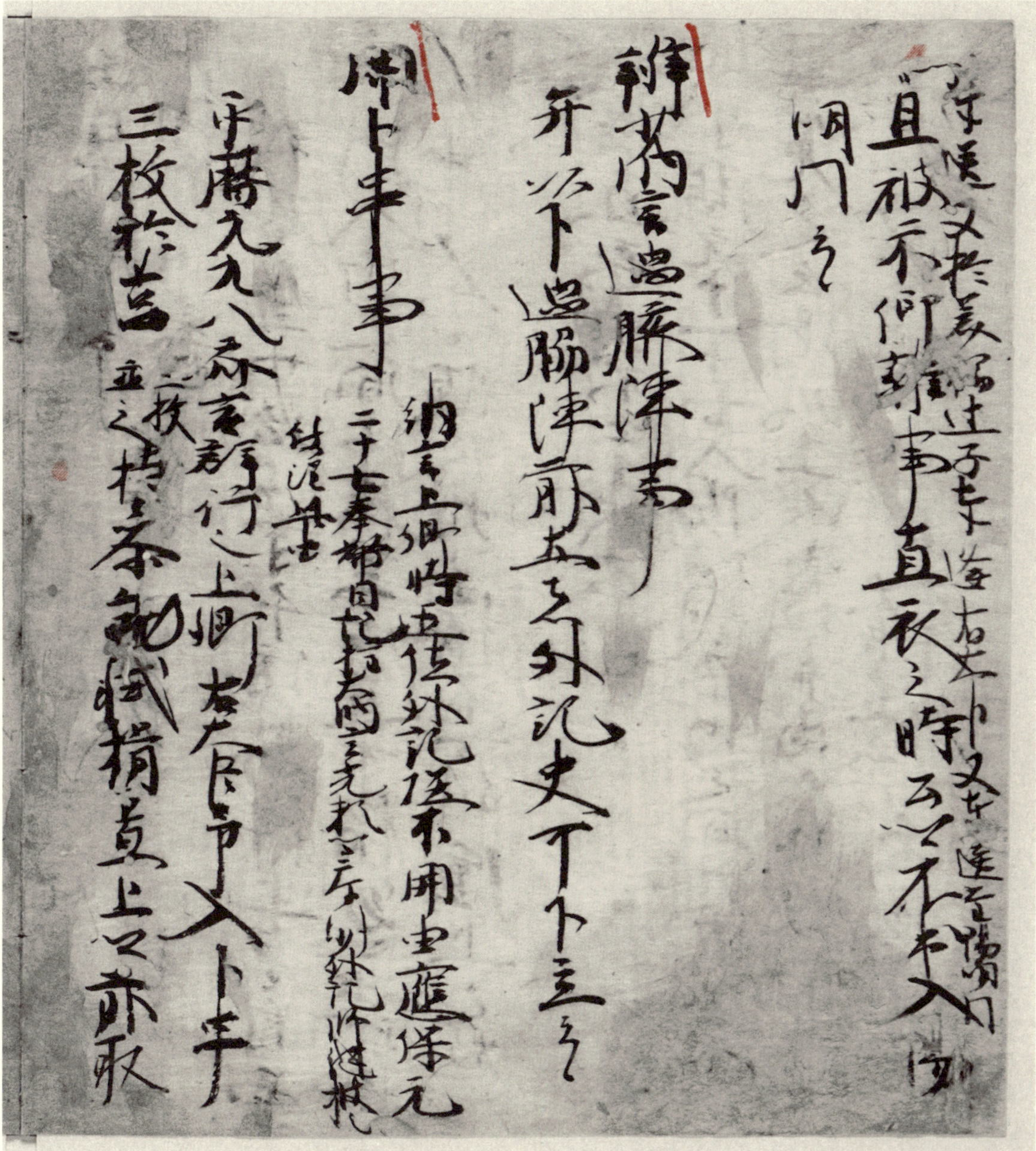

奏聞事

勿使大臣作之亦予取之　一遍　伺氣色大臣家
伊介予直吉於右方抜二枝　甫並不
会天卜二横挟二首天進之取一勿使大臣員之
推之予取之氣色大臣不以下合資主
為伺予拌惟退

初信枠
｜乙下合｜丙合｜戊合｜

開後人拝也
｜乙下合｜丁王｜戊戌｜己合｜

大臣参着先立外記給召外記給先立小庭所
大臣三退居小庭簡居是也大臣参弓場殿外記之
前相従之既進蓋取給之時又既給之退給
杖座給之時又膝行進上之畢
大中納言時給蓋後起中立一石橋南上
御起座中軒一間東第一間許丈与上卿相去上卿
経階下外記経階下上卿参弓場殿着蔵
人相待之時外記立留弓場殿一戸已柱下

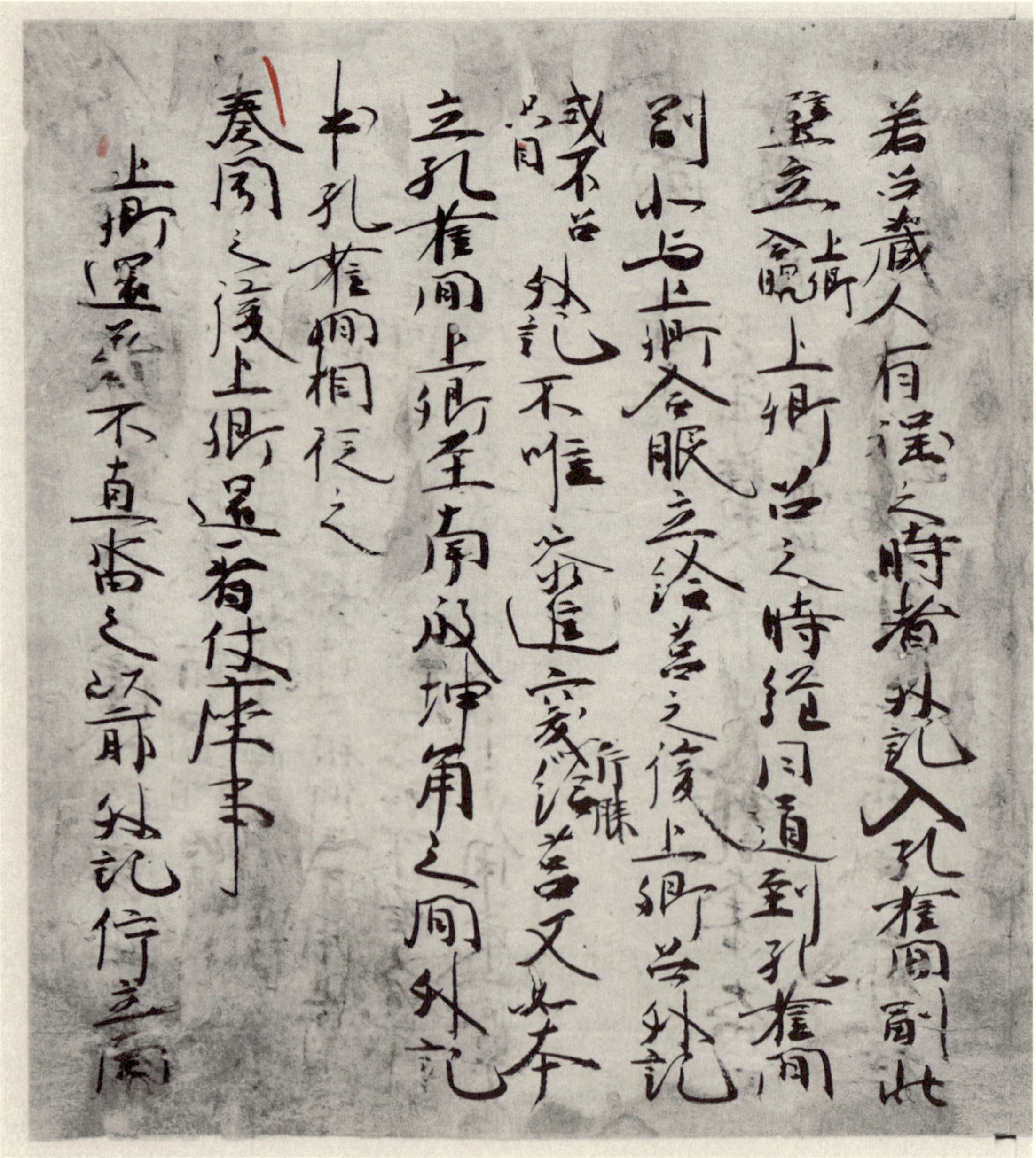

着当蔵人有召之時着外記人孔雀間副此
壁立上卿当之時経同道到孔雀間
副小当上卿令眠立給暮之後上卿当外記
或不当外記不唯家道立家給暮又此本
立孔雀間上卿至南殿坤角之同外記
中孔雀間相従之
奏聞之後上卿還着仗座事
上卿還兀不直当之以前外記行立

（4オ）

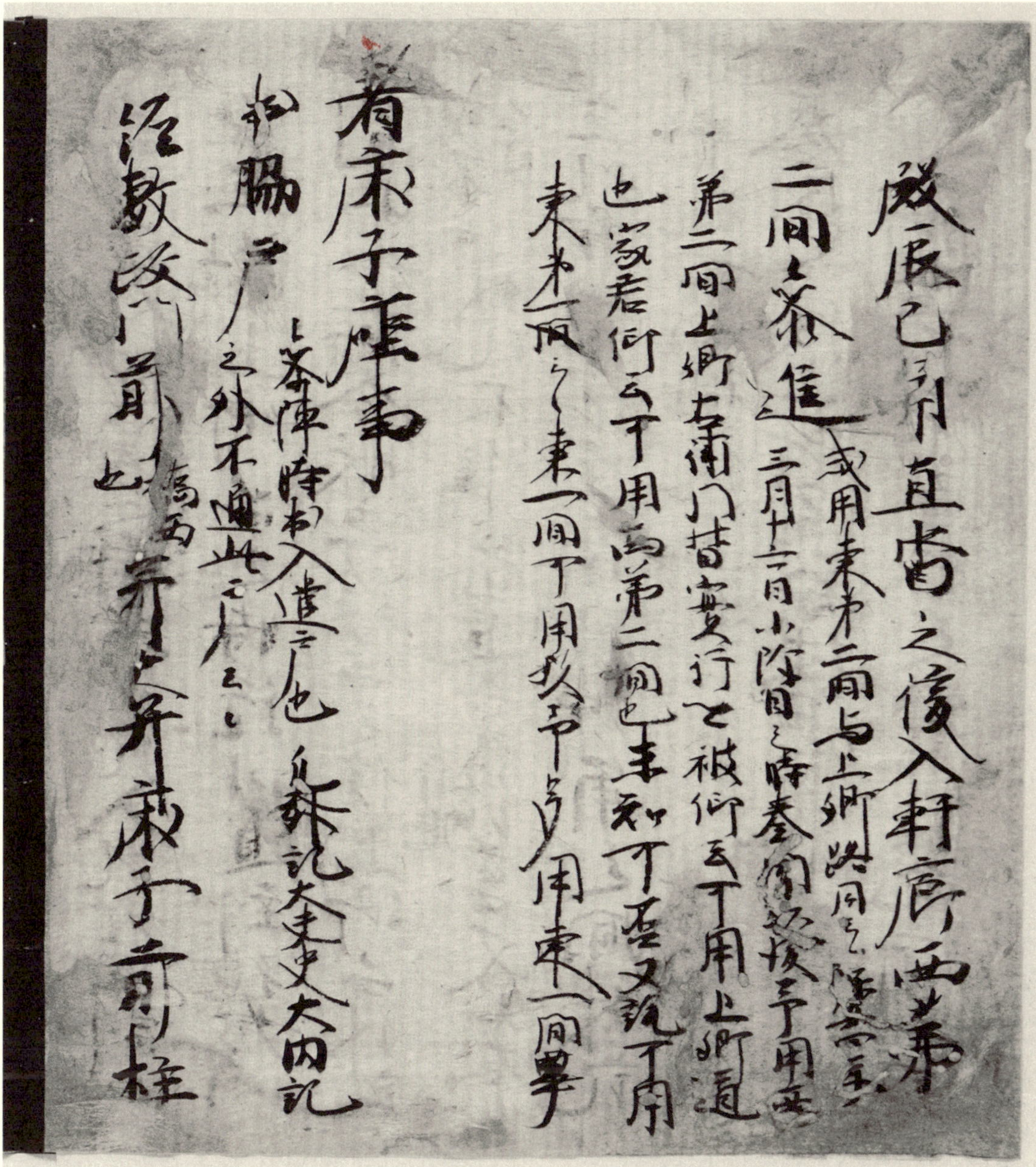

殿上巳下直者之後入軒廊西第
二間之前進之　或用東第二間与上卿之間〔隠〕云々
三月十二日小除目之時奏聞如抜三下用西
第二間上卿左衛門督実行也被仰云下用上卿道
也家君仰云下用西第二間也　事知下並又読下用
東第一間云々　東一間下用抜節之用東一間事

着床子座事
上卿陣時如入道ゝ也　余記大外記史大内記
外記脇ゝ之外不通此云々
従敷政門前也　高西　並之并床子前ノ桂

（４ウ）

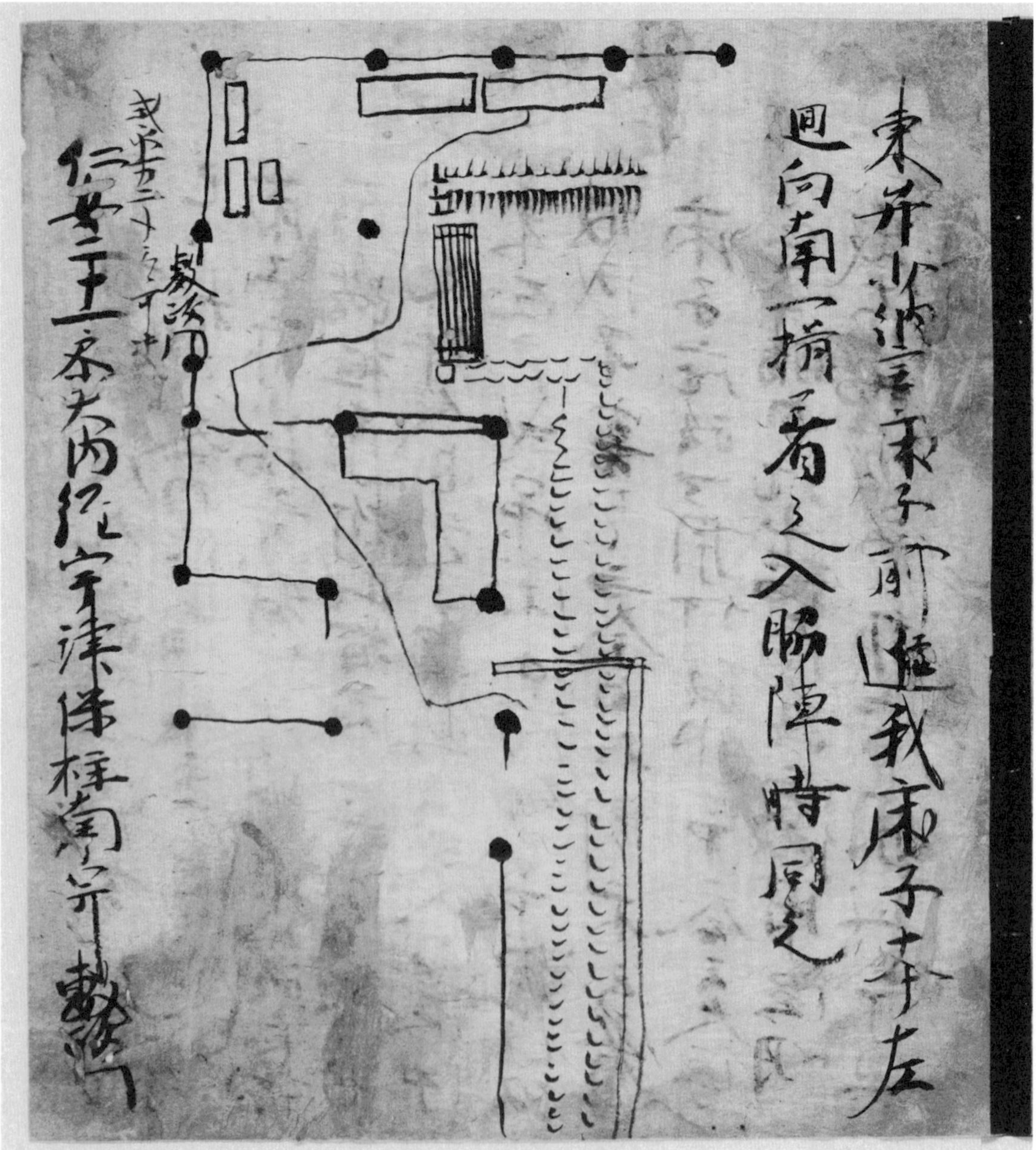

（5オ）

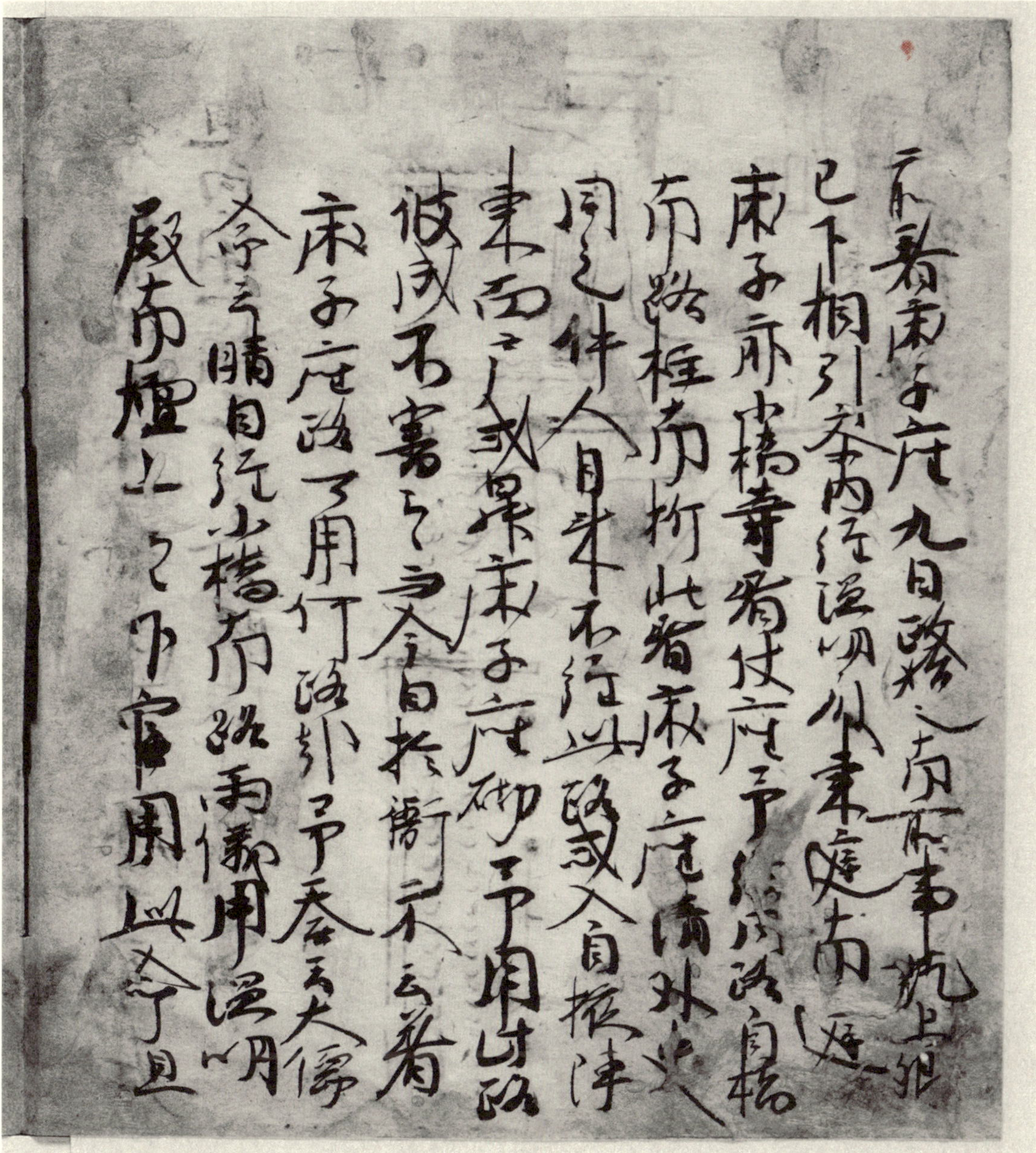

（5ウ）

着床子補剂、陀陳走摟外史呑云黄囚
三云予役用付路弓大夫史隆微用楼律
也
東三人車代少女人其洗各別赴家
有速走非告帀説不丁疑之上廿用
梅市之也卿見付蕭沢一般合可
用件改月末不用兴改失也九可
取中也之

尤威開事
雨儀有枡內亦 又残下伏丙着人
時同之有枡内丁圭 永庸丞廿奸

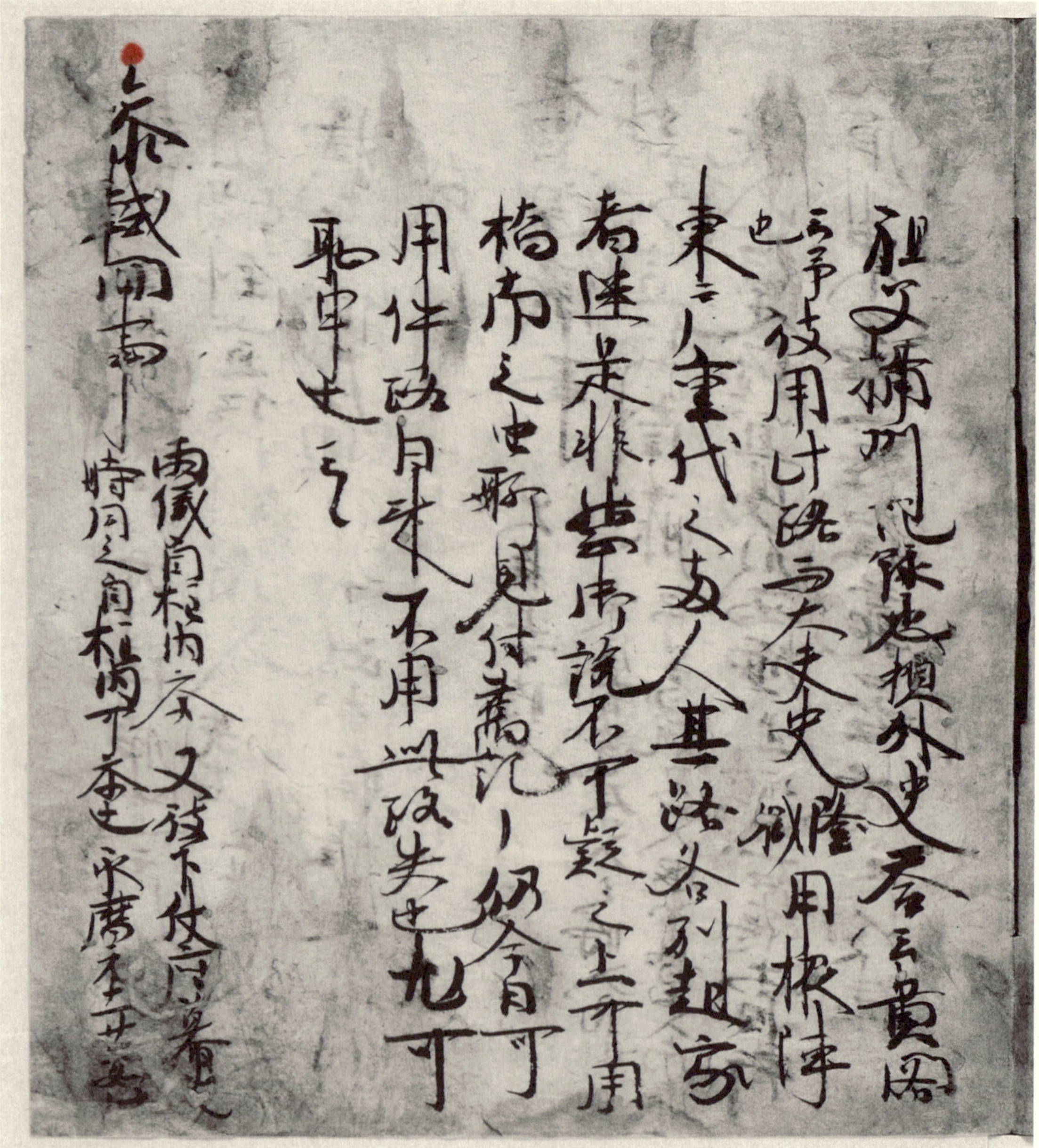

（くずし字・判読困難のため省略）

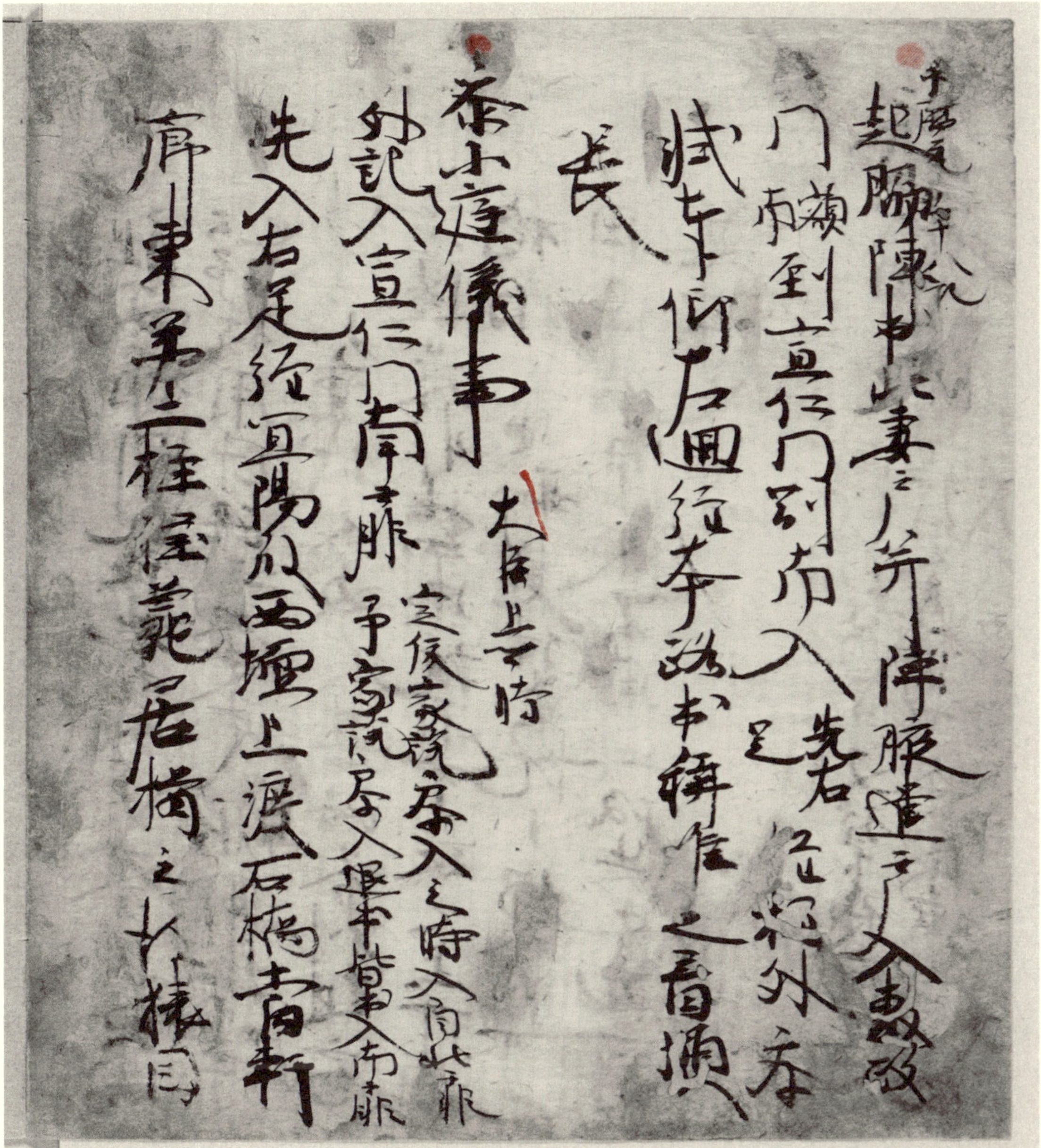

局中宝　第三冊　裏表紙見返

局中宝　第三冊　裏表紙

第四冊

〔二〇四頁（第三冊6ウ）ヨリ続ク〕

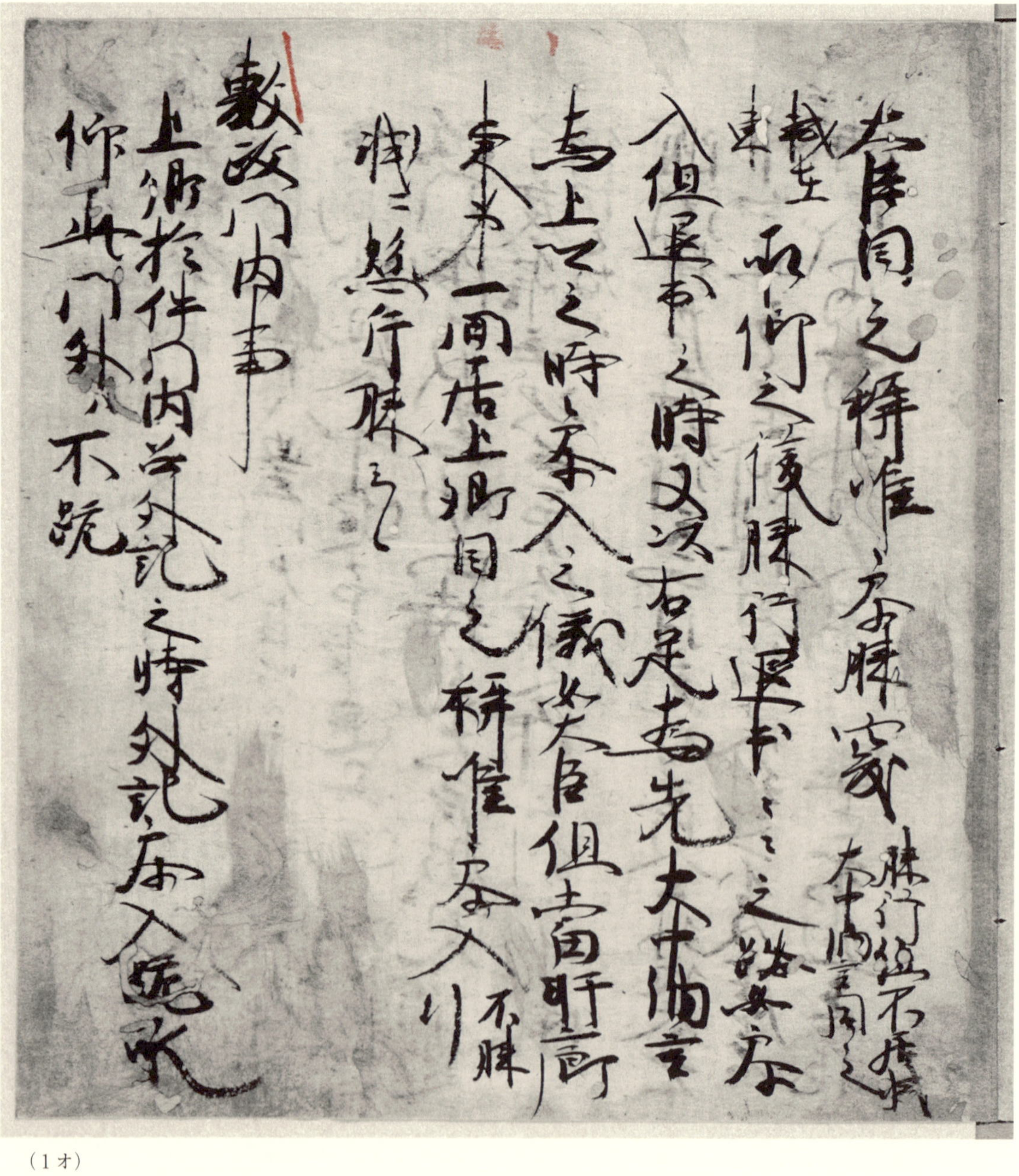

（1オ）

進外任奏事　文徳撰之具

永暦元年十八豊門大臣云々戸同頃刻申
儲外任奏下遣了唯運印遲云々於遣
改門限取出助口持之大臣被見了由
今度可准立次台予給之作五列二儀
例詞之歟

随例掛左府御三月元日尚金外任奏不
下及催之是則件日侍徒列不及庸者
吾侍従之内有供人者下進也不進之兆

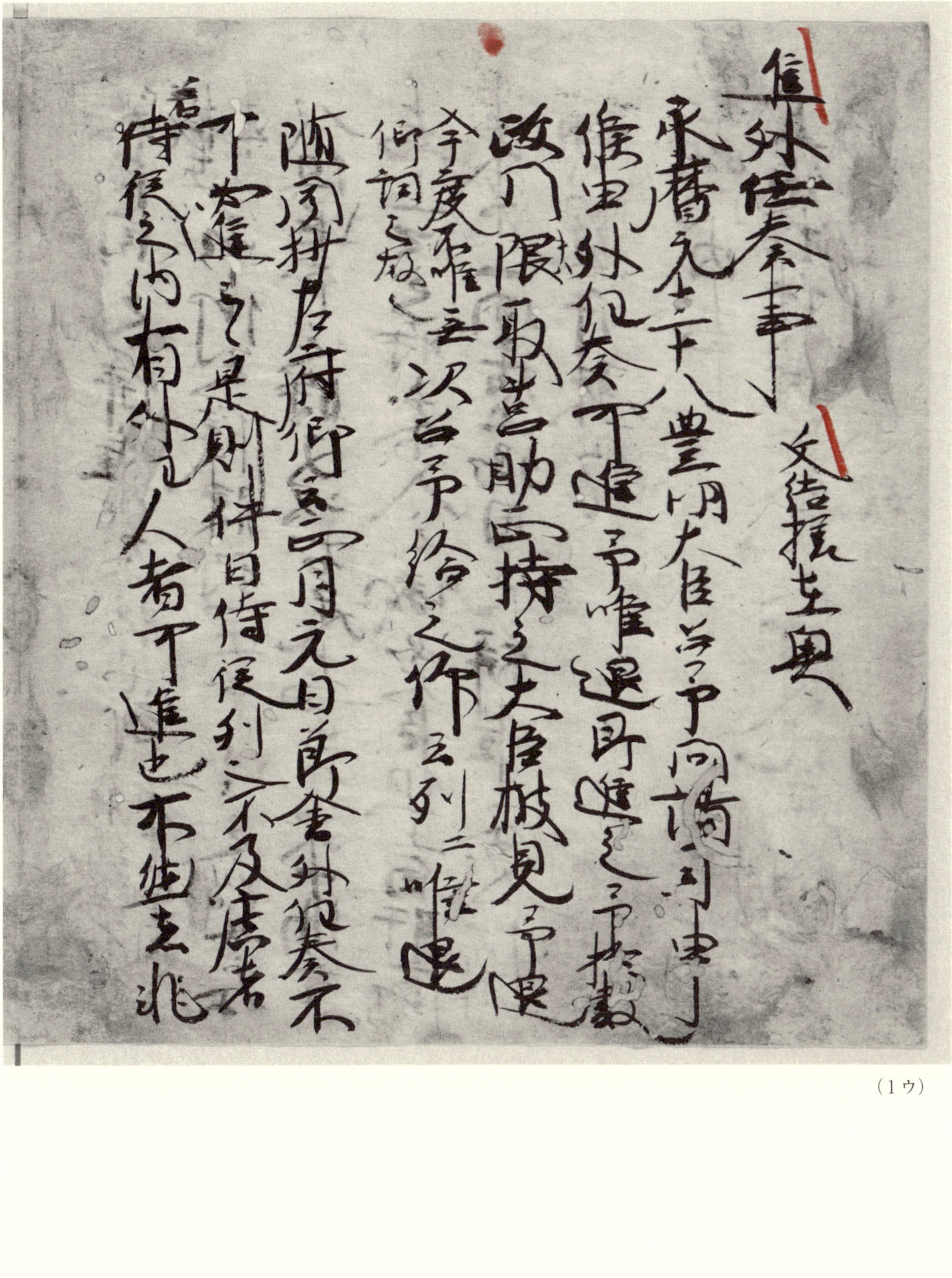

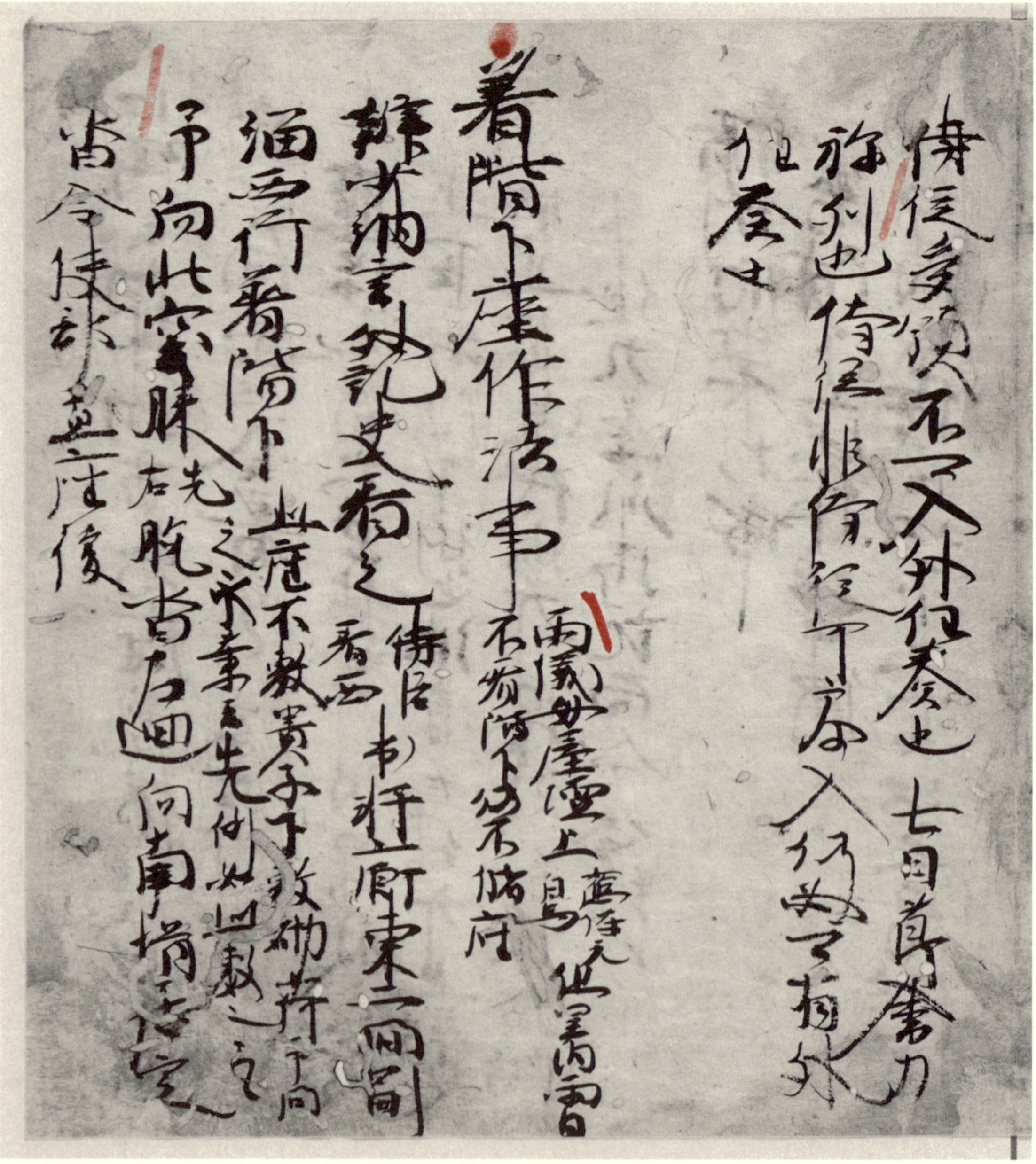

（2オ）

口傳云、向御所方着階、此儀ニ云々、ト云々

向天ニ南面ニ又令着之、家君仰

雖保元ニ日大臣在外弁、彼是服之云々

上官着階下例也、納言為外弁上首

時上官近代内弁皇服之故着階

下、但九条亭御記尚令登給候

補例同業相論

着階下座作法口傳

口傳云、侍臣以下上官以上着階下

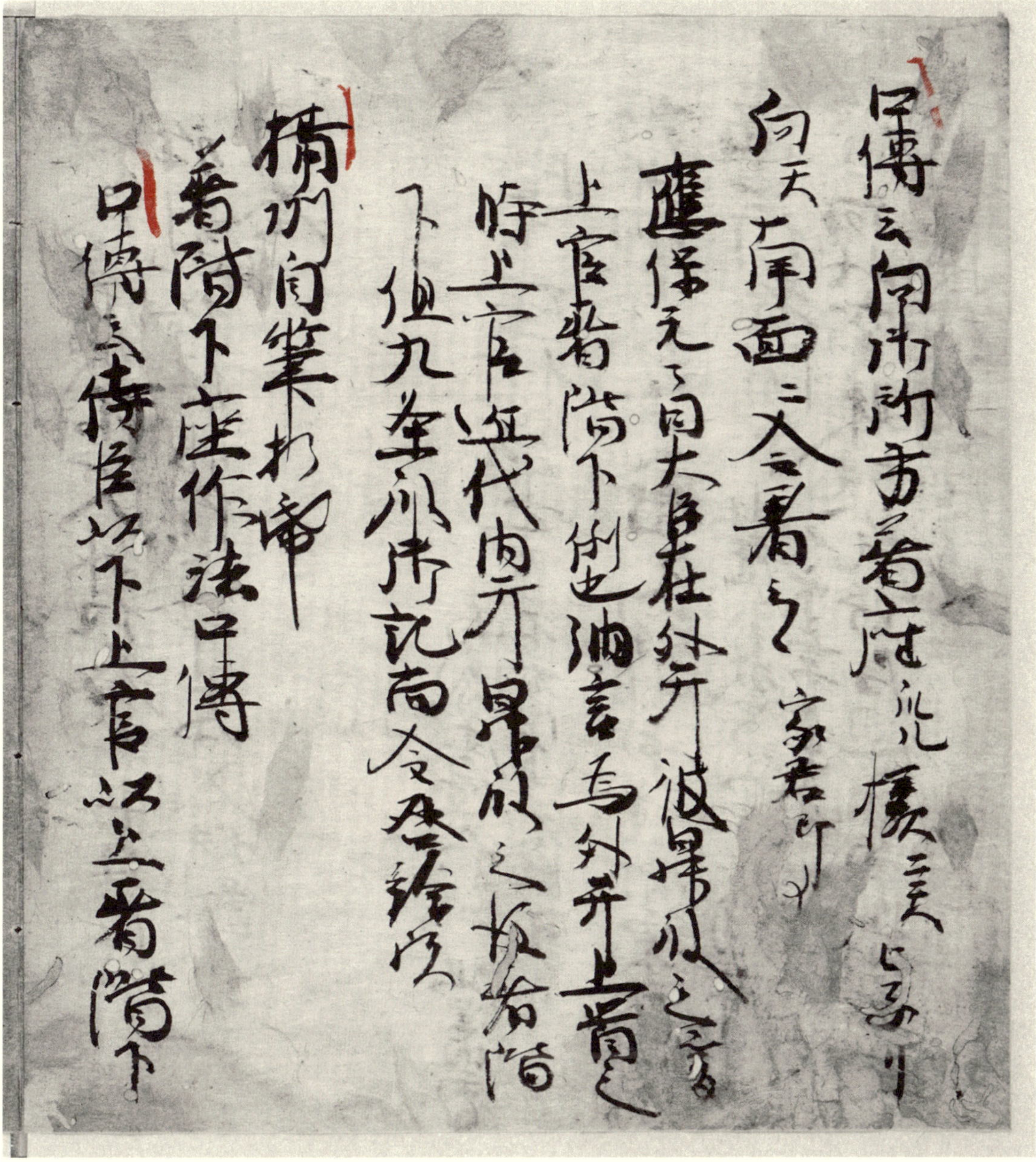

（2ウ）

座之膝突所ヲ着座ヤ出三九
ヒネリノイデ膝前ニ申定ルト
云々故ニ守傅セ

階下動座事ハ左衛門ニ昇有ル人
ヲ三下ニ三階下ニ居ヲ千状為ニ作也
但江中四三五十也之也被不ヲシ

歌向馬夫ヲ大臣者ヲ大会引曲階下
時在階下之所生下千伏
苟会市時ハ南階東西上分面故ヲ候

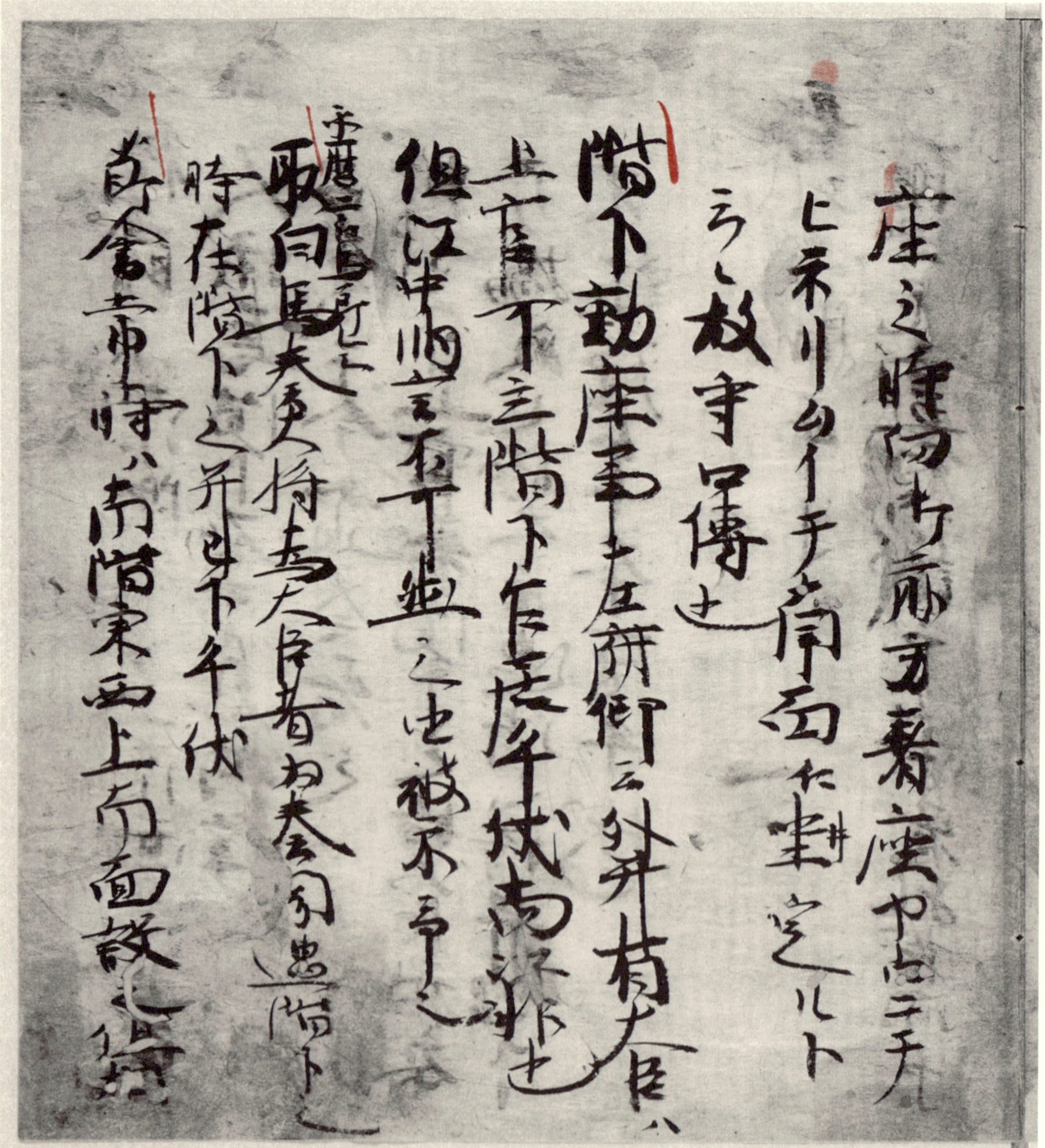

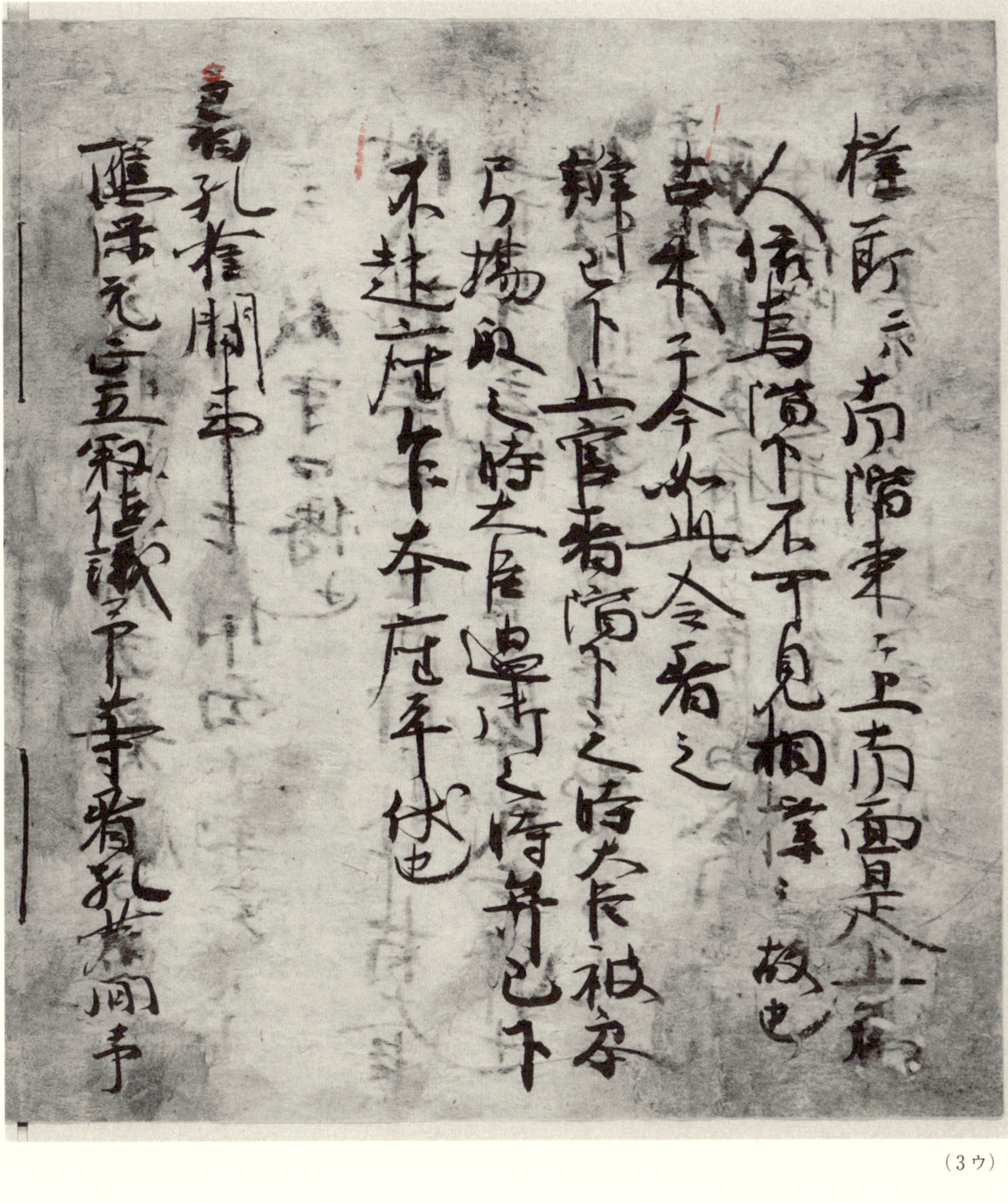

（3ウ）

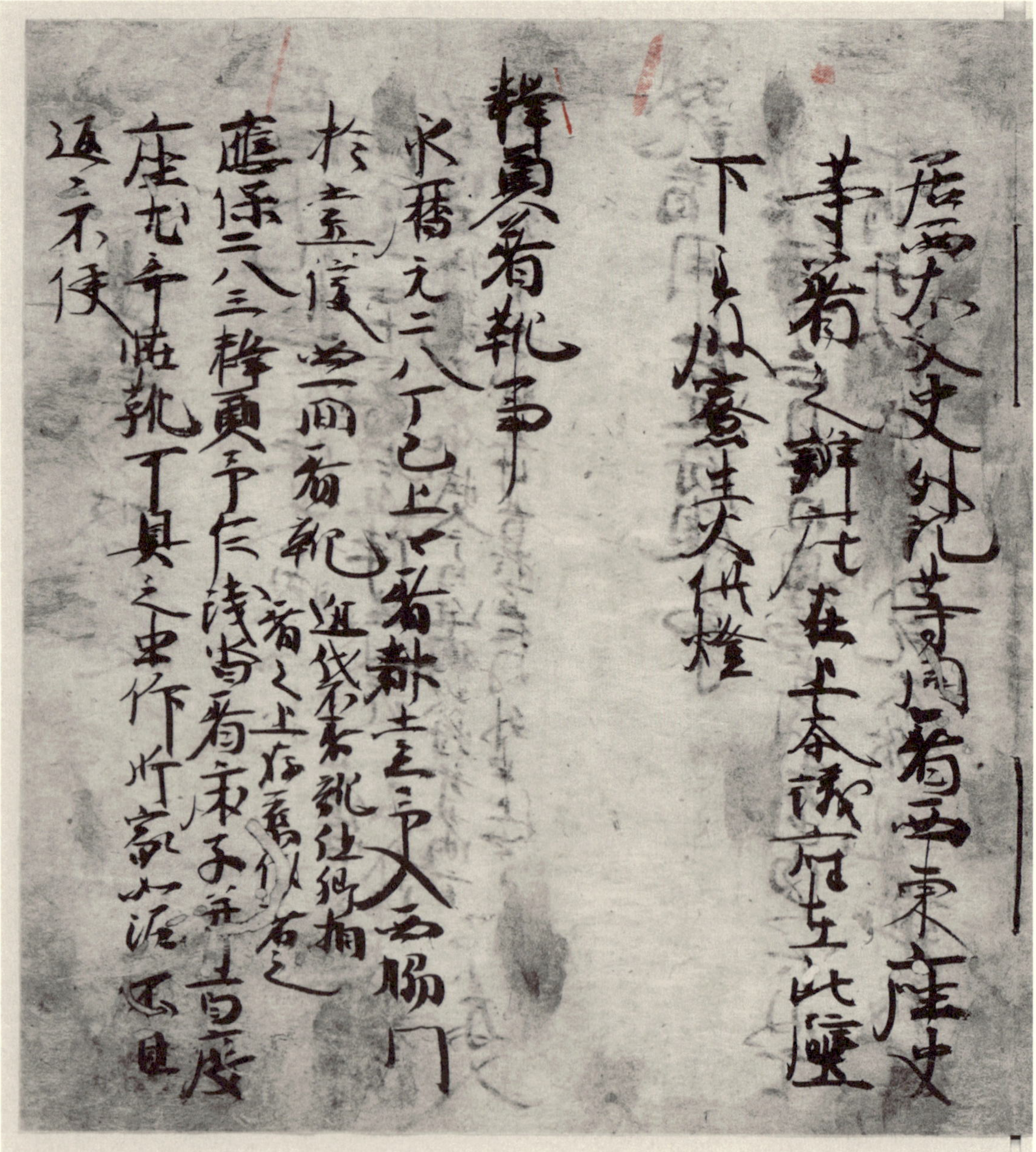
居西方文史外記等南面着西東座史
等着之弁史在上参議在上此座
下臈以意書之供燈

釈奠着靴事
永暦元二八丁巳上卿着都堂之時大夫西脇門
於立蔀後西面着靴返以衣袋靴仕綿褊 着之上在座下以石之
應保二八三釈奠予作浅沓着束子并上官六位
座也予脱靴了其之由作所家以泥但
返之不便

（4オ）

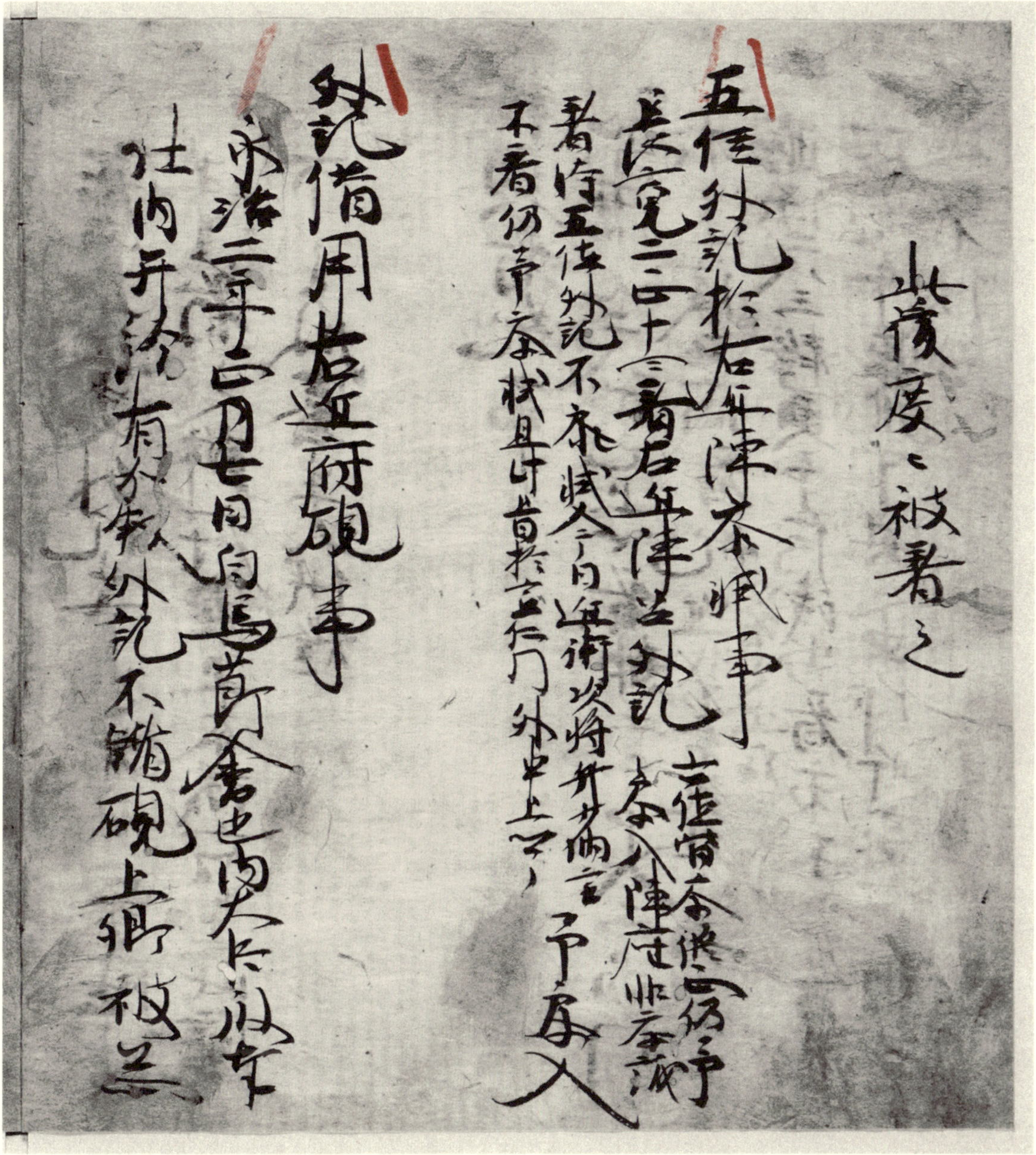

猶度々被著之

五位外記於右近陣参軾事

長寛二四十三着右近陣、出外記　六位官参候、仍予

参入陣座非参軾

着陣五位外記不参軾、今日近衛次将并少納言

不着、仍予参軾、且付旨於宣仁門外史上了

予参入

外記借用右近府硯事

永治二年四月七日、自馬寮御書也、内大臣殿依

仕内弁、於陣有此事、外記不備硯、上卿被立

（4ウ）

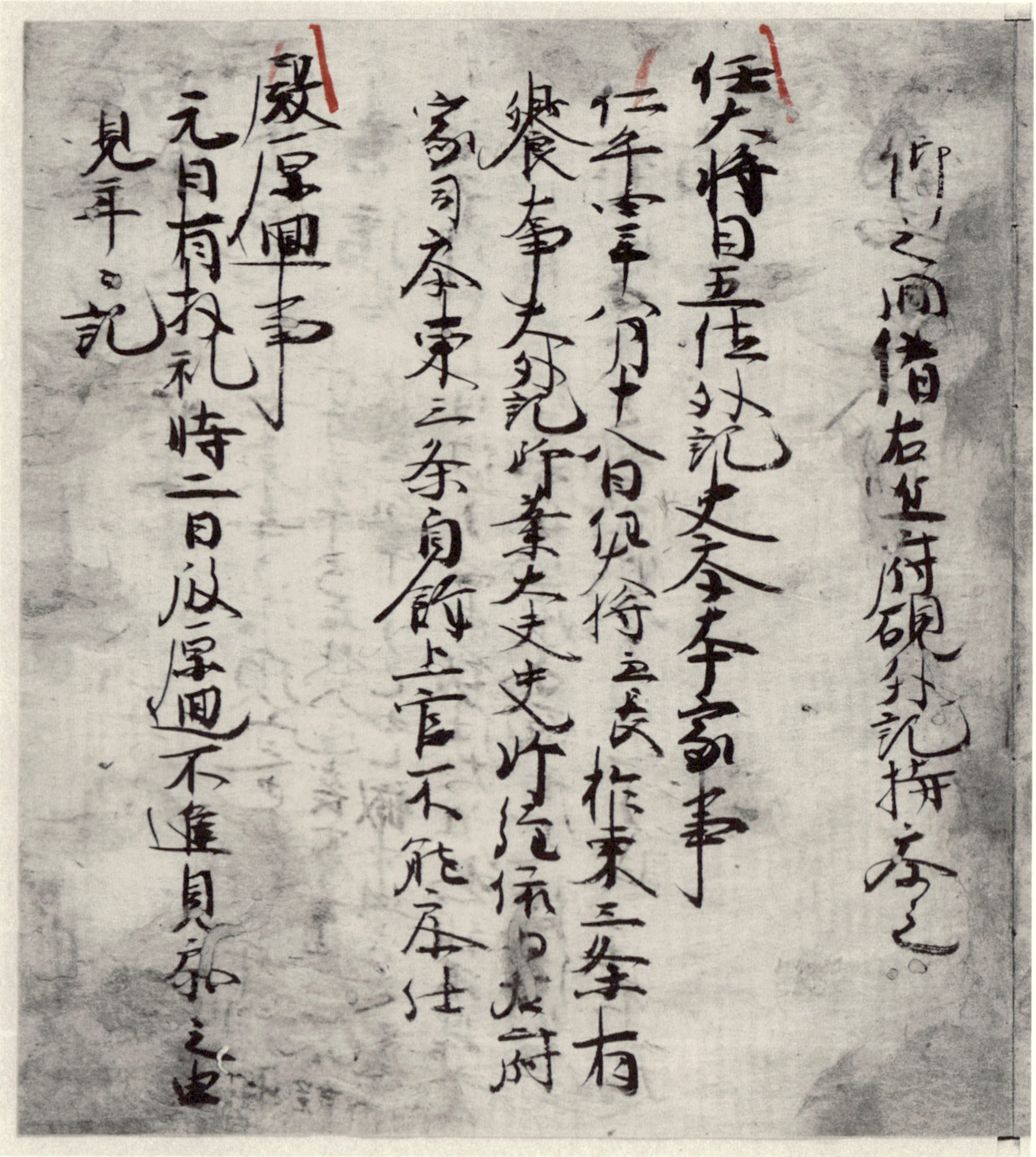

仰ノ之間借右近府硯外記擁奉之

任大将日五位外記史参本家事

仁平三年八月十八日任大将之夜於東三条有
饗大事大外記師業大夫史師経依召参府
家司参東三条自餘上官不能参仕

殿原廻事

元日有拝礼時二日殿原廻不進見参之由
見年々記

（5オ）

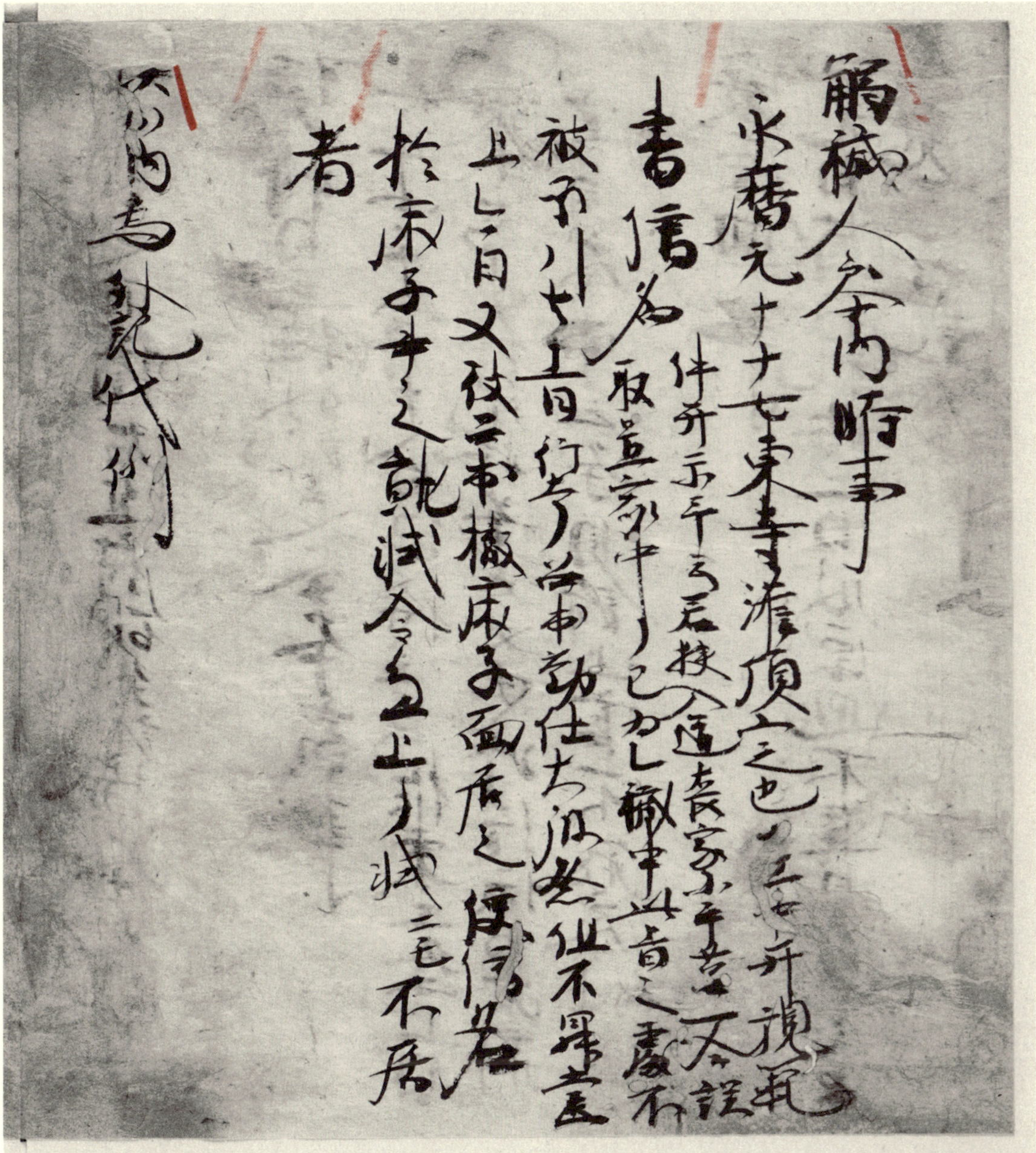
触穢人参内時事

以出納為外記代例

（5ウ）

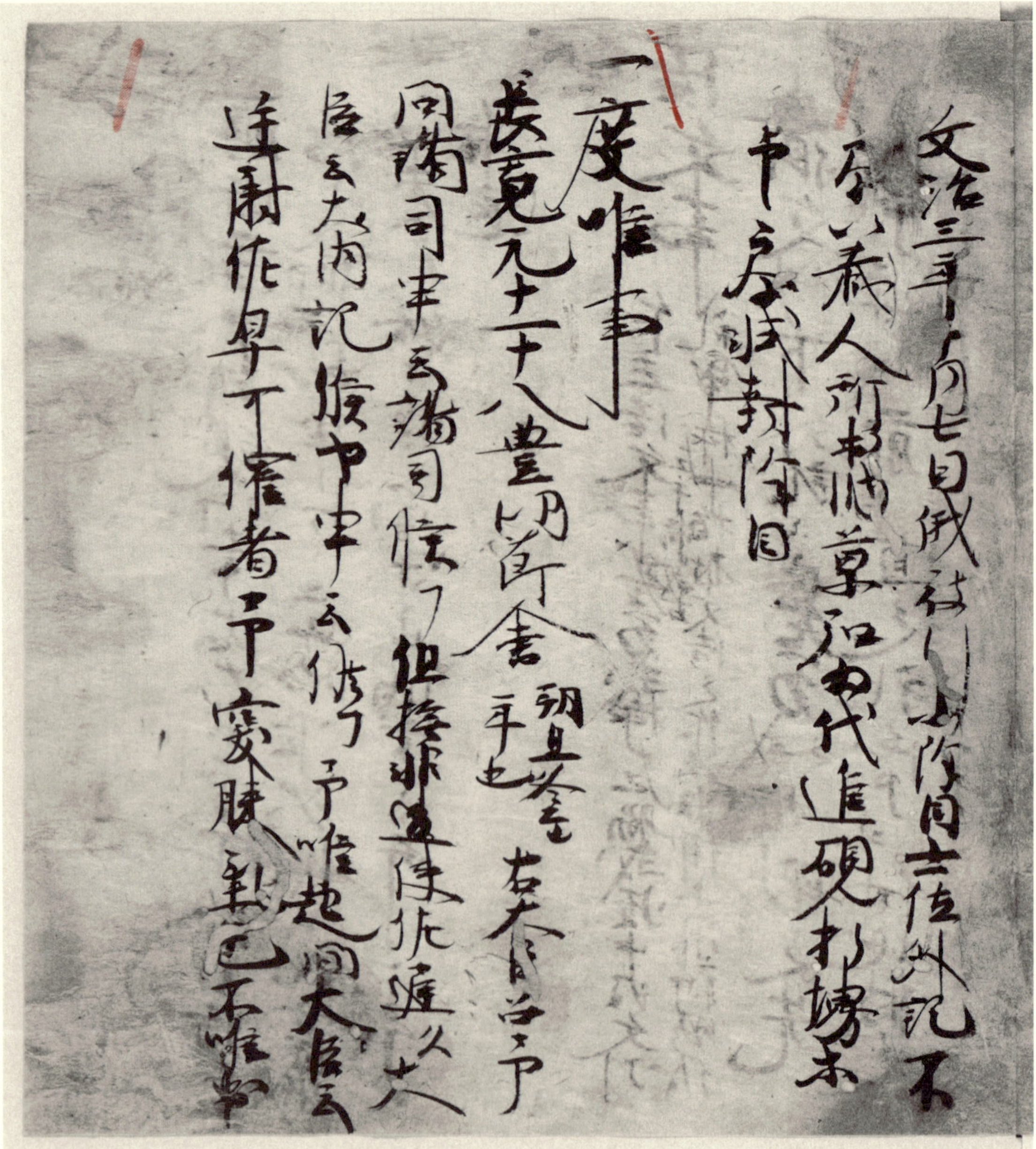

（6オ）

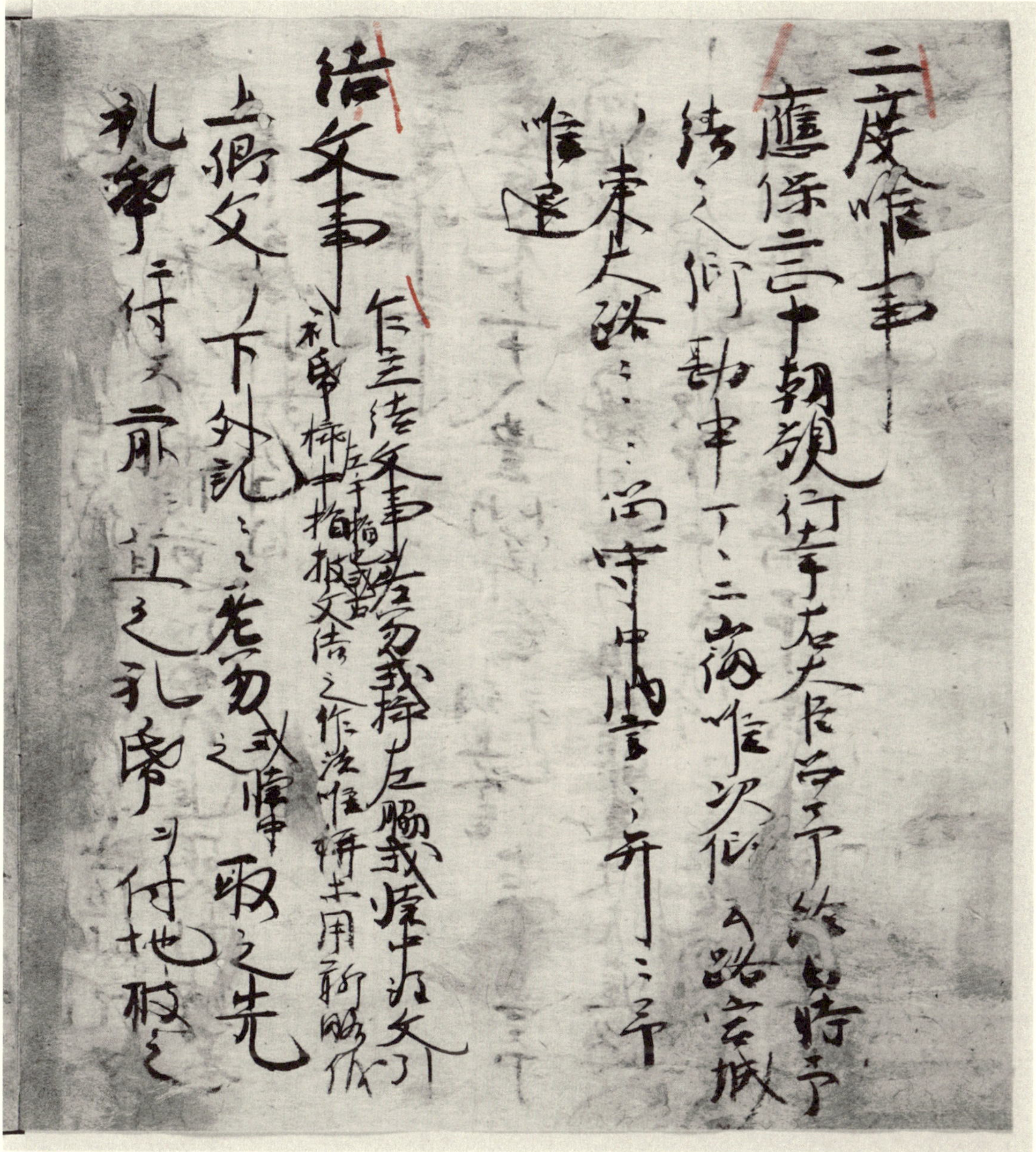
二度唯事
應保三十朔覲行幸右大臣公能時亭
結之御動中下、二度唯次依之路宗城
ノ来大路ニ〻〻尚守中納言〻弁ニ亨
唯返
結文事
作法結文事左右勿我持左腕我膝中取文了
礼紙捲左手中指取文結之作法唯将来用新聡依
上搦文ノ下外記〻〻差笏或懐中取之先
礼紙ニ付天䒭並之礼紙ニ付也被之

（6ウ）

以手展之先上天下引展之次文ヲ取テ
礼帋之上ヨリサトシテ右脇ニ挟之打
合テ於所頗用之上狗ニ執已随上狗
之執色卷之唯持之中二丁卷後之
其後加礼帋卷之副笏持座本也鏡
有裁通同所從毎一連拜佳之人有之
事不為坐作之拜佳
結文不指笏事
應佳元年九許り豆云所目上云等下治止

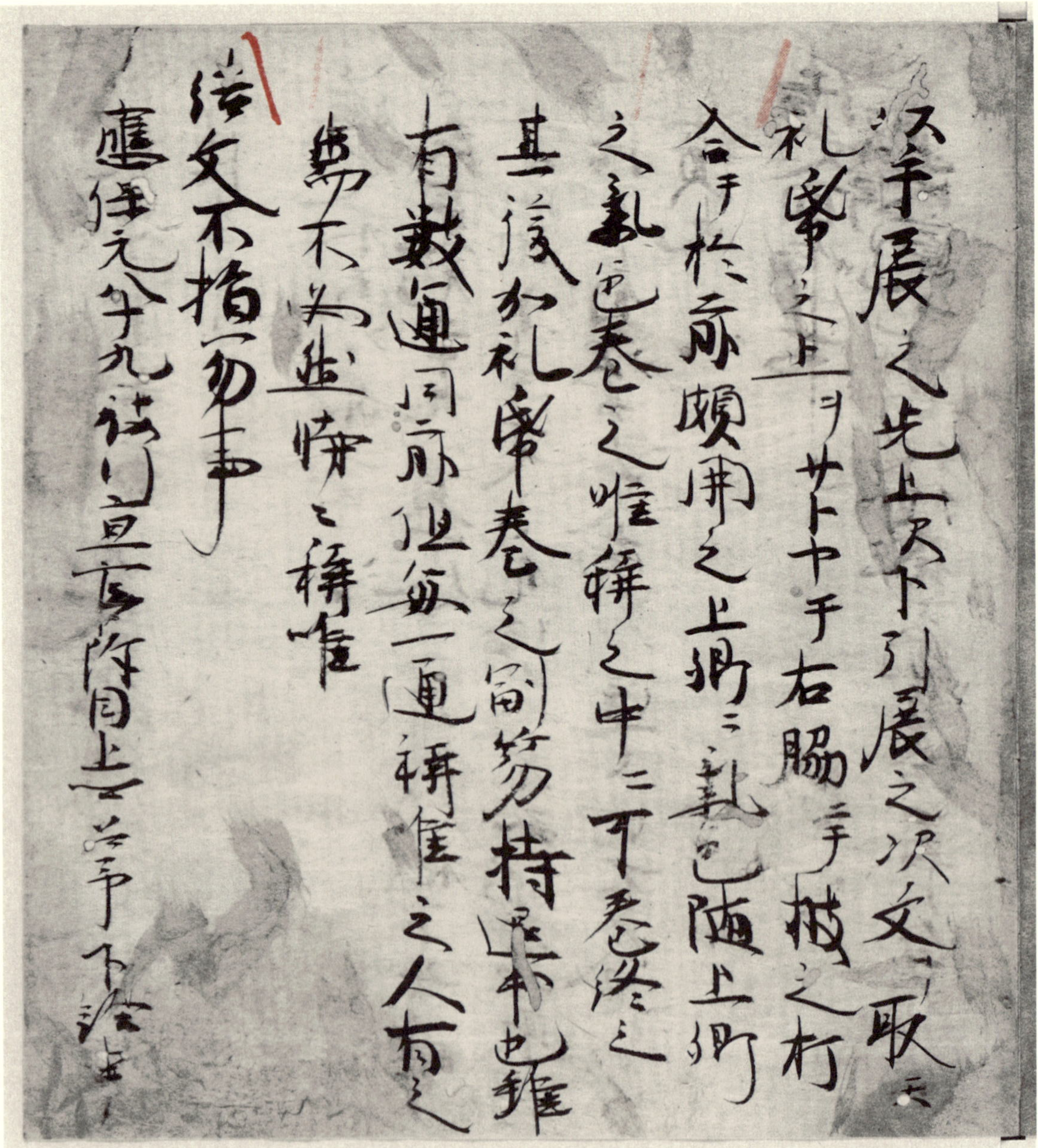

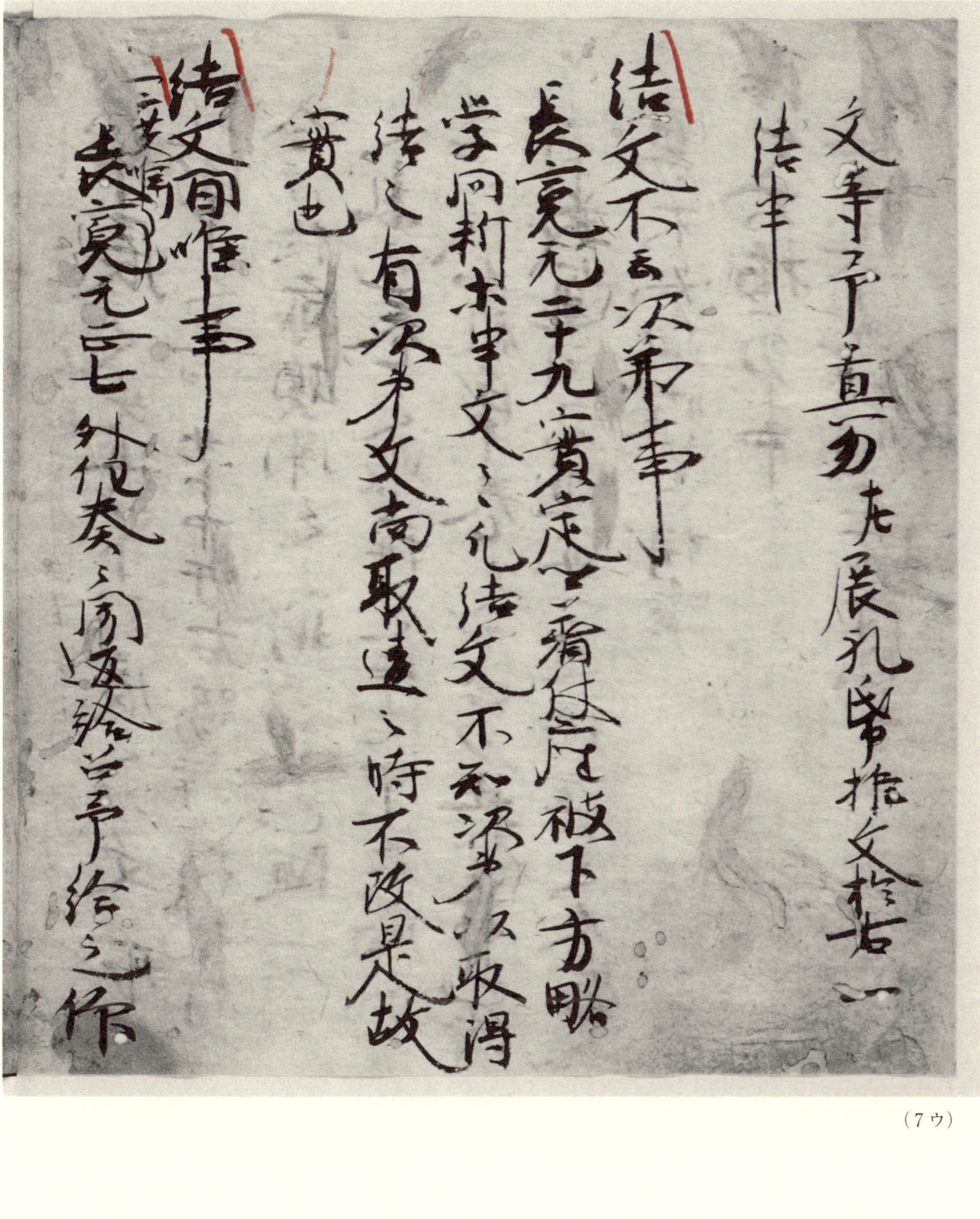
文等ヲ直勿存展孔略事指文於右一
結事
結文不云次第事
長寛元二十九宣旨ニ稱依尾被下方略
学問料米年文々乙結文不知深浅取渇
結之有深浅文尚取違之時不改是故
一賞也
結文間唯事
長寛元二七　外記奏之間依給官符給之作

（7ウ）

列ニ予唯相俯仰弓奏事ニ付不被仰達唯
内侍所ニ今度不唯給外他參次有沢作弓奏
可被仰由予侍之謬説歟并
度唯
二月九日両度貫定ニ者任庁使下方
眼学同判事文一通先治礼畢了直
前ニ展沢給天明解了法之次給判事文
三通 々々予毎度唯歯ニ音中奏見文今見
梁弟ニ々得佐之有兄弟之文並遣文並童事を加件之文不知
之時不改是歎斗
寛書十月十佐十十齢上可披便時在八省

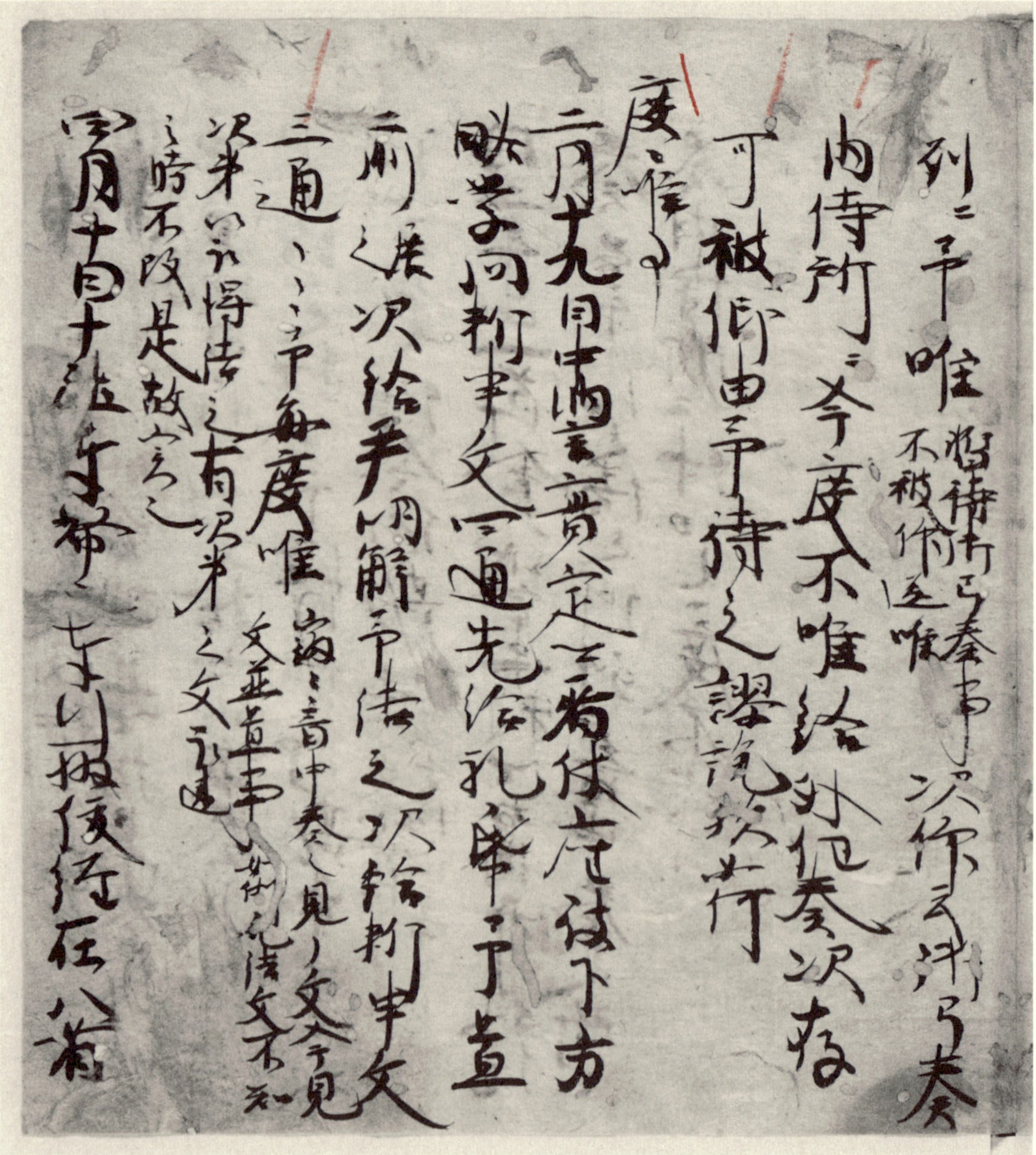

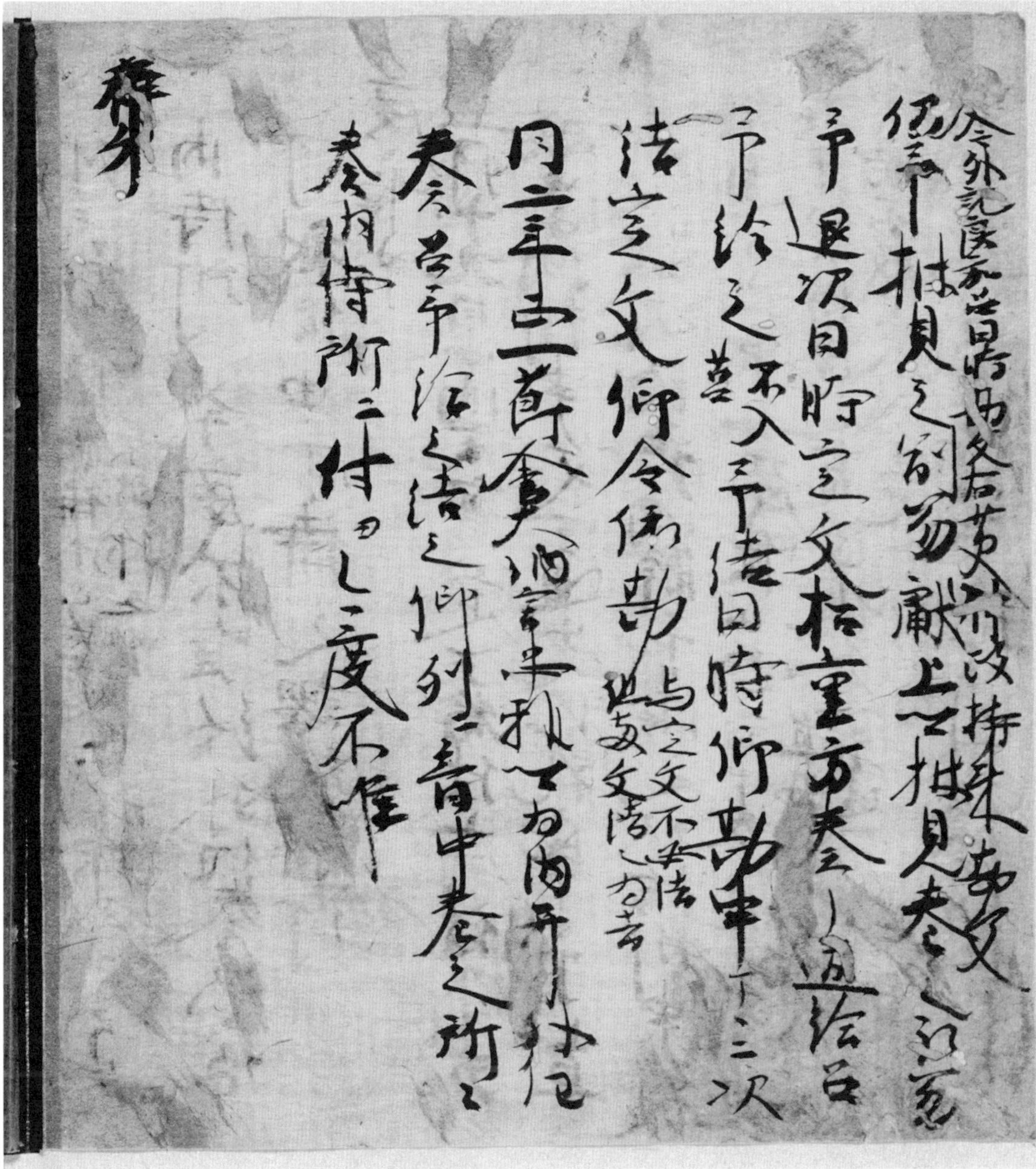

（8ウ）

〔三七頁（第二冊9オ）へ続ク〕

〔二八〇頁（第五冊2ウ）ヨリ続ク〕

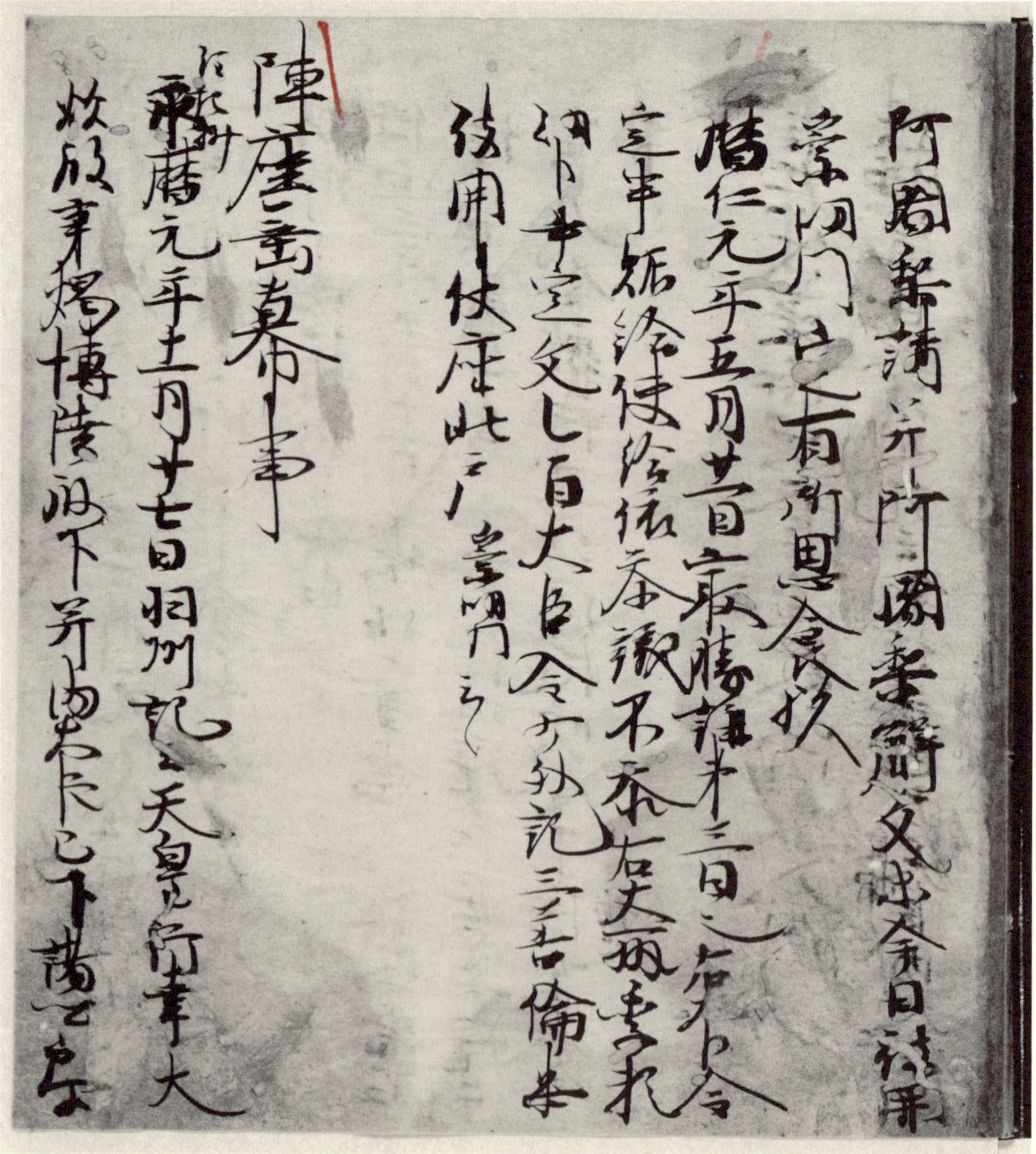

（9オ）

(手書きの古文書のため、判読困難)

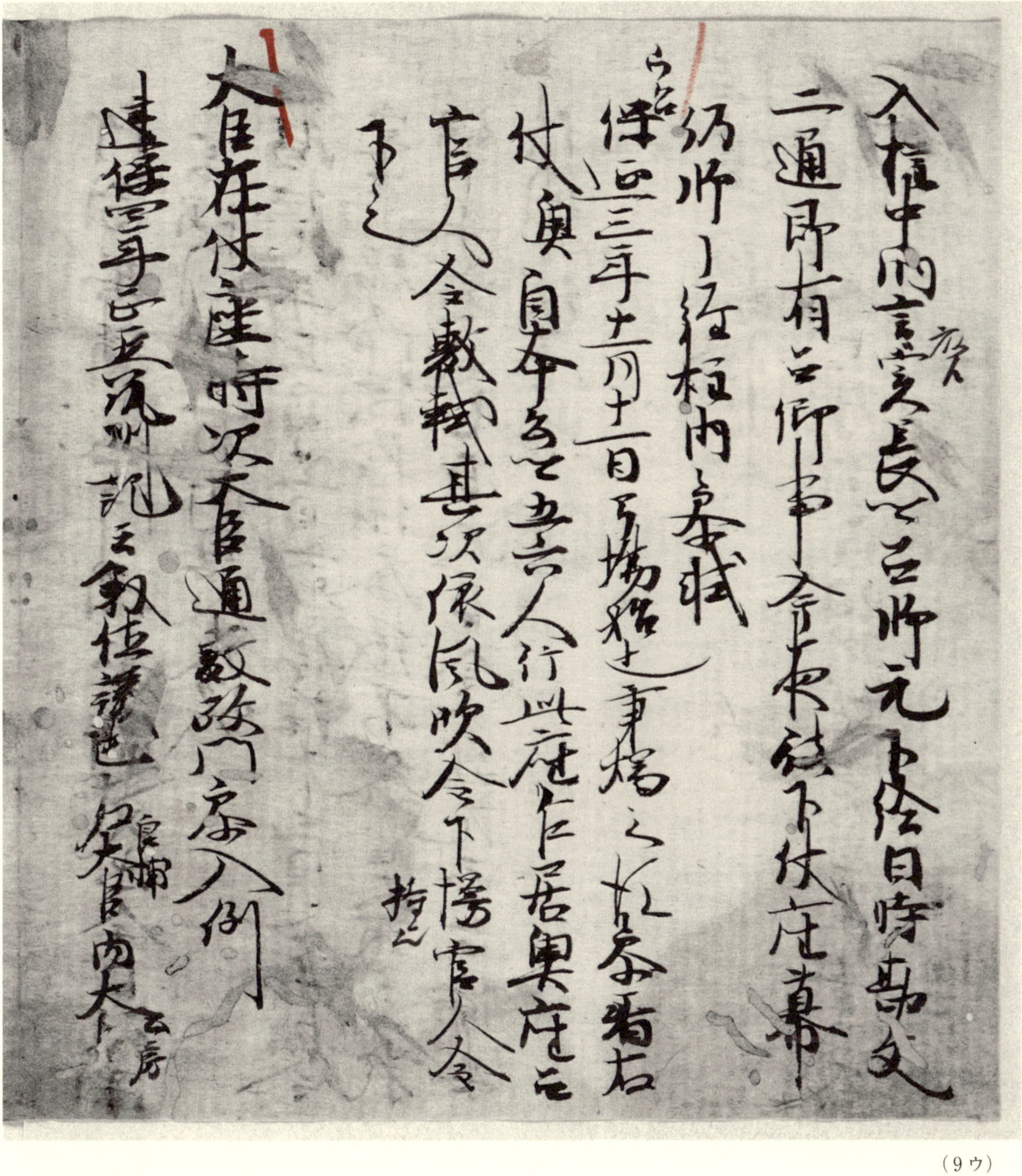

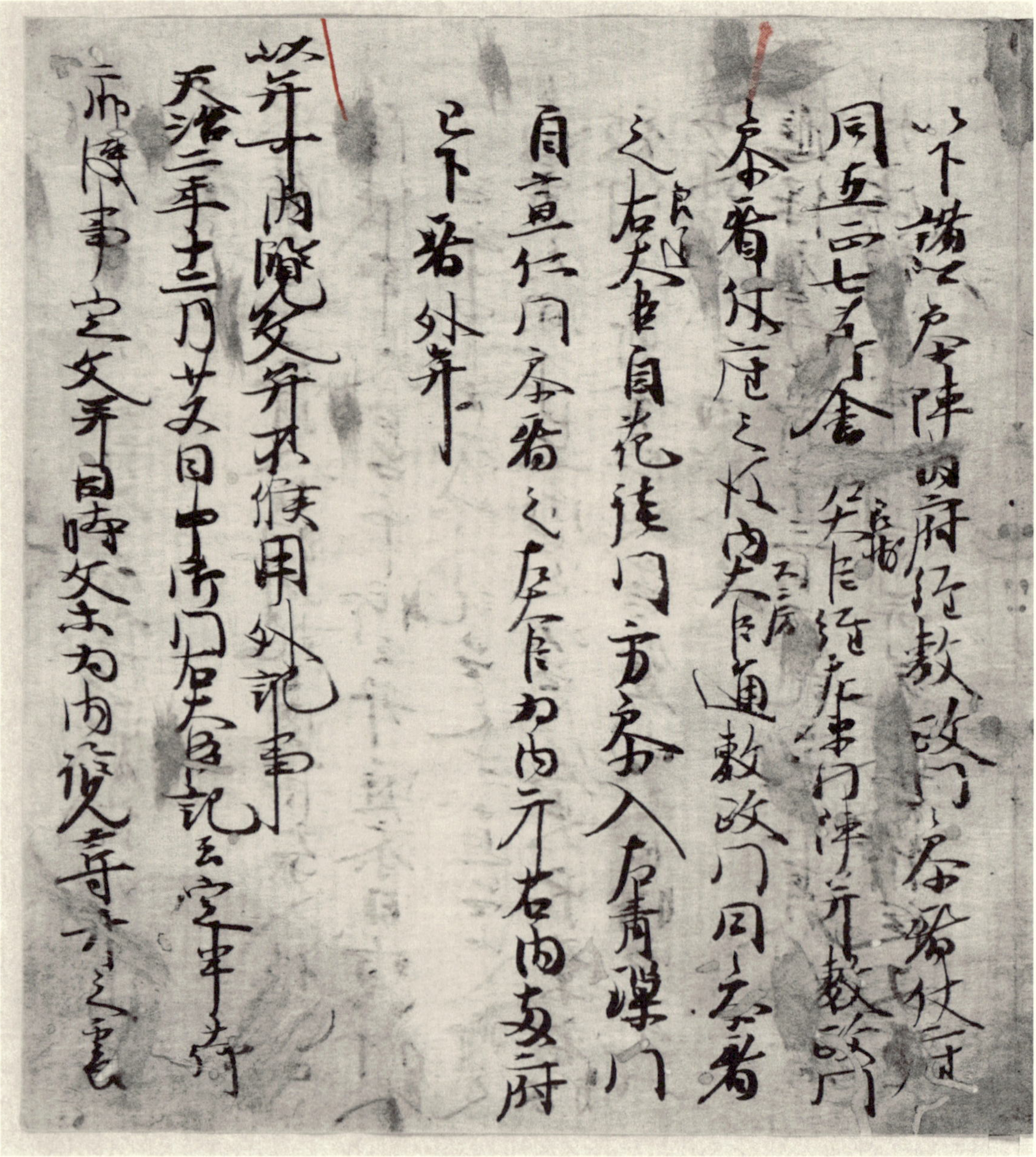

（10オ）

只今不候、仍外記令覓持政所伝、切々内々
不奏之、
永暦元年五月八日、別記云、史民宗入棟山
陳使事、太皇太后宮御日時以件人
丁酉手え、我以外記兰人或直吕史衛之
有方之間丁字可定呪合之人業、商量
彼衛之、新書已又吉復之、次日師定兵
少外記夜龜内覧之、
應保元年十二月記云、大嘗会有
故、及夜、被定早行可弁元自龍待伝之、有

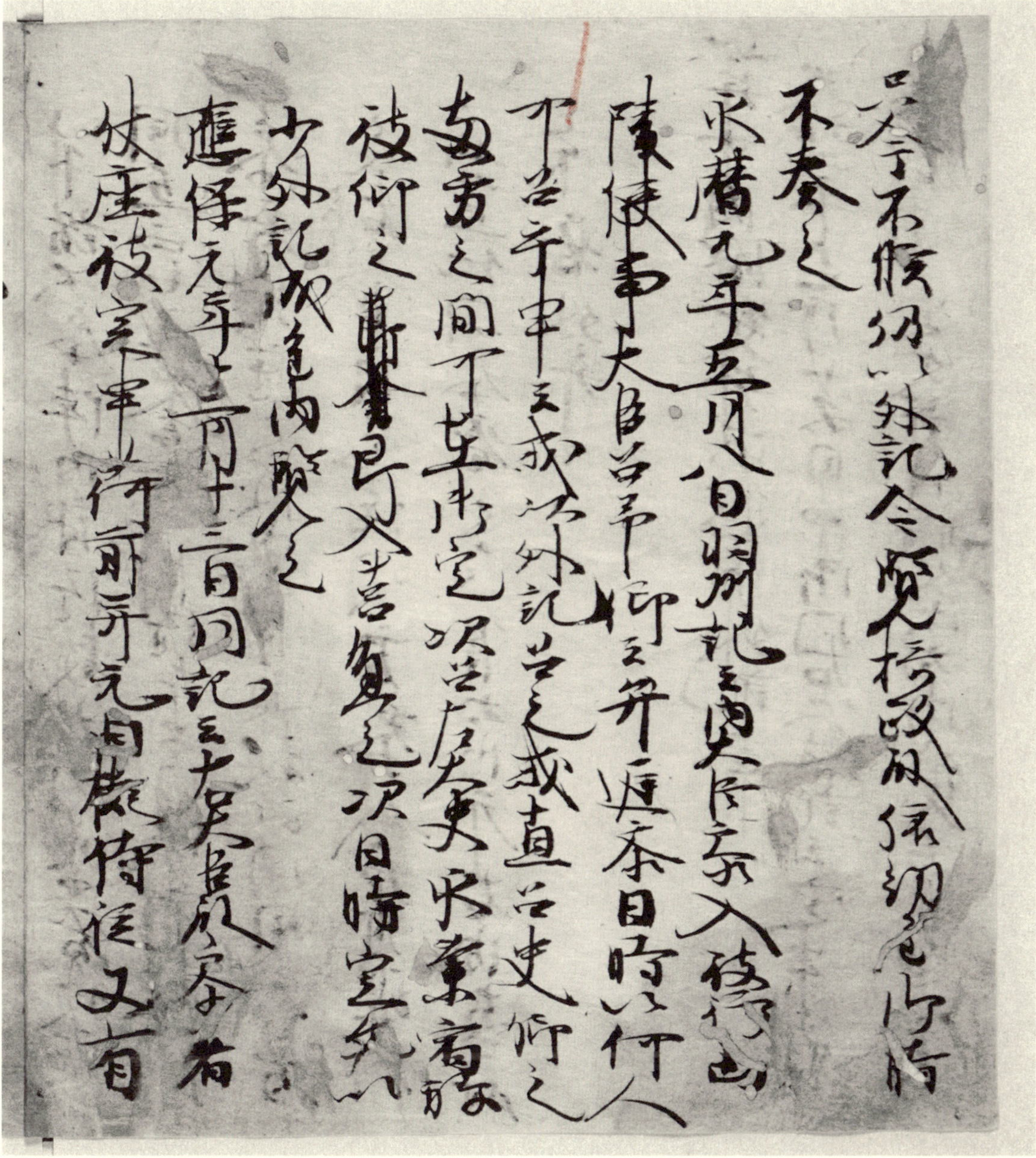

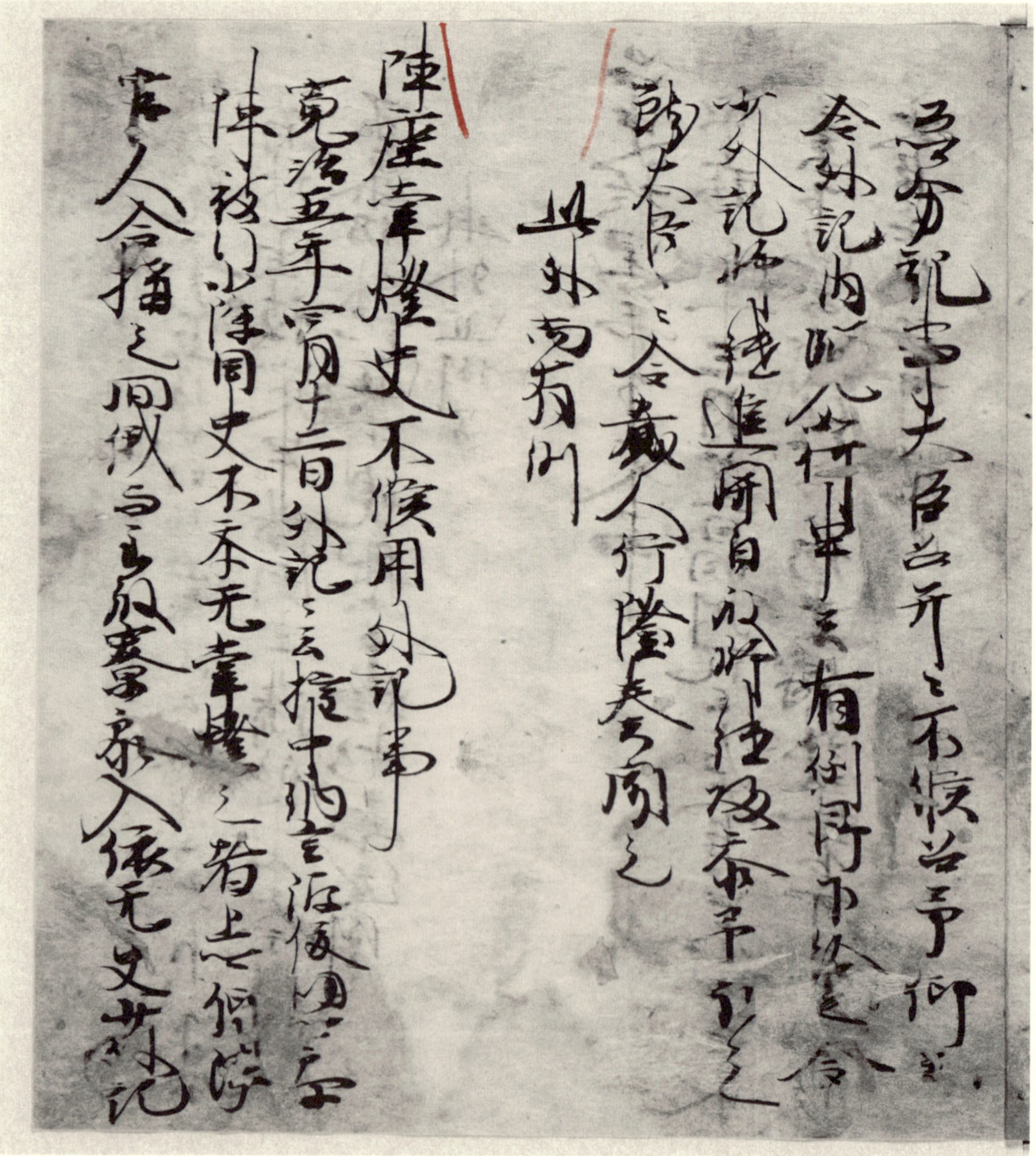

（11オ）

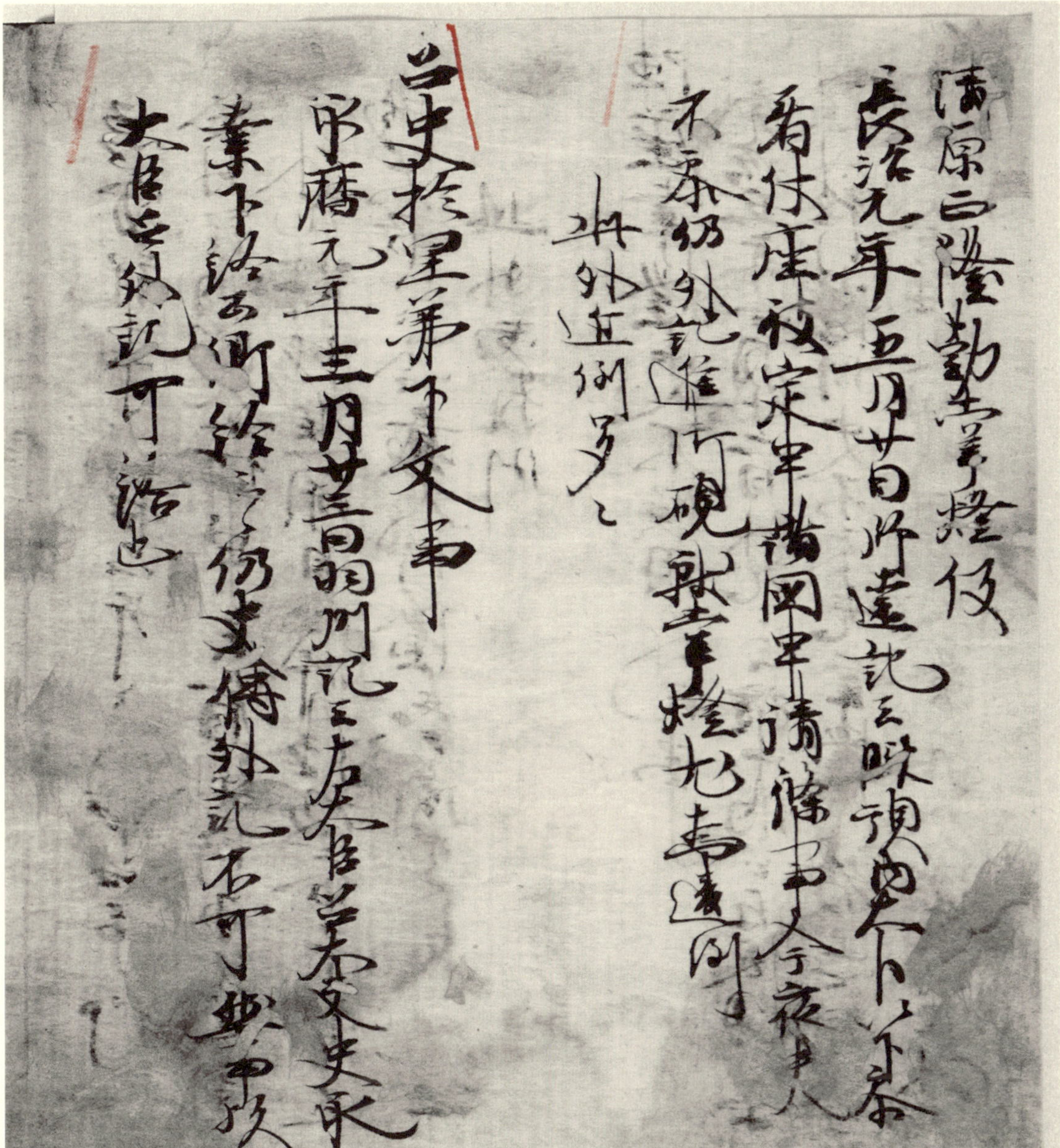
清原信隆勤掌燈役
長治元年五月廿日所違記云、晩頭殿下令参
着仗座、被定申諸国申請雑事、今夜史人
不参、仍外記経隆取硯、勤掌燈也、希遠例
此外近例多々

召史於里第下文事
永暦元年三月廿三日明月記云、左大臣召左史永
業下給文、御給之、仍史儀外記不可然、申段
大臣無知記可之語也

（11ウ）

大臣夜陰参陣入敷政門例

天元三年記云、春日祭也、入夜参着仗座消息

堀河右府
右大臣参入敷政門、着奥座、自河移外行事

保延四年十二月廿六日記云、弟焉之参内、皇居土御門烏丸、経
陣立同大内
敷政門、候左仗奥座、二間西方
今案之減

十二月八日同記云、有陣座陰目下勤執筆、家時参内
歴左衛門陣并敷政門・宣仁門、着陣奥之座
今案之減

應保二年十二月十三日記云、寧焉右大臣参陣被定
内大臣
中元日候侍従、着門、亦使、次経康子、亦敷政門

（12オ）

仗座後
同廿三日記云幸輔由大下陣ニ率陣隨番花宣陽
門來子所廿直着外座候行於所亦下
連候云天候無蘇堅殊
卜請下見陣内大臣従議也入夜左大臣内大臣
同廿六日記云諸歌詠云還来焉已後内大臣従
陣又洞院此門従來子座東小戸自敷政
従来入黒人之而為宣有子洞於大下受初
従動由并

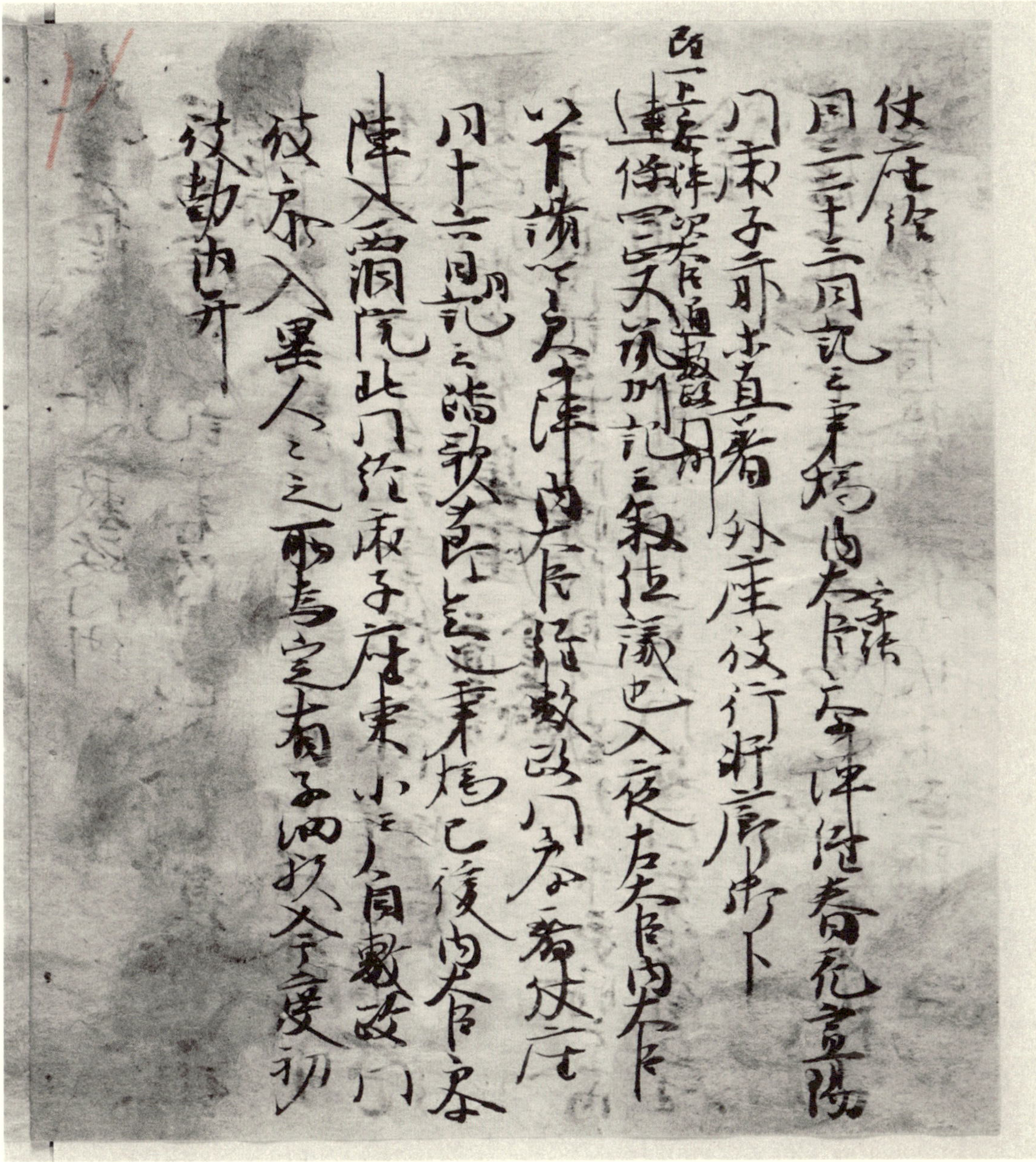

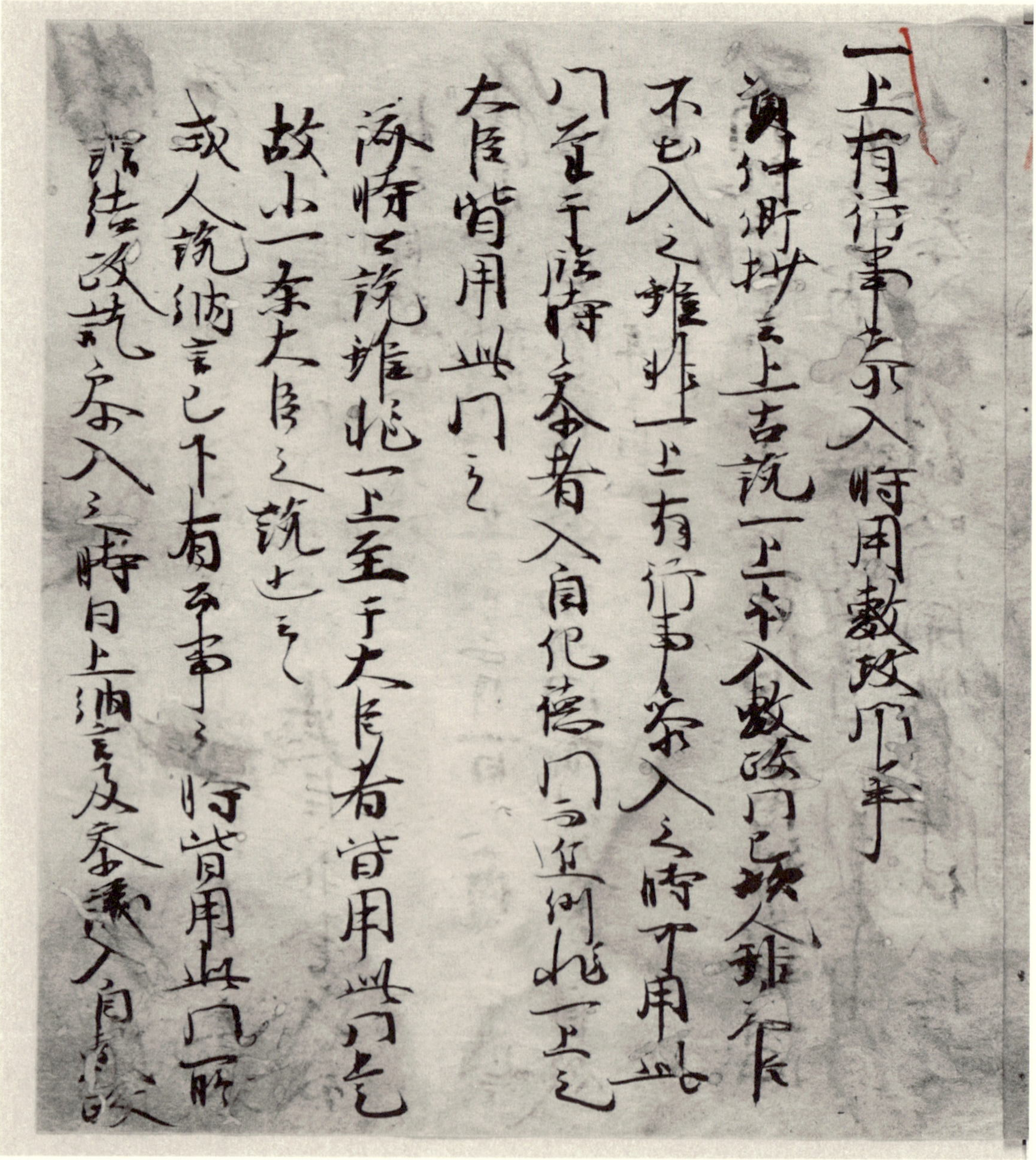

一上有行事参入時用敷政門事
頭付衛抄云上古説一上卿入敷政門已次人雖官長
不必入之雖非一上有行事参入之時可用此
門至于陣時参者入自化徳門近例也一上之
大臣皆用此門云々
海将云説雖然一上至于大臣者皆用此門也
故小一条大臣之説也云々
或人説納言已下有事之時皆用此門所
謂結政訖参入之時自上納言及参議入自敷政

（13オ）

一又経敷政門請印之時弁着射場所之云々
也自此門云々又云納言已下雖昔即参自参
自化徳門況於陽明参者但大臣ハ参會者放
桐引自敷政門参入之
清水云々　長中納言記説　治安三年正月一日戊寅云々中納言
道方参議云信お舎陽明門桐ノ参内之入自敷
政門云々　年中行事記　次件
同記云万寿元年正月一日参内引陽明門間
依雪大涌　能信及他公卿七八輩参入門下之
雷已来入欲入敷政門所白着洋候入候是宜

(13ウ)

着陣諸卿同着之、左大臣未着座云々〈宇治殿、時関白、〉
内大臣及大納言斉信自敷政門参入、同斉信
可見左大臣在座、更還敷政不入此門、彼大臣言云、
故一条太政大臣説云、上臈大臣先着陣座、同
云、後納言已下従門外下臈大臣自敷政門
参入之時、至于納言已下者、早可還敷政依
大臣先着座之由云々、大納言行成又有此事、而
不還敷政、依内府同参入、彼行成雖納言被
大臣参入之時、何可憚上臈之大臣在座乎
云々、右府命云、彼是之説各非無其謂歟

（14オ）

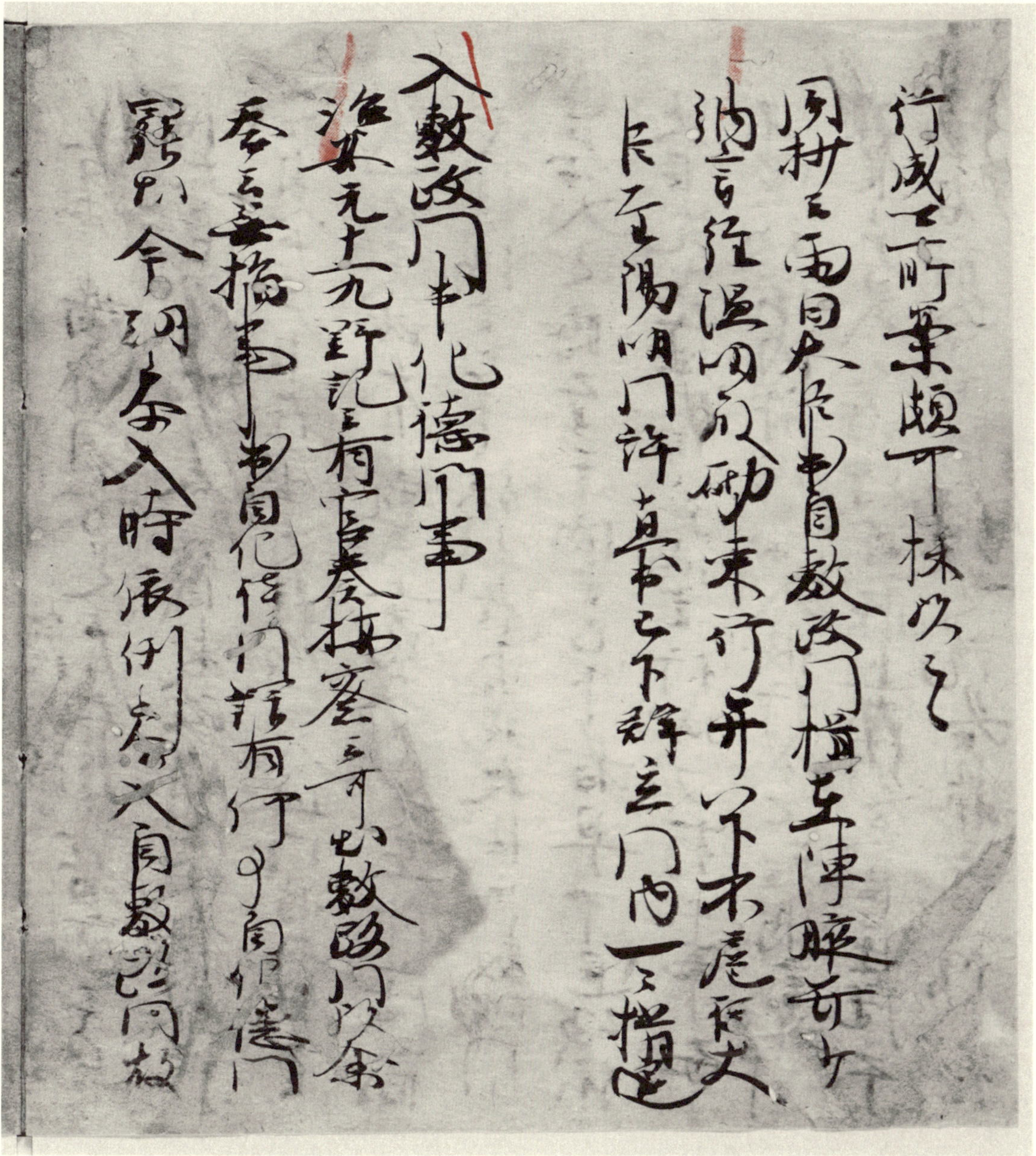

（14ウ）

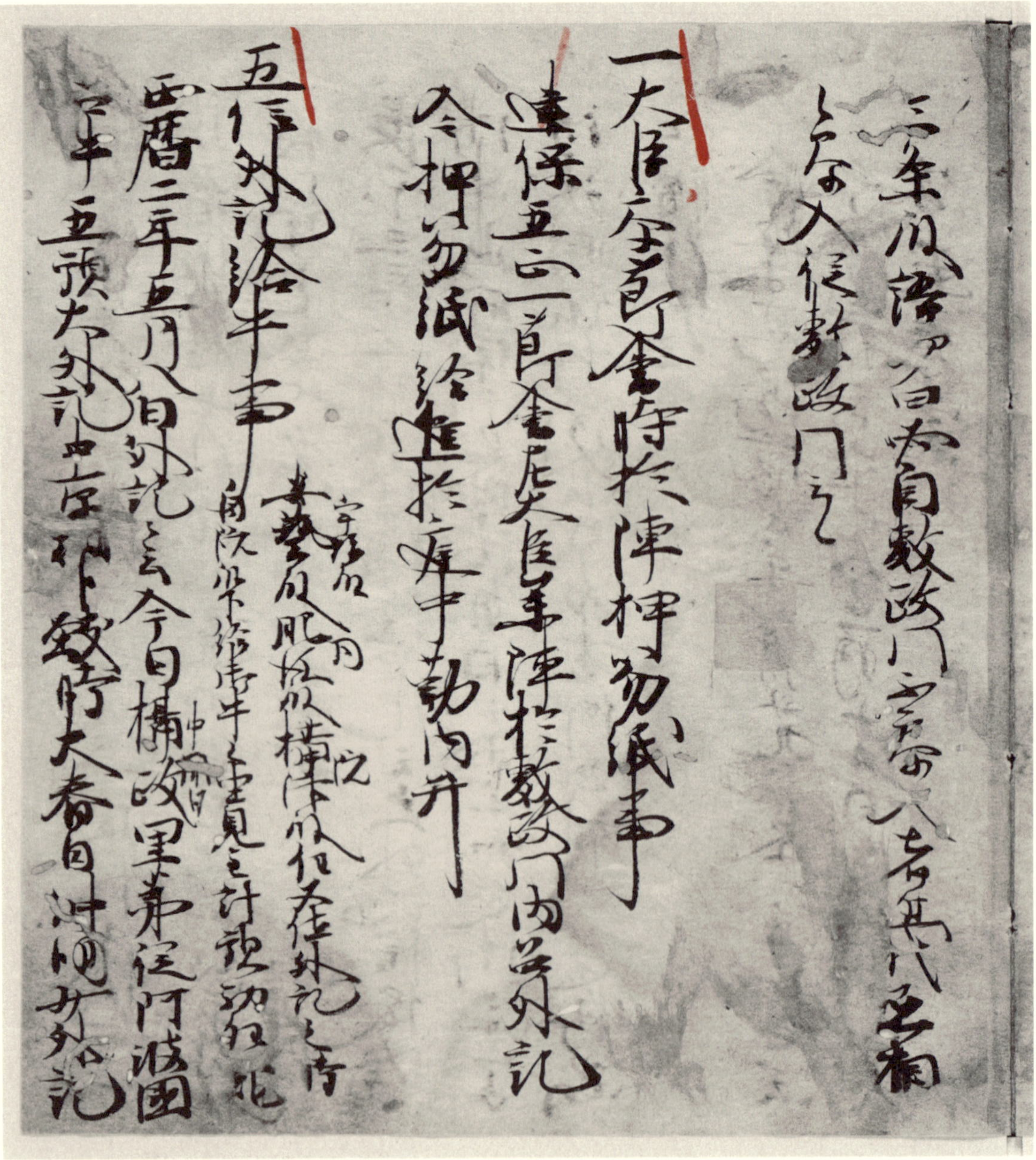
一大臣参節会時於陣押笏紙事
五位外記給牛事

（15オ）

槻菴言夕未聞定章參一頂陸〈三〉
頂者依摃廿外記上達之旨死揩改畢
伎畢之是希有之事也
長元三年三月有物隆三記云外記信俊給
伕牛此間依街各役燕毎日奉上和之所名字
況決同有肉食之輩書所以別書之所當
一云惰馳戶
今柴高湯院十手二百九匹奉太上天皇云
今年宗二言在庄仲二月十五日三后同政記
宰上馬泰字

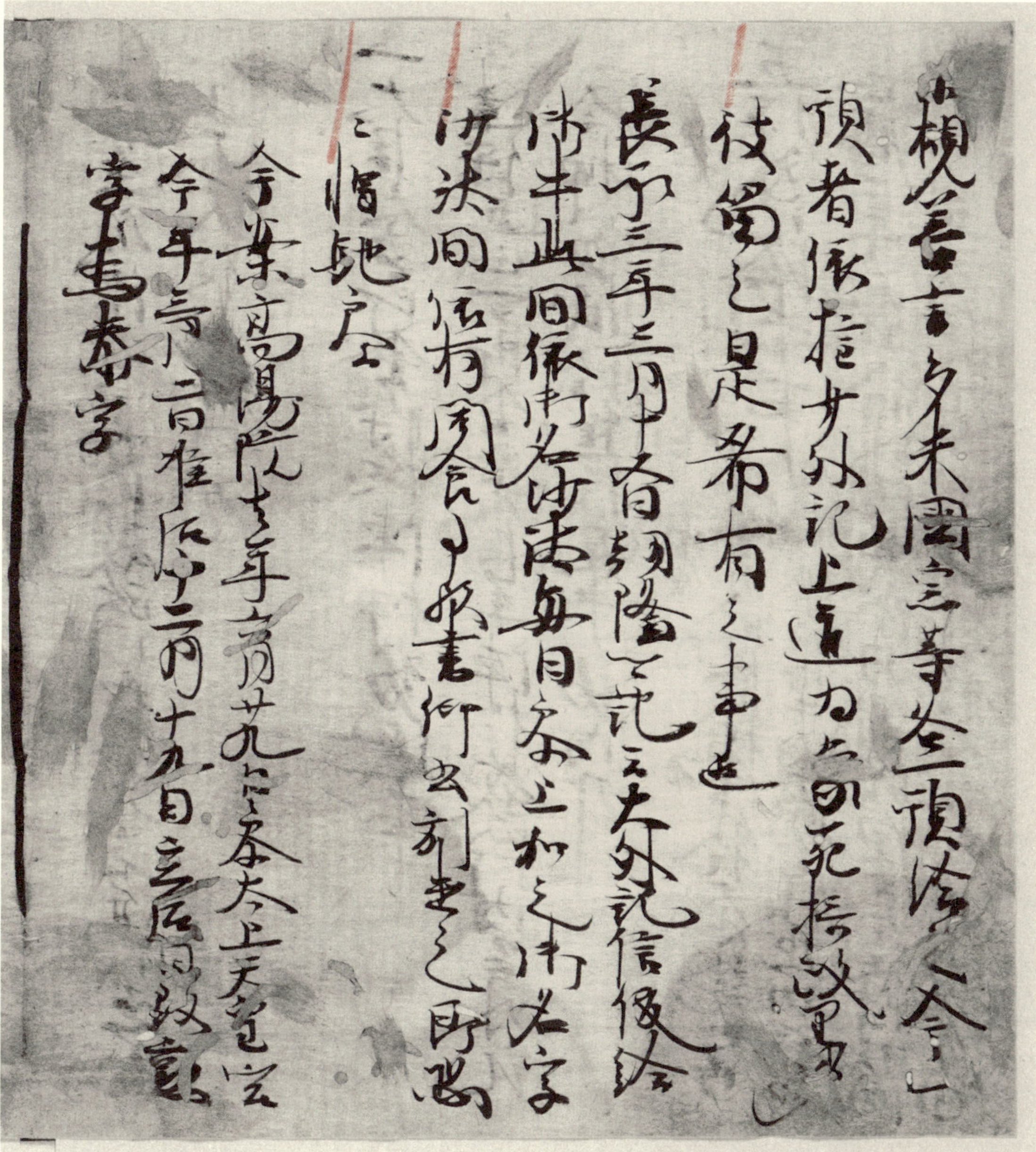

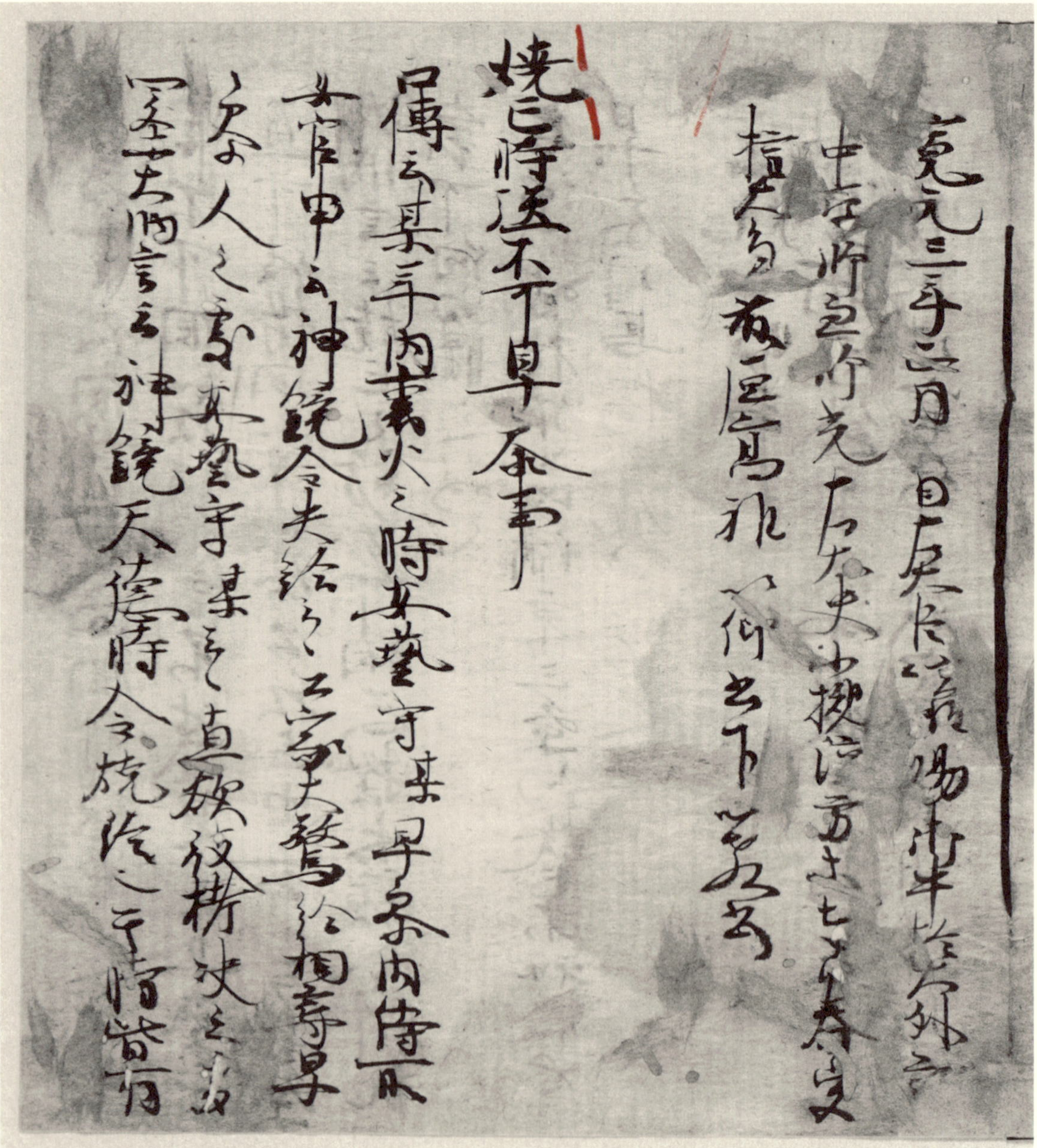

寛元三年二月　日、辰[illegible]陽明[illegible]牛給外記[illegible]
中宮御方[illegible]左大史小槻[illegible]
[illegible]

焼亡時強不可早参事

傳云、某年内裏火之時、外記某守某早参内侍所
女官申云、神鏡令失給了云々、大驚、令相尋早
参人之處、外記某守某之直廬被[illegible]
四条大納言云、神鏡天徳時令焼給之、于時皆[illegible]

（16オ）

其儀一々被相計之、而相叶被申、一者無
官不可相知歟、按納言不被責之、安藝守
直可被拷問之身也、参否私無由事也、宰
大納言云、焼亡之訪不可相尋、為按察被令刷衣
裳、可向相撲之故也
右衛門督被仰、依長清事三条向焼亡不知定者
早参門、為揖之人々咲之
内裏焼亡時事
外記先相尋、然而不可取驚、又可尋
陣座所出官外記之外、官人大炊大外記陣守

（16ウ）

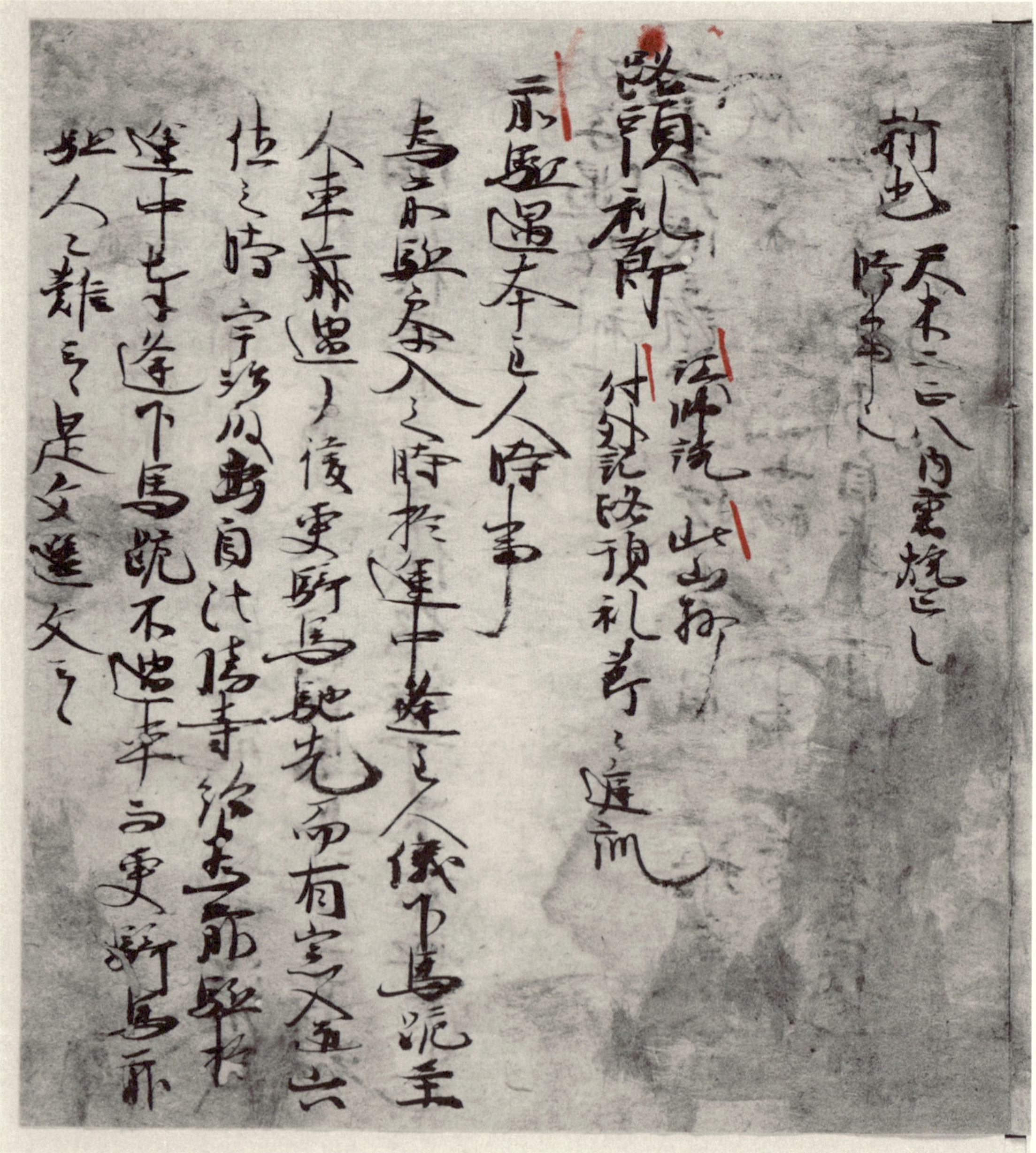
前也　天永二八内裏焼亡了
時事也
路頭礼節　江師説　此書
付外記路頭礼節之遅而
前駆遇本主人時事
為前駆奉人之時於途中逢遇主人儀下馬既
人車前遇人後更騎馬馳先而有宜六
位之時宇治殿自法勝寺給来前駆於
途中奉逢下馬既不騎了而更騎馬前
此人之難已是文選文也

（17オ）

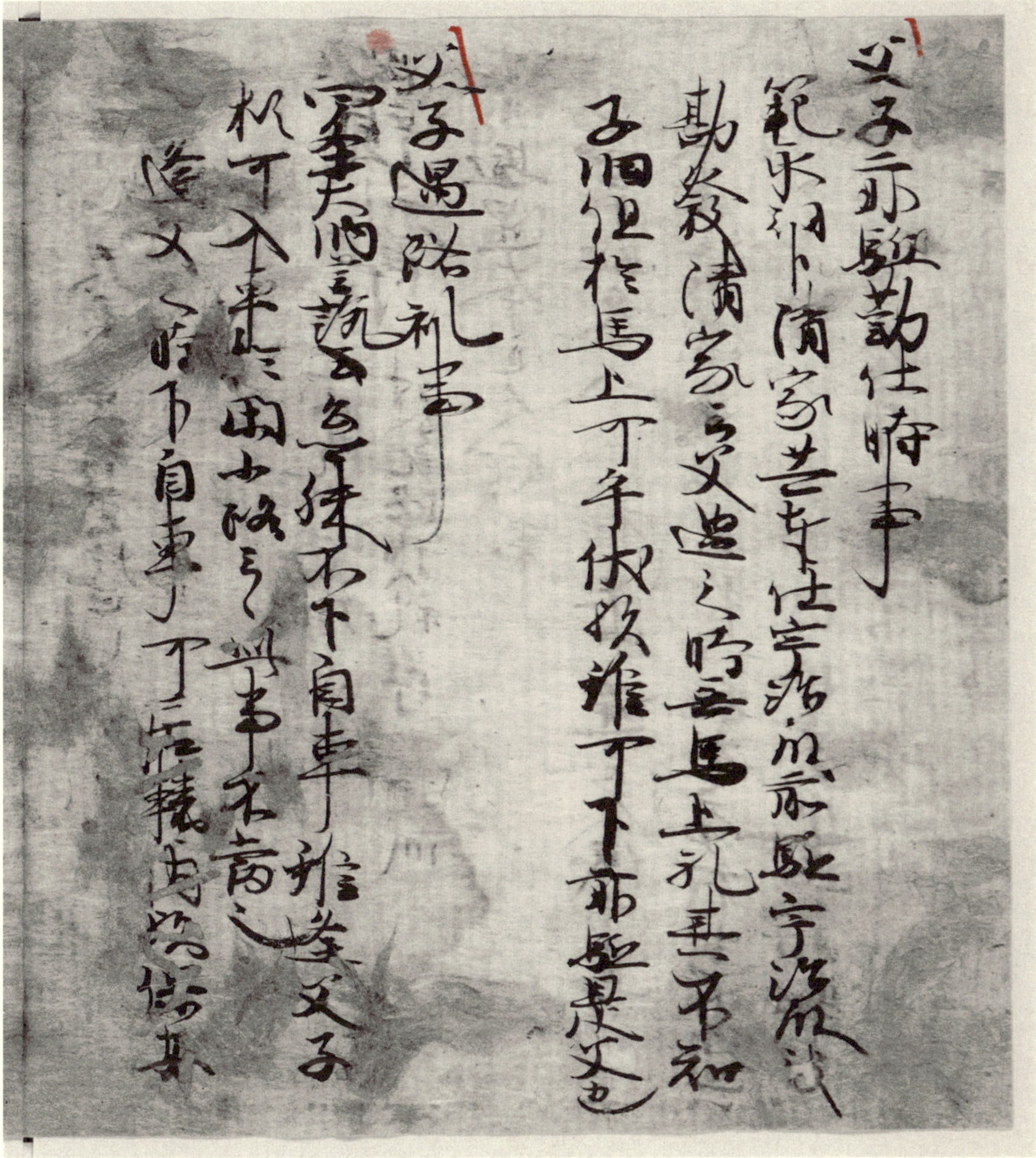
父子前駆勤仕時事
範永朝臣清家并任宮路前駆宇治殿
勤役清家之父遇之時下馬上礼其不知
子細但於馬上下手依恐雖可下前駆是也
父子遇路礼事
[illegible]不下自車雖逢父子
[illegible]此事不審
路父之時下自車[illegible]

（17ウ）

父子遇路礼事

寛平二月廿日家君従行幸還
御父子共路中事故従行以後
車下可不哉下車揚立子新車以此及
父不干前抱而還九条以北にて下乘
経召罪下車又下車仍てあり
宇治殿与二条殿隆路事宇治殿二条
相去馬二丁余仍随分立利仁車馬入
傍中路不下車過之後有下馬立札
宇治殿拳車薦見且感立利経又従行
我随分有右流左永々老今日丁樞立利

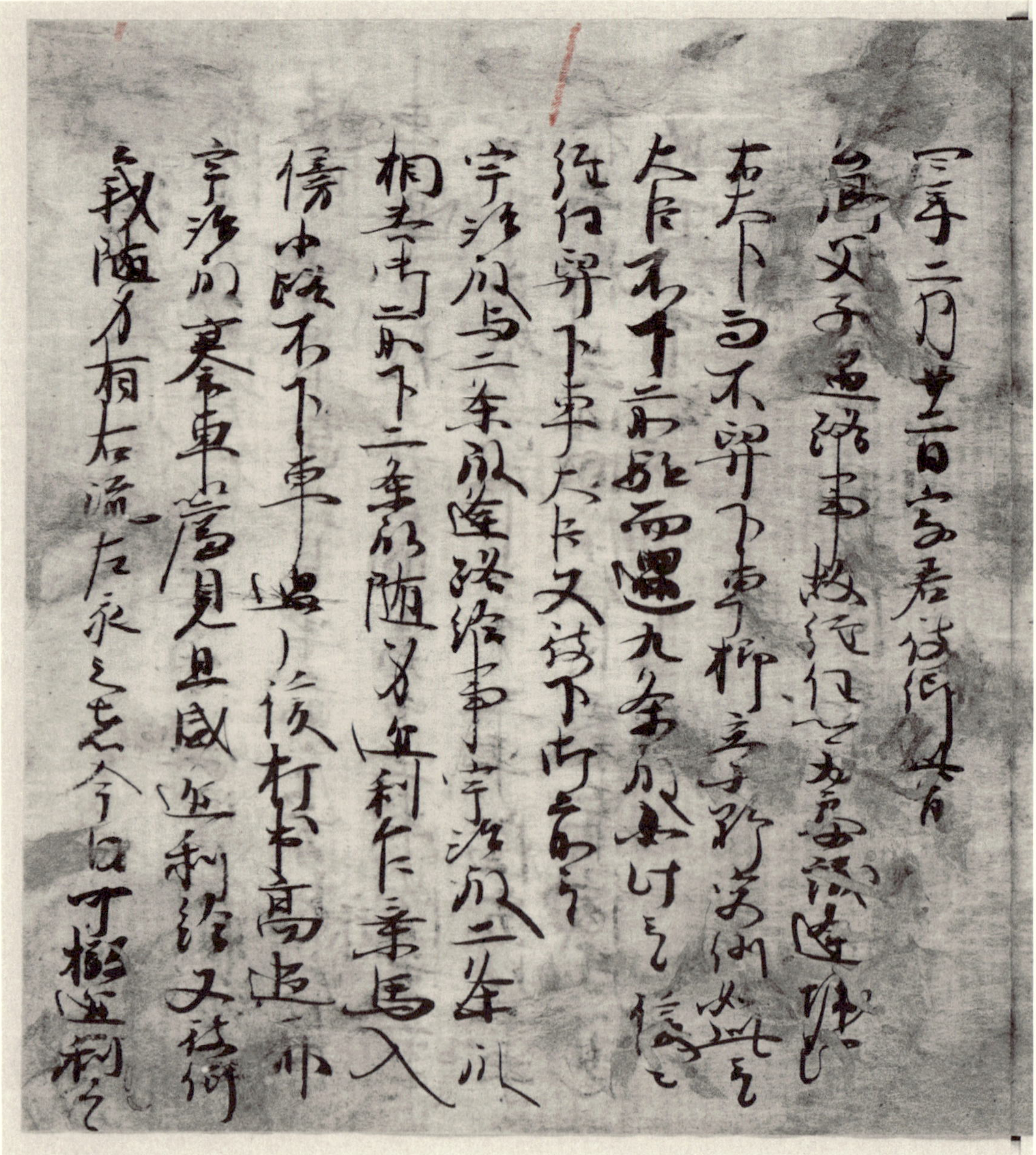

轂負佐逢大臣儀事

故隆方逢坂大臣二条宮下自車取笏立

侍所騎出門南大臣車立而左方執大臣

車出門後山井大納言右大将二車隆方（旅）牽車

昇下立發太政大臣右大将三車隆方參車

於半柳立此兩大臣寒冷車從座見

給不知可尋

納言退宮城中遇大臣儀事

（18ウ）

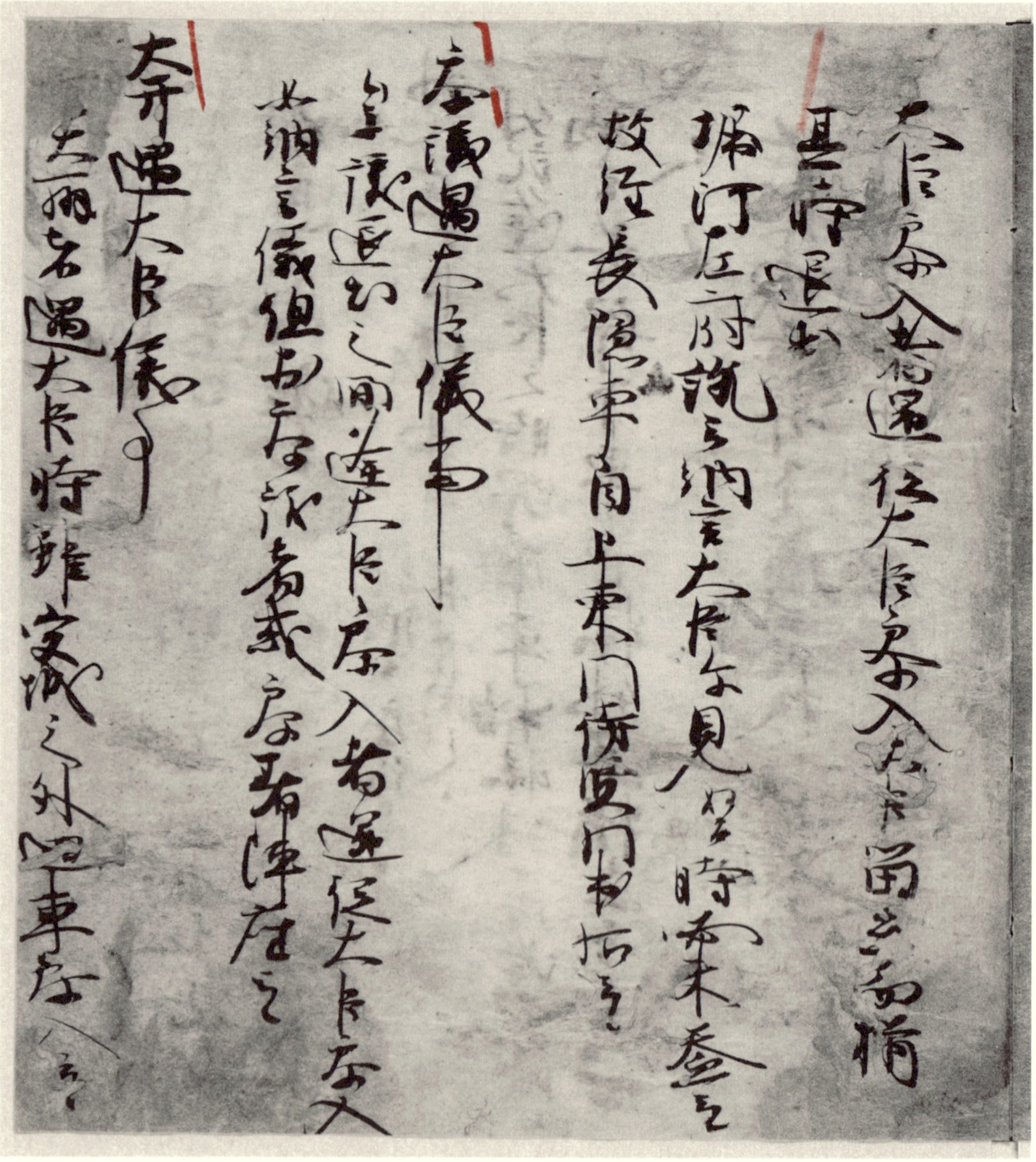

大臣参入如右遇、従大臣参入、大臣留之而猶
且停退出
堀河左大臣時、納言大臣不見人、於時称未参云々
故經長隠車自上東門待賢門相折云々

参議遇大臣儀事
参議退出之間、途遇大臣参入者、返從大臣参入大
如納言儀、但於参入者、参議前参之者待居之

大弁遇大臣儀事
大弁若遇大臣時、雖宮城之外、下車立云々

（19オ）

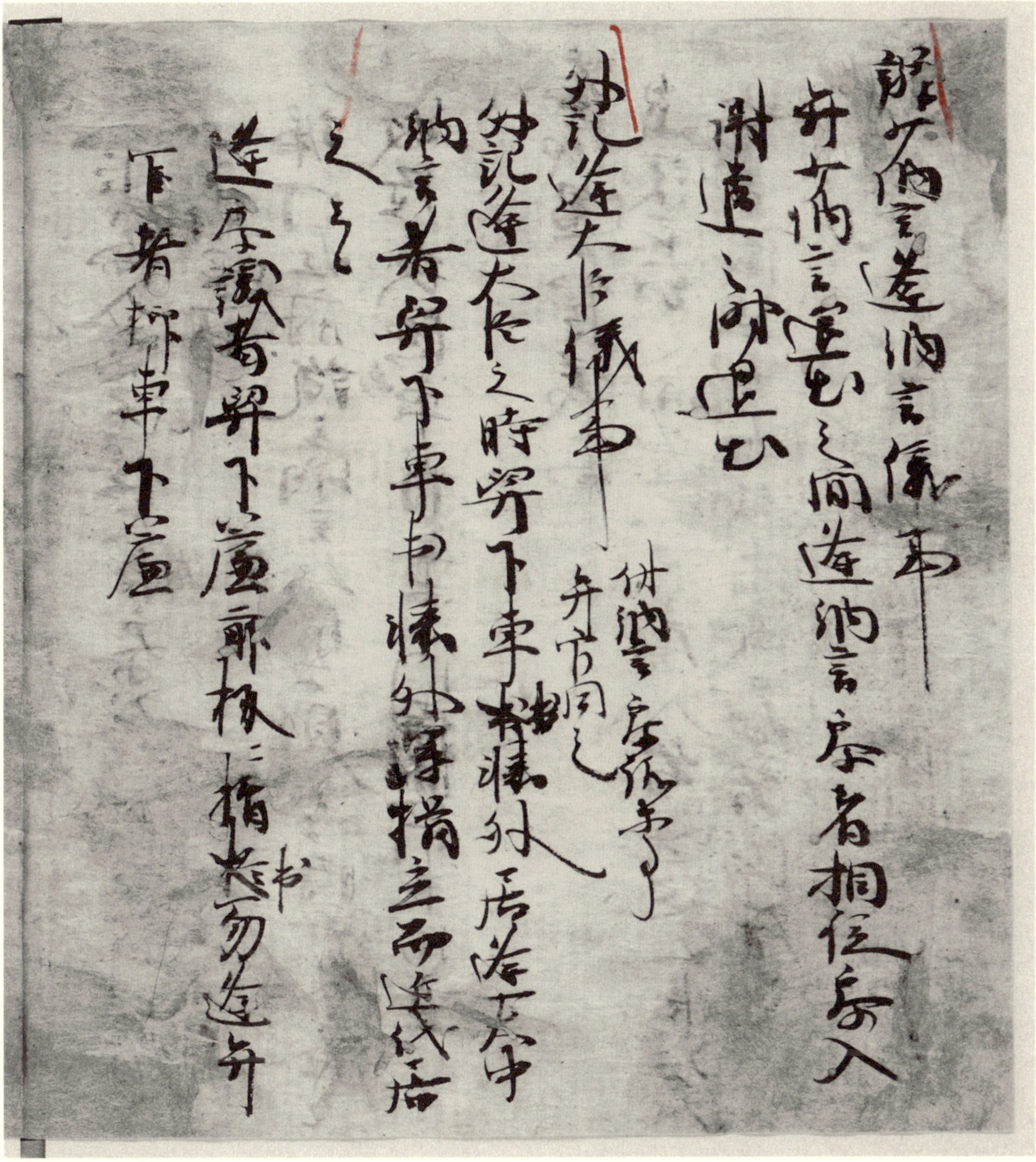

（19ウ）

大夫大外記与六位外記遇路時事
六位外記揖乍下蓋大外記上蓋与奏
六位与六位逢時事
手蓋ヲ下天行過之云々
大臣遇路頭時事大弁ハ退従テ答揖
不云遠近之納言ハ遇陽明門之時大臣
参内ハ帰参之相従者請参畢而之会
暇之時見大臣参内天納言自陽明門無不返

(20オ)

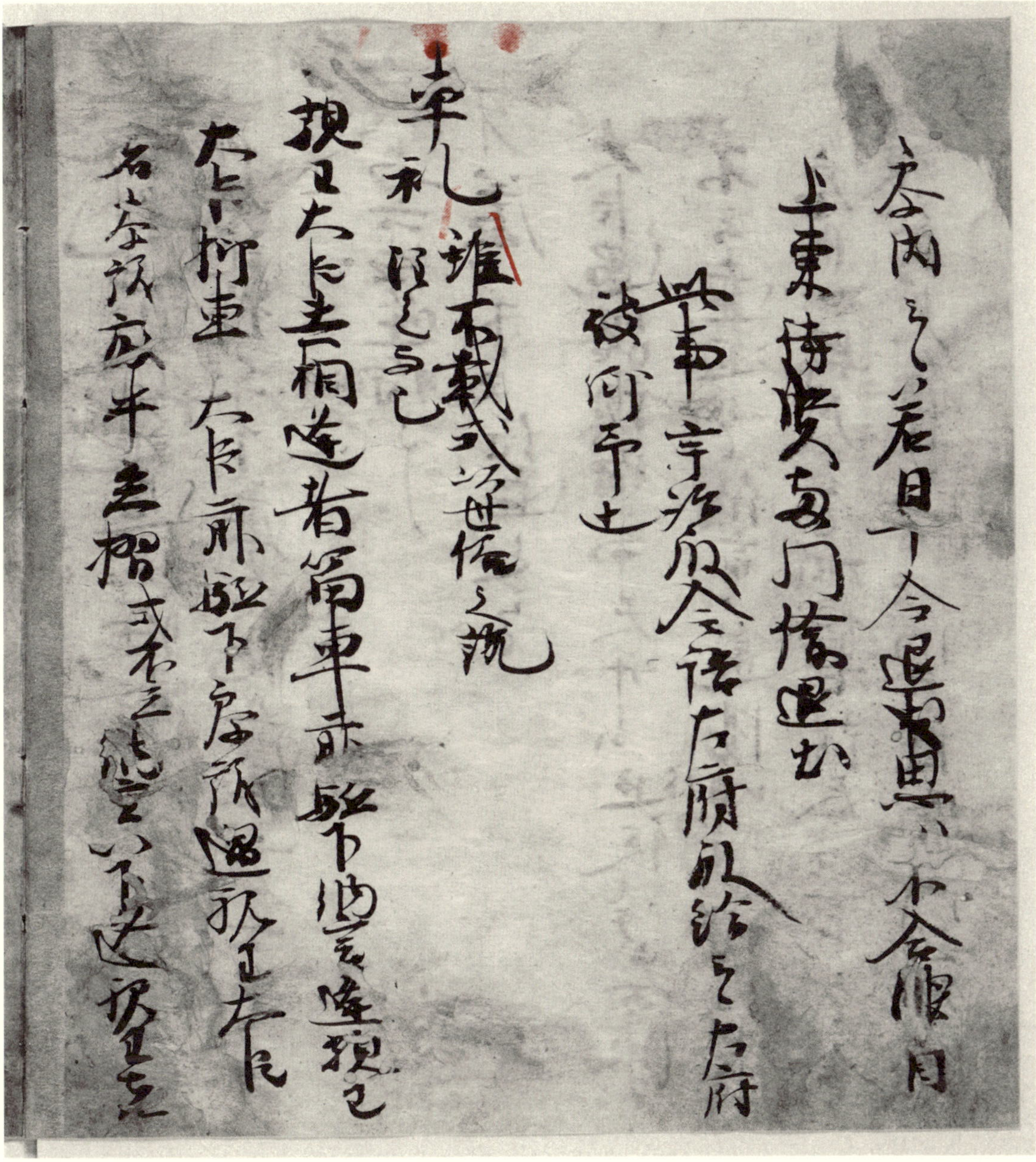

敬半可之稱之者大臣以下不下面合手
自所見之位已上逢之者抑車于路左下
下外記史逢納言以上者下

馬礼　見儀式

三位以下於路遇親王下馬但大臣斂馬側立位
已下遇一位五位以下逢三位以上六位以下逢四位以
上七位以下逢五位以上皆下馬其車及隨従
亦下

（21オ）

乗船逢無止人時事

乗船逢無止人儀下船可跪岸上是故宜令
奉逢人道路時下馬之礼也

車中作法事

車中ニテハ不取笏右大弁跪也又上簾畢迄 路次
令着内之時上三層之簾以手挑之
又子同車時西又乗右方之時ハ二乗左方ノ
乗ノ時方ニ是為尊ノ謙也

維摩金文書事

妻帶二十二歳以下二外記所偁下給維摩金寮氏
人若文二百今初遣下部捧未維摩金寮請
所請去町下給維摩歌中判之畢永史士成
則〃
下爲元十八(又夜開自以二外記所偁下給維摩金
友原民夫名主長者立丁令催下知
蒼位元十八六夜外記長威之屋入開自以下敦﨟
以外記陪﨟長之家民人若文

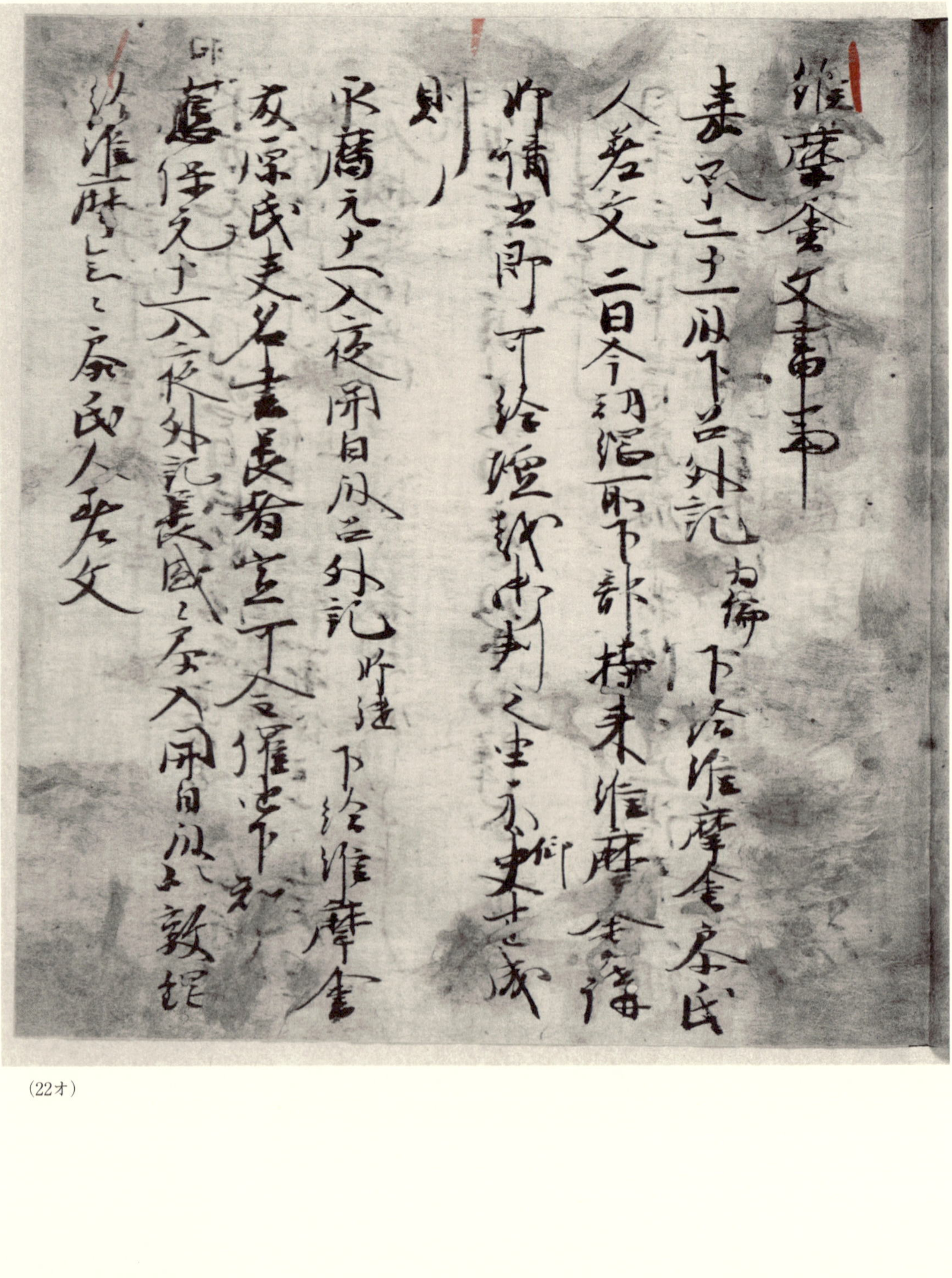

居中門廊并障子上事
　承元元年三月廿七日戌時依御卽位
　被於中門府高欄障子以儲範例居所
　二人損並所立
　封礼仁安二年三月廿日被立障子以枝刺懸但
　去年所作扎
　同年五月十二日奉仰下御障子上過歳人作
　枝刺言送又爲下爲等高作中上奉
　認有所繪之無以次又以改先考

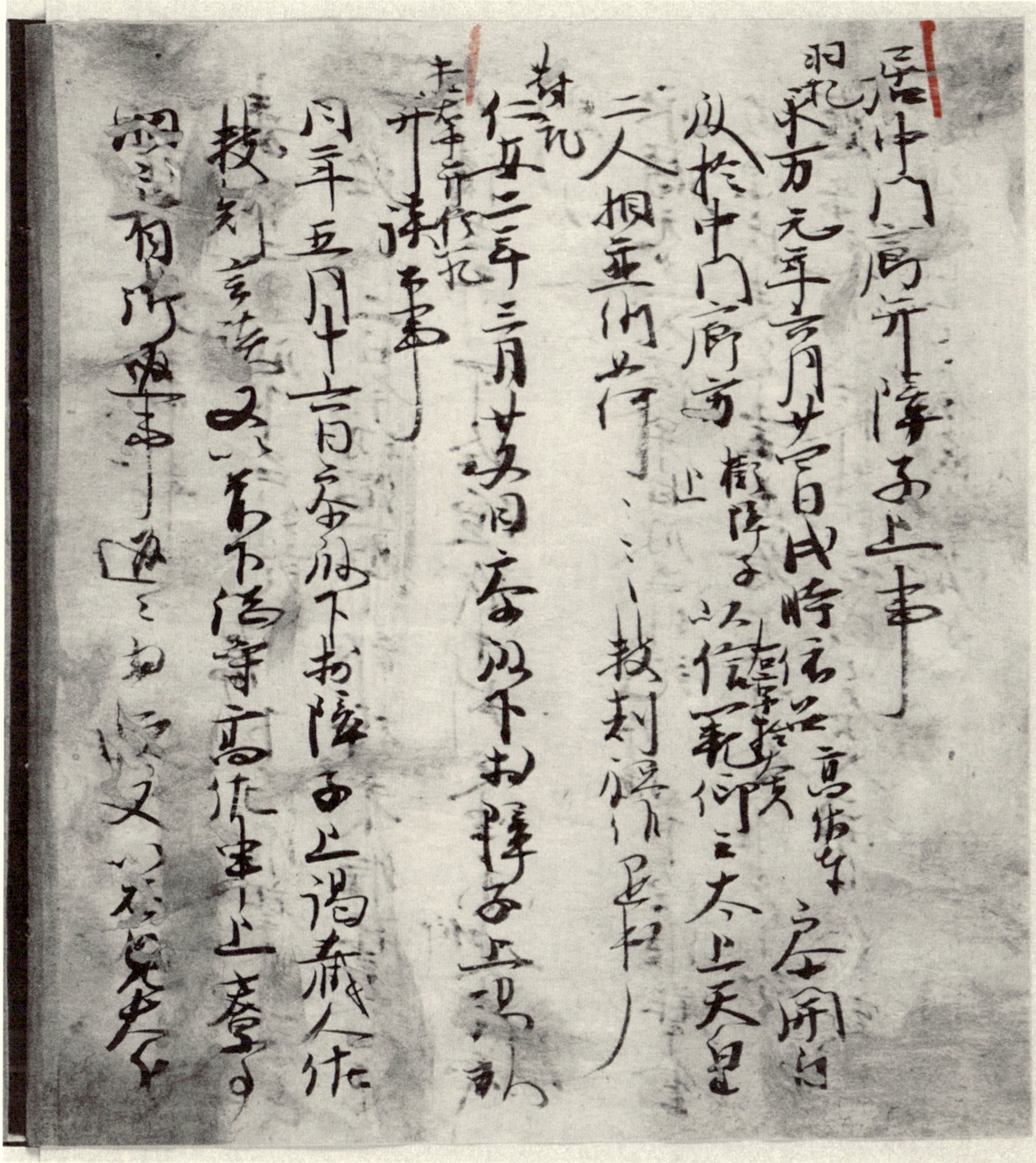

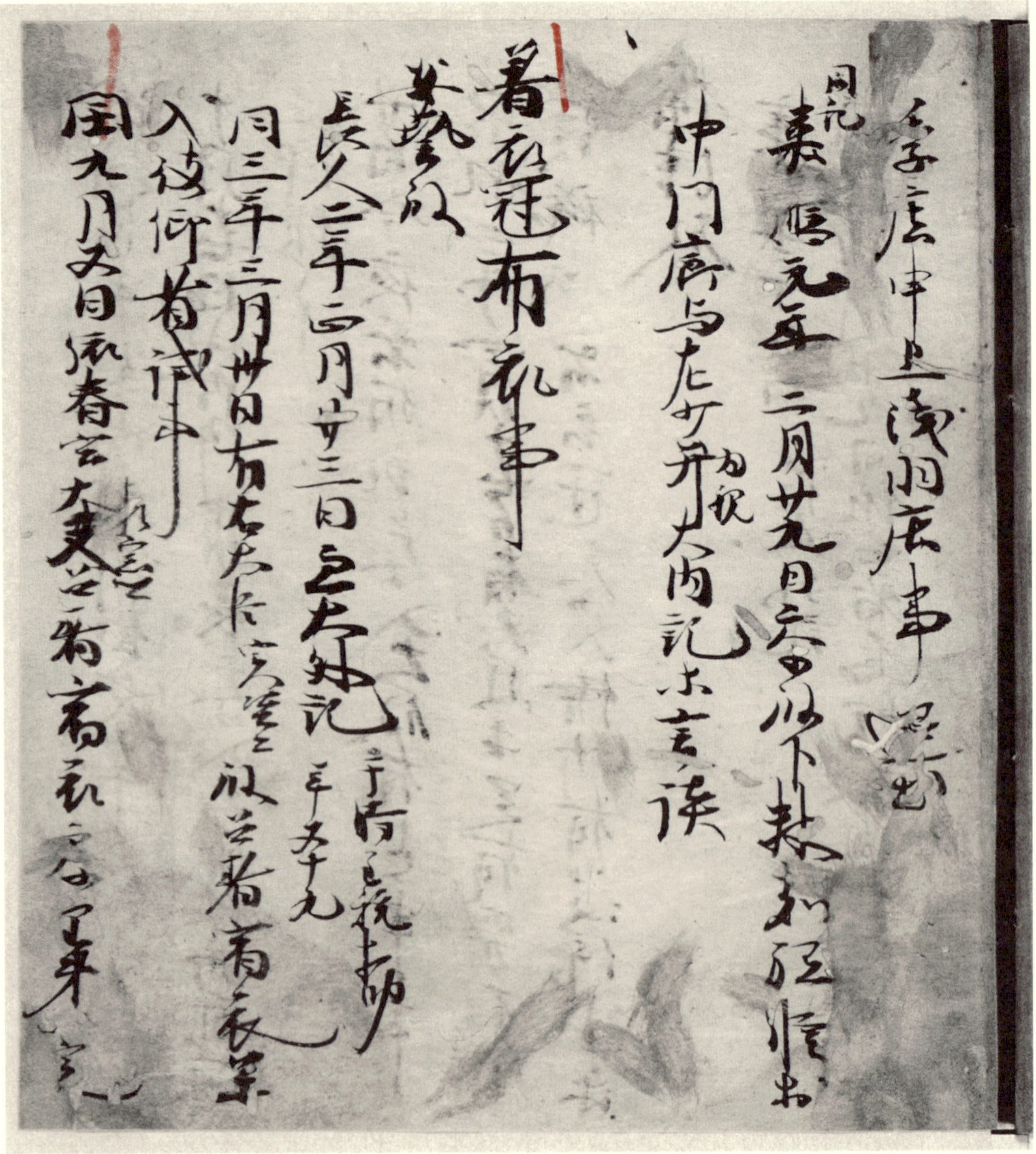

同記 寛徳元年 二月廿九日

中門廊

着衣冠布衣事

長久二年四月廿三日

同三年十二月廿日

閏九月五日 源春宮大夫

（23オ）

義通之申案内被仰擬文章生之儀了

十月廿七日戌時以布衣参入大殿於御前被

仰擬了

廿日今夜着布衣之参入大殿有之申事

承元二年四月十七日有大殿之足有勞不堪

殿蔵人例着衣冠之参入侍所有被仰之事

補任叙

康永三年二月　日但大外記

同年九月十九日依之着烏帽参内思之明宗之

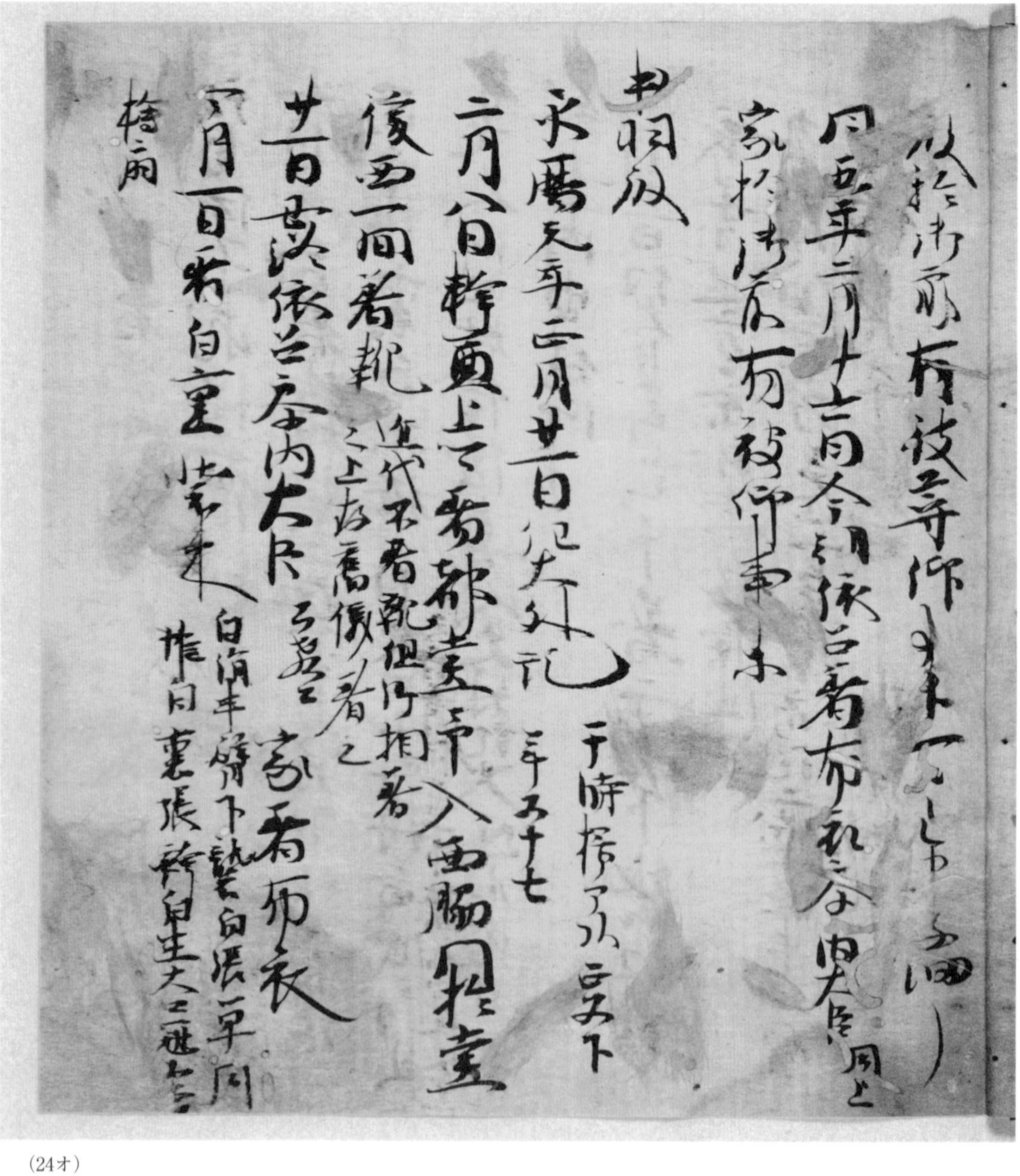
以於陣前有被言等仰ノ本一（　　　云細）
同五年二月十二日今日依忌着布衣了　内大臣同之
家於陣前有被仰事等
出羽殿
永暦元年二月廿二日紀大外記　于時掃部頭従五位下　年五十七
二月八日於頭上下着靴畢　入西脇同様畢
後西一両着靴　近代不着靴但所相着之上存旧儀着之
廿日長依忌令内大臣　云々　家着布衣
六月一日着白直垂　以常末　白綾単衣下襲白張一草同　作白裏張袴白生大口
椅扇

(24オ)

同二日予着縹半臂下襲、時日入、午依召参
殿、自依不可得着例須加垂直服之故
七月廿三日着桔梗襲二藍半臂下襲白張
面白裏白張袴白大口 [illegible] 持黄 [illegible]
先人例也、故信俊真人大外記入道 [illegible]
知事由被仰
閏十一日依太皇太后宮 [illegible] 予着二藍下襲紅単
衣等 [illegible]
九月廿八日 [illegible]
行縫使同年 [illegible] 汗取

（24ウ）

寛徳元年二月十四日早旦参御前如恩召成
合匹
常所下被勅被候御云我見所千所遠
所元赤衣ノ縁長久令也但所千表衣色深
衣ヨリハ赤ツ濃シ此表衣頗混逆尉依衣
下謹奇御沢被御内侍所事左酒之披
非貴横柄尉子也被勅被度咲詞最卑　九献　御門
内侍下所子由弁尚
乾拝着拝下天也
十月十四日七晩参令下候被仰所　着布衣了令

(25オ)

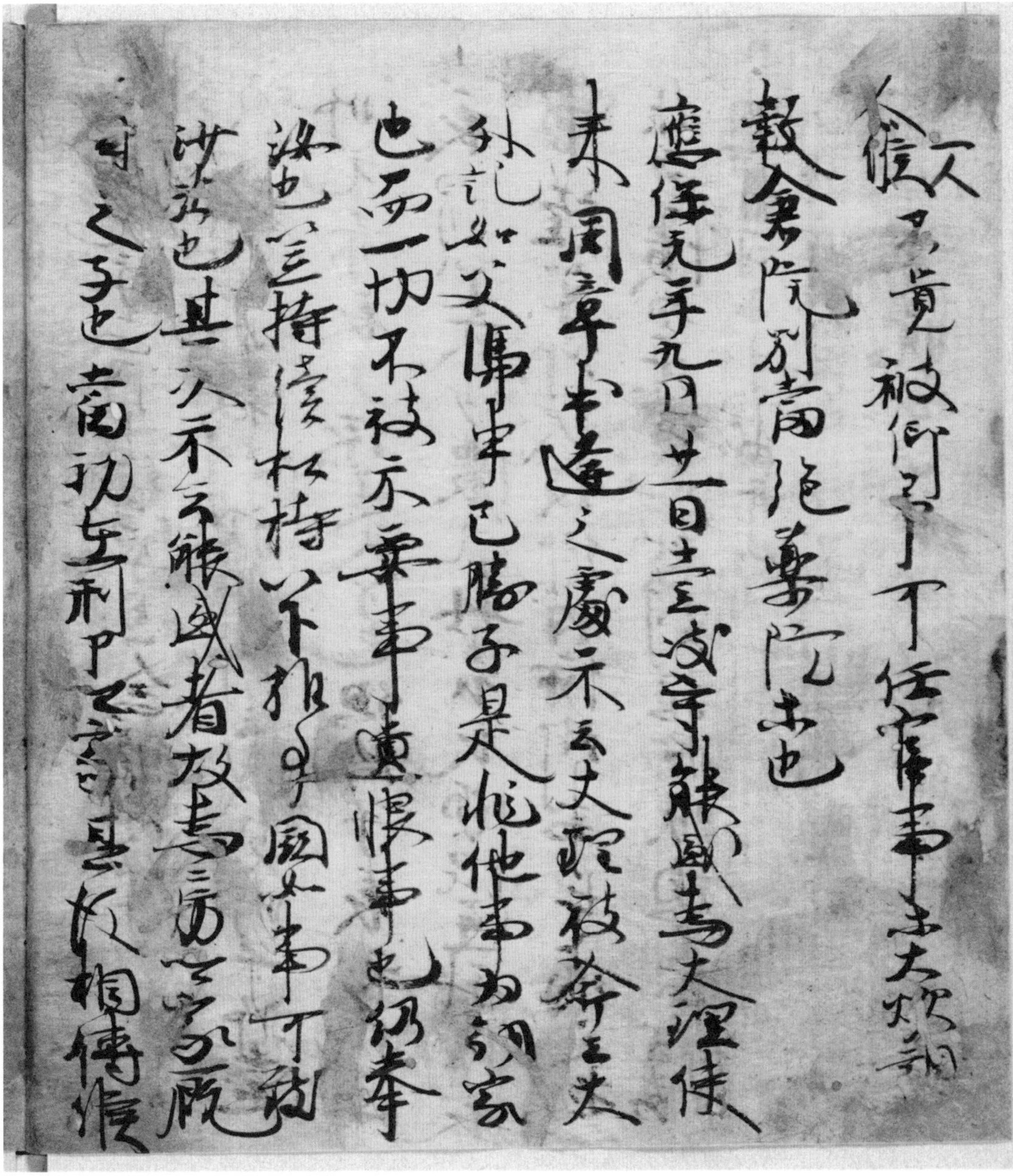

（25ウ）

文理許大男自一條中取衣ノ傍筆
皆乃武士能殿揖揆文令着ノ後退出ス
而見之己予不知畏哉ノ也後無ノ不審
斗後事
保元三年三月十一日辛未今日被行僧事又
内裏造営　其事之被依麻服之去此衣着之下
有闕執ナ云々左右垂墨垂ノ云々
永暦元年四月廿一日甲戌天晴今日天皇自勤
亀王路上不退去了左人衛者又解陣退之予用
夏扇ノ

（26オ）

三廣二年五月八日遷于幡磨之所波國牛又
須給之中記中庄政時并六佐三人
承万元年二月十二日庚寅天晴己始奈任汁
性寺別業入道成周忌佛事七日怡
町寺彼院也惜屋十六兩虎小庶服上人
仮元如代下男人上如所每事疲於
佐須刑官速軍具宅打屋四淋息
十二日辛卯天晴乙夜雨甚未越左京
檀峯久任冗水遲昨自行丁烏佐外冗未

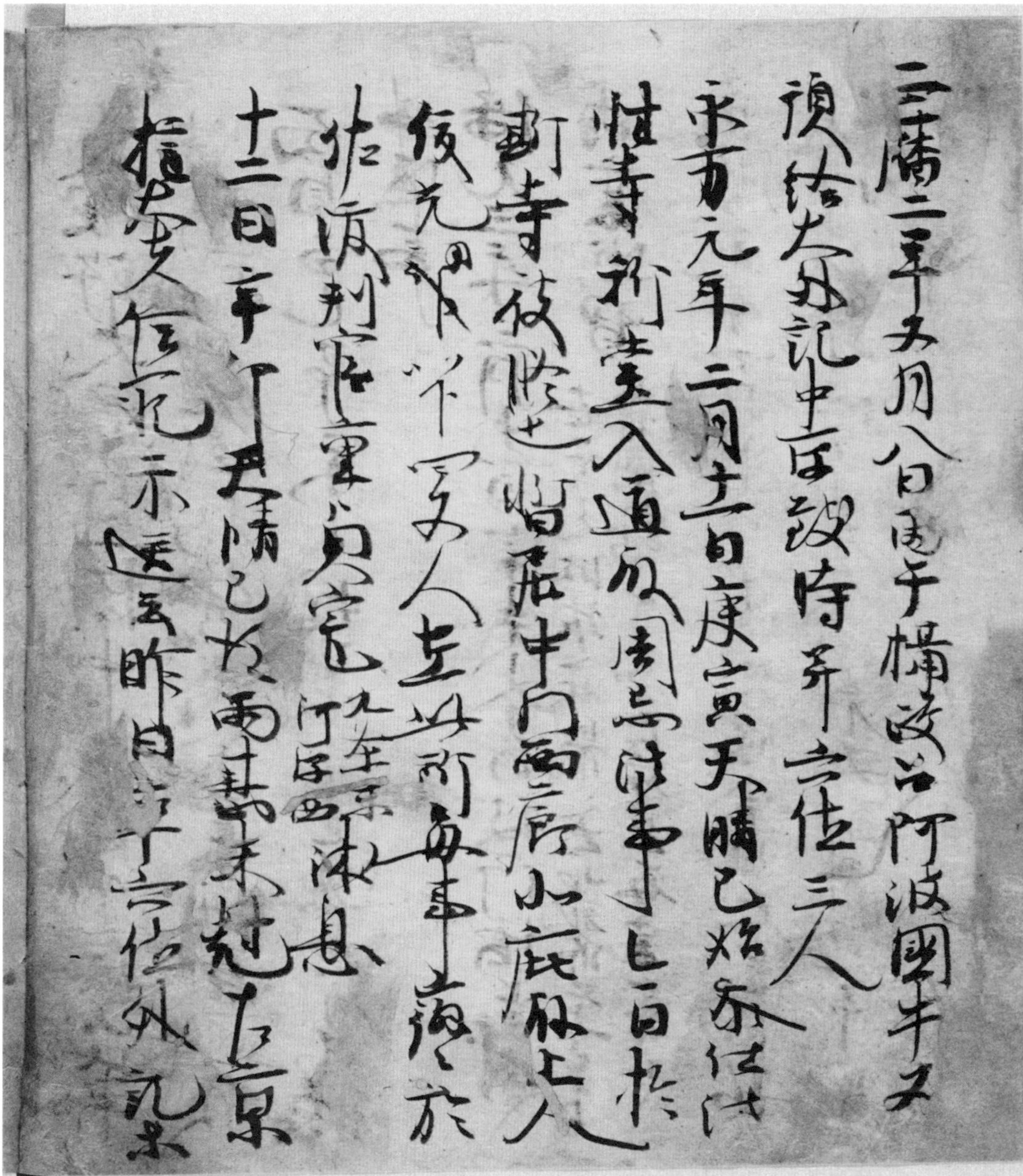

上臈大臣純方檜扇
長寛元年九月廿二日定考着浅葱單青
柳葉不着汗取

備後似

建保六年四月十三日任大外記　于時權少外記一臈下
嘉禄元年十月十二日自殿下有召　依法性寺拝賀
如此之由映預着布衣　長清持笠参入北小門着
此兩年之間有人必着之　入以右馬權助代前下
乱依爲下臈也　又申上及裁及休驚愚食之
趣之其入者之　但順申上上事四布衣兼所仕

(27オ)

桐鷺抄云古人須帶之同着布衣帝王
車駕出以看布衣私居所用下之也運之儀
自記連年末不見之故欤
去貞元年十月三日爲着私冠令一条院
太相國書依言有事有觀居之時不向
子小第候言候造國可之書月廿五日書
旅之後于今不施車之拠也度や遊教旨
清治

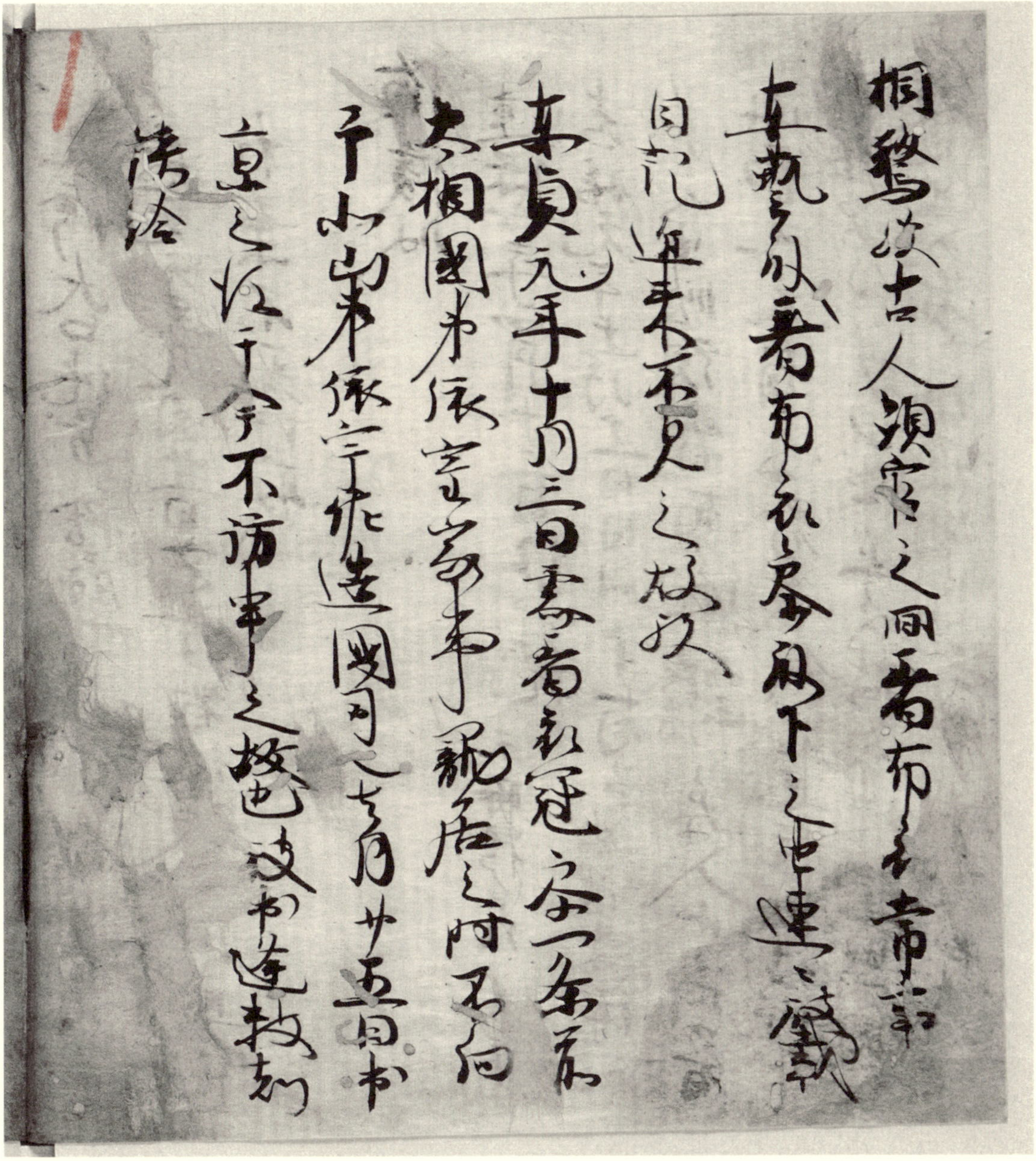

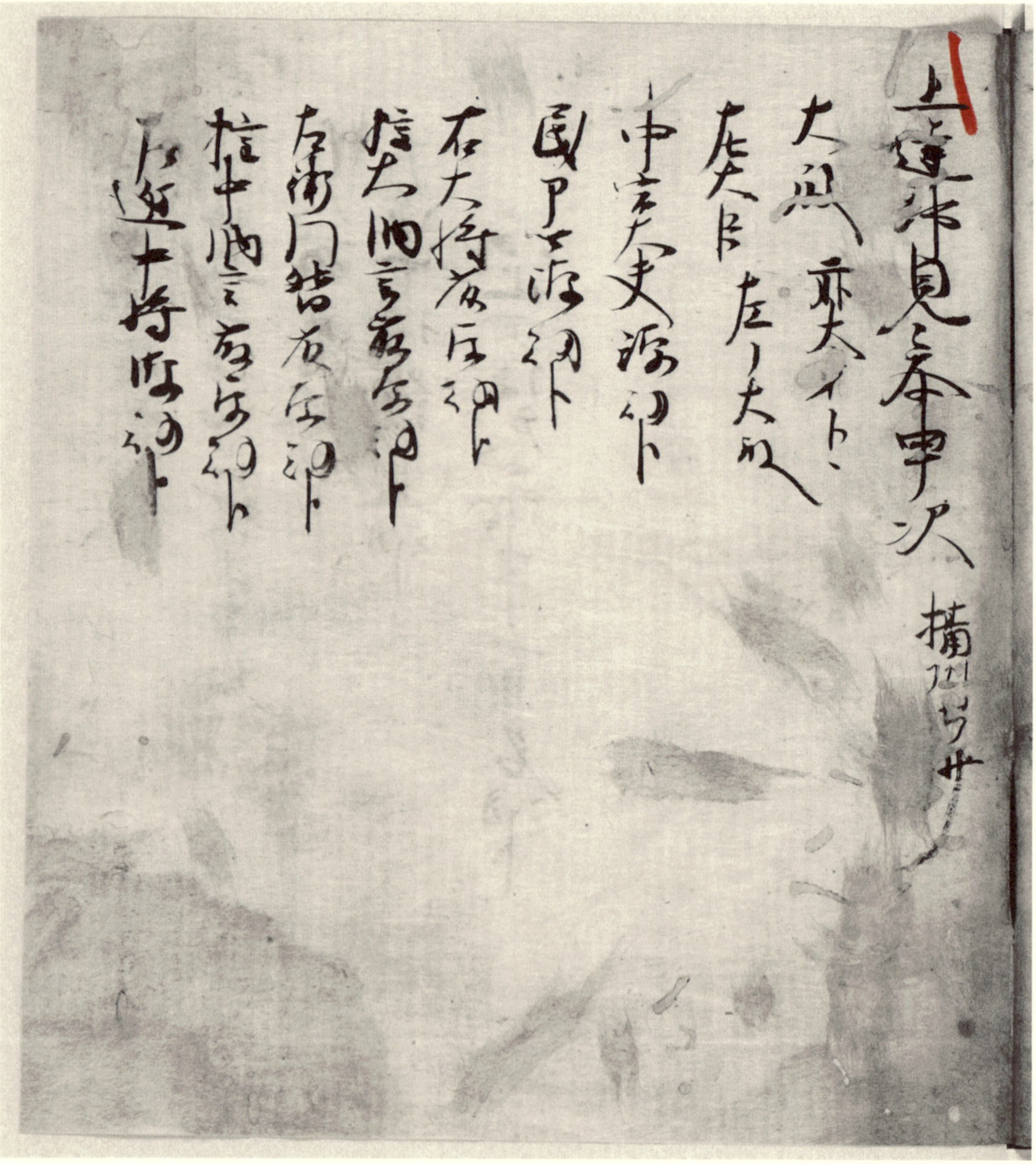
上達部見参申次　播州守廿
大臣　帥大納言
左大臣　左ノ大臣
中宮大夫源朝臣
民部卿源朝臣
右大将藤原朝臣
権大納言藤原朝臣
左衛門督藤原朝臣
権中納言藤原朝臣
右近大将藤原朝臣

（28オ）

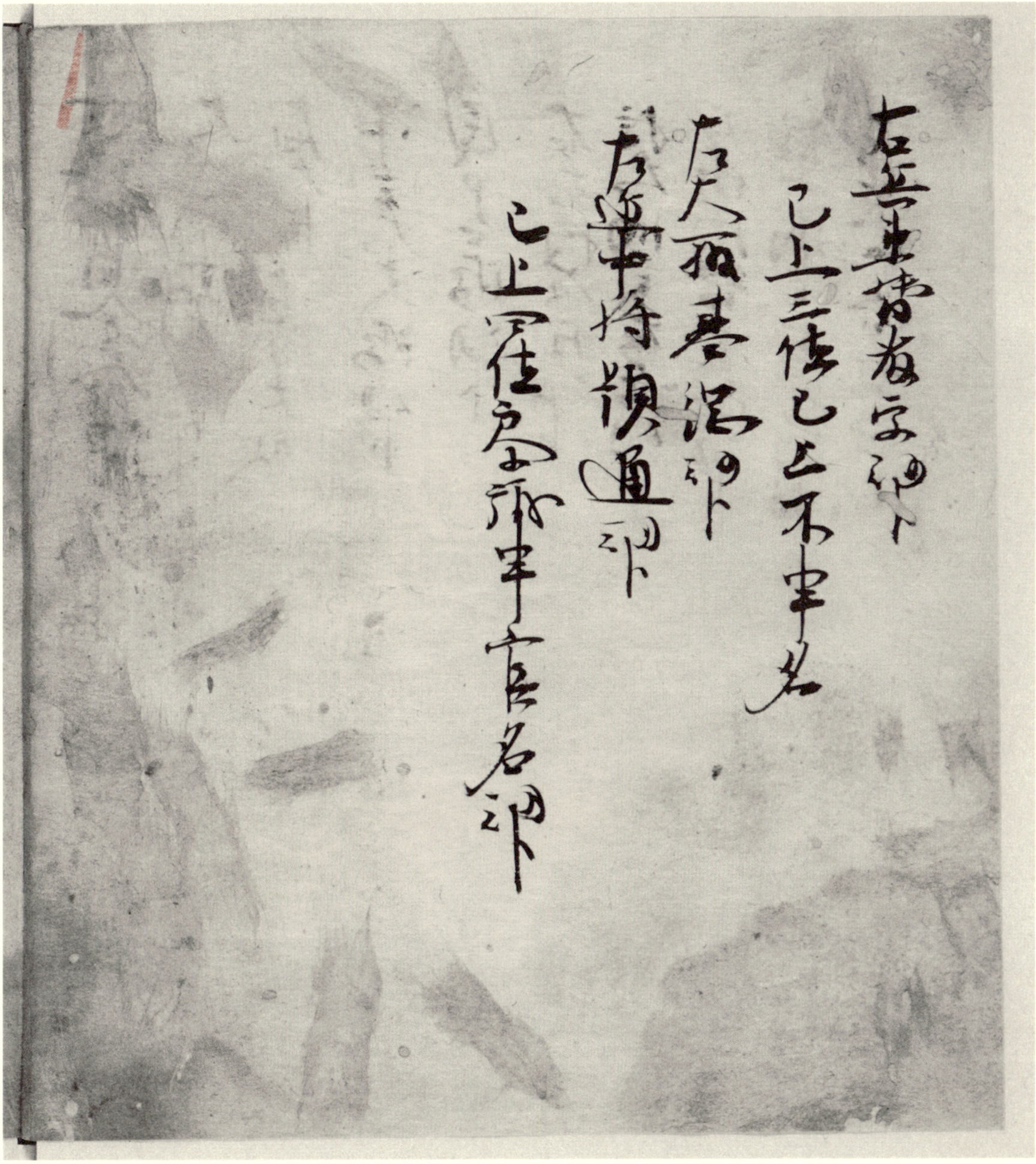

（28ウ）

〔二八五頁（第五冊5オ）へ続ク〕

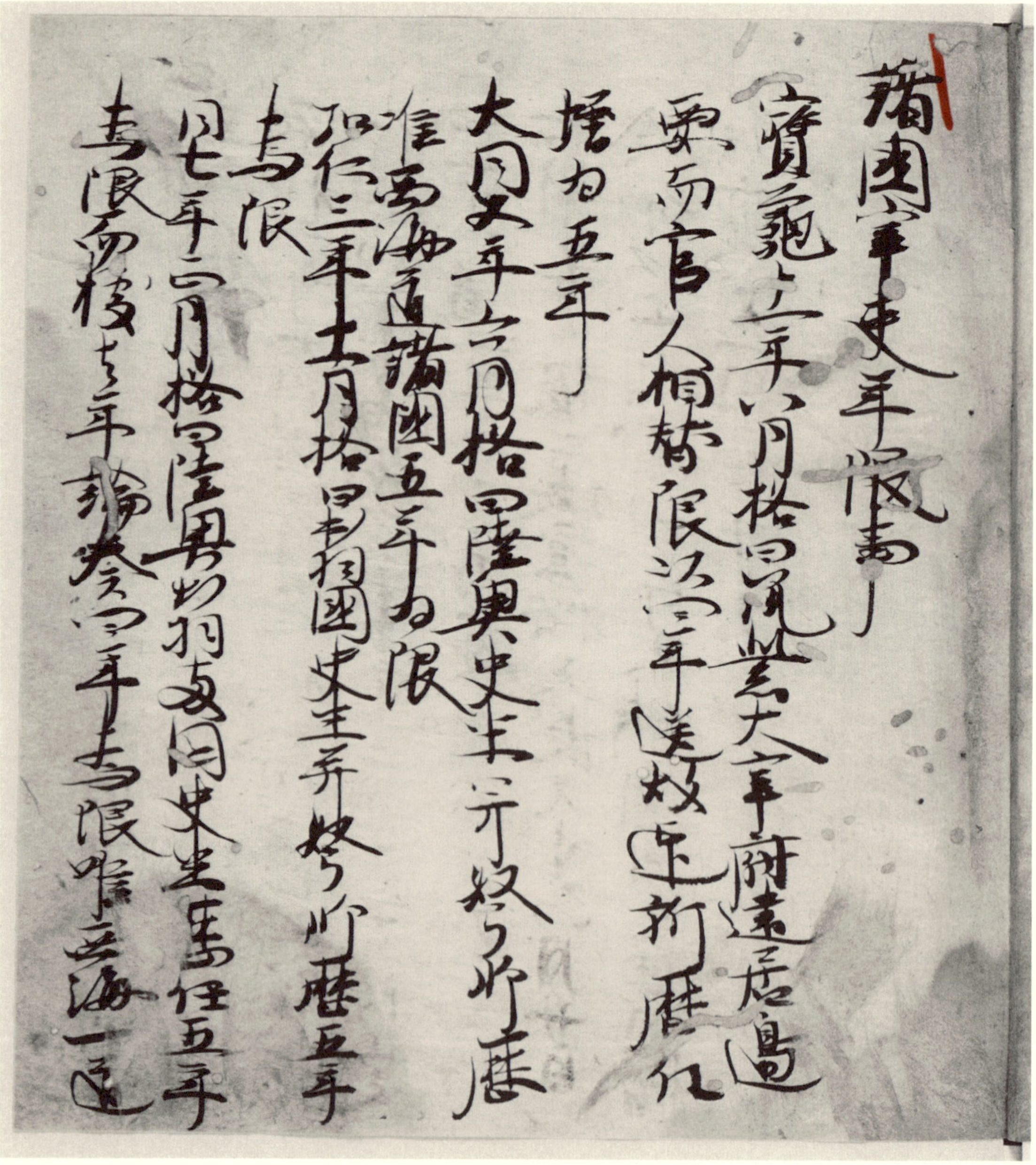
諸国宰吏年限事
寶亀十一年八月格曰筑紫大宰府遠居邊島
要所官人相替限以三年送故迎新歴久
増為五年
大同三年六月格曰陸奥史生二年秩終所歴
准西海道諸國五年為限
弘仁三年十二月格曰出羽國史生并秩終所歴五年
為限
同七年二月格曰陸奥出羽両國史生為任五年
為限而被去十二年格秩以四年為限唯西海一道

（29オ）

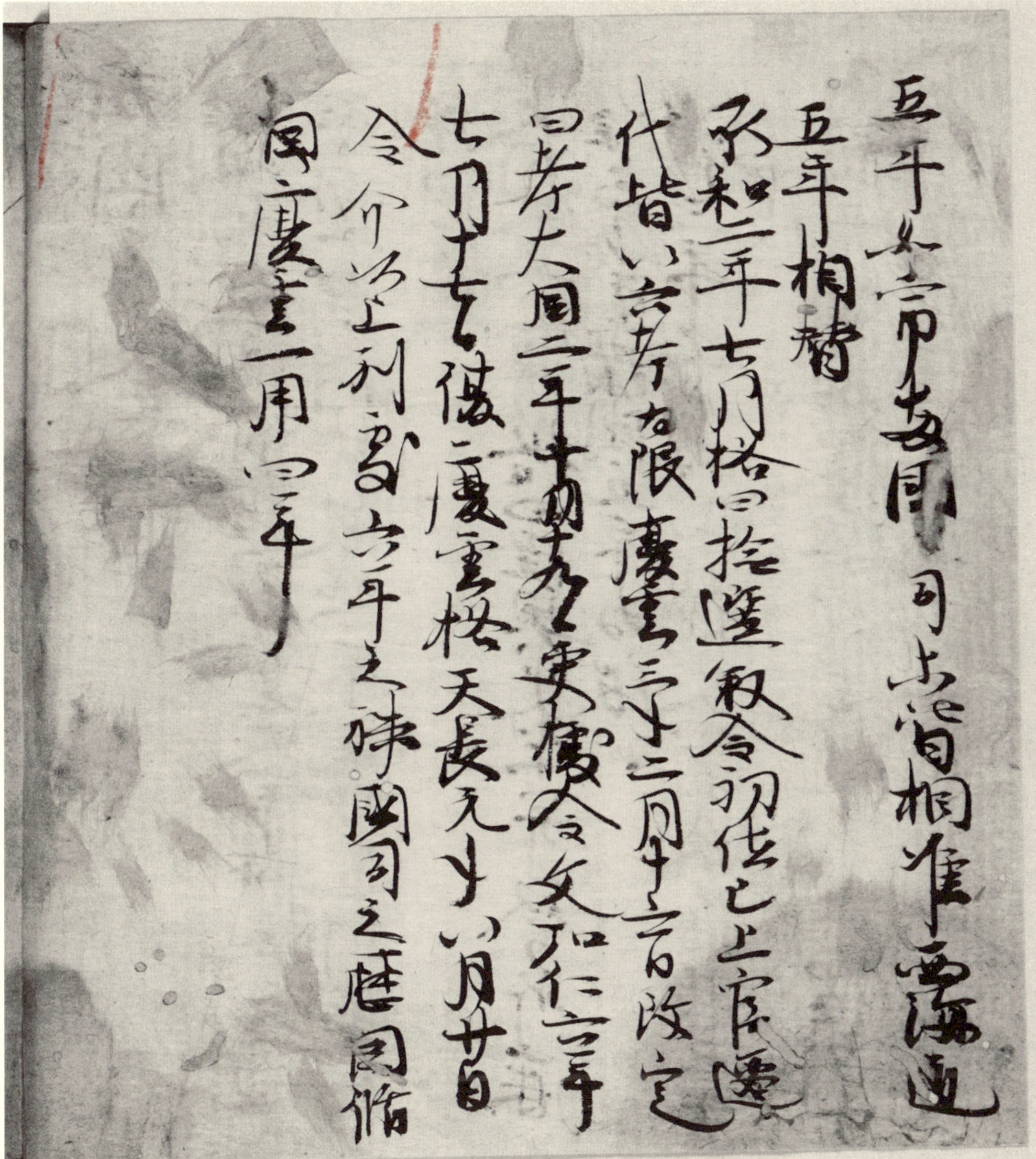

五年如常安國司上官相准西海道
五年相替
承和二年七月格曰擬選叙令初任已上官選
代皆以六年為限慶雲三年二月十六日改定
四年大同二年十月十九日更復令文弘仁三年
七月十七日復慶雲格天長元年八月廿日
令介以上例為六年之時國司之歴同階
國慶雲一周四年

(29ウ)

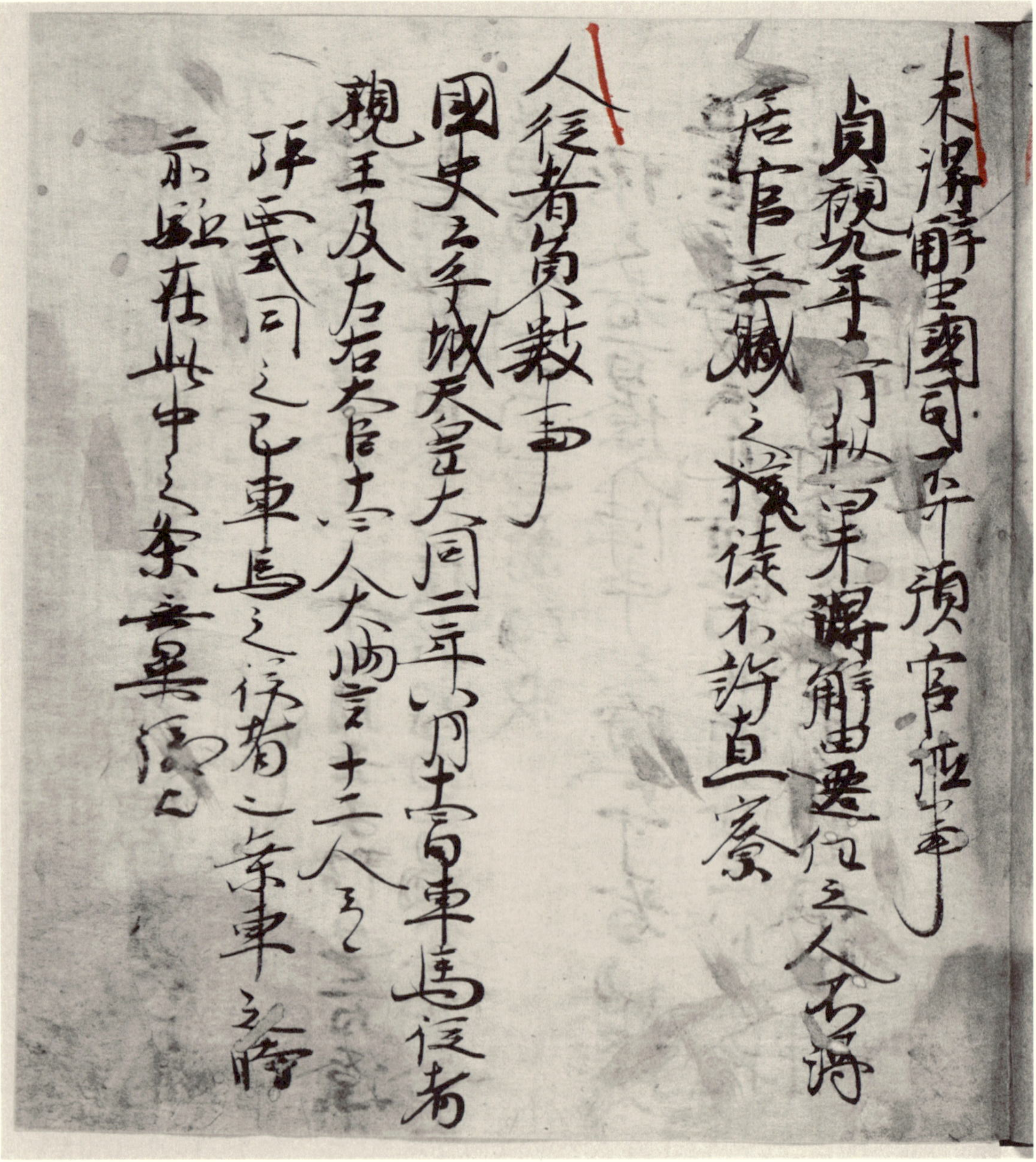

未済解由国司不可預官位事
貞観九年十二月格、未済解由遷任之人不得
居官并職之後、従不許直叅
人従者員数事
国史云、平城天皇大同二年八月十日、車馬従者
親王及左右大臣十二人、大納言十二人、已
[illegible]武司之、已車馬之従者之条車之餘
亦如在此中之条無異須已

(30オ)

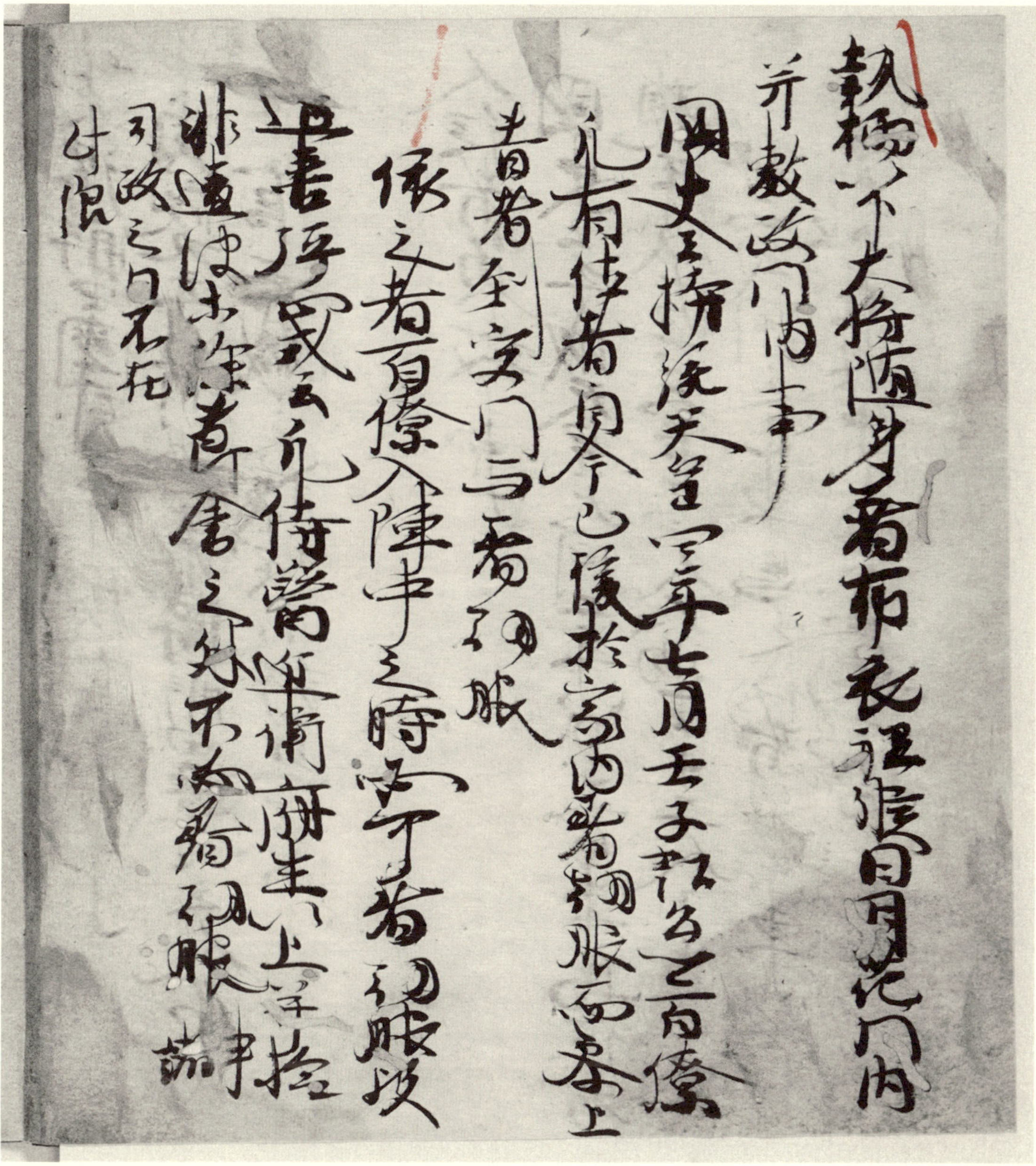

（30ウ）

〔二七七頁（第五冊1オ）へ続く〕

局中宝　第四冊　裏表紙

第五冊

〔二七〇頁（第四冊30ウ）ヨリ続ク〕

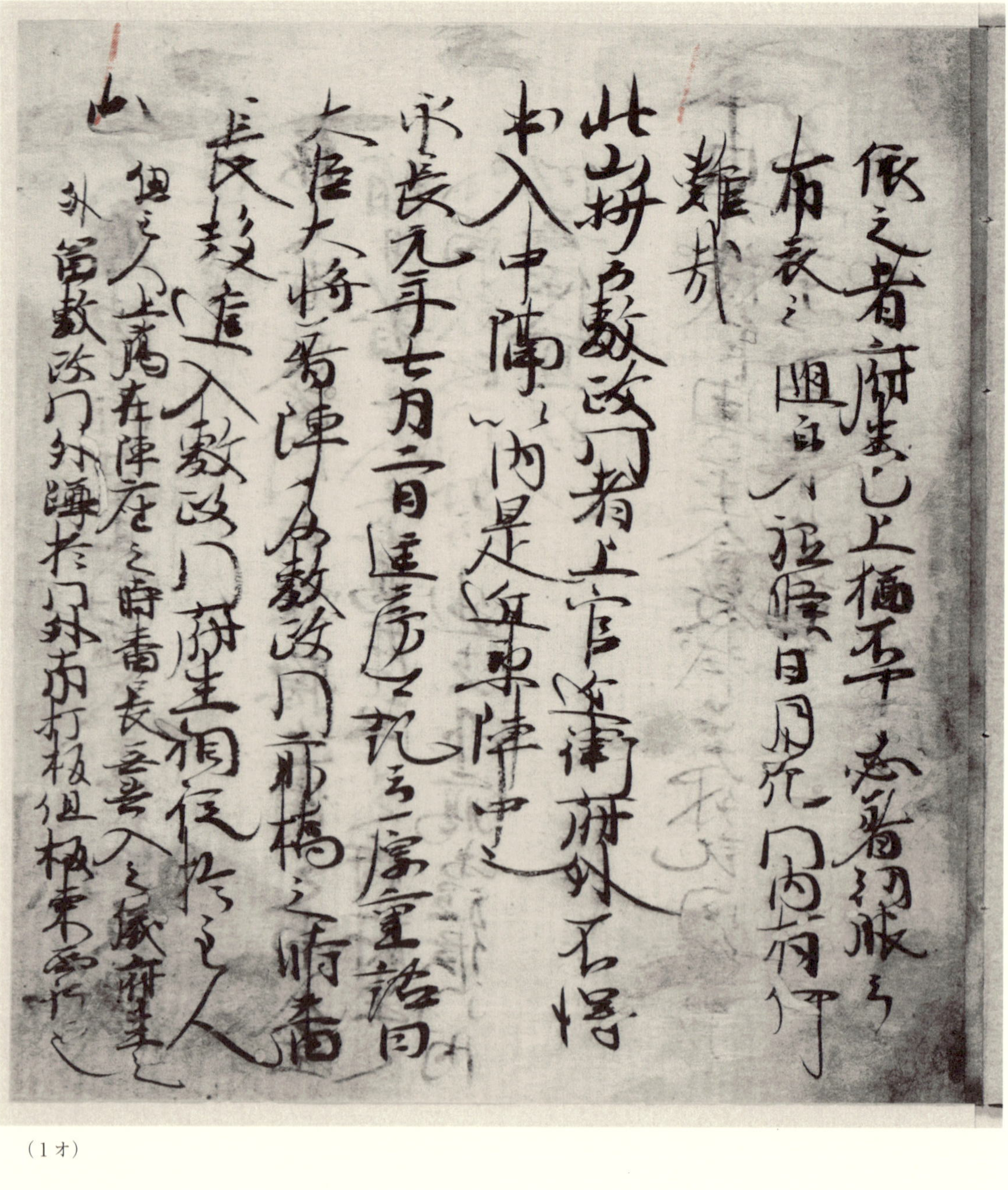

（1オ）

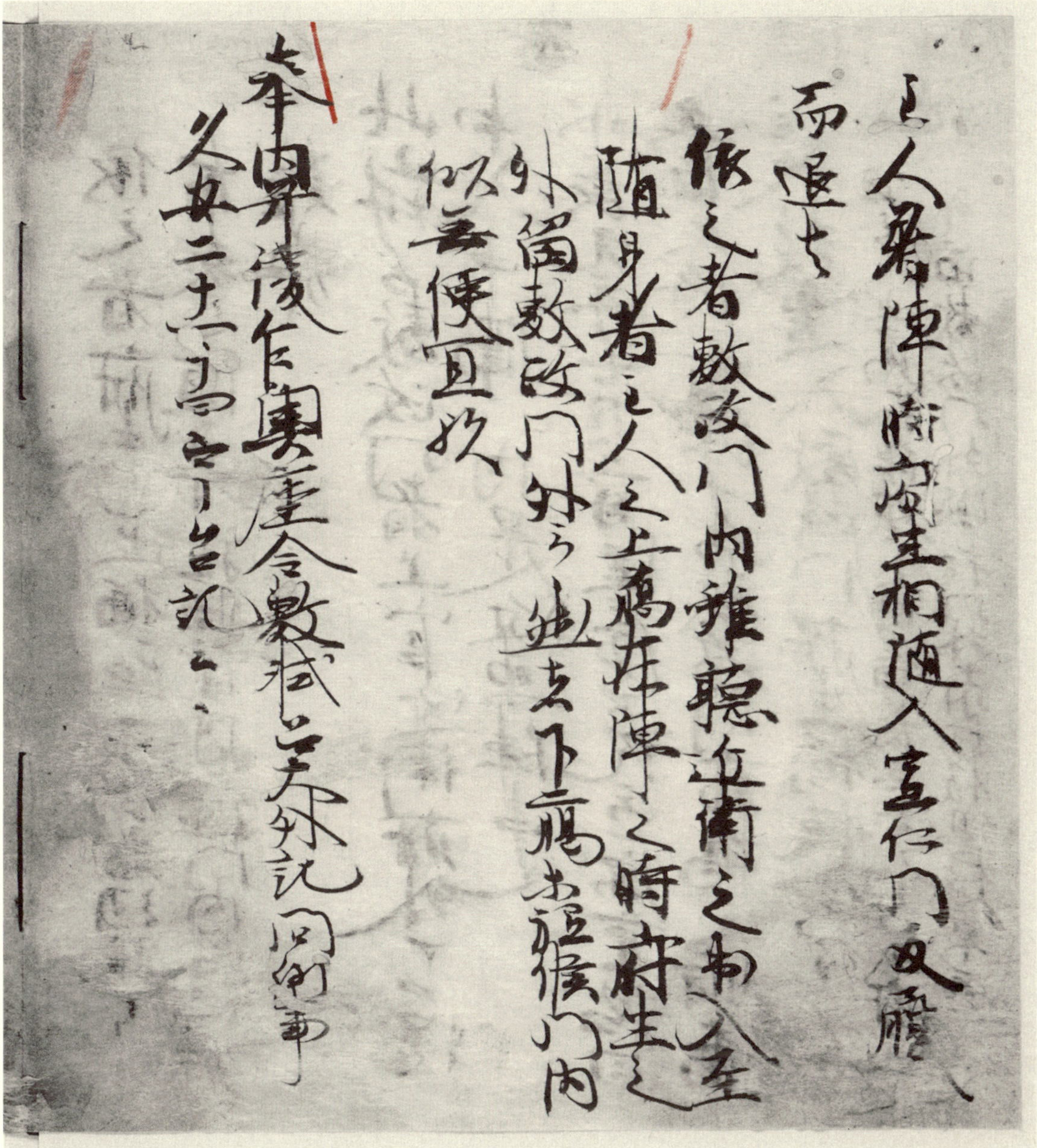
上人昇陣、衛府生相随、入宜仁門、及庭
而退之、
依之着敷政門内、雖聴近衛之由、人至
随身着之人之上臈在陣之時、府生
外留敷政門外ゟ、然者下臈於猶猶門内
似無便宜歟、
奉内弁後乍奥座令敷軾召大外記問例事
久安二年十一月十二日台記云々、

（1ウ）

一上着奥座事
久安三年六月十二日宇治左大臣記云
同四年正月廿三日同記云
岡記寛元四年四月一日着陣、余内大臣着陣奥座布衣
行事　諸卿以後余参上着此座也

陣座後門開事
久安三年五月十二日宇治左大臣記云着羽林参
内　依宣秋門修理、経朝夕座畢相率着左

（２オ）

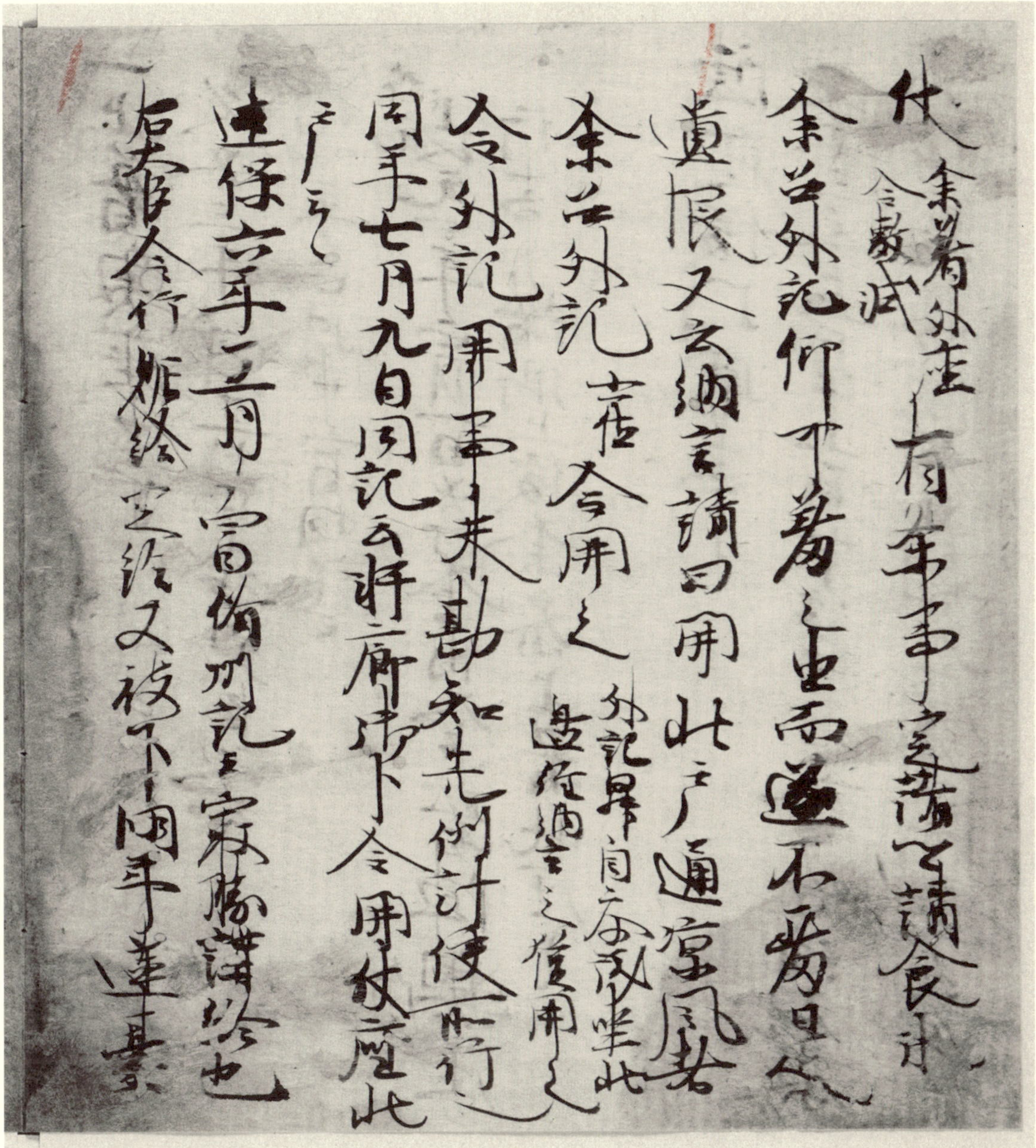

（2ウ）

〔二二七頁（第四冊9オ）へ続ク〕

〔四〇頁（第二冊10ウ）ヨリ続ク〕

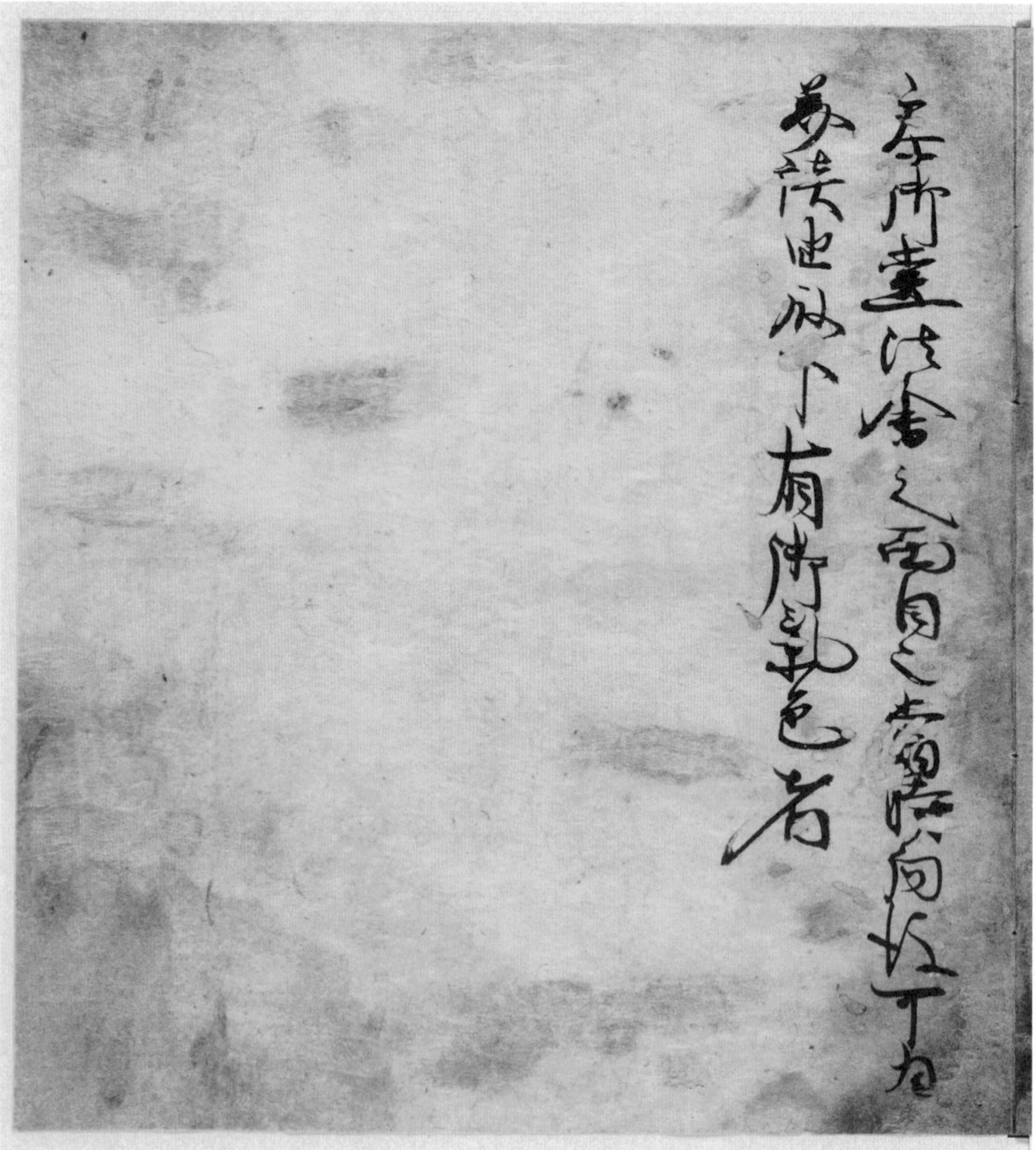

（3オ）

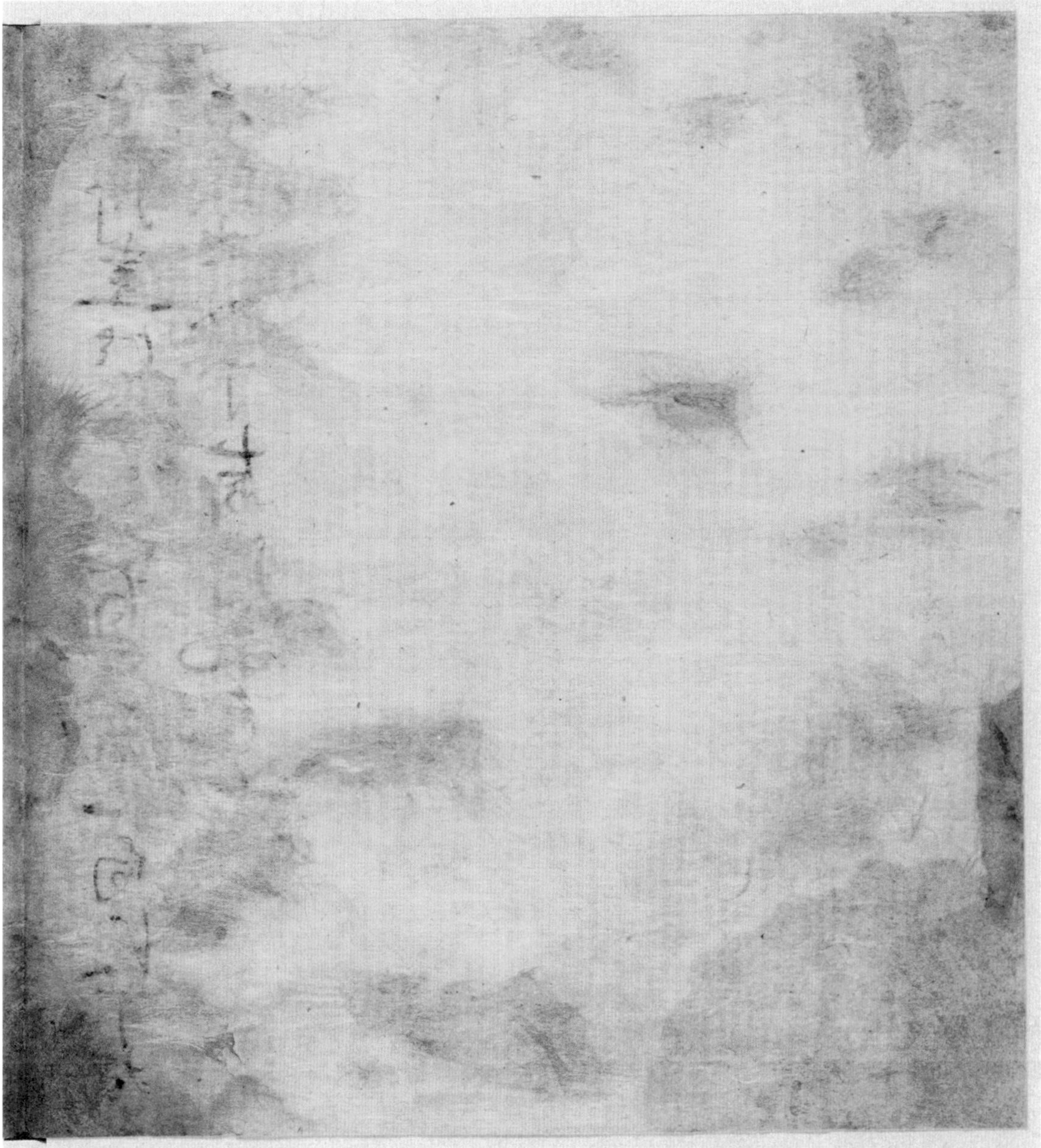

（3ウ）

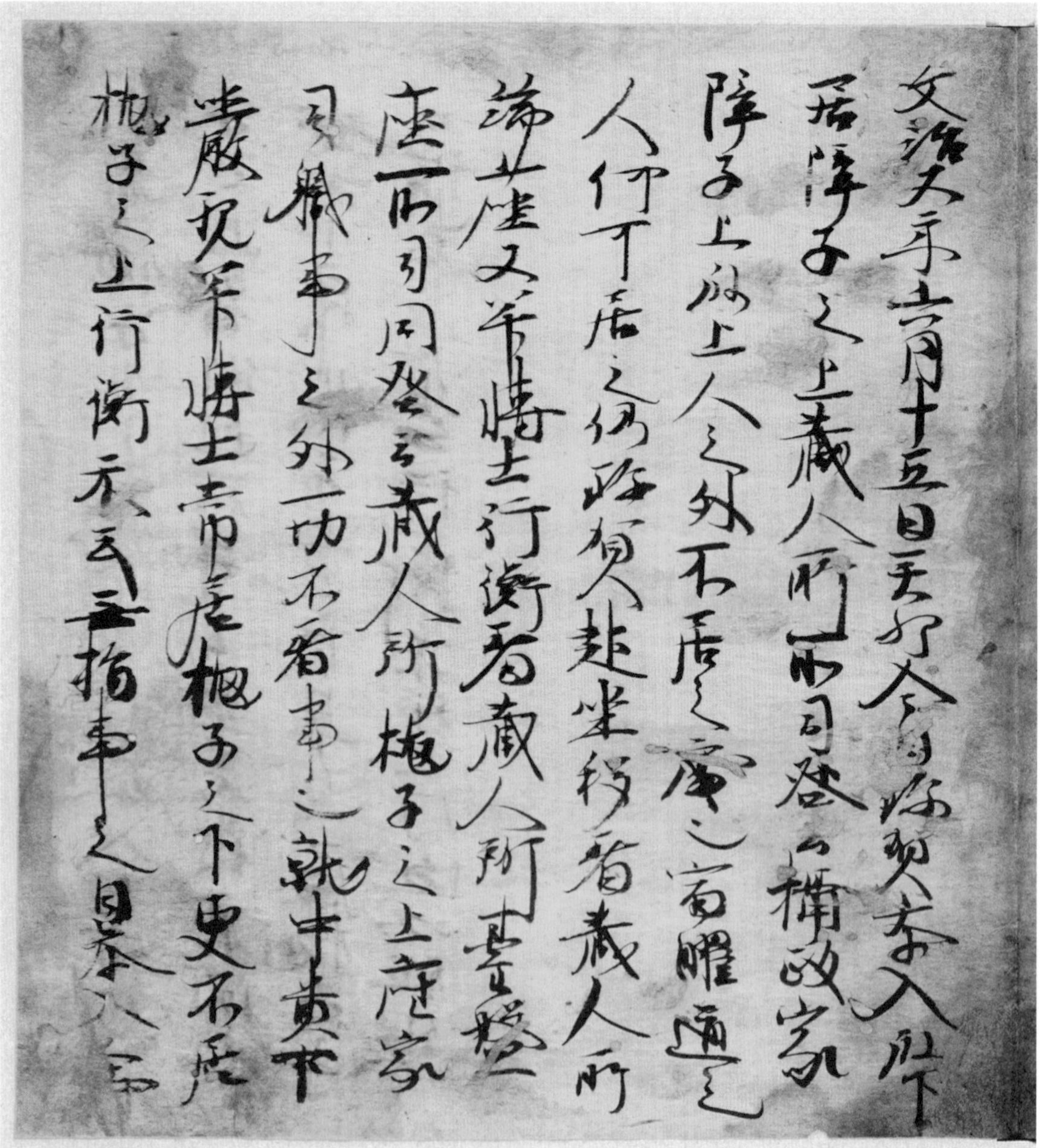

文治六年十二月十五日、天明今日蜂起参入殿下
居障子之上、蔵人所而同答云、構改宮記
障子上、殿上人之外不居之、唐之富曜遁之
人何可居之、傍路有人赴坐移着蔵人所
滝口並侍又并侍上行衛着蔵人所基盤
座一両同同答云、蔵人所机子之上座家
同職事之外、一切不着事也、就中黄下
出蔵取平侍上帯居机子之下、更不居
机子之上行衛、不足指事也、日暮八

（4オ）

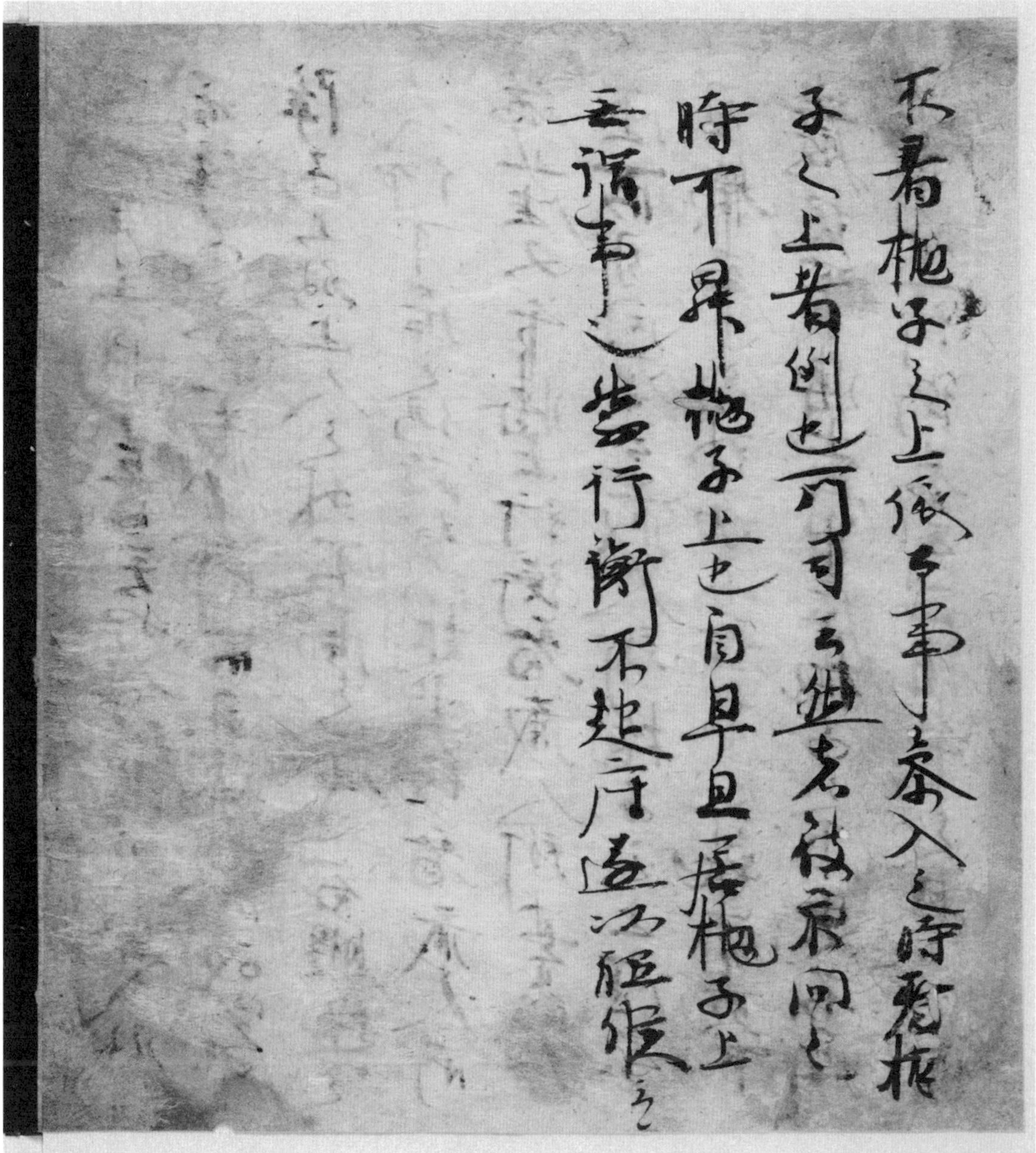

（4ウ）

〔二六七頁（第四冊29オ）へ続ク〕

〔二六六頁（第四冊28ウ）ヨリ続ク〕

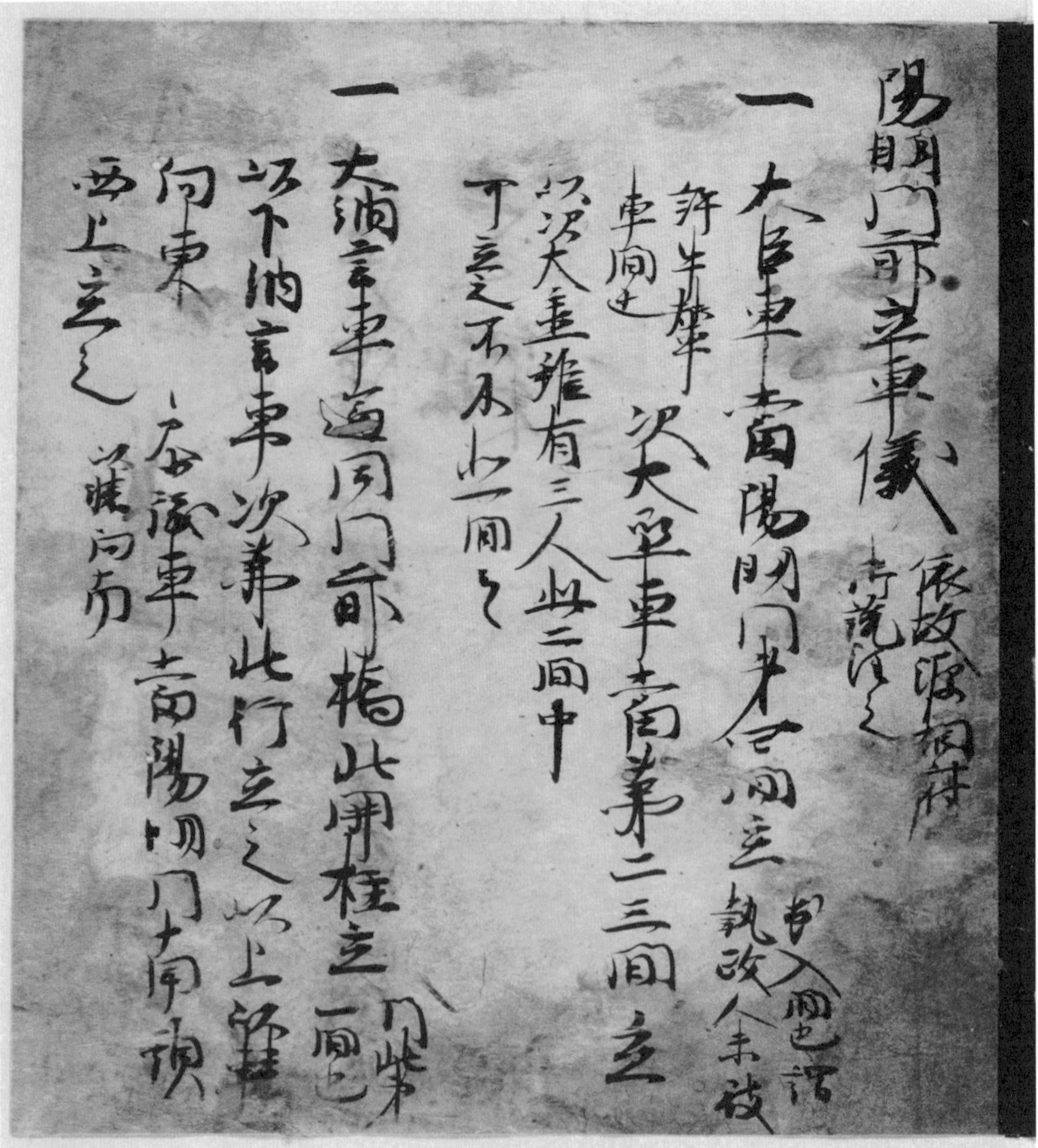
陽明門前立車儀

（5オ）

非参議二位三條車南納言車東頭
西上立之　簾向北
殿上人諸車以中為上南此相並
立之　簾向東

（6オ）

（6ウ）

局中宝　第五冊　裏表紙

参考図版

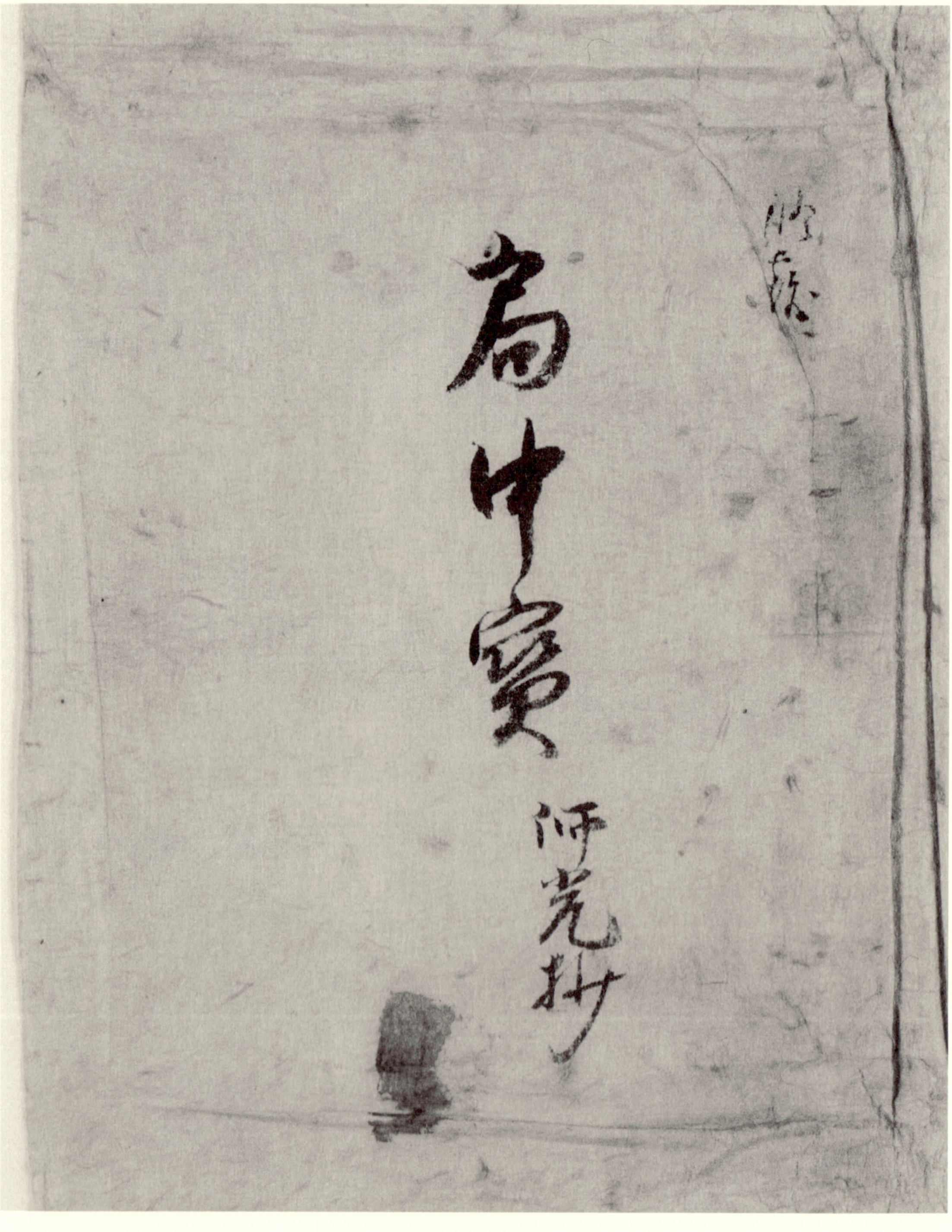

包紙の上書

〔帯封一〕
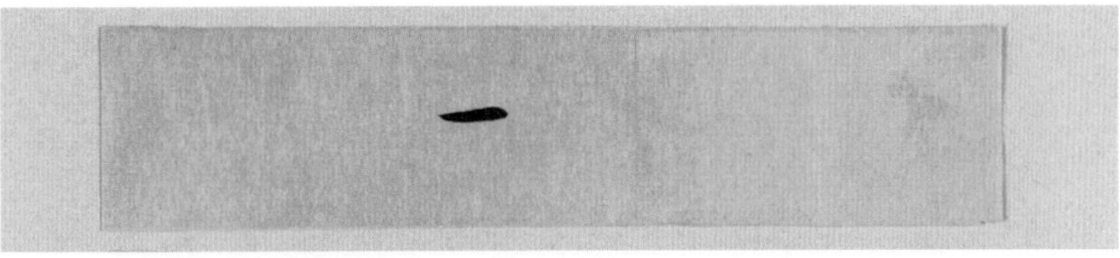

〔帯封二〕

〔帯封三〕

〔帯封四〕
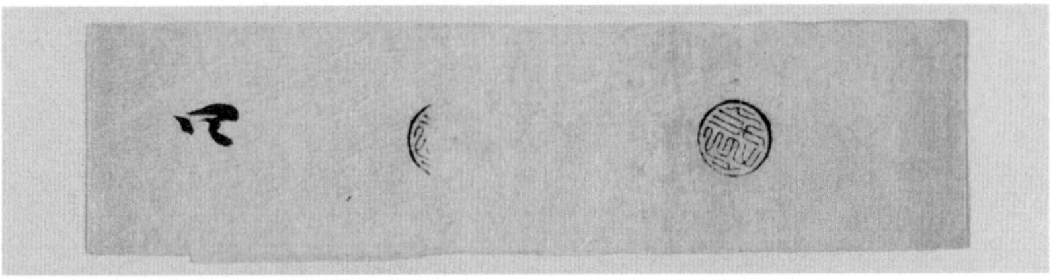

〔帯封五〕

〔帯封六〕
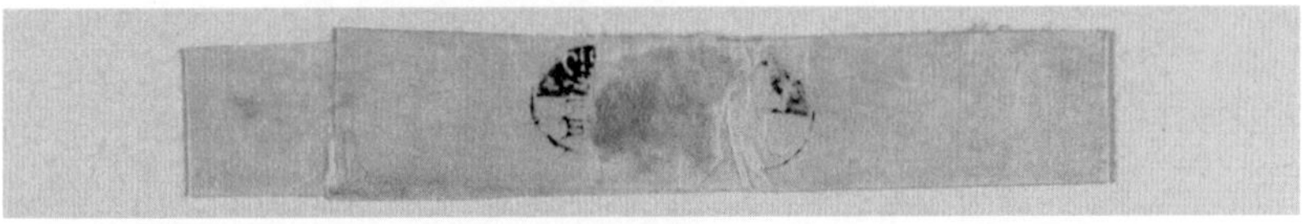

〔帯封七〕
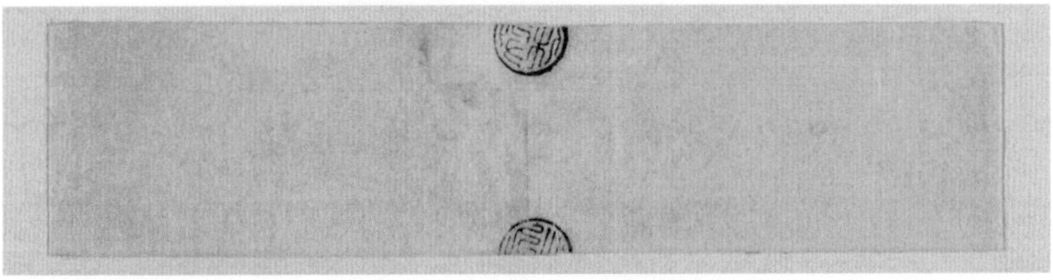

〔帯封八〕
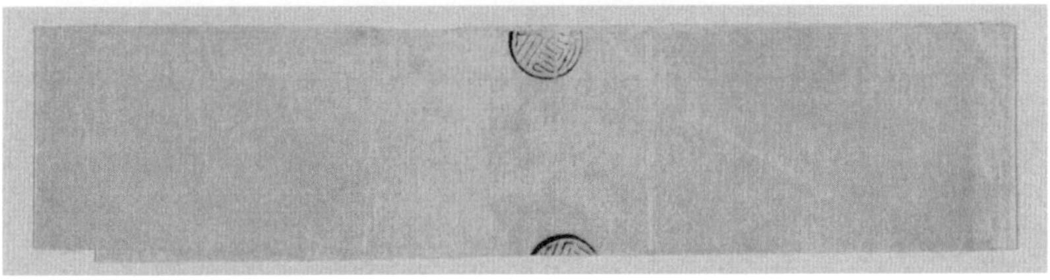

附属紙片

尊経閣文庫所蔵『局中宝』解説

遠藤珠紀

はじめに

『局中宝』は、主に外記の様々な作法がまとめられた故実書であり、鎌倉中期の大外記中原師光の著とされる[1]。書名は（外記）局内の宝、の意であろう。書名の通り、院政期から鎌倉初期の故実、とりわけ外記局の様子を探る上で貴重な記録である。現在のところ、他に写本は知られておらず、尊経閣文庫に所蔵されている本記は孤本といえる（東京大学史料編纂所に、尊経閣文庫所蔵本を明治二四年に謄写した謄写本が存在する）。しかし『大日本史料』『大日本古記録』等で一部が翻刻されているのみで、残念ながらあまり利用されているとは言い難い状況である。

一　書誌情報

本記は五冊に分かれ、包紙で一括されている。包紙は、縦三一・二糎×横四三・七糎で、「局中宝 師光抄」「修覆」と記されている（参考図版二九三頁参照）。また「有職第二十五号」と書かれ「貴」という朱印が捺された紙片が貼られている。

表紙は茶褐色で、各冊の右下にはそれぞれ「一」「二」「三」「四」「五」との冊数が記されている。右上には付箋の痕跡と思しき剝がれがある。原表紙には「局中宝」、遊紙に「局秘抄」とある。奥書等は見えない。五冊はいずれも粘葉装の冊子体で、表裏に文章が記されている。ただし後述の入手時の記録を見ると本来は一冊だったようである。本文には朱合点・朱圏点が付され、振り仮名や指図が示されている項目もある。

第一冊は、表紙（縦一五・六糎×横一四・三糎）、原表紙（縦一五・六糎×横一四・二糎）、遊紙（縦一五・六糎×横一四・二糎）、本文四丁（平均縦一五・六糎×横一四・二糎）から成る。粘葉装であるが、表紙・裏表紙の紙でそれぞれ二紙分の背を包み、二束にまとめられたものを茶褐色の糸で綴じている。第二冊は、表紙（縦一五・七糎×横一四・二糎）、本文八二丁（平均縦一五・七糎×横一四・四糎）から成る。二八丁表には貼紙（縦一四・四糎×横一〇・四糎）が付されている。一紙の折目の内側、喉の部分には「壱」に始まり「四一」までの数字が振られており、修補の時に順番を記した丁付と推測される。第一冊同様、一〇紙程度で四束にわけ、一束目と四束目は表紙・裏表紙で、二束目・三束目は薄様で、それぞれ背を包んでまとめたものを茶褐色の糸で綴じている。第三冊は、表紙（一五・八糎×一四・四糎）、本文六丁（平均一五・七糎×一四・三糎）から成る。二紙目（三丁表）の喉に「二」という丁付が見える。同様に二束に分け、表紙、裏表紙の紙で背をまとめた上で、茶褐色の糸で綴じられている。第四冊は、表紙（縦一五・七糎×横一四・六糎）、本文三〇丁（平均縦一五・七糎×横一四・四糎）から成る。三束にわけて背をまとめた上で、茶褐色の糸で綴じられている。第五冊は、表紙（縦一五・六糎×

横一四・六糎）、本文六丁（うち白紙一丁。平均縦一五・六糎×横一四・六糎）から成る。二束にわけて背をまとめた上で、茶褐色の糸で綴じられている。

目次や影印にも注記した通り、本記には多数の錯簡がみられる。いずれかの段階で、本紙の糊が剝がれ、順番がずれた箇所があるのであろう。粘葉装の特性からか、修補に際して紙の折が逆転したのではないかと推測される箇所もある。またあるいは伝来の過程で、脱漏した紙も存在する可能性がある。明治二四年三月に、史料編纂所は前田利嗣氏より借用し、謄写本を作成している（架蔵番号二〇五七—一四九）。この謄写本を見ると、五つに分かれていたその内訳は現在と同様だったようである。しかし第二冊の配列には、現状と異なる部分がある。先述の第二冊の喉に見える丁付の数字は現状と一致しており、謄写本作成以降にも修補がなされ、現在の姿となったと考えられる。丁付はその折に付されたのであろう。この明治二四年の謄写本の配列も考慮に入れて復原を試み、復原試案を表1（巻末2〜12頁）に示した。

本記には、このほか帯封八点が付属している（参考図版二九四頁）。法量は、帯封一が縦三・三糎×横一四・七糎、帯封二が縦三・七糎×横一五・八糎、帯封三が縦三・一糎×横一五・一糎、帯封四が縦三・九糎×横一五・三糎、帯封五が縦二・八糎×横一五・一糎、帯封六が縦二・一糎×横一二・九糎、帯封七が縦三・八糎×横一六・六糎、帯封八が縦三・八糎×横一七・一糎である。このうち帯封一〜五にはそれぞれ「一」「二」「三」「四」「五」の番号が打たれている。また一〜五の番号に対応する各冊の横幅と近く、それぞれに懸けられていたものと推測される。さらに「二」と「四」の帯封には印文不明の割印が捺されており、この割印は帯封七・八の二点の帯封に捺されたものと合致する。またその横幅は第二冊、第四冊の縦幅とも近い。おそらく本紙に糊の剝がれが見られたのであろう。五冊の中でも紙数の多い第二冊・第四冊には、十字に帯をかけていたと推測される。一点帯封六が残るが、こちらは何に利用されていたか、現在のところ不明である。

二　記主について

次に記主について検討する。各冊とも奥書は存在せず、記主・伝来は分明ではない。包紙には「師光抄」とあり、鎌倉中期の大外記中原師光の手になると考えられてきた。内容からも外記局の人物の著作であることは間違いなかろう。外記局は太政官の実務を担当し、中世には文書の確認・作成、内裏での行事の記録、先例勘申、除目関係事務などに携わった官である。その長である大外記、中でも首席大外記（局務）は、地下官人であるが、朝廷で重んじられ、一一・一二世紀ごろよりは中原氏・清原氏に寡占されていた。(2) そのため両氏は局務家とも称される（ただし中原氏は氏内に複数の家を形成する）。本記に引勘されている記録類は、両氏の勢力伸長の時期と重なり、

この点でも興味深い。

まず引勘されている記録・口伝の主を見る。本記に引勘されている出典を表2（巻末13〜15頁）に、記録類の日条を表3（巻末16〜23頁）にまとめた。多くの日記が引勘されている中で、多数を占めるのは中原氏の日記である。表2中には、「肥後殿康和三年記（先人康和三年十二月二日御記）」（中原師平）・「摂州自筆抄（摂州抄・摂州自筆折紙）」（中原師遠）・「羽州記（羽記・羽御暦・羽暦）」（中原師元）・「対記（対州御札）」（中原師尚）・「備州記（備州日記・備記・備・師季記）」（中原師季）・「筑州記（筑州入道抄）」（中原師重）などが見える。これらの記主たちの系譜は別掲系図の通りである。

また「着衣冠布衣事」（第四冊二三丁表〜二七丁裏）には、何人かの経歴とその経歴の中での摂関家や東宮など諸所への布衣祇候の例を列挙しているが、ここに掲げられているのは、安芸殿（師任）・摂津殿（師遠）・出羽殿（師元）・備後殿（師季）である。本記記主の系譜意識が窺えよう。この流は複数ある局務家の中でも、近世の押小路家につながる流である。さらに本記には「家君」という表現が数箇所見える。この中には人物・年代が確認できないものもあるが、確認できるものはいずれもこの系譜に連なる。またこれらのうち最も新しいものは、「着打衣事」（第二冊二三丁表）に示された「家君仰」であり、その肩には「備州」、すなわち備後守師季を指すことが注記されている。

引勘されている記録の下限は寛元三年（一二四五）であり、本記の成立は寛元三年以降と推測される（第四冊一六丁表）。また第二冊二八丁表（「布袴事・六位布袴事」）には貼紙が付されている（ただし内容的には元来この位置にあったかは検討を要する）。その内容は康元元年（一二五六）一〇月一一日の記録からの引勘である。文中に「曾祖父外史応保元年四月十八日」「故備州嘉禄元年十月十七日」の先例が示されていることから、応保元年（一一六一）の大外記中原師元の曾孫にあたり、備後守中原師季（延応元年［一二三九］死去）の養子である師光の記録とみてよいだろう。この貼紙が後世のものという可能性

中原氏略系図

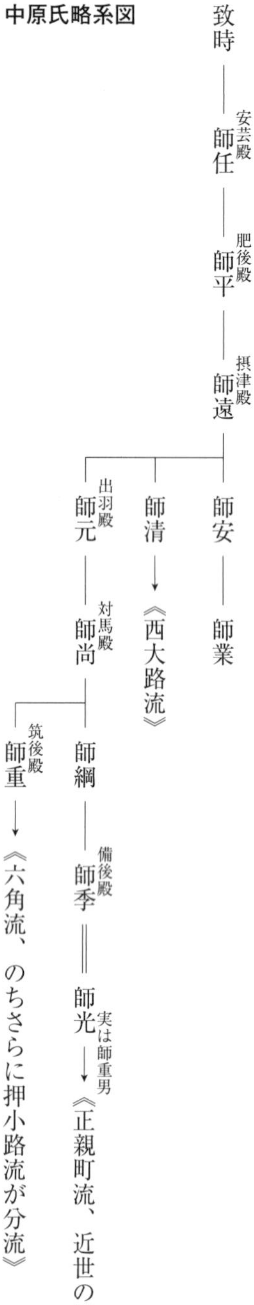

もあるが、『局中宝』成立後の追記とするならば、現在の形となったのは康元元年以前ということになる。とまれこうした例からも、中原氏の中でも近世の押小路家の系統に属する人物が浮かんでくる。師季の後継者師光、あるいはその子孫を記主とする蓋然性は高いと言えよう。本記が原本か古写本かは不明であるが、書風からは南北朝期から室町初期の本と推測される（宮﨑肇氏・尾上陽介氏のご教示による）。

　記主と目される中原師光（建永元年［一二〇六］～文永二年［一二六五］）は師重の男で師季の養子である。鎌倉初中期の中原氏は、競合する清原氏を抑え、承元四年（一二一〇）から文永二年（一二六五）まで、半世紀以上にわたって局務の地位を独占していた。同時に中原氏の内部が複数の流に分裂し、それぞれに競合していた時期でもある。本記中にも、「公卿分配中清両家相違事」という項目や、清原氏の「定俊家説」や中原氏他流の「師平」「師業」と「予家説」、「俊経家」「或説」と「家習」を対比させている記述も見える。この時期に多くみられる公事の家としての家説の形成と、家の確立が密接に関わっていた事例の一つであろう。[3]

　父の師季は建保六年（一二一八）から寛喜三年（一二三一）まで局務の任にあり、「宿老」と称されていた。[4]多少の狷介さもほの見えるが、儀式の作法や故実に明るい人物であった。[5]「任公卿雑例」という著作もあったようである（『本朝書籍目録』）。大外記のほか、先祖と同様、院司・摂関家家司を勤め、閑院流との関係も深い。藤原定家は師季を「万機之政、偏預諮問、驕于冥暗之世、施其威勲」と評している。[6]その知識と現場での実務能力、人脈を以て当時の朝廷において権勢を振るっていた人物であった。

　その跡を継いだ師光は、寛元元年（一二四三）から文応元年（一二六〇）まで次席大外記、この間正四位下に昇る。弘長二年（一二六二）に首席大外記（局務）となり、文永二年（一二六五）の死去の直前まで勤めた。そのほかやはり摂関近衛流の家司や院司も勤めている。日記「中原師光記」、年中行事書「師光年中行事」のほか、現在には伝わらないが「帝王系図」（『続後撰集』）「続新抄」（『本朝書籍目録』）などの著作があったという。和歌にも関心が深く、勅撰集への入集も見られる。その詞書のみ次に掲げる。すなわち「弘法大師の法験事、国史にみゆることあらば、しるしてと申しける人に」（続後撰集・釈教・六〇七）・「帝王系図かき侍るとて」（続後撰集・雑中・一一五三）・「外記庁結政座に古宮のはしらのいまに残れるを、まつりごとの次にみてよめる」（続後拾遺集・雑中・一〇九六）など、いずれも外記の職務と密接に関わる内容となっている。

三　伝来について

　次に本記が前田家に所蔵されるようになった経緯を確認する。尊経閣文庫所蔵の『極札目録等』三一番には、次のような後藤演乗の書状が見える。

追而申候、大外記方師郷記、古書ニても、また新写被遊候筈ニても、中勘ニて成とも、代金此節被遣可被下候、奉頼候、手前迷惑仕候ニ付、書物も出し申所ニ、何とも難義仕之由、毎度セかゝ申候御様子知申候ハヽ、代金相渡候様ニ奉頼候、

一、外記補任　古本 四冊

代廿両か廿五両かと申来候所、先比金子十両と御奉行衆御書斗奉被下候、

一、局中宝　古本 一冊

代二十五両之由申来候所、先比別金壱枚と御奉行衆御書斗奉被下候、

右両品、其節ハ成不申由申候へとも、此度手前難義仕之間、被仰下之通負可申間、盆前ニ代金御渡し被下候様ニ、申上候様ニと申候、随右両品　御用御座候ハヽ、早速可被仰下候、請取指下可申候、以上、

六月十日　　後藤 演乗（花押）

藤田平兵衛様

永井伝七郎様

すなわち本記は、大外記押小路（中原）師英の許から『外記補任』四冊とともに、前田家が購入したことが判明する。またこの時点では既に『局中宝』と称されていたようである。さらに「一冊」とあることから、現在は五冊に分かれているが、元来は一冊だったことも窺える。充所の藤田平兵衛安藤、永井伝七郎正良は、前田綱紀（松雲公）の家臣である。差出の後藤演乗は、金工後藤家の一族で、綱紀の扶持を受け、京都で古書収集に奔走していた。(7) 押小路家も近世には前田家より俸禄を受けていたといい、前田家ではこのほか『師守記』『師郷記』『師象記』『外記日記（新抄）』などの中原氏歴代の記録も、押小路家から購入している。(8) このうち元禄二年（一六八九）購入の『外記日記（新抄）』は、本記同様に後藤演乗を介して藤田安藤・永井正良が差配している。また『求遺書目録』『桑華書志』などからも何度かにわたり押小路家から書籍を入手している様子が窺える。中原氏歴代の日記は、前田家において「諸家各御存知之名記」と、特別なものと認識されていた。

なお同時に購入された『外記補任』四冊も尊経閣文庫に現存する。いささか脇道に逸れるが、この『外記補任』についても関説しておきたい。尊経閣文庫所蔵『外記補任』四冊の成立については諸説ある。(9) しかし四冊のうち前二冊と、後二冊では所載年も接続せず、筆跡も紙も、紙背文書の有無等も異なる。また現在は同じ大きさで同じ装丁となっているが、第三冊・第四冊は上下が絶たれており、本来の大きさは異なっていたと推測される。おそらく二種類の外記補任の取り混ぜ本であろう。前者はこれまで注目されてきた奥書通り、永和三年（一三七七）に成立したものを文安四年（一四四七）に書写したものであり、紙背文書から推測するに同じく局務家の清原氏の周辺で作成されたと推測される。後者についても前二冊と同じ永和三年の成立で、現存本の末尾、後円融朝の康暦年中部分が補筆とす

る説もある。しかし表紙に「至後小松院」とあり、後円融朝の次代後小松院（在位永徳二年〜応永一九年）までを含むという表現から見ても、後半部が失われたと推測される。現状の末尾康暦年中の途中に挿入記号があるが、その先は欠けている。このことも後半部の脱落を裏付けよう。表紙裏に「大外記師世」と見える通り、中原（西大路流）師世が大外記であった一五世紀前半頃の成立と考えるべきであろう。師世も同じ局務家中原氏ではあるが、押小路家とは別流であり、その家の断絶後に押小路家に入ったのであろう。いずれも室町期の貴重な写本であることは間違いない。このように成立も書写時も異なるこの二組の外記補任が一つの物とされたのは、前田家に入る時だったのではないだろうか。

四　内容について

本記は、「装束事」「帯事」「路頭礼節」などのように大きな括りが示されたのち、個別のシチュエーションに分けた中小の項目が立てられ、先例となる日記や口伝を記すという形式を取っている。このように個別のシチュエーションを立てて故実を記す形式は、『妙音院相国白馬節会次第』や藤原経房の『吉部秘訓抄』などにも見え、故実書のひとつの形式だったようである。本記には多数の項目が立てられているが、大項目はおおむね頭に朱圏点が付されているよう[10]である。ただし全てを「大見出し―小見出し」という構成で把握することは難しく、あるいは原構成から失われた部分が存在するかも知れない。その内容は大きく拝賀の作法、内裏・殿下での作法や設え、文書関係の作法、装束の事、路頭礼の事、故実の聞書等に分けられる。一部に摂関や公卿・弁の作法などがあるものの、主に外記に関わる作法であり、本記は中原氏内部のための故実書であったといえる。これらは通常の史料中ではなかなか窺うことのできない作法・故実である。とくに外記局の日常業務に関する記述が興味深い。儀式に参陣した外記には上日三日が与えられること、局務（「執政五位大外記」）には常に二五日の上日が与えられるという待遇があったこと（第二冊二九丁表）、また結政所に祀られている「守公神」に対する作法（第二冊三五丁表・四九丁裏・五二丁裏）などが見える。さらに「蔵人町不置念珠持経等故実也」（第二冊四〇丁表）、「局夜行事」（第二冊五二丁表）などは、当該期の諸司厨町の様相が垣間見える貴重な史料といえよう。

その中から一例として、公卿称号に関する記事を次に掲げる。第二冊四二丁裏から四三丁表にかけてみられる「公卿風記事」という項目である。

永暦元四十一、参花山院大納言、数刻申承、被示云、予風記可被称権大納言者、
十三日、仰召使畢於陣□（仰カ）之、
同年三二、召々使、仰云、公通卿可号新藤中納言、・伊実卿可号大宮中納言、風記作了、除目之後、外記所定也、先可告申其人由仰了、

公卿たちに対しては、実名で呼ぶことを憚り、「権大納言」「新藤中納言」「大宮中納言」などの称号でその人が示された(11)。この時、ある称号が誰を指すのか、一意に決まっていなければ、混乱が生じるであろう。実際に、古記録等でも、特定の称号は特定の人物を指している。その朝廷内での把握のされ方は分明とは言い難いが、その称号を定める手続きの一端をここから窺うことができる。花山院忠雅は、四月二日に権大納言に任官すると、一一日に師元を呼び、儀式への催しの文書などでは自分を「権大納言」と呼ぶようにと告げている。そして師元はこのことを外記局召使に伝えた。三月には逆に、権中納言になったばかりの藤原公通と伊実の称号を師元が定め、召使および当人たちに伝えさせている。主体的に決めるのがどちらであれ、任官に伴い定められ、外記局に把握されていたことがわかる。このような朝廷での日常的なしきたりが活写されている。

　次に引勘されている記録や口伝の主を概観する。表2に引勘されている記録や口伝の種類、表3に記録類の日条をまとめた。また表中、本記によって逸文として知られるものに▽を付した。そのほか、既に自筆本・写本等によりその日の記事は知られているが、本記においては、項目に合わせてアレンジが加えられているものに●を付した。本記が唯一の所見となる記事も多い。所収の記録でもっとも早いものは天武天皇一一年詔（六八二年。第二冊六四丁裏）、もっとも新しいものは寛元三年（一二四五）正月である（第四冊一六丁裏）。古いものではいずれも抄出であるが、「国史」「令」「義解」「格」「延喜式」が引かれる。儀式書・故実書では、「西宮記」「北山抄」のほか、「旧事秘抄」「節会雑例」「行幸秘抄」「筑州入道抄」「聴聞抄」「部類勘草」「旧秘抄」「資仲卿抄」「閑抄」など様々な書物がある。これらにも現存しないものが多い。

　口伝では「知息院殿仰」（藤原忠実）「宇治殿御説」（藤原頼長）「江師説」（大江匡房）「四条大納言説」（藤原公任）「堀川左府説」（源俊房）「故源相府説」（源師房）「左大弁中納言説」（源基綱）「右大弁説」「武忠説」、盛房・俊頼・藤原朝隆らの説、歴代の中原氏の「庭訓」、「世俗之説」などが見える。中でも大江匡房・源俊房・藤原忠実・藤原頼長など、いずれも当代随一の故実家である。これらの人々と中原氏との関係を追っていく。大江匡房は中原師遠と交流が深かったようで、『江家年中行事』は匡房の著作に師遠が加筆したと指摘されている(12)。また匡房は師遠を「師遠相継、不失一事其跡、又希有之事也、当時之一物也」「大外記師遠、諸道兼学者歟、今世尤物也、能達者不劣中古之博士歟」（『江談抄』）などと賞賛している。その子師元は忠実に親しく近侍し、忠実の言談を記した『中外抄』をまとめた。清原頼業（師元の姉妹を室とし、弟祐安は師元養子）は藤原頼長と親しく、頼長らの力を以て外記局を支えてきたと述懐している(13)。師元の甥師直は頼業を「師匠」と称しており(14)、頼業から様々な故実を聞いたとも考えられる。晩年の師元、いまだ若年だった師尚も頼長の許に出入りしていたようである。本記には両者の日記『殿暦』や『台記』からの引勘も見える。珍しい形式としては、「着青朽葉下襲

事」（第二冊一八丁表裏）として、承安元年（一一七一）頃と推測される羽州（中原師元）と対州（中原師尚）父子の往復書簡が収められている。

日記類の引勘では「延喜天暦御記」をはじめ『李部王記』『小右記』『外記記』『権記』『左経記』『江記』『中右記』『台記』などの著名な日記が見える。ただしこの中には、本記によってのみ知られる逸文もある。また例えば『小右記』の中で、すでに知られている箇所と、本記に引勘されている表現を比較すると、項目に合致する部分を要約した形での提示スタイル（表中●印）を取っていることがわかる。記述の体裁からしても、その他の逸文についても、同様である可能性は高いだろう。

そして分量的に目立つのは、先述の通り安芸殿師任・摂津殿師遠・出羽殿師元・備後殿師季といった中原氏歴代の日記である。表3中、出典が明記されていないものの多くも、内容から外記の日記からの引用と推測される（中でも外記の日記と推測されるものには★を付した）。これらは要約した形ではなく、本文そのままの書き抜きがなされているようである。師遠・師元など部類記の形で逸文が残る人物も存在するが、本記所収の記録は、管見の限りではそれらと重複せず、本記によって初めて知られる内容である。殊に師元の永暦元年記、応保元年二年記はかなりの部分が復元できる。他の記録類も多くはない時期でもあり、貴重な史料となろう。

そこで最後に師元の経歴をまとめておく。中原師元（天仁二年〔一一〇九〕～安元元〔一一七五〕）は師遠の男で、天治元年（一一二四）から二年にかけて短期間次席大外記を勤める。その後、永暦元年（一一六〇）正月に首席大外記（局務）となり仁安元年（一一六六）まで勤め、正四位上出羽守に至る。また摂関家家司として知足院殿忠実に仕え、『中外抄』を筆録した。『局中宝』中にも「知足院殿仰」（第一冊三紙裏・第二冊一九紙表・四〇紙表）、「中外抄云」（第一冊三紙表）として『中外抄』からの引用が見える。公事に関する著作も多かったようで、現存する「師元年中行事」のほか、「口遊抄」・「出羽殿御抄物雑例抄」[15]・「除目抄物二巻（中略）嚢祖羽州御抄也」[16]・「出羽守師元抄」（『除目鈔』）などの存在が窺える。また「本朝世紀」なども所持していた[17]。日記を記していたことも知られ、部類記の形でいくつか残るが[18]、『局中宝』所引記事とは重複しない。後世には、中原氏の重要な家祖として認識されており、南北朝期の『師守記』には「嚢祖羽州遠忌」のための「吉田八講」に関する記載が毎年のように見える。おそらくこの時期までは一族による追善仏事が営まれていたのであろう。吉田御八講の廃絶後も、師守の家では忌日に樋口寺で小善を営んでいる[19]。『師守記』には近親を除き、他の遠祖の追善仏事は記されておらず、師元の重要性が看取できる。

院政期末～鎌倉初頭の師元・師尚らの時代には、多数の故実書を作成し、藤原兼実の朝議復興に助力し、外記局の職務を拡大させていった時期であった。そうした努力が中原氏の興隆をもたらしたが、本記の編纂もその努力の一環であろう。

［補　記］

原本調査・解説執筆に際しては、公益財団法人前田育徳会尊経閣文庫主幹の菊池紳一氏にご便宜をおはかりいただくとともに、種々のご教示を賜った。また解説執筆にあたっては尾上陽介・石田実洋・宮﨑肇各氏の懇切なるご教示を賜った。また八木書店の金子道男氏に多大のご尽力を頂いた。皆様に厚くお礼を申し上げたい。

［　注　］

（1）『国書総目録』・『尊経閣文庫国書分類目録』など。
（2）遠藤珠紀『中世朝廷の官司制度』吉川弘文館、二〇一一年。
（3）五味文彦『書物の中世史』みすず書房、二〇〇三年。
（4）「小槻季継記」文暦二年正月二一日条。
（5）『玉蘂』承久二年正月三日条。「頼資卿改元定記」嘉禎三年一二月一日条。『民経記』貞永元年四月六日条。『平戸記』仁治三年四月一六日条など。
（6）『明月記』嘉禄元年一二月二一日・二四日条。
（7）藤岡作太郎『松雲公小伝』高木亥三郎、一九〇九年。
（8）吉岡眞之「前田綱紀の典籍収集」『科学研究費補助金（基盤研究C、研究代表者吉岡眞之）研究成果報告書　高松宮家蔵書群の形成とその性格に関する総合的研究』、二〇〇八年。遠藤珠紀『中世朝廷の官司制度』吉川弘文館、二〇一一年。
（9）中野高行「尊経閣文庫所蔵『外記補任』補訂（I）」（『史学』五五—四、一九八六年）にまとめられている。
（10）本文・目次における項目名は、参照の便宜のため大中小項目を適宜掲げた。「路頭礼節」は大項目であるが、「大見出し—小見出し」の関係がはっきりうかがえるため例外的に併記した。
（11）遠藤珠紀『中世朝廷の官司制度』吉川弘文館、二〇一一年。
（12）所功『平安朝儀式書成立史の研究』国書刊行会、一九八五年。
（13）『玉葉』元暦二年四月二九日条。
（14）『吉記』建久三年一〇月二四日条。
（15）『玉葉』元暦二年正月一三日条・『師守記』康永三年八月三日条。
（16）『師郷記』文安五年五月二一日条。
（17）『玉葉』治承三年一〇月一一日条。
（18）保安四年二月一九日条・長寛二年一一月一日条・永万元年七月二七日条など。
（19）『師守記』康永四年五月二〇日条・貞和二年五月一九日条・貞治三年五月二〇日条など。